연강학술도서
한국고전문학전집 37

서사무가 Ⅱ

서대석 · 박경신 역주

고려대학교
민족문화연구원

※ 본 ≪한국고전문학전집≫은 **두산그룹 연강재단**의 연구비 지원에 의하여 출판되었습니다.

『한국고전문학전집』을 간행하며

우리의 조상은 이 땅에서 오랜 역사 기간에 걸쳐 훌륭한 문화를 이룩하고 많은 문화유산을 물려 주었다. 문화유산 가운데는 우리 조상들의 알찬 삶의 다양한 경험들이 축척되어 있다. 그것은 곧 같은 땅이라 하더라도 각기 다른 개성과 자연, 그리고 시대환경에 따라 여러 가지로 삶을 살아본 자취가 그 속에 담겨져 있기 때문이다. 우리는 내 삶을 자연과학의 실험 대상처럼 실험해 보면서 살수는 없다. 우리에게 주어진 생명의 시간이 단 한 번뿐이기 때문이다. 그러나 인생에 대한 여러 가지 경험이 고전의 갈피갈피에 담겨져 있다. 그것을 살펴보고 우리의 삶을 알차고 보람있게 설계할 수 있는 것이다. 문화유산 가운데 큰 비중을 차지하는 고전은 그 때문에 소중한 것이고 다시 읽어야 할 보전인 것이다. 그러나 이러한 고전을 알뜰하게 정리하여 오늘을 사는 산 양식으로 잘 활용하고 있다고 우리는 과연 자부할 수 있을까? 아직도 자랑스러운 우리의 고전을 잘 알지 못하여 훌륭한 전통을 지닌 자존심 있는 한국인으로 당당히 살지 못하고, 외국 것이면 우리 것보다 낫다는 열등의식을 가져 스스로를 낮추어 보는 한국인이 없지 아니하다.

그런 잘못을 바로잡는 길은 어디에 있을까? 그것은 우리의 역사를 바로 알고, 우리의 고전을 보다 넓고 깊게 읽어 섭취하게 하는 것뿐이다. 이런 취지에서 우리는 한국 고전문학의 진수를 정리하여 그 전집을 간행하기로 하였다. 기왕에 이러한 계획이나 실천이 없었던 것은 아니나, 그 방법이나 실천에 있어 미흡하다 생각하여 우리는 다음과 같은 취지에서 이 사업을 추진하려 한다.

첫째, 우리 고전문학의 세 큰 영역인 국문문학, 한문문학, 구비문학에 걸쳐 역사적으로 있어 온 모든 갈래들을 모두 수록하도록 한다.

둘째, 원전과 현대역을 동시에 수록하려 한다. 그리하여 현대역을 통하여 고전의 감상을 가능하게 하고, 정확한 원전의 제시로 그 연구의 자료가 되게 하려 한다.

셋째, 연차적 간행을 통한 이 전집의 완성으로 우리 고전문학의 이해를 드높여 한국인으로서의 자부심을 가지게 하고, 나아가 현대문학 발전에 밑바탕이 되게 한다.

그리하여, 연구자료의 제공이라는 연구원 본연의 역할을 수행함과 동시에 세계 속에 한국문학의 특성을 밝혀 그 이해에 이바지하려 한다.

관심있는 모든 분들의 협력과 질정을 바라며, 어려운 여건하에서 이 사업에 동참해 주신 역주자, 기획위원 및 편집위원 여러분에게 감사를 드린다.

그리고 이러한 사업의 취지를 이해하여 연구비를 지원해 주신 두산그룹 연강재단의 후의에 감사의 뜻을 표하며, 편집·교정·제작에 노고를 아끼지 아니한 관계자 여러분에게도 고마움을 표한다.

1996년 12월

고려대학교 민족문화연구원

원장　김흥규

일 러 두 기

이 책의 자료는 다음과 같은 요령으로 정리되었다.

1. 제주도를 제외한 본토의 서사무가를 수록대상으로 하되 전국적 전승 분포를 보이는 자료를 주로 <서사무가Ⅰ>에, 어느 한 지역에 편재되어 전승되는 자료를 <서사무가Ⅱ>에 수록하는 것을 원칙으로 하였다. 그러나 분량의 균형을 맞추기 위하여 <일월노리푸념>은 <서사무가 Ⅰ>에 수록하였다.

2. 본문의 표기는 채록자가 정리한 원문의 표기를 따랐으나 방언의 의미가 표준어와 달라서 이해가 어려운 부분은 주석에서 표준어로 표기를 고쳤다.

3. 주석은 본래 채록자의 주석 이외에 새롭게 대폭 보강하여 작성하였으며 일반인이 이해할 수 있도록 어려운 한자어는 (　) 속에 한자를 넣었고 어려운 어휘는 각주에서 자세하게 풀이하였다.

4. 전체 해제에서는 수록된 서사무가 각 유형의 특징과 무속신화로서의 성격을 채록 자료 전반을 대상으로 개괄적으로 풀이하였고, 수록된 각편 해설에서는 채록자와 발표지 및 각편으로서의 특징을 간략하게 언급하였다.

5. 행의 구분은 자료를 되도록 많이 수록하기 위해 새로 하되 원문의 행 구분은 //로 표시하였다.

6. 본문에서는 문장부호를 사용하지 않았고 띄어쓰기는 지키되 음보단위의 띄어쓰기를 병행하였다.

7. 자료마다 정리방식이 차이가 나는 부분은 각편 해설란에 정리원칙을 밝혔다.

8. 이 책에서 사용한 주요 부호는 다음과 같다.

   1) ( ) : 음이 같은 한자를 병기함.
   2) [ ] : 음은 다르나 뜻이 같을 때나 혹은 풀이한 내용과 같은 한문을 병기함.
   3) < > : 서사무가의 유형명칭이나 작품 명칭을 나타냄.
   4) 「 」 : 본문에서 직접화법으로 한 대화부분을 표시함.
   5) // : 원문과 행구분을 다르게 했을 경우 원문의 행 구분을 나타냄.
   6) ‘ ’ : 주석에서 풀이하려는 어휘나 어휘를 풀이한 말을 나타냄.
   7) 『 』 : 문헌이름을 표시함.

차 례

서사무가Ⅱ

【해제】

서사무가는 무가를 문학 장르별로 분류할 때 서사 장르에 속하는 무가를 지칭하는 학술용어이다. 따라서 서사무가는 인물과 행위에 대한 서술로서 신의 내력을 이야기한 것이다. 서사무가들 중에는 이야기만 있고 신으로 좌정하는 과정이 없는 것도 있으나 이는 무속신화로서의 기능이 사라짐에 따라 신의 좌정경위가 탈락된 것이거나 본래의 서사무가가 아닌 자료가 청중에게 흥미를 주기 위하여 편입된 경우라고 본다. 신의 좌정경위가 없는 서사무가는 무속신화로서의 기능은 없고 무속서사시로서의 기능만 가지는 것이라고 할 수 있다.

또한 관념이나 정서를 묘사하거나 설명하는 무가는 서사무가로 볼 수 없다. <성주축원>은 집 짓는 과정이나 농사 짓는 과정이 묘사로 서술된다. 이는 수사학적으로 말하자면 설명적 묘사에 해당된다. 그러나 특정 인물이 등장하지 않기에 인물의 행위와 사건을 서술한 것으로는 볼 수 없고 집은 이렇게 짓는 것이 제격이고 농사는 이렇게 지어야 잘 짓는 것이라는 관념을 설명하고 이해시키기 위한 서술이기에 서사무가라고 볼 수 없다. 같은 이유로 <망자축원>이나 <조상해원> 등의 무가도 저승이란 이런 곳이고 사람이 죽으면 저승으로 가서 이러한 심판을 받는다는 관념을 서술한 것이며 특정 인물의 이야기가 아니기에 서사무가로 볼 수 없다.

한국에서 서사무가가 가장 많이 전승되는 지역은 제주도이다. 제주도를 제외한 본토의 서사무가로는 <제석본풀이>, <바리공주>와 같은 전국적으로 전승되는 유형과 중부지역의 <시루말>, <성주본가>, 호남지역의 <칠성풀이>와 <장자풀이>, 동해안 지역의 <심청굿> 등이 있다. 이들은 남한지역의 주요 서사무가 자료들이다. 북한지역에서는 함경도 지역에서 많은 종류의 서사무가가 채록되었는데, 신화적 기능이 분명한 <창세가>, <셍굿>, <오기풀이> 등은 대체로 다른 지역의 전승본과 서사유형을 공유하는 자료들이다. <숙연랑앵연랑신가>, <도랑선배 청정각시노래>, <치원대양산복>, <안택굿>, <충열굿> 등은 그 기능이 명확하지 않다.

이 책에서는 전국적으로 전승되는 <창세무가>, <제석본풀이>, <바리공주> 등의 유형을 첫째권에 정리하고 <칠성풀이>, <장자풀이>, <손님굿>, <심청굿> 등 일부 지역에서 전승되는 유형을 둘째권에 정리하기로 하였다. 그러나 각 권의 분량을 조절하기 위하여 <성조신가>와 <일월노리푸념>은 첫째권에 수록하기로 하였다. <칠성풀이>는 서사유형으로는 전국적 전승유형이라고 할 수 있으나 신화적 기능은 지역마다 다르고 한반도 동부지역에서는 전승되지 않기에 지역적 전승유형으로 정리하였다.

같은 유형이라도 전승지역에 따라 차이가 적지 않기에 주요 유형에 대해서는 지역의 특징을 잘 드러내는 각편을 선정하여 함께 수록하였다. 다음에 수록 순서대로 각 유형에 대하여 자료의 채록상황과 유형적 특징과 성격 등에 관하여 간략히 설명하기로 하겠다.

1. 창세무가

서사무가 중에서 하늘과 땅은 어떻게 생기고, 인간은 어떻게 세상에 존재하게 되었으며, 해와 달은 어떻게 되어 지금과 같이 하나씩 남게 되었나 하는 창세과정을 서술한 무가를 창세무가라고 한다. 지금까지 채록된 본토의 창세무가 자료는 다음과 같다.

번호	각편의 명칭	구연자	전승지역	채록자	발표된 문헌	발표년도
①	창세가	김쌍돌이	함홍	손진태	조선신가유편	1930
②	창세가	전명수	강계	손진태	신가정	1936. 4
③	시루말	이종만	오산	아까마쓰, 아끼바	조선무속의 연구 상	1937
④	셍굿	강춘옥	함홍	임석재, 장주근	관북지방무가(추가편)	1966
⑤	삼태자풀이	정운학	평양	임석재, 장주근	관서지방무가	1966
⑥	당금아기1	최음전	영해	최정여, 서대석	동해안무가	1974
⑦	당고마기노래	박용녀	강릉	김선풍	한국시가의 민속학적연구	1977
⑧	순산축원	권순녀	울진	김효신	교육학논총	1977

이상의 자료들 중에서 천지개벽, 인간시원, 일월조정, 통치권 경쟁의 신화소를 두루 갖춘 각편은 김쌍돌이의 구연본이다. 전명수 구연본에는 인간시원이 없고, <시루말>에서는 시조탄생과정과 일월조정만 나타나며, 셍굿은 여러 설화 유형들이 섞여 있다. 그밖의 다른 각편은 <제석본풀이>유형에 창세신화의 일부 신화소가 삽입된 것이다. 여기에서는 함홍지역의 <창세가>와 오산지역의 <시루말>을 수록하기로 한다.

<창세가>에 나타나는 천지개벽은 매우 간략하나 미륵이라는 창조주에 의하여 하늘과 땅이 분리되고 구리 기둥을 세워 하늘과 땅이 다시 합쳐지지 않도록 했다는 사연이 들어 있다. 이는 중국의 반고(盤固)신화와 동궤의 거신(巨神) 창세신화로서 창세신에 의해 천지의 개벽이 이루어졌음을 말해주는 것이다.

인간의 시원에 관한 신화소는 김쌍돌이의 <창세가>에만 나타나는 신화소로서 미륵이 금쟁반과 은쟁반을 양손에 들고 하늘에 빌어 금벌레와 은벌레 다섯마리를 각 쟁반에 받아 그 벌레가 자라서 남자와 여자로 화하고 그들이 결합하여 다섯쌍의 부부가 되어 후손을 퍼뜨리어 인류가

지상에 살게 되었다는 것이다. 여기서 금쟁반과 은쟁반은 해와 달을 상징하고 금벌레와 은벌레는 해의 정기와 달의 정기를 나타낸다고 해석할 수 있다. 인간은 해와 달의 정기가 결합하여 자연스럽게 진화한 존재이며 어느 한 순간 신에 의하여 만들어진 존재가 아니라는 신화적 주장을 발견하게 된다. 이러한 인간시원은 여와(女媧)가 황토로 빚어냈다는 중국 신화의 인간시원과는 다른 우리민족 특유의 신화소로서 인간 존엄사상과 평등사상을 담고 있다고 풀이된다.[1)]

해와 달이 두 개씩 돋아 너무 덥고 추워 사람이 살 수 없기에 해 하나와 달 하나를 제거했다는 일월조정의 신화소는 기후조절의 권능을 가졌다고 믿는 통치자이면서 사제자였던 족장이 기후를 조절하던 의식(儀式)에서 형성되어 전승된 신화소라고 해석된다. 과도한 수의 해가 출현한다는 것은 가뭄과 더위를 말하고 과도한 수의 달의 출현은 추위와 홍수를 의미한다. 농경사회에서는 무상기일(無霜期日)과 강우량이 작물 생산의 풍흉을 결정하는 요소로서 매우 중요시 되었다. 따라서 봄에 씨뿌리는 시기에 풍농을 기원하는 의식에서 기후를 조절하는 주술을 행했을 가능성을 생각할 수 있다. 신라 경덕왕 때 월명사가 지었다는 <도솔가(兜率歌)>의 배경설화에서도 이러한 두 개의 태양이 나타난 일괴(日怪)를 없애기 위한 의식을 찾을 수 있다.

이승세계의 통치권을 서로 차지하려고 미륵과 석가가 다투는 통치권 경쟁의 신화소는 창세무가 모든 각편에 두루 존재한다. 부도덕하고 능력이 모자라는 석가가 떳떳하지 못한 방법으로 인세의 통치권을 차지함으로써 세상의 온갖 병폐가 나타나게 되었다는 내용은 통치자의 덕성에 따라 인간의 행복과 불행이 좌우된다는 사고를 반영한 것이며 부도덕한 통치자에 의하여 고통을 받았던 피지배 대중의 체험적 사고가 반영된 것으로 풀이할 수 있으리라고 본다.

---

1) 서대석, 창세시조신화의 변이와 의미, (구비문학 4, 한국정신문화연구원, 1980) 참조.

2. 제석본풀이

<제석본풀이>는 일명 <당금애기>로 불리는 전국적 전승유형의 서사무가로서 지금까지 50편 가까이 채록되었다. <제석본풀이>의 공통된 서사단락을 정리하면 다음과 같다.

1. 어느 고귀한 가문에서 아들 9형제와 외동딸을 기르고 있었다.
2. 딸아기의 가족들은 모두 불가피한 일로 집을 떠나고 딸아기만 남는다.
3. 서천국의 법력이 높은 스님이 딸아기를 찾아와 시주를 요청한다.
4. 시주를 주고 받는 과정에서 스님은 딸아기에게 임신시키고 사라진다.
5. 딸아기의 가족들이 귀환하여 딸아기가 잉태한 사실을 알고 징치하여 쫓아낸다.
6. 딸아기는 스님을 찾아가서 아들 삼형제에게 신직(神職)을 부여하고 자신도 신으로 좌정한다.

<제석본풀이>는 지역에 따라 <성인노리푸념>, <삼태자풀이>, <세석굿>, <세존굿>, <셍굿> 등으로 불려지는데 본토의 각편들은 크게 남한강을 남북의 경계로, 소백산맥을 동서의 경계로 하여 한반도 동북부 전승유형과 서남부 전승유형으로 나누어진다. 두 유형의 차이는 딸아기의 잉태과정과 징치방법, 그리고 아들 삼형제의 신직 획득과정에서 분명하게 나타난다. 동북부 전승유형은 스님이 딸아기의 후원별당에서 함께 자면서 꿈으로 잉태를 암시한다. 그리고 잉태한 딸아기가 토굴에 갇혀 아들 삼형제를 출산하고 아이들이 자라자 부친인 스님을 찾아간다. 스님은 아이들을 시험하여 친자임을 확인하고 이름을 지어주고 승천하고 아이들은 신이 된다. 한편 서남지역 전승유형은 스님이 쌀 세알을 딸아기에게 먹이고 사라진 후 잉태를 하게 되고 임신한 딸아기는 부모에게 축출당하여 스님을 찾아가서 출산을 한다. 스님은 불도를 버리고 딸아기와 가정을 이루고 딸아기와 아들 삼형제는 모두 신으로 좌정한다.

여기에서는 동북지역 전승유형 중에서 강계의 <성인노리푸념>, 양평의 <제석본풀이>, 동해안의 <세존굿>의 3편을 수록하고 서남지역 전승유형 중에서 청주의 <제석풀이>와 줄포의 <제석굿> 2편을 수록한다. 이들 각편은 모두 지역유형으로서의 특징과 전국유형으로서의 공통성을 함께 보여주고 있어 서사무가의 전승과 변이를 이해하는 데 긴요한 자료라고 생각된다.

<제석본풀이>는 우리민족 고유의 무속신화로서, 농경생산신 신화로서의 성격을 간직하고 있다. 이 신화는 한 여성과 한 남성이 결합하여 아들 삼형제를 낳았다는 내용으로 남녀의 결합과 잉태와 출산을 중심화소로 하고 있다. 이는 우리 민족의 건국신화의 핵심화소와 일치하는 것으로서 특히 <단군신화>, <주몽신화>와 같은 북방계 국조신화와 동일한 구조를 갖추고 있다.

여주인공의 고유명칭은 '당금아기'인데 이는 마을이나 골짜기를 의미하는 고구려어 '둔'과 신을 의미하는 고어 '감'의 결합으로 해석할 수 있고 이는 촌신(村神) 또는 곡신(谷神)이라는 의미가 된다. 즉 여주인공은 인간이 거주하는 일정한 지상공간을 관장하는 지역신으로서의 성격을 갖는다. 남주인공인 스님은, 스님의 신분에 어울리지 않는, 처녀에게 임신을 시키는 행위를 하고도 숭앙을 받는다는 점에서 신화 주인공으로서 본래 신분은 스님이 아니었으리라는 의심을 받게 한다. 스님이면서도 천상적 존재로서 지상으로 하강하고 천상으로 상승하는 천신적 면모를 보여준다. 스님의 거처가 황금산으로 설정된 각편이 많은데 황금은 크다는 의미의 고어 '한'과 신이라는 의미의 고어 '감'의 결합인 '한감'이 구전과정에서 항감>황금으로 와전되었을 가능성을 생각할 수 있다. 즉 천신(天神) 또는 대신(大神)이라는 의미를 가진 말로 해석된다. 이런 점에서 남주인공 스님은 본래 천신이었던 것이 불교 전래 이후에 불승을 의미하는 스님으로 바뀌어졌다고 해석된다.[2] 이렇게 본다면 <제석본풀

2) 서대석, 제석본풀이 연구(한국무가의 연구, 문학사상사, 1980) 참조.

이>는 천신인 남성과 지신인 여성이 결합하여 새로운 신이 탄생한다는 이야기가 되며 이는 단군신화나 주몽신화와 동궤의 신화로 환원됨을 알 수 있다.

특히 <제석본풀이>의 동북지역 전승유형은 주몽신화와 상응하는 성격을 갖추고 있다. 해모수와 유화의 결합으로 주몽이 탄생하는 과정과 스님과 당금아기가 결합하여 삼형제가 탄생하는 과정이 상응할뿐아니라 당금아기가 낳은 삼형제가 부친인 스님을 찾아가서 친자 확인을 받는 과정이 유리(類利)가 부친인 주몽을 찾아가 친자 확인을 받고 태자로 봉해지는 과정과 상응하고 있다. 이런 점에서 <제석본풀이>는 <주몽신화>와 같은 뿌리에서 형성되어 오늘날에 이르기까지 무속신화로서 전승된 서사무가라고 할 수 있다.

3. 바리공주

<바리공주>는 <바리데기>, <칠공주>, <오구풀이> 등으로도 불려지며 죽은 사람의 혼령을 저승으로 천도하기 위해 베풀어지는 진오기굿(중부지방), 오구굿(영남지방), 씨끔굿(호남지방), 망묵이굿(관북지방) 등의 무의에서 구연되는 서사무가이다. 지금까지 전국에서 30여편이 채록되었는데 이들 각편들은 전승지역에 따라서 크게 서울을 포함한 중부지역본, 함경도 함흥, 홍원 등 관북지방본, 강릉, 울진, 동래 등 동해안지역본, 줄포, 광주, 해남, 고흥, 나로도 등 호남지방본의 4개 권역으로 나누어진다. 이들 각편들은 전승 지역에 따라 다소간의 차이를 보인다. 중부지역 전승본은 바리공주의 영웅적 행위와 신성 획득과정이 인과론적(因果論的)으로 전개되고 있으며 숭고미를 보여주고 있어 비교적 신화적 모습을 잘 보전하고 있다. 관북 지방 전승본은 이야기 전개과정에서 인과적 논리가 허물어지고 골계적 성격이 강화되면서 민담으로의 변모를 보이고 있다. 한편 동해안 지역본은 핵심 서사단락에 삽입가요나 삽화

등이 풍부하게 수용되면서 숭고미와 골계미를 아울러 드러내고 있다. 호남지역본들은 바리공주의 출산과 버려진 이후의 구출 양육 과정, 그리고 구약과정 등이 간략하게 처리되어 있어 다른 지역 전승본에 비하여 소략한 내용을 담고 있다.[3] 여기에서는 신화적 모습을 잘 간직하고 있는 서울지역 전승본과 구비서사시의 기능이 강화된 모습을 보여주는 동해안지역 전승본의 두 편을 수록한다.

바리공주의 신화적 성격은 바리공주의 신성성 획득과 관련지어 파악할 수 있다. 서울지역 전승본에서는 바리공주가 무조신이 된다. 동해안지역 전승본에서는 바리공주가 저승차지신이 된다. 바리공주는 무당의 신분이 아니고 공주의 신분이다. 그녀는 무당이 가지는 신비한 주술력을 발휘하지 못한다. 그러나 결과적으로 죽은 사람을 살려냈다는 점에서 무당의 기능 중 특히 치병면에서 위대한 공적을 남긴 인물이 되었다. 그래서 무조신으로 숭앙될 소지를 마련했다고 본다. 한편 바리공주는 저승세계를 여행하면서 수많은 저승의 원귀를 천도해 주었다. 그래서 바리공주는 저승세계를 관장하는 무속의 신이 된 것이다. 이러한 바리공주의 이중적 성격은 바로 죽음에서 회생되기를 바라는 마음과 죽음과 동시에 이승과는 단절해야 한다는 인간의 이중적 심리가 함께 반영된 것이라고 생각한다.

<바리공주>는 젊은 자녀가 늙은 부모를 위해 희생한다는 이야기로서 우리 사회에 자리잡은 효사상을 반영하고 있다. 부모는 자식을 버렸어도 자식은 부모를 저버려서는 안된다는 효도의 윤리가 <바리공주> 전편을 지배하고 있다. 바리공주는 부모를 살리기 위해 만난을 무릅쓰고 미지의 세계로 길을 떠났고 약수를 얻기 위하여 물긷기, 나무하기, 불때기 등 9년에 걸친 노역을 감당하고 처녀의 몸까지 바쳤다. 이는 효녀로서 찬양을 받을 행위이다. 그러나 무속에서 치병방법은 약으로 치료하는 것이 아니고 신에게 빌어 신의 능력을 빌어 해결하는 것이고 죽은 사람

3) 서대석, 바리공주연구, (계명논총8, 계명대학, 1972).

을 살리는 법도 저승세계로 떠난 영혼을 다시 돌아오게 하는 것이 흔히 쓰이기에 바리공주가 행한 치병과 활인의 법방은 무속 고유의 것이라고 생각하기는 어렵다.

4. 성주신 신가

성주신 신가는 가정신인 성주신의 유래를 이야기한 서사무가로서 성주굿이나 안택과 같은 굿거리에서 구연되는데 중부지역 전승본과 경남 동래지역 전승본의 두가지 유형이 있다. 이들 무가는 제의적 기능이 같으면서도 문학적 내용은 다르다. 여기에서는 동래에서 손진태가 조사한 <성조풀이>와 중부지역의 이성녀 구연본 <성조본가>의 두 편을 수록하기로 한다.

동래본 <성조푸리>는 동래에 살던 맹인조합장 최순도의 무책에 실려있던 자료를 손진태가 「조선신가유편」에 재수록한 것인데, 일명 <가신유래가>라고도 하며, 한자를 혼용하였고, 4.4조 율격이 비교적 잘 지켜진 매우 세련된 율문으로 되어 있다.

<성조푸리>의 내용은 가정의 구축과 가옥의 축조의 두 가지로 요약된다. 성조의 출생과 계화씨와의 결혼, 그리고 성조의 방탕과 부인을 박대한 죄로 황토섬으로의 귀양생활과 귀양에서 풀린 성조가 귀환하여 계화부인과 재결합하고 5남 5녀를 출산하여 행복한 가정을 구축한다는 것이 가정을 구축한 내용이 된다. 한편 성조는 15세에 지하국 무주공산에 솔씨를 심어두었는데 나이 70에 이르러 이 나무들을 베어 궁궐과 관사 및 백성들의 집을 지었다고 하는데, 이는 가족원의 삶의 공간인 가옥을 축조한 것이다. 이러한 공적으로 성조는 부인과 함께 성조신으로 좌정하고 아들 다섯은 오방지신, 딸 다섯은 오방부인이 된다는 것이다.

성조가 이룩한 업적이란 부부간의 애정을 회복하고, 자녀를 생산하고, 가옥을 축조한 것이 전부다. 이러한 행적은 인간 세상의 어느 부부나

할 수 있고 해야 되는 지극히 평범한 일상사이면서도 가장 중요한 일이다. 여기서 성조신이 가옥의 신이면서 가정의 신으로 정립되는 이유가 잘 드러난다. 가정은 부부의 결합으로 이룩되고 부부의 사랑과 화목이 가정을 유지하는 길이며 부부의 삶의 공간이 바로 가옥이기에 가옥의 축조는 바로 물질적 측면에서의 가정의 구축을 의미한다고 할 수 있다.

중부지역의 성주신가는 황우양씨의 이야기로 경기도 남부지역에서 7편이 채록되었다. 황우양씨 성주신가는 황우양씨 부부의 분리와 재결합으로 전개된다. 천하궁 궁궐이 쇠동풍에 쓰러지자 황우뜰에서 미모의 부인과 함께 행복한 생활을 하던 대목수 황우양씨를 불러 궁궐을 다시 짓도록 한다. 황우양씨가 천하궁에 올라간 사이에 소진랑이 황우양씨의 부인을 겁박하여 소진뜰로 납치하여 결혼을 강요한다. 그러나 부인은 몸이 부정하다는 핑계를 대고 구메밥을 먹으며 정절을 지킨다. 황우양씨는 꿈자리가 사나워 점을 쳐보고 급히 귀환하여 소진뜰에 이르러 부인과 만나 소진랑을 징치하고 황우뜰로 돌아와서 행복한 가정을 재건한다.

여기서 황우양씨가 목수로 등장하고 그의 부인은 풀무를 걸고 쇠가루를 하늘에서 받아내어 목수가 사용하는 연장을 마련해주는 대장장이로 나타난다. 이는 성주신이 가옥의 신이라는 사실과 철기시대에 이르러 대장장이가 샤만으로서 사제기능을 담당한 사실을 반영하는 것으로 해석된다. 그런데 황우양씨 <성주본가>에는 부부의 결혼과정이 나타나지 않고 자손에 대한 언급이 전혀 없다는 점에서 동래본과는 차이를 보인다. 황우양씨의 이야기는 하나의 여성과 두 남성이 벌이는 삼각관계에 초점이 있는 사랑 이야기의 전형이다. 부부의 분리와 분리된 시기에 부정적 남성의 개입, 그리고 부정적 남성의 횡포를 제거하고 부부 재결합으로 전개되는 서사구조는 <춘향전>의 서사적 골격과 일치하는 것으로서 한국 서사문학의 서사적 한 원형으로서 자리잡고 있다고 할 수 있다.

5. 일월노리푸념

<일월노리푸념>은 일명 <궁산이굿>이라고도 하며 평북 강계와 함남 함흥에서 2편이 채록되었다. 여기에서는 손진태가 채록한 강계의 전명수 구연본을 수록한다.

<일월노리푸념>은 일월신의 유래라고 하지만 그 내용으로 보아 창세신의 신화로 보기는 어렵다. 일월은 천신과 상통되는 신인데 무가의 내용은 궁산이가 아름다운 부인인 명월각시를 배선비와 내기 장기를 두어 빼앗겼다가 부인의 기지로 다시 찾게 된다는 것이다. 여기서 부인의 곁을 잠시도 떠나지 못하여 부인의 화상을 그려 가지고 나무를 하러 갔다가 화상이 바람에 날려 배선비네 집에 떨어진 사연이라든지 배선비에게 간 명월각시가 지은 구슬옷을 궁산이는 입고 벗을 줄 알고 배선비는 벗는 방법을 몰라 솔개가 되고 말았다는 화소는 민담의 한 유형인 <새신랑>과 일치하는 것이다. 일월신의 유래라고 한 것은 추측하건대 태양과 태음이 한쌍의 부부라는 점에서 부부신의 이야기라는 의미에서 붙여진 것이라고 본다. 이러한 부부이야기는 황우양씨 이야기인 중부지방의 <성주본가>와도 상통하는 내용으로서 이 서사무가가 가정신 신화일 가능성을 말해준다.

6. 칠성풀이

<칠성풀이>는 계모와 전실 아들의 갈등을 서술한 서사무가로서 영동과 영남을 제외한 전지역에서 전승된다. <칠성풀이>란 명칭은 호남지역에서 불려지는 무가의 이름인데 함흥에서는 <살풀이>, 평양에서는 <성신굿>, 제주도에서는 <문전본풀이> 또는 <남선비>라고 한다. 지금까지 전국에서 20여편의 각편이 채록되었다. 여기에서는 평양의 <성신굿>과 줄포의 <칠성풀이> 두 편을 수록하기로 한다.

줄포본 <칠성풀이>의 주요단락은 ①칠성님과 매화부인의 혼례 ②매화부인의 아들 일곱 쌍둥이 출산 ③칠성님의 매화부인 소박 ④칠성님과 옥녀부인의 재혼 ⑤매화부인이 낳은 7형제가 부친을 찾아감 ⑥옥녀부인의 꾀병과 문복가 매수 ⑦칠성님의 아들 7형제 살해 기도 ⑧산짐승의 희생과 옥녀부인의 음모 탄로 ⑨옥녀부인의 징치 ⑩아들 7형제의 신직 획득으로 되어 있다.

<칠성풀이>의 특징을 나타내는 가장 중요한 서사단락은 전실 아들 칠형제를 제거하기 위해 후실이 꾀병을 앓고 문복가를 매수하여 산사람의 간 일곱보를 먹어야 병이 낳는다고 가장인 칠성님에게 말하도록 하여 후실의 병을 고치려고 전실 아들 칠형제를 죽이려다가 전실이 화생(化生)한 산짐승의 희생으로 아들들이 죽음을 모면하고 후실의 음모가 드러나 징치된다는 것이다.

함흥본이나 평양본에서는 전실부인이 칠형제를 출산하고 죽은 후에 후실부인을 맞아드리고 후실과 전실아들 사이에 갈등이 야기되는 것으로 나타난다. 한편 호남지역 전승본들에서는 전실이 생존한 상태에서 소박을 당하고 혼자 힘으로 아들 7형제를 양육하고 아들이 아버지를 찾아 떠난 뒤 전실이 죽었다가 후실의 악행이 징치된 다음 아들들의 노력으로 회생되는 것으로 되어 있다. 이러한 전개는 칠성님의 부당한 횡포로 모자만 남은 불구가정이 아들들의 노력으로 잃었던 아버지를 다시 찾아 정상 가정으로 회복하는 모습을 보인다. 결국 <칠성본풀이>는 남녀 혼례를 통한 가정의 탄생과 남편의 아내 소박으로 빚어진 가정의 시련, 그리고 후실의 징치와 죽었던 전실의 재생을 통한 가정의 재건으로 전개되는 가정신화로서 성격을 두루 갖추고 있다. 우리나라의 가정신화에는 <성조신 신가>가 있다. 그러나 <칠성풀이>가 전승되는 지역에서는 <성조신 신가>가 전승되지 않는다. 이러한 현상은 <칠성풀이>가 가정신 신화로서 기능을 했기 때문이라고 해석할 여지를 마련해 준다. 그런데 <칠성풀이>는 수명을 관장하는 칠성신의 신화로 알고 있는 사람이 많다. 이는 가정신 신화였던 서사무가가 그 본래의 기능이 잊혀지

고 도교에서 말하는 칠성신의 기능과 혼동하면서 나타난 결과가 아닌가 생각한다. 왜냐하면 신의 직능은 신화에 담겨진 신의 행적과 결코 무관할 수 없기 때문이다.

이 서사무가는 후실과 전실 아들로 구성된 불구가정에서 후실의 생명과 전실 아들의 생명 중 하나를 택해야 하는 가장으로서의 고민을 반영하고 있다. 아내가 중하냐 아들이 중하냐 하는 문제는 당대의 삶을 중시하느냐 후대의 삶을 중시하느냐 하는 가치관과도 관련을 가지며 부부관계를 축으로 한 가정 중시사상과 부자관계를 축으로 하는 남성 혈연집단인 가문 중시사상의 충돌이라고 생각할 수도 있다. <칠성풀이>에는 아내를 위해 아들을 희생시키려는 가장의 행위가 잘못된 것으로 그려진다는 점에서 가장권, 상속권, 자녀 양육의 의무 등 여러가지 문제가 가부장제 사회로 이행하는 모습을 보여준다. 또한 후실과 전실 소생의 아들이 대립한다는 것은 한 남성을 공유하는 전실과 후실의 갈등으로서 처첩갈등과 같은 자궁가족간의 대립이며 일부다처의 가정에서 야기되는 문제이기도 하다. 조선조 후기에 지어진 가문소설에서 이러한 문제들은 보다 본격적으로 등장한다.

7. 장자풀이

<장자풀이>는 호남지역에서 주로 전승되는 서사무가 유형이다. 그러나 함흥의 <황천혼쉬>(혼쉬굿)와 제주도의 <맹감본>도 같은 서사유형으로 볼 수 있다. 이 사사무가의 핵심적 내용은 죽을 것을 미리 안 인물이 저승 사자를 후하게 대접하고 빌어서 죽음을 모면하고 수명을 연장한다는 것이다. 호남지역에서는 부여, 줄포, 전주, 고창, 군산, 정읍, 화순 등지에서 10여편이 채록되었고 함경도 함흥에서 2편이 채록되었다. 여기에서는 손진태가 채록한 함흥의 <황천혼쉬>와 임석재가 채록한 줄포의 <장자풀이> 2편을 수록한다.

함홍본은 백골을 위성한 삼형제가 백골의 예언을 듣고 저승사자에게 황소와 음식을 대접하여 81세까지 장수한다는 내용을 담고 있고 줄포본에서는 중을 괄시한 사마장자가 소강절로부터 죽음의 예언을 듣고 죽기에 이르렀으나 며느리의 정성으로 저승 사자를 후하게 대접하여 수명을 연장하는 것으로 되어 있다. 줄포본은 전반부가 장자못 전설과 유사하며 장자 대신 잡혀간 말을 위하여 말씨낌굿을 해준다는 내용이 부가되어 있다.

<장자풀이>의 신화적 기능은 분명하지 않다. 본토에는 차사신 신화가 없기에 저승 차사 신화라고 생각할 수도 있으나 무가에 등장하는 차사는 향응을 받고 직무를 정당하게 수행하지 못했다는 점에서 신으로 숭앙되기에는 문제가 있다. 함홍본이나 제주도본에서는 죽음을 예언해준 백골신의 신화로 볼 수 있는 부분이 있는데 백골신이 어떤 특정한 직능을 가진 신으로 설정되어 있지는 않다. 자신을 위성해주는 인간에게 죽음을 모면하는 방법 등 여러가지 도움을 주는 신으로 나타난다는 점에서 충청도 일원에서 신앙되는 '왕신'과 유사한 면모를 찾을 수 있다.

<장자풀이>는 무속신앙의 신관이나 가치관을 극명하게 보여준다는 점에서 중요시되는 자료이다. 재물을 아끼고 사람을 괄세하는 장자가 악인으로 규정되고 악행으로 인한 죽음의 징벌을 피하는 방법은 모은 재산을 모두 흩어 사람과 사자에게 베푸는 것이라는 점에서 명분 없는 적덕마저도 최고의 선행으로 생각함을 본다. 또한 사자들이나 신이라도 인정에 약하기에 돈을 쓰면 죽을 사람도 살아날 수 있다는 사고도 찾아낼 수 있다. 이는 현세에서의 베푸는 삶을 가치있는 삶으로 인식하고 정의나 합리보다도 인정을 중시하는 무속의 가치관을 반영한 것으로 풀이된다.

8. 손님굿

<손님굿>은 마마나 홍역 등 역병을 주는 신을 제향하는 굿거리에서

구연되는 서사무가이다. 중부지방에서는 손님신의 노정기는 나타나고 있으나 손님신이 특정한 개인 가정을 상대로 대우를 소홀히 하면 병을 심하게 앓거나 목숨을 뺏고 대우가 극진하면 가볍게 앓게한다는 사연이 없기에 서사무가라고 할 수 없다. 한반도 남부 동해안 일대에서 구연되는 손님굿은 손님신의 행적이 특정한 개인을 상대로 전개된다. 그러나 손님신의 위력만 구술될뿐 손님신의 내력이나 신으로의 정립과정은 나타나지 않는다. 지금까지 <손님굿>은 동해안 일대에서 10여편이 채록되었는데 내용은 구연자에 따라서 사설의 변이가 심하다. 여기에서는 박경신이 울산에서 채록한 김동언 구연본을 수록하기로 한다.

손님굿은 손님신의 치레사설과 노정기에 이어 무엄하게 희롱하는 압록강의 사공을 징치하는 사연이 이어진다. 압록강의 사공은 손님신에게 수청을 들라고 희롱하다가 죽임을 당하고 사공의 아들 육형제도 모두 죽는다. 사공의 마누라가 손님신에게 지성껏 빌어 일곱째 막내 아들은 겨우 살아났으나 병신이 되고 만다. 손님신은 다시 욕심 많은 김장자 집에 들러 김장자에게 박대를 받고 삼대 독자 철현이를 잡아다가 막동이가 되어 손님네를 따라 다니게 만들고 김장자는 가산을 다 없애고 문전걸식하게 한다. 한편 손님신을 지성껏 대접한, 김장집에서 방아품을 파는 가난한 노파나 이정승댁 등은 자손의 역병을 무사히 치루게 한다.

<손님굿>은 무속의 신이 덕성이 있는 존재라기 보다는 위력적인 존재라는 점을 잘 보여준다. 손님신은 무속의 신들 중에서도 가장 무서운 존재로 인식되어 있다. 특히 자손이 귀한 집에서는 손님신에 대한 정성이 지극하다. 손님신을 조금이라도 소홀히 대접하면 자손의 씨를 말리는 것으로 인식되어 있기 때문이다. 그래서 일반 청중들도 손님굿에서 무가의 구연을 들으며 무녀가 들고 있는 신대에 돈을 매달며 자손의 무사함을 빌곤 한다. 그러나 오늘날에는 의학의 발달로 역병이 사라짐에 따라 손님신의 위력은 반감되었다.

9. 심청굿

심청굿은 심청의 이야기를 구연하는 서사무가로서 동해안 일대에서 전승된다. 심청굿에서 모시는 신의 성격은 분명하지 않으나 심청굿을 일명 '맹인거리'라고도 하고 눈을 밝게하여 달라는 축원이 결부되어 있기에 눈을 관장하는 신을 위성하는 굿거리라고 생각할 수 있다. 맹인득명의 화소는 무극에서는 전국적 분포를 보이나 서사무가에서는 동해안 일대와 제주도에서만 나타난다.

<심청굿>은 지금까지 10여편이 채록되었다. 내용은 고전소설 <심청전>과 거의 같으며 특히 판소리로 불려지던 완판본과 닮아있다. 이런 점에서 <심청굿>은 고전소설이나 판소리 사설이 무가에 이입되어 형성된 서사무가라고 생각할 수 있다. 그러나 기원적으로는 해신에 대한 처녀 공희(供犧)의 습속이 본래 무속제전으로 존재했을 가능성이 있기에 무속신화로서 심청 이야기와 유사한 내용이 전승되다가 심청전의 내용과 혼합되었을 수도 있다. 여기에서는 박경신이 울산에서 채록한 이금옥 구연본을 수록한다. 이금옥은 <심청굿>을 잘하기로 동해안 일대에서 소문난 원로 무녀이다. 구연한 장소나 상황에 따른 차이가 다소 있으나 동해안 지역 전역에서 대동소이한 많은 구연본을 남겼다.

6. 칠성풀이

6. 1. 성신굿(금천왕굿)

1966년 12월 임석재(任晳宰) · 장주근(張籌根) 두 분이 조사하여 중요무형문화재 지정자료 제 24호로 요청한 『관서지방무가(關西地方巫歌)』에 수록된 본으로, 관서지방 당굿이나 재수굿 가운데 들어가는 거리이다. 구연자는 평양에서 출생하여 자라다가 월남하여 강원도 영월군 영월읍에서 무업을 하고 있는 정운학(鄭雲鶴: 남자, 조사 당시 55세)과 임학숙(林學淑: 여자, 조사 당시 50세) 부부인데 이 자료의 조사 당시에, 창은 주무(主巫) 정운학이 맡고 반주(伴奏)는 조무(助巫) 임학숙이 맡았던 것으로 되어 있다. 구연 상황에 대한 약간의 설명이 붙어 있고, 악기 반주에 대해서도 간략하게 언급하고 있다. 구연 당시에 주무는 바라를, 조무는 장구 징을 치며 같이 합주(合奏)한 것으로 되어 있는데, 그 합주는 네 개의 마디로 되어 있고 그 네 마디씩이 끝날 때마다 주무는 네 번씩 절을 하며, 조부는 장구를 치면서 만세받이를 하는 것으로 되어 있다. 사설은 주무의 선창(先唱)과 조무의 만세받이가 상하단에 각각 정리되어 있는데 그 사설이 완전히 일치하기 때문에 이 책에서는 상단의 주무 선창 부분만 실었다. 원문에서의 표기는 띄어쓰기가 되어 있고 한자는 직접 노출되어 있으며 문장부호는 사용하지 않았으며 주석도 되어 있지 않았다. 이 책에서는 띄어쓰기는 원문에 따르되, 한자는 책의 체제에 맞추어 (　) 속에다 넣고, 문장부호는 필요하다고 인정될 경우 오늘날의 맞춤법에 맞추어 보완하고 주석을 가했다. 행 구분은 구연상황을 상정하여 4음보 정도를 기준으로 다시 배열했는데, 원문의 행 구분과 달라진 경우에는 //표를 하여 원문에서는 그 위치에서 행이 구분되어 있었음을 표시했다.

○ 성신굿(금천왕굿) 무가(巫歌)[1)]

<주무(主巫)선창>

궁아 궁아//자궁사라.//아왕[2)] 임금//만만세라.

오늘날이야//천지(天地)는 건곤(乾坤)//일월(日月) 성신

사파 세계[3)]//남선 부주[4)]//해동 데일[5)]//조선국에,

산지 조종(山之祖宗)//곤륜산(崑崙山)[6)]이요,

수지 조종(水之祖宗)//황해수[7)]라.

데일 명산//돌아 들어//X X도라[8)]//X X군에

X X면(面)//X X리(里)//X성가(姓家)에

이 놀이 정성//디립니다.

해연단은[9)]//X X년(年) 해운에

---

1) 이 행은 원문에는 없던 것이나 책의 전체적 체제 통일을 위하여 편주자들이 삽입한 것임.
2) '아황(娥皇)'의 와음. 옛날 중국 요(堯)임금 딸로, 여영(女英)과 함께 자매가 순(舜) 임금의 부인이 되었는데 흔히 이 두 사람을 함께 일컬어 '이비(二妃)'라고 함. 순 임금이 창오산에서 죽자 이비는 상강(湘江)에 빠져 죽었는데 이때 그 피가 강가의 대나무에 튀어 소상반죽(瀟湘斑竹)이 되었다는 전설이 있음. 경기도 지역의 무당들은 이 이비를 무당의 시작이라고 인식하고 있기 때문에(이에 대한 더 자세한 내용은 서대석·박경신, 『안성무가(安城巫歌)』, 서울:집문당, 1990. 78~80면 참조) 무가의 첫머리에서 언급하고 있음을 볼 수 있음.
3) 사바세계(娑婆世界). 인간 세상.
4) '남섬부주(南贍部洲)'의 와음. '남섬부주(南贍部洲)'는 불교 용어(佛敎用語)로 염부제(閻浮提)를 가리키는 말. 염부나무가 무성한 땅이라는 뜻으로 수미사주(須彌四洲)의 하나. 수미산(須彌山)의 남쪽 바다 가운데에 있다는 섬으로 삼각형을 이루고 가로 넓이 칠천육순(七千六旬)이라고 함. 후(後)에는 인간세계(人間世界)의 총칭, 곧 현세(現世)의 의미를 가지게 되었음. 여기서는 인간세계, 곧 사바세계(娑婆世界)라는 뜻으로 사용된 것임. 각 거리의 시작은 그 굿이 이루어지는 시간(時間)과 장소(場所)를 신(神)들에게 고(告)하는 내용이 첫머리에 놓이는 것이 전국적인 굿의 일반적인 관례인데 여기서도 이 굿이 이루어지는 장소를 언급한 내용의 일부임.
5) 해동 제일(海東第一).
6) 산지조종(山之祖宗)은 곤륜산(崑崙山). 산 가운데 으뜸 가는 산은 곤륜산.
7) 수지조종(水之祖宗)은 황해수. 수지조종(水之祖宗)은 황하수(黃河水). 물의 으뜸은 황하.
8) XX도(XX道)라. 여기서의 'XX'는 실제 굿을 하는 장소에 따라 다른 단어가 들어갈 자리임.

달에 월성//X월(月) 상달에//날의 성수//XX날.
금일 정성//디리자고//이 나라에//음넉[10]을 놓고
저 나라에//양넉[11]을 놓아
백둥넉[12]을//설흔 세 책//내어 놓고
원천강[13]에//날을 골라//주역선생(周易先生)[14]//시(時)를 맥여
일상 생기[15]//골라 내서//대주에는//턴길날[16]에
게주[17]에는//상길날[18]//자여자손(子與子孫)에//복(福) 들 날에
재수 대통//소원 성취//되는 날로//시를 맞자.
이를 성(成)짜//백인 날에//백 장지[19]를//펠테[20] 놓고,
일천당에//벼루에다//삼천당에//먹을 갈아,
황모 대필(黃毛大筆)[21]//흠슥[22] 풀어//상택일로//메기시고,
삼일(三日) 정성//오일(五日) 닷새
수관[23] 제게[24]//구일 정성//디리자고[25]

---

9) 대개의 경우 '해로 연단은' 정도로 구연하는 부분임. 해로는. 연(年)으로는.
10) 음력(陰曆).
11) 양력(陽曆).
12) 백중력(百中曆). 앞으로 올 100년 동안의 일월(日月)·성신(星辰)·절후(節候)를 미리 헤아려 만든 책력. 조선 정조 6년부터 만들기 시작하였고 10년마다 한 번씩 고침.
13) 원천강(袁天綱). 중국 당(唐)나라 때에 있었든 유명한 점장이.
14) 주역선생(周易先生). 점장이를 달리 일컫는 말.
15) 일상생기(一上生氣). 민간(民間)에서 일진(日辰)을 보는 방법의 하나인 생기법(生氣法) 가운데 들어 있는 것임. 일진과 나이를 팔괘(八卦)에 나누어 상·중·하(上中下)의 세 효(爻)의 변화로써 보게 되는데 그 순서는 일상생기(一上生氣)·이중천의(二中天宜)·삼하절체(三下絶體)·사중유혼(四中遊魂)·오상화해(五上禍害)·육중복덕(六中福德)·칠하절명(七下絶命)·팔중귀혼(八中歸魂)으로 됨.
16) 천길날. 천길일(天吉日).
17) 계주(季主). 무당이 굿하는 집의 여자 주인을 일컫는 말.
18) 상길날. 상길일(上吉日). 가장 좋은 날.
19) 백장지(白壯紙). 흰색 장지. '장지'는 우리나라에서 생산되는 두꺼운 종이의 한 종류.
20) 펼쳐.
21) 황모 대필(黃毛大筆). 족제비의 털로 만든 큰 붓.
22) 흠뻑.
23) 수관(首官). 우두머리 제관(祭官).
24) 재계(齋戒). 마음과 몸을 깨끗이 하고, 부정한 일을 멀리하는 일. 마을제를 지낼 때에

삼문[26] 밖에//금줄[27] 재게//사 오방 터전에//황토(黃土)로 제게
벽 문 앞에//송침[28] 재게//방안에는//인물 제게.
상탕에다//머릴 감고//중탕에다//목욕을 하고
하탕에다//수족 제게//전소 단발[29]//신령 배포[30]로
험한 옷을//벗어 놓고//새라[31] 새 옷을//갈아 입어,
험한 인간(人間)//들을[32] 세라//정한 인간(人間)//나 갈세라.
누린지[33] 비린지[34]//재게를 하야,
낮이면은//천동 걸음[35]//밤이면은//수이 잠[36]에

제관들이 찬물에 목욕하고 부부간에 잠자리를 삼가는 일 등이 대표적인 예임.

25) 드리자고.

26) 삼문(三門). 대궐이나 관아 건물의 앞에 있는 문. 정문(正門)·동협문(東夾門)·서협문(西夾門)의 셋으로 되어 있기 때문에 이렇게 부르는 것임.

27) 부정을 꺼리어 잡인(雜人)이 출입하거나 접근할 수 없도록 집의 문이나 제장(祭場)의 주위에 치는 줄. 이 줄은 반드시 왼새끼를 사용하게 됨.

28) 송침(松針). 소나무의 바늘. 여기서는 단순히 '소나무'의 뜻임. 금줄에다 소나무 가지를 꽂는 경우가 더러 있는데 이 소나무 가지를 말한 것임.

29) '전조단발(剪爪斷髮)'의 와음. 재계 과정 가운데 하나임. 손발톱과 머리를 깎음. 중국의 은나라 탕임금의 고사에서 온 말임. 다음 주) 참조.

30) '신영백모(身嬰白茅)'의 와음. 역시 재계 과정의 하나로 중국 은나라 탕왕의 고사에서 온 말임. 대한칠년(大旱七年)이 들었을 때 탕왕이 스스로 손톱, 발톱, 머리털을 깎고 자신의 몸을 희생으로 하여 상림원(上林苑)에서 기우제(祈雨祭)를 지내니 하늘이 감동하여 비가 수천리에 내렸다고 함. 김창환제(金昌煥制) 판소리사설『심청가』에서 심봉사가 선인(船人)들에게 하는 말 가운데 다음과 같은 부분이 있음.

> 무지한 선인(船人)들아 옛일을 모르느냐. 칠년대한(七年大旱) 가물적에 사람 잡아 빌랴하니 탕인군(湯人君)의 어진 마음 내가 지금 비는 바는 사람을 위함이라. 몸으로 희생(犧牲)되야, 전조단발신영백모(剪爪斷髮身嬰白茅) 상림(上林)들에 빌었더니 대우방수천리(大雨方數千里)라. 탕(湯)의 천지 방방곡곡 풍년이 들었으니 그런 일을 모르느냐.

31) 새로.

32) 들올. 들어올.

33) 누린지. 누린내가 나는 음식.

34) 비린지. 비린내가 나는 음식.

35) '종종걸음'의 와음. 대개의 다른 지방 무가자료들에서는 '종종걸음'이라고 구연하는 구절임.

36) '수잠'의 와음. 깊이 들지 못하는 잠.

으논 소[37)]에//공눈[38)]하고//공눈 소에//이논을 하야

이논이 맞고//공논이 맞아//재미[39)] 공덕//하실라고

명산 대천(名山大川)//찾아 가서,

낮이면은//햇 나루[40)]에//밤이면은//이슬 나루,

강태공(姜太公)[41)]에//조작방아[42)]

데석[43)]님에//본을 받고//실농씨[44)]에//법을 받아,

이십팔수(二十八宿)[45)]//내 구루고[46)]//삼(三)이 삼천(三天)[47)]

디리 굴러[48)]

청 백미면//옥 백미(玉白米)에//세 백미(白米)에//상상미(上上米)를,

은제[49)] 놋제로//한 알 두 알//골라 내어,

---

37) 의논소(議論所). 여러 사람이 모여서 의논하는 곳.

38) 공론(公論).

39) 재미(齋米). 중에게 보시(布施)로 주는 쌀을 가리키는 불교 용어.

40) 아마도 '나룩'인듯함. '나룩'은 '벼'에 해당하는 방언.

41) 강태공(姜太公). 태공망(太公望). 중국 주나라 초기의 정치가. 성은 강(姜). 이름은 상(尙). 문왕(文王)이 위수(渭水) 가에서 처음 만나 스승을 삼았으며, 뒤에 무왕(武王)을 도와 은(殷)나라를 평정하여 그 공으로 제(齊)나라에 봉함을 받아 그 시조가 되었음. 그는 백 육십세를 살았다고 하는데 처음의 팔십년은 벼슬하지 못하고 가난하게 살았고 뒤의 팔십년은 부귀를 누리면서 살았다고 함.

42) 조작(造作)방아. 만든 방아. 무가 사설에 의하면 방아는 강태공이 만들었다고 함.

43) 제석(帝釋). 삼신[產神].

44) 신농씨(神農氏). 반인반수(半人半獸)였다고 알려져 있는 고대(古代) 중국(中國)의 전설상(傳說上)의 왕. 영농(營農)과 약초(藥草)의 신(神)으로 알려져 있음.

45) 이십팔수(二十八宿). 옛날 인도나 페르샤, 중국(中國) 등지에서 해와 달과 여러 혹성(惑星)들의 소재(所在)를 밝히기 위하여 황도(黃道)에 따라 천구(天球)를 스물여덟 개의 구역(區域)으로 나누었기 때문에 생긴 말.

46) 내구르고.

47) '삼십삼천(三十三天)'의 와음. 서른 세 개의 하늘을 구분한 불교(佛敎) 용어. 욕계(慾界)의 사천왕천 · 도리천 · 기염마천 · 도솔타천 · 낙변화천 · 타화자재천의 여섯 개와, 색계(色界)의 범중천 · 범보천 · 대법천 · 소광천 · 무량광천 · 광음천 · 소정천 · 무량정천 · 편정천 · 복생천 · 복수천 · 광과천 · 무상천 · 무번천 · 무열천 · 선견천 · 선현천 · 색구경천의 열여덟 개와, 무색계(無色界)의 공무변처천 · 식무변처천 · 무유처천 · 비상비비상천 · 불회심둔천 · 수강구우천 · 수음화천 · 상음구우천 · 상음화천의 아홉 개를 통틀어 이르는 말.

48) 드리굴러.

호백[50] 곡석[51]//피[52]를 모고//되에 곡석//말을 모고,
말에 곡석//섬을 일러,
석 섬 서 말//서 되 서 홉//일러 내야,[53]
사해 요왕//드러가서//용궁수를//동에[54] 동에//길어 내어,
청게 수면[55]//옥게수[56]를//길어다가,
초물[57]에는//뉘[58]를 골라//재 물[59]에는//돌을 일궈,[60]
삼(三) 물보탐[61]//정성디려
일천 물에//정성이면//수많은 물에//지성으로,
강태공(姜太公)에//조작방아
팔선녀(八仙女)[62]가//둘러앉어
피나무[63] 함지[64]//둘러 놓고,

---

49) 은저(銀箸). 은으로 된 젓가락.
50) '홉[合]에'의 잘못임. 한 되의 10분의 1.
51) '곡식(穀食)'에 해당하는 방언.
52) '되'의 오식(誤植).
53) 일어 내어. 가려 내어.
54) '동이에'에 해당하는 방언.
55) 청계수(淸溪水)며. 맑은 냇물. 깨끗한 냇물.
56) 옥계수(玉溪水). 옥같은 시냇물.
57) 첫물. 첫 번째.
58) 뉘. 쌀 속에 섞여 있는 껍질이 벗겨지지 않은 벼.
59) 재물. 두 번째.
60) '일어'에 해당하는 방언.
61) '삼물부터'에 해당하는 방언.
62) 팔선녀(八仙女). 여덟 사람의 선녀. 김만중(金萬重)의 소설 <구운몽(九雲夢)>에 나오는 여덟 사람의 선녀(仙女). 본래 위부인의 제자들이었으나 성진(性眞)과 석교상(石橋上)에서 수작(酬酌)한 죄(罪)로 인간으로 적강(謫降)하여 성진의 환생인 양소유(楊少遊)의 이처육첩(二妻六妾)이 되었다가 불도(佛道)를 닦아 양소유와 함께 천상계(天上界)로 복귀함. 인간계(人間界)에서의 이름들은 정경패·이소화·진채봉·가춘운·적경홍·계섬월·심요연·백능파였음.
63) 피나무. 피나무과에 속하는 낙엽 활엽 교목. 잎은 호생하고 장병(長柄)이며, 거의 원형에 끝이 뾰족하고, 잎 뒤에 잔털이 났으며 가에는 톱니가 있음. 6-7월에 담황색의 오판화가 산방상으로 액생하여 모여 피고, 과실은 직경 5mm의 구형 또는 도란형이며 10월에 익음. 산허리 및 골짜기에 나는데, 한국 각지 및 일본·중국에 분포함. 재목은 도구재, 수피(樹皮)는 섬유용·선박의 밧줄·끈 등을 만들고 꽃은 꿀이 많고 향기

박천[65]이라//세모시[66] 채를//바른 손에//취겨 들어,[67]
이리 흔들//데리[68] 흔들,
백설같은//흰 가루를//함지 함지//일러다가,
일곱 구넝[69]//동실기면[70]//열 두 구넝//둥 실기면[71]
수물 네 구넝[72]//왕 시루라.
해 달 그린//조왕[73] 우에//한 일짜로//걸어 놓고,
사천 팔방(四千八方)//제 조왕에//솥을 빌고,
사해 요왕에//물을 빌어,
청게수며//옥게수며//왜무지게[74]//흰 띠[75]를 띠워,
수인씨[76]에//불을 빌어//산신님에//약초를 빌어,
지하궁에//불을 이여[77]//천하궁(天下宮)에//김을 올려,
안개 결로//구름결에//일 떡[78]으로//빚어 내고//월 떡[79]으로//빚어 내어,
히나 백(白)설기//검으나 덩시루[80],

가 높음.
64) 함지. 나무로 네모지게 짜서 만든 그릇. 운두가 좀 깊으며 밑은 좁고 위가 넓음.
65) 박천군(博川郡). 평안북도에 있는 군의 이름.
66) 세(細)모시. 가는 모시베.
67) 치켜 들어.
68) '저리'에 해당하는 방언.
69) 일곱 구멍. 시루는 구멍이 일곱 개임.
70) 통시루며.
71) 통시루며.
72) 스물 네 구멍.
73) 조왕신. 가신(家神)의 하나. 부엌에 모셔지며, 불을 관장하고, 그 집의 주부(主婦)를 지켜준다는 여신(女神)임.
74) 외무지개. 무지개.
75) 흰띠. 흰색의 띠.
76) 수인씨(燧人氏). 중국(中國) 고대(古代)의 삼황(三皇)의 한 사람. 전설적(傳說的) 인물로 복희씨(伏羲氏) 이전의 사람인데 불을 가르쳤고 식물(食物)의 조리법(調理法)을 처음으로 가르쳤다고 전함.
77) 이어.
78) 해떡. 떡의 한 가지.
79) 월떡. 달떡. 찹쌀로 둥글게 만든 떡. 정월 보름에 만들어 먹는 떡이었음.
80) 통시루.

일월(日月) 공비[81]//김재미[82] 무재미[83]//인절미란,
높은 낭게[84]//상 실과면//낮인 낭게//청 실과라.
왕밤 대추 고깜[85]//삼색(三色) 과일//욕불 진상
사과 전봉//모서[86] 놓고,
명산 대천(名山大川)//찾어 가서//일등 채수[87]//캐어다가
오색 채수로//가추시고[88]
당일 빚어//당감주며//사흘 나흘//감홍주며,
일헤[89] 여드레//이탁주며//보름 빚어//망월주(望月酒)며,
한 달 빚어//일삭주(一朔酒)며//두 달 빚어//동배주며,
석 달 열흘//백일주(百日酒)며//삼년(三年) 빚어//천일주(千日酒)라.
달 가운데//계화주(桂花酒)며//인간(人間)에는//생명주(生命酒)라.
은 잔 놋 잔//제껴[90] 놓고//성천하고[91]//사기 잔에,
가득이 가득//부어 놓고//자기수를[92]//모서 놓고
명전[93] 명리[94]//명사 실[95]을//돋우시고,
주여 말아[96]//함박 꽃에//내리 말아//세루화야.[97]

---

81) 미상.
82) 김재미. 대개는 '기름재미'라고 발음함. 기름에 튀긴 떡.
83) 무우를 기름에 볶아 만든 음식 이름.
84) 나무에.
85) 곶감.
86) 모셔.
87) '채소'에 해당하는 방언.
88) 갖추시고.
89) 이레[七日].
90) '젖혀'에 해당하는 방언.
91) 성천(成川)의. 성천에서 생산되는. '성천'은 평안남도에 있는 지명.
92) 미상. 어쩌면 '자기술을'이었는지도 모르겠음. 자기(瓷器) 잔에 부은 술(?).
93) 명전(命錢). 오래 살게 하여 달라고 올리는 돈.
94) 미상.
95) 명사실. 오래 살게 하여 달라고 축원하면서 세우는 사실. 경기도 지방의 굿에서는 굿을 하다가 삼지창에 돼지머리를 찔러 세워보는 일을 '사실 세우다'라고 말함.
96) 치말아. 위쪽으로 말려 올라가.
97) 세류화. 버들꽃.

불도화[98]며//자정화[99]에//개나리 꽃에//목단 화(花)며
수팔년[100]에//연 꽃이라.
좌 병화 우 병화//태평화(太平花)를//피워 놓고,
철리 장화//말리 장반//인물개를//띠워 놓고,
나라 만신//제관되어//대주님에//정성이요
금화 부인에//지성이요//자(子)야 자손(子孫)//지성으로
이 놀이 정성//디립니다.
성신님에//본은 가서//게 어데냐?//금석산이//본이로다.
금석산에서//본은 가서//게와일랑//본이로다.
초 다섯살에//아바지[101] 죽고//초 열살에//어마니[102] 죽고
삼오 십오(三五十五)//십오(十五)세라.
열 다섯이//장성하니//대장부(大丈夫)라
인물(人物)이 준수(俊秀)하다//인물(人物)일랑//절색(絶色)이라.
이웃집에//할만네덜[103]//일가문중(一家門中)//조모(祖母)네덜
둏은[104] 둥매[105]//서시누나.[106]
아릇 녹에[107]//청실 부인(夫人)//혼사되여
이렁 데렁[108]//납폐[109] 고행[110]//하신 후에

---

98) 불두화(佛頭花). 불두화 나무의 꽃. '불두화 나무'는 인동과에 속하는 낙엽 활엽 관목. 높이 3m 가량이고 잎은 대생하며 난상의 긴 타원형임. 여름에 순백색의 무성화(無性花)가 한데 모여 큰 구형으로 핌. 산에 나는데, 한국 중부 이남에 분포함. 사원(寺院) 부근에 관상용으로 심음.
99) 미상. 어쩌면 '자정향'의 와음인지도 모르겠음. '자정향(紫丁香)'은 '라이락(lilac)'을 말함.
100) '수파련(水波蓮)'의 와음. 잔치 때에 장식으로 쓰이는 종이로 만든 연꽃.
101) 아버지.
102) 어머니.
103) '할머니네들'에 해당하는 방언. 할머니들.
104) 좋은.
105) '중매(仲媒)'에 해당하는 방언.
106) 서신다. (중매를) 한다.
107) 아랫녘에. 아랫쪽에.
108) '이럭저럭'에 해당하는 방언.

이렁 데렁//살아 간다.
그적에야//이렁 데렁//단성하야,[111]
나라에다//벼슬하야//내직[112]에다//승전[113]되고,
금천아//왕(王)님이//되었더라.
이렁 데렁//청실 부인(夫人)과//동거하야//살아 갈 때
아들 일곱//나았구나.[114]
세월이//비감허다.[115]
청실 부인(夫人)//우연 득병//하시더니//서어산(山)[116]에//고혼이라.
금천앙//왕(王)님은//그적에야//재추 당가,[117]
최씨 부인(夫人)//동행하야//이렁 데렁//살아 갈 때,
딸 삼형제(三兄弟)//낳었더라.
첫채 애기//연주 애기//둘채 애기//분주 애기
세채 애기//반달으 애기.
딸 삼형제(三兄弟)//이렁 데렁//단 이십(二十)이//성골[118] 된다.
이렁 데렁//살아 갈 때//아들 닐곱//장성하여//지나 간다.
최씨 부인(夫人)//고[119] 혼자 앉아//생각하니,
나이 가서//사십(四十)이 넘어//단산[120]이나//되었이니

---

109) 납폐(納幣). 혼인 때에 신랑 집에서 신부 집으로 푸른색과 붉은색의 비단을 보내는 일 또는 그 비단.
110) 거행(擧行).
111) 단성(丹誠)하여. 거짓 없이 참된 정성을 다하여. 아니면 '장성하여'의 와음으로 볼 수도 있겠음.
112) 내직(內職). 서울에 있는 관청의 벼슬자리.
113) 승진(昇進).
114) 낳았구나.
115) 비감(悲感)하다. 슬프다.
116) 서산(西山).
117) 재취(再娶) 장가. 다시 아내를 얻음.
118) 성골(成骨). 뼈가 굵어짐. 장성함. '성골하다'는 '성인(成人)이 되다'의 뜻임.
119) 거기에. 여기서는 '그 시점에서'의 뜻임.
120) 단산(斷産). 여자가 나이 많아 더 이상 아이를 낳을 수 없게 됨.

아들 히망[121]//젠헤[122] 없다.

남긴 자식//딸 삼형제(三兄弟)//뿐이로다.

아들 닐굽//당성하니[123]//이 내게는//무슨 권리//도라 오랴?

그적에야//아들 닐굽//제미[124]를 할까?

딸 삼형제(三兄弟)//불러 디려//깊은 방에서//이논한다.

아들 일굽//재비[125]할 꾀//게구[126]를 연구한다.

이렁 데렁//할 것이면//대왕(大王)님이//속으리다.

그적에야//쵀씨 부인(夫人)//거즛[127] 병으로//금식[128] 금식

지하 고병[129]//앓튼구나.[130]

딸 삼형제(三兄弟)//외당으로//뛰어 나가,

여보세요//선친께서[131]

어머니가//불이[132] 금자[133]//죽을라고//하옵니다.

이리 하고//딸 삼형제(三兄弟)

아른 넉에[134]//턴문 박사//찾아 가서

이런 홍게//합의가 됐다.

---

121) 희망(希望).
122) '전혀'에 해당하는 방언.
123) '장성(長成)하니'에 해당하는 방언.
124) 제미. 동사 '저미다'에서 온 말로 보임. '저미다'는 '얇게 깎아 내다'의 뜻. 따라서 여기서는 '도륙(屠戮)' 정도의 의미로 이해됨.
125) 잽이. 잽기. 잡기. 잡아 죽이는 일.
126) '계교(計巧)'의 와음.
127) 거짓.
128) '금식(禁食)'으로 보면 '(일부러) 먹지 않는 것'으로 볼 수 있겠고, 부사로 보면 '껍적껍적. 문득문득' 정도로 볼 수 있겠음.
129) 지하고병(地下膏病). '죽을 수밖에 없는 병' 정도로 이해됨.
130) 앓는구나.
131) 제보자의 실수였음. 없어야 될 말임. 실수라고 판단되었기 때문에 바로 뒤에서 '어머니가'라고 바로잡은 것으로 이해됨.
132) 불의(不意). 불의에. 뜻밖에.
133) 지금. 당장.
134) 아랫녘에. 아랫쪽에.

그적에야//왕(王)님이//보선발로//뛰어들어//하는 말씀,
한번 상체[135]//끔짝한데[136]//두번 상체//웬 말이냐?
그적에야//최씨부인(夫人)을//어루 맨지며[137]//하는 말이
최씨 부인(夫人)//어데가 앞아요?[138]
최씨 부인(夫人)//하는 말이,
나는 가서//죽을 병이//들었어요.
가살[139] 부리며//대왕(大王)님에//옷 자락을//쥐어 흔든다.
대왕(大王)님이//급헌[140] 성격//예이더라[141]
이 넘에를//넘어 가서//이원 냥반[142]//모싯구나[143]
이 건네를//건너 가서//의술 양반//불러 오나.
그적에야//이렁 데렁//하는 듬에[144]
최씨 부인//가살 부리며,
나는 가서//약 먹을 병이//아닙니다.
이 아래를//네레 가서[145]//문점[146]이나//하여 주소.
금천아//대왕(大王)님이//급헌 성격
은자 천량(銀子千兩)//내어 가지고
아름녹에[147]//내려 가서//문복을//하여 보니,
턴문 박사//하는 말이,

---

135) 상처(喪妻). 아내를 잃음.
136) 끔찍한데.
137) 만지며.
138) 아파요?
139) 가살. 가량스러운 야살. 언행이 얄망궂고 되바라져 잘 어울리지 않는 태도. '가살 부리다'는 '가살스러운 짓을 일부러 하다'의 뜻임.
140) 급한.
141) '얘들아' 정도로 이해하면 되겠음.
142) 의원(醫員) 양반. 의원.
143) '모셔 오너라' 정도의 잘못으로 이해됨.
144) 때에.
145) 내려 가서.
146) 문점(問占). 점을 침.
147) 아랫녘에. 아랫쪽에.

아들 닐굽//아이[148]를 내어//먹으야만//낫갔어요.[149]

대왕(大王)님이//이 말 듣고//묵묵부답//도라 온다.

최씨 부인(夫人)//대왕(大王)님에//손을 잡고//하는 말이

무엇이라고//하옵데가?

대왕(大王)님이//기가 막혀//묵묵 부답//하는 구나.

최씨 부인(夫人)//거즛 가살//온갖 흉게//다 부린다.

대왕(大王)님이//이 정상[150]을//보시더니//하는 말씀,

아들 닐굽//아일 내어//먹으야만//낫갔대요.[151]

최씨 부인(夫人)//거즛말로,

나는 죽어도//괜찮 안아[152]//아들 닐굽//제빌[153] 가서//어찌 하랴?

거저리[154] 흉게를//다 부린다.

대왕(大王)님이//할 수 없어//대(大) 활을//둘러 메고

화살 닐굽//둘러 지고,

아들 닐굽//다리고서//뒷 동산에//후원길로//올라 간다.

중(中)간 길에//산중(山中) 처사[155]//길을 막고//하는 말이,

예이 놈이//천하(天下) 대사[156]//하는 놈이

집안 가덩[157]//흉게 게사//왜 모르나?

아들 닐굽//무슨 죄로//죅일라고//하는 구나.

아들 닐굽//이 길로서//송 서울[158]로//종적 모르게//보내구서,

이 넘예를//넘어 가면//멧돼지 닐굽//있느니라.

---

148) 애. 창자. 장자풀이계의 다른 자료들에는 대개 이 단어가 '간('肝)'으로 되어 있음.
149) (병이) 낫겠어요.
150) 정상(情狀). 인정상 차마 볼 수 없는 상태.
151) 낫겠대요.
152) 괜찮으나. 관계하지 않으나.
153) 잽이를. 잡기를.
154) 거짓으로.
155) 처사(處士). 세상에 나서지 않고 조용히 초야에 묻혀 사는 선비.
156) 대사(大事). 큰 일.
157) '가정(家庭)'에 해당하는 방언.
158) 송(送) 서울. 서울로 보냄.

돼지 닐굽//쏘아다가//아일 내여//주어 봐라.
대왕(大王)님이//옳이 네게[159)]
아들 닐굽//깜쪽같이//송 서울로//올레[160)] 보내고,
그 산(山) 넘에//넘어 가니//멧돼지 닐굽//앉았더라.
대왕(大王)님이//활을 밟아//쏠라 허니
돼지덜이//하는말이,
여보세요//대왕(大王)님은//천하(天下) 권리를//다 개저도[161)]
우릴 가서//무슨 죄로//쏠라고 하오?
우린 가서//풀 뿌리나//츩[162)] 뿌리나//캐어 먹구//사는 즘성.
무슨 죄로//쥐일라고 하오?
대왕(大王)님이//묵묵 부답//듣지 않고
손 팔에다가//활을 밟아//돼지 닐굽//쏘와서리[163)]
아일 내서//닐굽께리[164)]//하여 서리[165)]
집으로//도라 와서//최씨 부인(夫人)를//주었더라.
최씨 부인(夫人)//거동 보소.
한 봉지는//먹는테야[166)]//마는테야//하다가서//벽 구석에//물었더니[167)]
쥐 며느리//밥이 된다.
또한 까리[168)]//먹는 테를//하다가서//상궁[169)] 우에//얹었더니
바쿠[170)] 밥이//되어 간다.

---

159) 옳이 여겨. 옳게 여겨.
160) 올려.
161) 가져도.
162) '칡[葛]'에 해당하는 방언.
163) 쏘아서.
164) 일곱 개를.
165) (장만)하여.
166) 먹는척. 먹는 것처럼 하고.
167) 묻었더니.
168) 또 한 조각.
169) 구멍 위.
170) 바쿠. 바퀴. 바퀴벌레.

또 한 끼리//먹는 듯 하다//마룽[171] 안에//늬었더니[172]
달게[173] 밥이//되어 간다.
또 한 봉지//먹넌 테하다가//고양[174] 발춰[175]//물었더니
걸음[176] 보템[177]이//되어 간다.
또 한 봉지//먹넌 테 하다가//장독새다[178]//늬었더니
개미 밥이//되어 간다.
또 한 봉지//먹넌 테 하다//나무 아래//던졌더니
가막 까치[179]//밥이 된다.
또 한 끼리//먹는 테 하다가//물 속에다//늬었더니
고기 밥이//되어 간다.
이렁 데렁//삼칠일(三七日)이//넘어 가니
그적에야//이러앉어[180]//쾌차허다.
대왕(大王)님이//이 광경을//보시더니
과연이나//산중(山中) 처사//그 말씀이//분명하다.
그적에야//아들 닐굽//송 서울로//올라 가서
낮이면은//활 공부(工夫)요//밤이면은//글 공부(工夫)라.
이렁 데렁//세월이 가서
나라에서//태평과[181]을//보이더라.
아들 닐굽//문관 무관(文官武官)에//벼슬하여

---

171) 마룽. 마루.
172) 뉘었더니. 넣었더니.
173) 닭의.
174) 고양. 고양나무. 회양목.
175) 발치. 발쪽. 여기서는 '나무 밑둥. 나무 뿌리'를 말한 것임.
176) 거름.
177) 보탬.
178) 장독 사이에.
179) 까막까치. 까마귀와 까치.
180) 일어나 앉아.
181) 태평과(太平科). 나라가 평안한 것을 축하하여 보게 하는 임시 과거. 판소리사설 '열녀춘향수절가'에 의하면, 이몽룡이 급제한 것이 이 과거였음.

문무(文武) 제신이//되었더라.
그적에야//아들 닐굽//고향으로//도라 올제,
일산[182]대를//앞 세우고//오합 눅모[183]//잽히시고,
전(前)배[184] 후(後)배[185]//세우시고//집으로//도라 올 제,
십리(十里)당에//들었더라//오리(五里)당에//드러 온다.
최씨 부인(夫人)//혼자말로//하는 말이,
어떤 사람//팔자(八字) 돌아[186]//데런[187] 아덜을//두었다가
데런 경사를//또 다시 보나?
이내 팔자(八字)//기박하야//딸 삼형제(三兄弟)//뿐이로다.
내당에서//혼잣 말로//생각을 할 때,
첫재 애기//연주 애기//내다 보더니//뛰어 들어//하는 말이,
아이고 어만[188]//오래비[189] 닐굽
문성[190] 급데[191]//도장원[192]을//하여 가지고
오리(五里)당에//들었소다.
최씨 부인(夫人)//하는 말이//거즛 말을//하지마라.
둘채 애기//문주 애기//내가 보니
오래비 닐굽//오시누나.
세채 애기//반다루 애기//내다보니

182) 일산(日傘). 흰 바탕에 푸른 선을 두른 긴 양산. 감사(監司)·유수(留守)·수령(守令) 등이 부임할 때에 받음.
183) 미상. 문맥상으로나 뒤에 나오는 '잽히시고'라는 동사로 보아서는 '삼현육각(三絃六角)' 정도의 말이 놓일 자리임.
184) 전배(前陪). 벼슬아치의 행차 때나 상관(上官)에의 배견(拜見) 때에 앞을 인도하는 하인.
185) 후배(後陪). 위의 주)의 반대.
186) '돟아'의 잘못임. 좋아.
187) '저런'에 해당하는 방언.
188) '어머니'에 해당하는 방언.
189) '오라비'에 해당하는 방언.
190) '문과(文科)' 정도의 와음으로 보임.
191) '급제(及第)'에 해당하는 방언.
192) 도장원(都壯元). 장원(壯元).

오랍[193] 닐굽//문성 급데//도장원을//하여 가지고
마당전에//드러 온다.
아이고 어만//웬 일이야?
오랩[194] 닐굽//문성 급데
도장원에//벼슬하여//도라 온다.
최씨 부인(夫人)//할일이 없어//부엌으로 내례가[195]
덥씨[196] 하나//입에 물구//후원 별당//도라가서
시루를 쓰구//숨었더라.
아들 닐굽//두로와서[197]//사당 문을//열어 놓고,
하당[198] 고사//네 필헌[199] 후에//아버지를//찾아 보고,
오늘날이야//어머니를//찾는구나.
최씨 부인(夫人)//찾는구나.
연주 아가//너의 에미//어데 갔냐?
연주 애기//하는 말이,
오랍 닐굽//오신다고//오리(五里)당에//나갔어요.
거짓말을//하디마라.
문주 아가//너에 에미//어데 갔나?
반다루각씨//너에 에미//어데 갔나?
어머니가//오랍 닐굽//오신다고//이웃집에//갔업니라.
거즛말을//하디 마라.
두루 사방(四方)//돌아 들어//찾는구나.
후원 별당//도라 가니//시루를 쓰구//숨었더라.

---

193) '오라비'에 해당하는 방언.
194) '오라비'에 해당하는 방언.
195) 내려가.
196) '접시'에 해당하는 방언.
197) 들어 와서.
198) 하장(賀章). 경사를 축하하는 시문(詩文).
199) 예필(禮畢)한. 예(禮)를 필(畢)한. 예를 마친.

그적에야//아들 널굽//둘러서서//하는 말이,
죄씨 부인(夫人)//들어 보소.
우리 널굽//잽이 할라고//거즛 병을//앓던 년아.
일가 문중(一家門中)//불목[200]을 시기고[201]
집안 가화(家禍)//불평(不平)시기어
우리 널굽//길러 낼 때,
너름[202]이면//수인 친 밥[203]//더운 방 사리//시기던 죄며,
겨울이면//갈포[204] 모세[205]//허헌[206] 찬 밥//멕에[207] 놓고
찬 방 사리//시키던 죄를//어찌 하랴?
막냉이[208]가//쑥 나서니//하는 말이//맞 형님[209]이//쏘아 주소.
맞 형(兄)님이//하는 말이//아버지 벗[210]을//못 쏘겠다.
둘 채 형(兄)님//쏘아 주소//아버지 벗을//못 쏘겠다.
세채 형아//쏘아 주소//아버지 벗을//못 쏘겠다.
네채 형(兄)님//쏘아 주소//아버지 벗을//못 쏘겠다.
다섯채 형(兄)님//쏘아 주소//아버지 벗을//못 쏠레다.
여섯채 형(兄)님//쏘아 주소//아버지 벗을//못 쏘겠다.
널굽채가//썩 나서더니,
천지간(天地間)에//불망함이//많은 년아//왜 못 쏘랴?
활을 밟아//단 한 살에//쏘았더라.
활을 밟아//널굽 대를//쏘고 보니//돼지가//분명하다.

---

200) 불목(不睦). 일가 사이에 화합하지 아니함.
201) 시키고.
202) '여름[夏]'에 해당하는 방언.
203) '쉰 찬밥. 쉬어빠진 찬밥' 정도였을 것으로 이해됨.
204) 갈포(葛布). 칡의 섬유로 짠 베.
205) 모시. 모시베.
206) 허한. 속이 빈. 부실(不實)한.
207) 먹여.
208) 막냉이. '막내'에 해당하는 방언.
209) 맏형님. 맏형.
210) 여기서는 '사랑하는 사람' 정도의 뜻임.

입은 가서//덥시[211] 두뎅이[212]//털은 가서//송긋[213] 털에,
등은 가서//곱새[214] 등에//귀는 가서//쪽 귀에,
눈은 가서//고름 눈[215]에//발은 가서//쪽 받[216]에,
꼬린 가서//송긋 꼬리//뱃 가죽에//늘어 데서[217]
산돼지가//분명하다.
그적에야//산칼쟁이//불러디려//가죽을 베껴,[218]
등 가죽은//피쟁이[219]에//신 가죽으로//돌리시고,
무녀(巫女) 북과//북 가죽으로//돌랬드라.
그적에야//딸 삼형제(三兄弟)//호찰시켜[220]//돌랬더니
그 혼일랑//뛰어 나가//접동새가//되었더라.
이렁 데렁//살아 갈 제
아들 닐굽//명문 거족(名門巨族)//승전 깃빨//하여서리[221]
명문 거족(名門巨族)에//살았더라.
직금에야//이 설법이//내려 올 때
이 도신[222]을//하시면은,
국가이나//속가(俗家)이나//민가(民家)에서//백성(百姓)덜이
집집마다//이런 일이//없게 하고,
차가중(此家中)여//이 도신을//디리시면

---

211) '접시'에 해당하는 방언.
212) '주둥이'에 해당하는 방언.
213) '송곳'에 해당하는 방언.
214) '곱사'에 해당하는 방언.
215) 고름이 나오는 눈.
216) '쪽발'의 잘못임.
217) 늘어져서.
218) 벗겨.
219) 피쟁이. 피장. 피색장(皮色匠). 짐승의 가죽을 다루어 물건을 만드는 사람.
220) '회초리 시켜'에 해당하는 방언. 회초리질을 시켜. 회초리로 때려.
221) 하여서.
222) 도신(禱神). 가정에서 행하는 재수굿의 다른 이름. 전라북도지방에서는 음력 10월에 날을 받아 추수감사의 의미를 겸하여 행하기도 함.

이런 흉사(凶事)//물러 간다.

자손(子孫) 낳면//명문 거족(名門巨族)

왕희주[王羲之][223]에//필법(筆法)으로//성공하고,

명문거족(名門巨族)에//도라 오니,

자손(子孫) 애기를//명(命)과 복(福)을//점지(占之)하고,

당상학발(堂上鶴髮)//늙은 부모(父母)

소년(少年) 항락[224]//돌레[225] 준다.

나라에//벼슬하는//가문(家門)에는//이런 액(厄)을//소멸시켜

태평안과(太平安過)//도와나 주소.

징, 장구, 바라 합주(合奏)

춤

공수(拱手)[226] 약(略).

[1996년 8월 2일 채록]

223) 왕희지(王羲之: 307년~365년). 중국 진나라 때의 유명한 서예가(書藝家). 자는 일소(逸少). 해서(楷書)·행서(行書)·초서(草書)의 삼체를 전아하고 웅경하게 귀족적인 서체(書體)로 완성하였음.

224) '행락(行樂)'의 와음.

225) 돌려.

226) 굿을 할 때 무당이 신의 뜻이라고 해서 하는 말.

6. 2. 칠성풀이

임석재(任晳宰) 선생이 조사하여 주요무형문화재로 지정 요청한 무형문화재보고서 제 79호(1970년 12월) 『줄포무악(茁浦巫樂)』[227]에 수록된 성씨(成氏) 무녀 구연본이다. 제보자인 성씨는 1905년 전라북도 부안군 부안읍의 무당 집안에서 태어나 조사 당시까지 무업에 종사하고 있었으며 무가 일체와 징, 장구 반주도 가능하며, 여러 가지 무속의례에 매우 밝은 것으로 기록되어 있다.

이 본은 여자 주인공의 이름 등에서 약간의 혼란이 있기는 하지만 비교적 서사구조를 잘 갖추고 있고 서사 진행에 별다른 무리가 따르지 않으며, 호남지역 무가의 특성이 잘 드러난다는 점에서 <칠성풀이> 계통의 대표적 이본 가운데 하나로 평가된다. 사설은 음보를 기준으로 채록하였는데 사설뿐 아니라 악기 장단도 표시되어 있는 것이 특징이다. 원문은 띄어쓰기가 되어 있고 한자가 노출되어 있으며 문장 부호는 일부 붙어 있었으나 주석은 따로 가해지지 않았다.[228] 이 책에서는 띄어쓰기는 원문에 따랐으나 한자는 책 전체의 체제를 고려하여 ( ) 속에 넣었고 문장 부호는 필요하다고 인정될 경우 보충하고 주석을 가했다. 본문 가운데 < > 속에 주석되어 있는 것은 원문에 따른 것이다. 행 구분은 구연상황을 상정하여 4음보 정도를 기준으로 다시 배열했는데, 원문의 행 구분과 달라진 경우에는 //표를 하여 원문에서는 그 위치에서 행이 구분되어 있었음을 표시했다.

227) '줄포'는 전라북도 부안군에 속한 지명임.

228) 다만 몇 개의 단어에 대해서는 본문 가운데에서 < >에 넣어 주석한 것이 있으나 전체적으로는 주석은 없었다고 해도 별 무리가 없을 듯함.

ㅇ칠성풀이 무가(巫歌)[229]

(외 장구 장단)

아왕[230] 임금의 굿이야.//이 석시난[231]

이 석시 다른 석시 아니오라//칠성님으 석이오라.

옛날에 공자(孔子)님도 이구산(尼丘山)[232]에 빌어 났고

옛날에 맹자(孟子)님도 이구산에 빌어 났고

옛날으 소자[233] 충렬씨<劉忠烈?>[234]도 남악산[235]에 빌어 났소.

어사(御使)같은 이도령(李道令)도

도에[236] 물을 질어 올리고[237] 전라어사(全羅御使)를 혔입니다.[238]

---

229) 이 행은 원문에는 없던 것이나 책의 전체적 체제 통일을 위하여 편주자들이 삽입한 것임.

230) '아황(娥皇)'의 와음. 옛날 중국 요(堯)임금의 딸로, 여영(女英)과 함께 자매가 순(舜)임금의 부인이 되었는데 흔히 이 두 사람을 함께 일컬어 '이비(二妃)'라고 함. 순임금이 창오산에서 죽자 이비는 상강(湘江)에 빠져 죽었는데 이때 그 피가 강가의 대나무에 튀어 소상반죽(瀟湘斑竹)이 되었다는 전설이 있음. 경기도 지역의 무당들은 이 이비를 무당의 시작이라고 인식하고 있기 때문에(이에 대한 더 자세한 내용은 서대석·박경신, 『안성무가(安城巫歌)』, 서울: 집문당, 1990. 78~80면 참조) 무가의 첫머리에서 언급하고 있음을 볼 수 있음.

231) 이 석(席)은. 이 거리는. 이 제차(祭次)는.

232) 중국(中國) 산동성(山東省) 곡부현(曲阜縣) 동남(東南)쪽에 있는 산의 이름. 공자의 아버지인 숙양흘(叔梁紇)과 공자의 어머니인 징재(徵在)가 여기서 빌어서 공자를 낳았다고 전함.

233) '효자(孝子)'에 해당하는 방언.

234) 유충렬(劉忠烈). 대표적 군담소설 작품인 『유충렬전(劉忠烈傳)』의 주인공.

235) 남악산(南嶽山). 남악 형산(南嶽衡山). 중국의 오악(五嶽) 가운데 하나. 호남성(湖南省) 동정호(洞庭湖)의 남쪽에 있음. 소설 『유충렬전』에 의하면 유충렬의 부모는 자식이 없었기 때문에 충렬의 아버지인 유심과 어머니 장씨가 남악의 형산에서 기도하여 유충렬을 얻는 것으로 되어 있음.

236) 동이에. 물동이에.

237) (동이에) 물을 길어 올리고. '(물동이에) 정화수(井華水)를 길어다 차려놓고 정성을 들여'의 뜻임.

238) 했습니다. (전라어사의 벼슬을) 했습니다. 『열녀춘향수절가』에 보면, 어사가 된 이몽룡이 거지 행색으로 춘향의 집을 찾아갔을 때에 월매가 정화수 한 동이를 단(壇) 아래에 받쳐놓고 이몽룡의 장원급제를 기구하는 대목이 있음.

이제는//천하궁(天下宮)으 칠성님은

천하궁(天下宮)으 칠성님은//열 일곱살을 잡수시고

지하궁(地下宮)으 옥녀부인(玉女夫人)님은//열여섯살 잡수시고

한번 연함<명함(命啣)같은 것>을 디리시는 구나.

한번 연함 디리시니 돈단<全혀> 무심[239] 허시는구나.

두번 연함 다리시니 저년[240] 무심허시는 구나.

삼(三) 세번 연함 디려 그도 연분이던가//허락이 나었구나.

허락난 후에//사주 단자(四柱單子) 봉헌(奉獻)한 연후에

날 택일(擇日) 받어//장개 질[241]을 채릴 때에야

칠성님으 오실 때에//호사없이 오실소냐.

물명지 바지며는 삼성[242] 보신[243]

통행전[244]으로 쉬어자[245]를 신으시고//학창 옷[246]을 입으시고

우별로 진씨<일산(日傘)같은 것> 세우고//좌별로 대장[247] 세우고

무지기<무지개>를 다리 놓아//호기(豪氣)있게 오시는구나.

주점청(駐站廳)[248]에 주점(駐占)허고[249]//대례청(大禮廳)을 바래보니//대례

---

239) 돈단무심(頓斷無心). 돈담무심(頓淡無心). 사물에 대해시 도무지 탐탁히게 여기는 마음이 없음.

240) 전연. 전혀.

241) 장가 갈 채비. 혼례를 치르기 위하여 신부집으로 갈 채비.

242) 삼승(三升). 석새 굵기의 베.

243) 보신. '버선'에 해당하는 방언.

244) 통행전(筒行纏). 아래에 귀가 달리지 아니한 예사 행전(行纏). '행전'은 바지·고의를 입을 때에 정강이에 꿰어 아래에 매는 물건. 옹구바지가 되지 아니하고 가든하게 하고자 발회목에서 장딴지까지 바지 위에 눌러 치는 것으로 번듯한 헝겊으로 소맷 부리처럼 만들고 위쪽에는 끈 둘을 달아서 돌려 매게 되어 있음. 근래에는 상주(喪主)들이 상복(喪服)을 착용할 때 주로 사용함.

245) '시자'의 와음. 신발.

246) 학창옷. 학창의. 웃옷의 한 가지. 흰 창의에 가를 돌아가며 검은 헝겊을 넓게 대어 만든 옷.

247) 대장(大杖). 큰 장대.

248) 신랑이 혼례를 거행하기 위하여 신부집으로 갈 때, 신부집에서 신랑 일행이 잠시 머물 수 있도록 하기 위하여 마련하는 임시 처소. 대개는 '정방'이라고 하나 지방에 따라서는 노점·주점·사초방 등으로 불리기도 함. 신랑이 온 방향에서 신부집을 지

청(大禮廳)이 찬란쿠나.

인물병풍(人物屛風) 화초병풍(花草屛風)//맹산 구름으 글씨 병풍//좌우(左右)로 둘러치고

두대 바지[250] 치알<차일(遮日)>치며//목 자르다 자래 병[251]//목 질라 황새 병[252]

온갖 화초(花草) 꽂아 놓고//송죽(松竹) 대죽 바처 놓고

암탁[253] 장닥[254] 상몬처[255] 상머리 물려놓고

신부(新婦) 치레 없일소냐//신부(新婦) 치레 자니[256] 좋네.

동창(東窓)에 섰던 매화(梅花)인가//남창(南窓)에 비친텃이

남창(南窓)에 섰던 각씨//동창(東窓)에 비친덧이

호사없이 나오시겠는가?

삼태같이[257] 조은 머리//사모 잡아[258] 낭자허고[259]

순금단[260] 웃 저구리//재색[261] 고름 달어 입고

남 대단[262] 웃단 치매//반만 잡어 떨처 입었더라.

대례청(大禮廳)을 당도(當到)허여//은은주<인연주(因緣酒)>를 붓어 놓고[263]

나치지 않아야 한다는 원칙이 있음.

249) 잠시 머물고.

250) 두 대 받이. 커다란 기둥 두 개를 양쪽에 세워서 친 (차일).

251) 목이 짧다 자라병.

252) 목 길다 황새병.

253) 암탉.

254) 수탉. '수탉'을 일부 지방에서는 '장닭'이라고 함.

255) 쌍를 맞추어. 한 쌍을 갖추어.

256) 장(壯)히.

257) 삼대 같이. 여인의 길고 숱이 많은 머리카락을 흔히 '삼단 같은 머리'라고 표현함.

258) 사모(紗帽) 잡아. 여기서는 '사모를 쓴 것처럼 양쪽으로 뾰족하게 튀어나오게' 정도의 뜻으로 이해됨.

259) 낭자하고. 낭자머리를 하고. 쪽지고. '낭자'는 여자의 예장(禮裝)에 쓰는 딴머리의 하나. 쪽진 머리 위에 덧얹어 긴 비녀를 꽂은 것임.

260) 순금단. 중국에서 나는 노란 빛깔의 비단의 한 가지. 대개는 '순금대단'이라고 하는 것임.

261) '채색(彩色)'의 와음.

262) 남대단(藍大緞). 중국에서 나는 남색 비단의 한 가지.

합배주(盒拜酒)[264]를 마신 후에//방(房)안에 들어 개겨[265]
방안 치레 자니 좋다//각장 장판 곻은 자리[266]
천은 요강 순금 대왕[267]//주레 칭칭 받혀 놓고
은기[268] 두지[269] 찬합다지//좌우(左右)로 둘러 놓고
이칭 장[270] 삼칭 장[271] 보기좋게 놓아 놓고
원앙침 잣베개[272] 빌디끼[273] 돌아 놓고
초경(初更)에 은은[274] 맺어//이경(二更)에 자리 들어//삼경(三更)에 혼연 맺어 ……
십년(十年) 넘어 갔구나//일점 혈육(一點血肉)이 없구나.
하루는 태사관으 칠성님이//옥녀부인(玉女夫人) 허넌 말이
"여보시요 옥녀부인(玉女夫人)//남은 내 동갑에
아들 낳고 딸을 낳서//남녀(男女) 애기 기루는듸
우리는 일점 혈육(一點血肉) 없이니//우리도 공이나 들여 자손(子孫)이나 낳 봅시다"
옥녀부인(玉女夫人) 허넌 말이
"아이고 어따 공을 디리오릿까?"
부처님께 투구[275] 시주//인동[276] 시주 창오[277] 시주 권선[278] 시주

---

263) 부어 놓고.
264) '합환주(合歡酒)'의 잘못임. 혼례 때에 신랑과 신부가 나누어 마시는 술.
265) 들어 가셔서.
266) 고운 돗자리.
267) 순금 대야. 순금으로 만든 세수 대야.
268) 은궤(銀櫃). 은으로 만든 궤.
269) 뒤주.
270) 이층장(二層欌). 이층으로 된 옷장.
271) 삼층장(三層欌). 삼층으로 된 옷장.
272) 잣나무로 겉을 대고 그 속에 여러 가지 약재를 넣어서 만든 베개. 이 베개를 베면 잠도 잘 오고 건강에도 도움을 받을 수 있다고 함.
273) 빌디끼. 미상. 어쩌면 '별[星]처럼'인지 모르겠음.
274) 인연(因緣).
275) 미상.
276) 인동(忍冬). 풀이름. 인동초(忍冬草). 잎으로 차(茶)를 끓여 먹음. 문맥상으로는 '연등

불도에 유공허고//신독으 유공허고
후원에 칠성당을 무어 놓고[279]
백미(白米)도 일은[280] 일곱 말//정화수도 일곱 동으[281]
시리[282]도 일곱 시리//소지[283]도 일곱 권
석달 열흘 백일(百日) 산지[284]//지성으로 허고 나니
몽서(夢瑞)[285]를 태는구나.[286]
발 아래 빌이[287] 일곱 떠러저//치매[288] 앞에 놔 뵈더니
깨다나니[289] 꿈이 되었구나.
그 달보톰[290] 태기(胎氣)있어
한달 두달 이실 뫃아[291]//석달에 입덧 나고
넉달에 어브<복(腹)과 배[背]>생겨//다섯달 여섯달에 육젖 나고
일곱 야답 달에 팔귀 열려허고//아홉 열달 곯이 채와
십삭(十朔)이 다 찬 연후에//해복 기미 있었거던
"여봐라 하인아//해복 짚[292]을 가저 오너라//삼신상[293]을 바처라."

(燃燈)'의 와음으로 볼 수도 있겠음.
277) 창호지. 한지(韓紙).
278) 선심(善心)으로 재물을 내어 다른 사람을 도와 줌.
279) 만들어 놓고.
280) 일흔. 칠십(七十).
281) 일곱 동이.
282) 시루[甑].
283) 소지(燒紙). 신령 앞에서, 비는 뜻으로 얇은 종이를 불살라서 공중으로 올리는 일이나 그 종이. 일반적으로 이 종이가 탄 재가 잘 올라가면 신불이 즐겨 받은 것으로 이해함.
284) 백일산제(百日山祭). 백일 동안 산신에게 지내는 제.
285) 꿈에 보이는 상서러운 조짐.
286) 나타나게 하는구나.
287) 별[星]이.
288) 치매. '치마[裳]'에 해당하는 방언.
289) 깨어보니.
290) 그 달부터.
291) 이슬[露] 모아. 무가에서는 어머니의 뱃속에 아이가 생겨 자라는 과정을 표현할 때 흔히 '한두달에 이슬 모아……'로 표현함.
292) 해복짚. 아이를 출산할 때 방바닥이나 자리 위에 까는 짚. 짚단을 잘 털어서 정갈하

삼신산[294]을 바처 놓고
"순산 순태시겨 주옵소사……"
간절히 비는 말에//순순히 돌리더니[295]
정심 참심 일심 단심//금강문 앞에 문패 문 살문 수이 열려
얼음에 배 밀듯이 낳고 보니//귀남자(貴男子)라.
그제는 후복[296]허기 지다르니[297]//형제(兄弟)를 낳는구나.
형제(兄弟) 낳고 후복헐까 바랬더니//삼형제(三兄弟)를 났는구나.
"아이고 한 탯줄에 아들 삼형제(三兄弟)를//낳으며는 나랫님이 알으시면 요[298]를 주어 멕인다더라."
이제는 셋 낳고 후산헐까 힛더니
셋 넷 다섯 여섯 일곱//일곱 애기를 연달아 났는구나.[299]
"여봐라 전갈 하인아//칠성님전으 대사관으
태사관으 자손(子孫) 다 났다고 여쭈어라."
칠성님이 들으시고
"인재 군자 내겼더냐?[300]"
"남자를 내겼서라우."

게 하여 사용함.

293) 삼신 할미에게 올리는 상. 출산할 기미가 보이면 상 위에 깨끗한 짚을 깔고 그 위에 쌀과 미역을 올려 놓고 삼신 할미에게 순산을 기원하고, 출산을 하고 나면 삼신상에 차렸던 쌀과 미역으로 첫국밥을 지어 산모에게 먹이는 것이 일반적인 산속(產俗)이었음.

294) '삼신상'의 잘못임.

295) 출산을 할 때 아이의 머리가 아래로 향하는 것을 흔히 '아이 튼다' 혹은 '아이 머리 돌린다'라고 말하는데, 이것을 말한 것임.

296) 후복. 후산(後產). 아이가 나온 후에 태를 낳는 일.

297) 기다리니.

298) 요(料). 요미(料米). 원래는 잡직(雜職), 각 군문(軍門)·아문(衙門)의 장교(將校)·원역(員役)들과 그밖의 구실아치들에게 급료로 사맹삭(四孟朔)에 주던 쌀·콩·보리·무명·베·돈 등을 통틀어 일컫던 말이나 여기서는 단순히 '곡식이나 돈 등' 정도의 뜻으로 사용된 것임.

299) 계속해서 낳는구나.

300) 낳으셨더냐?

칠성님이 좋아라고//한 손에 유탄[301] 들고//유간지[302]를 단정히 들으시며
"시(時) 사주(四柱)를 적어 보자."
보신 발[303]로 안으로 바삐 들오시여
산모 방으 닫은 문을 열지 않고
"여보시요 옥녀부인(玉女夫人) 후복이나 순산히 졌소?"
인정끼[304]가 적적히서[305]//칠성님은 닫은 문을 여다리여
방안으로 들어 가는구나.
산모(產母)까지 야달비[306]//홍성 항성[307] 누었구나.
칠성님이 우뚝 서며//뒤로 물러 서며
"아이고 여보시요 옥녀부인(玉女夫人)
미물 짐생도 새끼도 하나 둘이 많다 허넌듸
허물며 사람치고//한 탯줄안에 자손(子孫) 일곱이 웬 일이요?
나는 저 자손 젖없어 못 키우고//밥없어 못 키우겄소."
칠성님은 진자리에 소박 주고//천하궁에 올라 개겨//후실 장개[308] 가시는구나.
일조[309]에 이별허고//아부[310]없는 자손 뉘가 키랴……
은 대양[311]을 드려 놓여//놋 대양을 드려 놓여
영청수 물로 용왕 밥을 주었어라.[312]

---

301) 유탄(柳炭). 버드나무를 태워 만든 숯.
302) 유간지(油簡紙). 기름 종이. 기름을 먹인 종이.
303) 버선발. 바빠서 채 신발도 신지 못한 발.
304) 인적기. 사람이 있는 기미.
305) 적적하여. 조용하여. (사람이 있는 기척이) 없어서.
306) 여덟이. 여덟 사람이.
307) 조그마한 것들이 옹기종기 모여 있는 모양.
308) 후실 장가. 본부인을 두고 다른 여자와 결혼하는 일.
309) 일조(一朝). 하루 아침.
310) 아비. 아버지.
311) 은(銀)대야. 은으로 만든 세수 대야.
312) 이 행은 옥녀부인이 일곱 아들들을, 용왕의 밥이나 되라고 영청수에다 내다버릴 생각을 하였다는 뜻임.

은 대양 놋 대양을//주섬 주섬 담아 들고//영청수 물을 찾어 가서
난디 없는 부럼 소리[313]//벽천[314]이 진동허며
"아이고, 여보시요 옥녀부인
그 자손이 삼길 적으//하늘 아는 자손이요.
물에 넣도 아니 죽고//불에 넣도 아니 죽고//절로 클 자손이요
여그다가[315] 내 던지면//당신은 앉인뱅이 될 것이니
어서 빨리 들어 개겨[316]//밤으로는 암죽[317] 세 술
낮이로는 젖줄 일곱번만 멕에 주면//일취월장헐 자손이요."
그말 듣고 옥녀부인(玉女夫人) 도시암[318] 허는구나.
천방지축[319] 도라 와서//둥그렇게 빈 방안으
청사 이불에 흑사 요 도듬[320]//이리 저리 뉘어 놓고
밤으로 암죽 세술//낮이로는 동양젖 일곱번을 멕에노니
지가 절로 일추월장허넌구나.
그럭 저럭 삼오 십오(三五十五) 열다섯살이 되겼구나.
그제는 모도여[321] 일곱애기
"아이고 어머니.//우리가 글 공부를 아니 허며는
상놈되기 쉽십니다//글 공부나 시겨 주시요."
서당에 입학시겨//천자(千字) 추구(推句) 사략(史略) 통감(通鑑) 시전(詩傳)
서전(書傳) 논어(論語)
맹자(孟子) 중용(中庸) 주역(周易) 고문진보(古文眞寶) 외가서(外家書) 내

313) 부르는 소리.
314) 벽천(碧天). 푸른 하늘. 문맥상으로는 '벽력(霹靂)'의 와음으로 볼 수도 있겠음.
315) 여기에다가.
316) 들어 가셔서.
317) 암죽. 어린 아이에게 먹이는 묽은 죽. 곡식이나 밤 등의 가루를 밥물에 타서 끓여 먹이게 되는데 주로 어머니의 젖이 없거나 부족할 때 이용하게 됨.
318) 도시암. (발길을) 되돌림.
319) 천방지축(天方地軸). 천방지방(天方地方). 너무 급하여 방향을 잡지 못하고 허둥대거나 함부로 날뛰는 일.
320) 돋움. 높아지라고 밑을 괴어서 들리게 하는 물건.
321) 모두. 모여서.

가서(內家書)를 분명히 이키거던[322]
그때가 어느 때가 되었던가?
춘삼월(春三月) 호시절(好時節)이 되었던가?
하루는 선생(先生)님이 재미지어 구경간다하고 산수구경(山水求景) 나가셨구나.
서당 애기 나서더니
"여봐라 일곱아가.//너그땜시[323] 우리가 공부허겄느냐?
우리는 선생님한티//날마둥[324] 매를 맞고 꾸중을 듣는듸
너그들은 애비 없넌 효로 자식[325]//정성되여 공부허냐?
독서당을 마련허고 각 서당으 글을 배라."
일곱 애기 깜짝 놀라//울고 울고 천방지축 집이 돌아 와서
"아이고 어머니.//아부 자가[326] 도라개겼시면[327]//무뎀[328]이나 일러 주오.
살았시면 간 곳이나 일러 주옵소사."
"여봐라 일곱 아가.//이제조차 너그를 쇡이겄느냐?[329]
너그 아버니가, 너그 부친(父親)께서
한 배아래 칠형제(七兄弟)를 낳었다고//어구없고[330] 무섭다고
천하궁(天下宮)으로 올라 개겨//후실 장개를 개겼단다."
"아이고 어머니.//저그는 아버지를 챚어 갈라우."
아부 찾어 가는 자손//거 뉘가 말길소냐[331]?
바지도 일곱이요//왕투[332] 창옷[333]도 일곱이요

---

322) 익히거던. 잘 공부하거늘.
323) '너희 때문에'에 해당하는 방언.
324) 날마다.
325) '호로 자식'의 잘못임.
326) 아버지가.
327) 돌아가셨으면.
328) 무뎀. '무덤'에 해당하는 방언.
329) 속이겠느냐.
330) 어구없고. 억없고. 실없고.
331) 말릴소냐?
332) 미상.

보신 신발도 일곱이요//우뚝허게 나가는구나.
십리만큼 오리만큼//그때는 날수록 잔잔하다.
조물이 시기허고 귀신이 작해헌다.
인홀불견(忍忽不見)[334] 간곳 없네.
가장 잃고 자손(子孫) 잃고
옥녀부인(玉女夫人) 환장허여 복통을 허시는구나.
일곱 애기 천하궁(天下宮)에 올라서라.
천하궁(天下宮)에 올라 개겨
"여보시요 지하궁(地下宮)으로 장개 개겼다가
천하궁(天下宮)에 다시 와서 후실장개 가신 댁이 어디만큼 있심늬껴?"
"저그 저그 청 지아집[335]이 그 양반으 집이로다."
일곱 형제(兄弟) 얼른 당도하여//문전(門前)에 당도하니
삼문(三門) 초당 난간 집으
전후 좌우(前後左右) 복개[336] 집에
네 귀에 풍경 달어//동남풍(東南風)이 넘겨 불면
쟁그렁 짱짱 치는 소리//세월 가는 줄을 모르고 사는구나.
대문(大門) 들어 중문(中門)들어//내외 중문(內外中門) 들어서서
"아부지 문안(問安)이요."
"아이고 여그가[337] 비조(飛鳥)도 못나라 들고
기는 벌레도 못 기여 드는듸
어디라고 너그들이[338] 찾어 왔느냐?//사람이냐 귀신이냐?
사람같으면 들어 서고//잡귀같으면 물러 서라."

---

333) 창옷. 소창옷. 중치막 밑에 입는 웃옷의 하나. 두루마기와 같은데 소매가 좁고 무가 없음.
334) '인홀불견(因忽不見)'의 잘못임. 언뜻 보이다가 바로 없어짐.
335) 청기와집. 푸른색 기와집.
336) 복가(福家). 길한 터에 지은 집.
337) 여기가.
338) 너희들이.

그제는 일곱 애기 안으로 들어간다.
"아부지 문안이요.//저그 일곱 성제가[339]
아부니[340] 아니게서도//일취월장히였십니다."
"아이고 내의 자손들아.
인정 윤기 워데[341] 가며//오륜 윤기(五倫倫氣) 어디 가며
삼강오륜(三綱五倫) 도대체가 워데 가랴?"
일곱 애기 역력히 앉혀 놓고//제모어매[342] 허는 말이
"독서당을 앉혀주랴?//글공부를 시겨 주랴?
너그 진사급제시길거나?//내가 난 자손 이 우에[343] 더 이뿔소냐?[344]"
그제는[345] 일곱 애기 허넌 말이
"아이고 어머니, 독서당을 앉혀 주오."
독서당을 앉혀 놓고//글공부를 시길 때에라//글공부가 자니 좋네.
그제는 칠성님은//일곱 애기 글공부를 시키시며
글공부시기는데만 정신이 팔려//살림을 전(全)혀 도라보지 않는구나.
제모마니[346] 적적허고 한심히여//하루는 혼자 허넌 말이
"아이고 전실 자손[347] 두었다가는
살림이 모두 다 치패[348]가 되고
생 근언[349]도 다 떠러지겠구나.
이 자손을 어쩔그나?"
심화로[350] 벵이[351] 나서 밤낮으로 앓는다.

---

339) 저희 일곱 형제가.
340) 아버지.
341) 어디.
342) 제모어매. 계모(繼母) 어미. 계모인 어머니.
343) 이 위에. 이보다. 이에서.
344) 이뿔소냐? 이쁘겠느냐?
345) 그제서야. 그 때에는.
346) 제모마니. 계모(繼母) 어머니. 계모인 어머니.
347) 전실 자식(前室子息). 본부인이 나은 자식.
348) 치패(致敗). 살림이 결단남.
349) 생 근연(近緣). 아무 이상이 없던 근연(近緣). '근연'은 가까이 하여 인연을 맺음.

하루는
“아이고 아이구 내 신세야.
전실이 앓고 있다면//문복이나 솟아다가 살리테지만
내가 이리 앓아 누었어도//본체만체 허넌구나.
후실이라 씰디없다.//아이고 아이고 내 신세야.”
사랑에 있던 칠성님이//이 말을 들으시고//깜짝 놀라 안으로 들어 왜겨
“여보시요 옥녀부인(玉女夫人)[352]//어디 실섭[353]을 해겼소?
약방에도 보내 놓고//문복(問卜)이나 솟아 봅시다.”
칠성님이 문복을 솟일 때에
명주 대 자[354] 생미 서 되//문복채(問卜債)[355]로 주는구나.
칠성님을 소로 질로[356] 돌려 세고[357]
옥녀부인(玉女夫人) 지름질로 지레[358] 가서
“여봐라 문복쟁이 게 있너냐?”
“게 뉘가 날 찻소?//날 챗이리[359] 없건만……”
“여보아라 문복쟁이,//옥녀부인(玉女夫人) 내 왔노라.”
그제는 문복쟁이 문(門)을 열고
옥녀부인(玉女夫人) 영접히여 앉혀 놓고
“어이하여 오시였소?”
“칠성님이 문복을 솟우거던//아무 말도 허지 말고
정[360]을 읽어도 씰디 없고//굿을 히도 씰디 없고//약을 써도 씰디 없고

350) 심화(心火) 때문에. 마음 속에 일어나는 울화 때문에.
351) 병(病)이.
352) 제보자의 실수였음. 옥녀부인은 칠성님의 본부인임.
353) 실섭(失攝). 몸 조섭을 잘 하지 못함.
354) 다섯 자[五尺].
355) 복채(卜債). 점을 친 댓가로 내는 금품.
356) 소로(小路)로. 작은 길로.
357) 돌려 세우고. 여기서는 ‘가게 하고’의 뜻임.
358) 미리.
359) 찾을 이가. 찾을 사람이.
360) 정. ‘경(經)’에 해당하는 방언. 독경무(讀經巫)가 읽는 무경(巫經).

동쪽 인간 일곱 두로 와[361]//인통투[362]가 났다고 허라.
일곱 애기 애[363]를 멕이면 만병 회춘(回春)헌다만 히나 두어라.[364]"
그 말 듣더니 문복쟁이 허넌 말이
"아이고 나는 그 점(占) 못허겄소.
세상에 죄 많이 지을라고 그런 말을 허시는 거라우?
부모(父母) 말을 듣는듸[365]
무슨 죄를 받을라고 일곱 목심[366] 쥑일라고 그런 말씀허시는 거라우?"
"노비 전답 분작험세[367]. 내 살림을 자네 줌세.
문전 옥토(門前沃土) 자네 줌세."
머리 찌른 봉치[368]를 빼서 주고//손에 찌어던 금옥 지환[369] 빼어 주며
"내 살림 반분허세."
재물(財物) 마단[370] 인간(人間)없어 문복쟁이 대답헌다.
옥녀부인(玉女夫人) 나간 후에,//칠성님이 오시는구나.
경황없이 두로시더니[371]
"문복쟁이 게 있느냐?
"게 뉘가 날 찾소?"
"옥녀부인(玉女夫人) 실섭하야//문복(門卜) 솟으로 내왔노라."
문복쟁이 문을 열고 나가//칠성님을 영접하여 안으로 들어와
문상[372]도 도리 칠판[373]//산통[374]을 궁굴린다.[375]

---

361) 들어와. 들어와서.
362) 인동투. 인동티. 사람 때문에 생긴 동티.
363) 애. 창자. 여기서는 '간(肝)'을 말한 것임.
364) 하여 두어라. 해 두어라.
365) 이 행은 '그래도 명색이 부모라고 하면서'의 뜻임.
366) 목심. '목숨'에 해당하는 방언.
367) 분작함세. 나누어 가짐세. 나누어 가지자.
368) 봉치. '봉채(鳳釵)'에 해당하는 방언. 봉잠(鳳簪). 봉황의 무늬를 대가리에 새긴 큼직한 비녀.
369) 금옥지환(金玉指環). 금으로 된 반지와 옥으로 된 반지.
370) 재물을 마다 하는. 재물을 싫다고 하는.
371) 들어 오시더니.

첫번 산을 굴굴러 한번 내던지며
"아이고 이 점을 못 허겄소."
"점 질 나는대로 허여 주소."
산통을 재차 궁굴려 산을 내던지더니
"아이고 동쪽 인간 일곱 두로 와//인동토가 났십니다.
정 읽어도 씰디 없고, 굿을 히도 씰디 없고, 약을 써도 씰디 없소.
일곱애기 애를 사궈 멕이며는[376], 만병회춘허겄십니다.
그 자손이 다 이름만 생겨난 자손이요. 그 자손을 다 쥑이며는
한 탯줄에 삼형제(三兄弟) 삼정승(三政丞)헐 자손(子孫)을 나컸십니다."
칠성님이 그 말 듣고
"아이고 어쩌거나!"
거기서 하직허고 천방지축 오시는구나.
한 곳에 당도허니//인적은 고적하고
산수(山水)는 연영하고//조물<造物>이 시기헌디//귀신이 작해헌다.
"아이고 아이고 아이고 어쩔거나!
옥골선풍(玉骨仙風) 비상 신선(神仙)같은 내으 자손
일곱 형제(兄弟)를 어쩌면 좋그나![377]"
방성통곡(放聲痛哭)허는구나.
자탄(自嘆)허고 우는 소리 사람은 볼 수 없네.
어리 서리 우는 소리.
그 때가 어느 때가 되었던가?//일력(日曆)[378]이 저무러서
일곱 애기 글공부 정이[379] 허고//저녁밥을 먹고 난 후

372) 문상(問床). 점상(占床).
373) 도리칠판. 옻칠을 한 둥근 상(床).
374) 산통(算筒). 장님이 점을 칠 때에 쓰는 산가지를 넣은 통.
375) 굴린다.
376) 삭혀서 먹이면.
377) 좋을꺼나! 좋겠는가!
378) '일락(日落)'의 와음. 해가 저물어.
379) 정(正)히. 바로. 틀림 없이. 확실히.

"아버지가 여태 안도라오시니//우리 일곱 형제(兄弟)//아버지 배영(拜迎)[380] 가자."
천방지축 나가는구나.
한 곳에 당도허니//아버지 우는 소리//처량히서 못듣겠구나.
"여봐라 동생들아.//어버니가 울으신다.//어서 어서 배삐[381] 가자."
게를[382] 당도허니//칠성님이 넋을 잃고 울으신다.
"아버님 어서 집으로 개깁시다."
"일곱 아가. 가자 가자 어서 가자."
일곱 애기 앞세우고 가는구나.
가다가 앞이 맥혀 어이 가리.//일곱 애기 허넌 말이
"아버지 점괘가 어찌 나왔십니껴?
어머니가 도라 가신다 허십디까?"
"여봐라 일곱 아가.
너그 어머니가 죽넌다 헌덜//어찌 내가 원통허랴……"
일곱 애기 가던 질을 우뚝 서서
"아부지 부모(父母)님은 한번 가면//다시 못 오시는 질입니다.
자손은 낳으면 자손이요.//저그 애를 잡수서서 어머님을 살립시다"
칠성님이 허신 말삼
"넌들 낸들 어찌 허랴!"
"아버니 가십시다."
아부 아덜[383] 안동허서[384] 산을 넘어 간다.
한 모롱이 도라 서겨//한 손에는 칼을 들고//또 한손에는 대창을 들고
한 모퉁이를 돌아 가니//인정끼가 재이[385] 없네.

---

380) 배영. 배웅. 여기서는 '맞이'의 뜻으로 사용된 것임.
381) 바삐.
382) 거기를.
383) 아버지와 아들.
384) 안동해서. 사람을 따르게 하거나 물건을 지니게 해서.
385) 전혀.

또 한모퉁이 도라서니//난데없는 사시미가[386]//칠호[387] 버뜻 올라 선다.
칠성님 허시는 말삼
"여봐라 사심아.// 대장부(大丈夫) 큰 일 보로 가는듸
사심이가 웬 일이냐?//질 아래로 네레 치어라.[388]"
사심이 우뚝 서서//가는 질을 막어 서는구나.
사심이 허넌 말이
"여보시요 칠성님.//저 자손을 낳을라고
명산대천(名山大川) 영산당으[389]//굉미 춘사[390] 석왕사[391]
석불미로[392] 공을 디려//칠성공을 디려 각고[393]
저 자손을 낳은 자손이요.//쥑인다는 뜻이 웬 뜻이요?
저 자손 낳어 놓고 칠성님이//진자리에 소박주고
천하궁에 올라 개겨//후실 장개 가신 뒤에
일곱 자손들은 아버지를 챚어 간다고//나간 후에
나는 가장 잃고 자손 잃고//홀홀 단신 외로히 살다가
내으 자손 살릴라고//이 산중으 금사시미[394] 되였소."
일곱 애기 불러 내어//사심 뒤로 물리치니//인호불견[395] 간곳 없네.
금사심이 애 일곱을 내서 주며[396]
"앞문으로 애를 듸려 놓고//뒷문으로 엿을 보소사.[397]"

---

386) 사슴[鹿]이.
387) 미상.
388) 내려서서 없어져라.
389) '영신당(靈神堂)에'의 와음. 영험한 신을 모신 사당(祠堂)에.
390) '고묘 총사(古廟叢祠)'의 와음. '고묘(古廟)'는 오래된 사당(祠堂). '총사(叢祠)'는 잡신을 제사하는 사당(祠堂).
391) '성황사(城隍祠)'의 와음. 성황신을 모신 사당.
392) 석불미로. '석불 미륵(石佛彌勒)'의 와음.
393) 드려서. 드려 가지고.
394) 금(金)사슴이. 황금빛 나는 사슴이.
395) '인홀불견(因忽不見)'의 와음.
396) 간(肝) 일곱을 내어 주며.
397) 엿보십시요.

칠성님은 애 일곱을 손에 들고//천방치축 집에 도라 와서
앞문으로 애 일곱을 디리 넣고//뒷문에 가서 엿을 본다.
옥녀부인(玉女夫人) 애 일곱을 손에 들고
입술에다 무친듯//자리 밑에다 넣는구나.//요강에다 넣는구나.
뒤안으로 도라가서//잿깐[398]에다 넣는구나.
"일곱 애기 너그는 불상허다마는//일곱 애기 내가 낳마
얼굴도 그와 같고//풍신도 그와 같고//재주도 그와 같고
나한티 생겨 나면//잘 멕이고 잘 입히리라."
선(先) 샘일[399]이 지나가고 후(後) 샘일이 넘어 가니
옥녀부인(玉女夫人) 만병 회춘하였구나.
"내으 한 목심 살릴라고//일곱 목심 쥑였이니
일곱 애기 시끔[400] 천도[401]나 하여 주자."
시끔 잔치 배설허는구나.
섬<石> 술을 비지는구나.//섬 밥을 짔는구나.//섬 떡을 치는구나.[402]
왼소[403] 잡어 사지 감어[404]//통칼 꼽아 바처 놓고
구진 방으[405] 뗏 되야지[406]//산 닥<鷄>[407] 짓다듬어
시끔 굿을 헐 적으//잔치 배설 잔이 좋네.
그 때는 워늬 때가 되었던가?
천지도 아니 무심헌고로//조그만헌 초동목사(樵童木使)[408]가

398) 잿간. 재를 모아두는 헛간.
399) 삼일(三日). 사흘.
400) 시끔. 씻김굿. 죽은 사람의 영혼을 좋은 곳으로 보내기 위하여 행하는 굿. '진도씻김굿'은 중요무형문화재로 지정되어 있음. 망자굿. 오구굿.
401) 천도(薦度). 죽은 사람의 영혼을 극락 세계로 가게 하는 일을 가리키는 불교 용어.
402) 떡을 만드는구나. '떡을 만드는 일'을 일부 지방에서는 '떡 친다'고 말함.
403) 온 마리의 소. 통째로의 소. 대단히 큰 제(祭)를 지낼 때에는 소를 잡아 제물로 사용함.
404) 사지(四肢)를 감아. 네 다리를 묶어.
405) 궂은 방위(方位)에. 좋지 못한 방위에.
406) 돼지.
407) 살아 있는 닭.

지게 목발[409]을 뚜드리고//그 산중(山中)으로 달라 들어
"불상허다 일곱 아가
어느덧이 죽어서 이 산중(山中)에 묻혔느냐?
너그 집으 너거머니는[410]//만병회추히여 각고[411]
너그 시끔 천도 헌단다.
넋이라 어서 가고//혼이라도 어서 가라."
천지으 조화인가//일곱 애기 그말 듣고//허둥지둥 배삐 나서 온다.
"여봐라 성지<형제(兄弟)>들아//어머니가 나섰단다.[412]
우리 어서 어머니 뵈로 가자."
일곱 성지 옥녀부인(玉女夫人)으 잔치집에 당도히여
열두 대문 들어서며
"우리 아버지 어머니 뵈로 왔다."
문깐 하인 나서더니//주역 주인징[413]을 읽는구나.
"귀신이면 물러치고 사람이면 들이서라."
일곱 애기 대문(大門)에 들어 가고//중문(中門)에 들어 선다.
두대바지[414] 지아집[415]에//인물(人物)병풍 화초(花草)병풍
맹산 구름으 글씨 병풍//좌우(左右)로 둘러치고
일등 손님 좌우(左右)로 늘어 앉었서라.
거기를 당도하여//천윤[416] 윤기를 찾어서
"어머니 아부지 문안이요."
"임이 죽은 자석이 이게 웬 일이냐?//나는 너그같은 자손없다."

---

408) '초동목부(樵童木夫)'의 잘못이거나 와음일 것으로 판단됨. 풀베는 아이와 나뭇군.
409) 지게 목발. 지게 동발. 지게 몸채의 아랫도리 부분.
410) 너희 어머니는.
411) 만병 회춘하여서. 모든 병이 나아서.
412) 나으셨단다.
413) 『주역』에 들어 있는 특정 부분을 말한 것으로 이해되나 더 이상은 미상임.
414) 두 대 받이. 두 개의 기둥으로 받친.
415) 기와집.
416) 천륜(天倫). 부자 형제(父子兄弟) 사이의 변하지 않는 떳떳한 도리.

주역을 읽는구나 쥐인징을 읽는구나.
"아이고 아버지.
천륜 윤기(天倫倫氣) 워디 가고//오륜 윤기(五倫倫氣) 워디 갔소?
부자유친(父子有親) 워디 가며//성지일신<兄弟一身> 모르렀까?
아부지 문안이요."
주인징 주역을 읽어노니 풀잎도 타질적으[417]//게를[418] 어찌 당도히여.
뒤로 물러 나와//문(門)밖으 서서 낙루(落淚)허고 우는구나.
"아이고 아이고 아이고//부자유친(父子有親) 윤기(倫氣)없네."
"여보아라 일곱 애기 동생들아
우리 아버지한티 가서//한번 더 빌고 들어가 보자."
그제는 일곱 성지//천방지축 들어가서
"아이고 아버지 어머니 문안이요."
"여봐라 일곱 아가.
너그가 내으 자손(子孫)이며//귀신이냐 사람이냐?"
"사람이라 여기 왔소."
"너그가 내으 자식이라면
나가서 석자 시치[419] 굽나무깨[420] 신고//자취없이 들어 와 봐라."
일곱 애기 나와 각고//석자 시치 굽나무깨 신고//자취없이 들어 서넌구나.
그제는
"아이고 야야 너그가 귀신이다.
천지일월(天地日月) 풍운조화(風雲造化)다.
귀신(鬼神)이 작해(作害)헌다.[421]"
"아이고 아부지.//저그 살려 주옵소서.
천륜 윤기(天倫倫氣) 오륜 윤기(五倫倫氣) 부자유친(父子有親) 모르시요?

---

417) (불에) 탈 적에.
418) 거기를.
419) 석 자 세 치[三尺三寸].
420) 나막신.
421) 작해(作害)한다. 해를 끼친다.

우리 열제<切指?>나[422] 비역수나[423] 지어 봅시다."
은대양에 물을 떠서//쟁반에다 내어 놓고
억세 청생[424] 만인간(萬人間)들
구경꾼이 많이 있는 앞에서//열제히서 디리친다.
칠성님 피를 열제히서 디리치고
일곱 애기 피를 열제히여 디리치니
칠성님 피는 뻬가 되고//일곱 애기 피는 살이 되야
옹기면서[425] 모아드니//지모마니[426] 나오더니
"나도 열제히여 보자."
열제히여 디리치니//물 우그[427] 지름[428] 돌듯
지름 우그 물 돌듯//웅기 등실 떠나간다.
그제는 칠성님이//우루루 달려들어//일곱 애기 목을 안고
"아이고 내으 자손덜아.
인홀불견 간곳없어 귀신된줄 알았더니
내으 자손덜이 풍운조화로 살았구나.
요망허고 방자헌 년//저년 단장[429] 밖으로 내어 놓고
활지를 매어 쏘아 죽여라."
"아이고 아부지//부모(父母) 자가 있는듸[430]
어찌 활지를 대오랐가?"
칠성님이 달라들어
"요망허고 방자헌 년!"

---

422) 절지(切脂)나. 손가락을 잘라.
423) 문맥상으로는 '베어서' 정도로 이해됨.
424) '억조 창생'의 와음. 수많은 백성들.
425) 엉기면서.
426) 계모(繼母) 어머니.
427) 위에.
428) 기름.
429) 담장. 문맥상으로는 '당장'으로 볼 수도 있겠음.
430) 그래도 명색이 부모인데.

엎어 치고 뒷더 치니//옥녀부인(玉女夫人) 살뱀[431]도 되었다.
개고락지[432]도 되었다.//뒤더지[433]도 되었더라.
"여봐라 천상 큰 죄 짔고//어찌 해를 보고 살겄느냐?
하늘을 못볼터니//땅으 뒤더지나 되어서라."
인홀불견 간곳없네.
칠성님이 그제서야
"여봐라 일곱아가.//너그 어머니 찾어 가자.
가장 잃고 자석[434]잃고//홀홀단신 외롭게 지내는 너그 어머니 찾어 가자."
지하(地下)로 네레 와겨//사던 집을 바래보니
앞 벽은 헐어지고//뒷벽은 무너지고
마당에 들어서니//쑥대 밭이 되었구나.
"여보시요 여그서 사던 부인(夫人) 어데 가겼소?
"가장 잃고 자손 잃고//단장 복통(斷腸腹痛)허시다가
이 연당에 빠진지가 석달 열흘이 되었소."
일곱 애기 이말 듣고 낙루허며//연당안에 들어선다.
"어머니 어머니"
일곱 애기 어매 부르는 소리//연당물도 아러채렸던가[435]
점점 점점 밭어가네.[436]
"어머니 어머니"
다시 부르니//연당 물은 더욱 더욱 밭어가네.
삼세번을 불러대니//물은 아조[437] 바터 버리고
청지아지비[438] 나오는구나.

---

431) 살뱀. '살무사'에 해당하는 방언. 살모사(殺母蛇). 살무사과에 속하는 뱀. 독사 가운데에서도 가장 독성이 강한 것으로 알려져 있음.
432) 개고락지. '개구리'에 해당하는 방언.
433) 뒤더지. '두더지'에 해당하는 방언.
434) 자식(子息).
435) 알아차렸든지.
436) 밭어 가네. '말라 가네'에 해당하는 방언. (물이) 점점 줄어서 말라 가네.
437) 아주.

"어떠한 사람인데 여그 왔느냐?"
"우리 아버지께서 지하로 장개 개겼다가
저그 칠형제(七兄弟)를 낳었다고
천하궁(天下宮)에 올라가시여 후실장개 가겼는듸
우리는 아버지를 챚어 모시고 왔소."
그제야 안으로 들어 오라 한다.
일곱 애기 꽃집을 손에 들고 가서
뻬탈에[439] 꽃을 놓고//살탈에 꽃을 놓고//숨탈에 꽃을 놓고 나니
사대 육천(六千) 맥이//도라서며 숨이 덜컥 쉬어진다.
"아이고 어머니.
생전 한이 되고//생전 포원[440]이 지었더니//아버지를 모서 왔소."
"아이고 내 아들 아가.
출천지 대효(出天之大孝)[441]야.
너그 칠형제(七兄弟)가//너그 부친 모사 왔냐?"
연당 밖으 나와 겨서//어지[442] 진듯이 다시 나오서서
천하궁으로 올라 간다.
철성님은 일곱 아기 불러 앉히고
"여봐라 일곱 아가//너그들은 무엇이 소원이냐?"
"아버지와 어머니가 같이 살지 못한것이 한이더니
이제는 다시 만나 사시게 되오니
아무 한도 없고 소원도 없입니다.
저그는 칠성으로 갈랍니다"

---

438) 아마도 '청기와집이'인 듯함. 푸른 기와집이.
439) 아마도 '뼈살이'의 와음이었을 것임. 죽은 사람을 살리는 과정에서 이용되는 꽃으로 무가에서는 대개 '뼈살이꽃 · 살살이꽃 · 숨살이꽃'의 셋이 세 단계로 사용됨을 볼 수 있음.
440) 포원. 원한이 쌓임.
441) 출천지대효(出天之大孝). 하늘이 낸 큰 효자.
442) 어지. '어제'에 해당하는 방언.

칠성님이
"북두칠성(北斗七星)에 가거라//남두칠성(南斗七星)에 가거라.
서두칠성(西斗七星)에 가거라//동두칠성(東斗七星)에 가거라."
칠성으로 보내 놓고
칠성님은 이제는 포원이 지고 한이 졌시니//견우성이 되였서라.//직녀성이 되였서라.
칠월칠석(七月七夕)날이 닥치며는//견우직녀 만나니라고[443)]
눈물 바람이 일고//일곱 칠성님으 눈물이라.
칠성님이 자손 생겨//저승왕에 약을 부처
칠성님이 억조 창생 많이 널리//손수 발복을 시길 때여
명(命) 짧은 자손(子孫)에는 명(命)을 태와 주시고
복(福) 작은 자손(子孫)에는 복(福)을 많이 태와 주시고
자손(子孫)없어 한이 되여 일구월심[444)] 가족에게는//자손(子孫)태와 주시고
삼신 제석 일월성신//서로 다 이논허고 황윤허겨[445)]
안탁중으[446)] 지남석(指南石) 쌔이듯이//슬하(膝下) 자손(子孫) 번성하고
어지신 칠성님네//온갖 명복(命福) 점지허시고
자손들 모도다 공부(工夫) 잘 하고 일취월장시기여 주시옵소사.
지성(至誠)이면 감천(感天)이요. 원형이정(元亨利貞)은 천도지정(天道之定)이요.[447)] 인명(人命)은 재천(在天)이요. 유전(有錢)이면 가사귀(可使鬼)[448)]요. 무물(無物)이면 불식(不食)이요. 인불언(人不言)이면 부지(不知)[449)]요. 공든 탭이[450)] 무너지며 심든 냉기[451)] 자자지며[452)] 미따운[453)] 나무가 끝

443) 만나느라고.
444) 일구월심(日久月深). 날이 오래고 달이 깊음. 곧 '오랫 동안 간절히 바람'을 일컫는 말.
445) '공론하여'의 와음.
446) 안탁(案卓). 나무상자 속에.
447) '원형이정(元亨利貞)은 천도지상(天道之常)이요'의 와음. 원형이정(元亨利貞)은 하늘의 떳떳한 도리, 사물의 근본 도리라는 뜻임.
448) 유전(有錢)이면 가사귀(可使鬼). 돈만 있으면 귀신도 부림.
449) '인불언(人不言)이면 귀부지(鬼不知)'의 와음. 사람이 말하지 않으면 귀신도 알지 못함.
450) 탑(塔)이.

이 퍼지는 법(法)이니라.

칠성님이 자손발복(子孫發福)허고//성세 발복시길 적에

지중허고 중난허고 셍인[454] 같고 군자(君子)같은 대주[455])덜은 바뜨러서[456]

재수있고 마수있고[457] 소망[458])있게 점지허시고

멘청[459])으로 군청으로 도청으로 수로 천리(水路千里) 육로 천리(陸路千里) 삼천리강산(三千里江山) 방방곡곡(坊坊谷谷) 사해 팔방(八方) 다닐 때에 칠성님이 응진허고

도와 주시고 붓돋아[460] 주시고,

손재[461])없고 비자없고 해자[462] 실물 봉적<蓬賊> 없이 허시고 재수 소망을 물밀듯이 점지히 주시옵고

지중허고 각중허고 중난헌 자손(子孫)덜도

물가에나 산가에나 불가에나

사해 팔방(八方) 다녀도 갈데 안갈데 다닐 때야 무병 장수시겨 주시고

우환근심없고 삼재팔난(三災八難)없고//액미제악[463] 없이 소원성취

물명수[464] 불명수//절망지망[465])년 몸주[466] 대살[467])연//넘어 가도//일시 소

---

451) 냉기. '나무가'에 해당하는 고어(古語).
452) 없어지며. 대개는 '부러지며'라고 구연하는 어절임.
453) 문맥상으로는 '뿌리가 튼튼한' 정도로 이해됨.
454) 성인(聖人).
455) 대주(大主). 무당이 단골집의 사내 주인을 일컫는 말.
456) 받들어서. 떠받들어서.
457) 앞의 '재수있고'에 운을 맞춘 것임.
458) 소망. '사망'의 와음. 장사에서 많은 이익을 보는 운수.
459) 멘청. '면청(面廳)'에 해당하는 방언. 면사무소.
460) 붙들고 돋우어. 도우고 높이어.
461) 손재. 손재수(損財數). 재물에 손실을 보는 운수.
462) 해자. '비용(費用)'에 해당하는 고어(古語).
463) '낙미지액(落眉之厄)'의 와음. 눈 앞에 닥친 재앙.
464) 물명수. 물 때문에 어려움을 당하는 운수. 예컨대 익사 사고 등을 말한 것임.
465) '천라지망(天羅地網)'의 와음. 피하기 어려운 재액(災厄).
466) 몸주. 몸을 주관하는 존재. 강신무들의 경우에 자신이 모시는 가장 중요한 신을 '몸주신'이라고 함.
467) 대살(大煞). 살(煞)의 이름. 세(歲) 중의 자사(刺使)로서 형(刑)을 주기 위한 싸움과 살

멸시겨 주옵소서.

(덩더궁 장단으로)

수헌지 복녹이면

자손(子孫)없는 가중에는//자손(子孫)을 태와 주랴?

칠성님이 자손 태와//안택중으 지남석 쌔이듯이

이 생 연분 삼생[468] 연분//봉학(鳳鶴)[469]으 짝을 지어

태중안으 자손 태워//관옥[470]같은 귀남자요//셍인 군자같은 자손 생겨

영화보고 증산보고//팔자(八字) 좋고 사주(四柱) 좋아

성세 자랑 자손 자랑//팔자(八字) 자랑 금슬 자랑

손세[471] 발복시겨 주소사.

상을 주관하는데 이 방향에서 건물을 수리하거나 출군(出軍)을 하게 되면 좋지 못하다고 함. 만일 이 방향을 범하면 집 주인이 살상을 당한다고 함.

468) 전세(前世)·현세(現世)·내세(來世)를 함께 일컫는 말.

469) '봉황(鳳凰)'의 와음. 봉(鳳)과 황(凰).

470) 관옥(冠玉). 잘 생긴 남자의 얼굴을 일컫는 말.

471) '세세(世世)'의 와음.

7. 장자풀이

7. 1. 황천(黃泉)혼시 - 삼형제신(三兄弟神)의 노래 -

손진태 선생의 『조선신가유편(朝鮮神歌遺篇)』에 실린 자료로서 『손진태 선생전집 오(孫晉泰先生全集 五)』에도 전재되어 있다. 1926년 3월[1] 함남 함홍군 운전면 본궁리에서 큰무당인 무녀 김쌍돌이(당년 68세)가 구연한 것으로 다른 이름으로는 '황천곡(黃泉曲)'이라고 했다. 다른 본들의 주인공이 악독한 사마장자로 되어 있고, 중을 학대하는 화소가 있으며 장자못전설 계통의 삽화를 가지는 경우가 많은 데 대하여 이 본은 주인공이 착한 삼형제로 설정되어 있고 중을 학대하는 화소가 없고 장자못전설 계통의 삽화를 가지지 않는다는 점이 특이한데 이런 점에서 제주도 서사무가 '사만이 본풀이'와 유사하다.

이 본은 자연 상태에서 구연한 것을 사설 부분만 옮겨 적은 것인지, 인공 상태에서 조사하여 기록한 것인지는 밝혀져 있지 않다. 구연 상황에 대한 설명은 일체 없으며, 구연 방식의 구별도 하지 않았다. 원문은 이단(二段)으로 되어 있으며, 상단에는 한글로, 하단에는 그것을 일본어로 번역하였고 몇몇 단어에 대해서만 일본어로 주석이 되어 있는데, 여기서는 한글로 된 상단의 것을 싣고 자세한 주석을 가했다. 또한 원문은 띄어쓰기가 되어 있지 않기 때문에 구연 상황을 상정하여 음보별로 띄어쓰기를 했고 문장 부호도 필요하다고 인정되는 경우에 보완했다. 행 구분은 구연상황을 상정하여 4음보 정도를 기준으로 다시 배열했는데, 원문의 행 구분과 달라진 경우에는 //표를 하여 원문에서는 그 위치에서 행이 구분되어 있었음을 표시했다. 원문에서는 한자가 노출되어 있었는데 여기서는 현대어로 음을 달고 한자는 ( ) 속에 넣었다.

---

1) 날짜는 바로 앞의 자료인 '회생곡(回生曲)'과 같은 날이라고 되어 있으나, 앞의 '회생곡'을 구연한 날짜가 명기되어 있지 않으므로 '미상'인 셈임.

○ 황천(黃泉)혼시 무가(巫歌)[2]

송님동(童)이[3], 이동(童)이[4], 사마동(童)이[5].

귀물어는[6], 아바님 시절(時節)에는[7] 잘지윗더니[8],

저의 뉘[9]에 나서는,//사는 일이 유가득식(唯可得食)[10]이라.

한날에는[11], 사마동이,//칠월칠석(七月七日)에, 전지(田地) 구경나가자.

전뒤[12] 구경나가니, 사방(四方)에 곡석이,//이싹[13]이 좃코, 잘피엿소아[14],

삼형제(三兄弟) 각색(各色)이[15] 싹을 머더가지고[16] 왓사와,

무단이[17] 먹지 못하와, 이것바사서[18],

지신(地神)님 위정하고[19], 산신령(山神靈)님 위정하고,

조왕(王)[20]님 위정하고, 우리 농사(農事)를 새립하자고[21], 사마동이 말을하니, 성이[22] 그러자.

---

2) 이 행은 원문에는 없던 것이나 책의 전체적 체제 통일을 위하여 편주자들이 삽입한 것임.
3) 형님동이. 삼형제 가운데 첫째를 지칭한 것임.
4) 둘째동이. 삼형제 가운데 둘째를 지칭한 것임.
5) 셋째동이. 삼형제 가운데 셋째를 지칭한 것임.
6) 재산(財産)에는. 재물은.
7) 아버님 시절에는. 아버지 대(代)에는.
8) 잘 지었더니. 재물이 풍족했다는 말임.
9) 저희 세상(世上). '자신들의 대(代)에는'의 뜻임.
10) 유가득식(唯可得食). 가까스로 먹고 삶.
11) 하루는. 어느 날은.
12) '전지(田地)'에 해당하는 방언.
13) 이싹. '이삭'에 해당하는 방언.
14) (이삭이) 잘 패어서. 혹은 (이삭이) 잘 패었습니다.
15) 각각이. 제가끔.
16) 꺾어 가지고.
17) 무단(無斷)히. (신께) 미리 고하지 않고.
18) 이것을 바수어서. 이것을 찧어서.
19) 위하고. 대우하고. 제(祭)를 지내고. 다른 지방의 무가에서는 흔히 '위참하고' 혹은 '위성하고'라고 구연되는 어절임.
20) 조왕(竈王). 조왕신. 부뚜막에 모셔져서 불을 관장하며, 그 집의 주부를 보호하는 가신(家神). 성조신(成造神)과 함께 가신(家神) 가운데에서 가장 높이 떠받들어지는 신임.
21) 새립하자고. 시작하자고.

송님동이 보[23]아비질하고[24],//이동이 재아비질하고[25],
사마동이 드붕[26]들고 씨아비질하고[27],
한절반(半)만치 갈아 올나가니,
백골(白骨)님[28] 청골(靑骨)님[29] 나소아[30],
삼형제(三兄弟) 말하기를,
우리 삼형제(三兄弟) 업서면,//아부님이나 어무님이나 이모양 되겟소.
삼형제(三兄弟) 속적삼 버서,//백골(白骨)을 모셔가지고 들어와서,
방문(房門)압헤 성벽(成魄?)하고[31],//아침이면 아침조석(朝夕)[32],
점심(點心)이면 점심조석(點心朝夕),//진약[33]이면 진약조석(朝夕).
그러니, 기물(器物)이 불ㅅ질[34] 이러나소아[35].
오륙년(五六年) 지내니, 백골(白骨)이 밤에 낙루(落淚)[36]하야우네.
옛날에는 나무 돌이 말을 하고,//구렁뱀[37]이 세[38]를 갈기고[39],

---

22) '형(兄)이'에 해당하는 방언.
23) 보. 쟁기.
24) 아비질하고. 쟁기질을 하고.
25) 재아비질하고. (거름으로) 재[灰]를 뿌리는 일을 하고.
26) 드붕. 곡식의 종자를 담은 바가지.
27) 씨아비질하고. 씨를 뿌리는 일을 하고.
28) '해골(骸骨)'을 말한 것임.
29) 앞의 '백골(白骨)님'에 짝을 맞춘 것임.
30) 나와서. 문맥상으로 보면 삼형제가 밭을 갈아가다가 해골을 하나 발견하였다는 말임.
31) 미상임. 손진태 선생은 '성벽(成魄?)'이라고 하였으나, 문맥상으로는 '성복(成服)'일 가능성이 더 큰 것으로 판단됨. '성복(成服)'은 초상이 나서 사흘이나 닷새 후 처음으로 상복(喪服)을 입는 일로 이때에 '성복제(成服祭)'를 지내게 됨. 만약 '성복'의 와음으로 본다면 '상복을 입고' 정도의 뜻으로 이해할 수 있을 것임.
32) 여기서의 '조석'은 '끼니. 식사'의 뜻임. 삼형제가 그 해골을 조상으로 모시고 그 영위 앞에 끼니 때마다 밥을 차려 올렸다는 말임.
33) '저녁'에 해당하는 방언.
34) '불길'에 해당하는 방언.
35) (불길같이) 일어났습니다. 불길이 활활 일어나듯이 재물이 세차고 빠르게 불어나서 금새 부자가 되었다는 뜻임.
36) 낙루(落淚). 눈물을 흘림.
37) 구렁뱀. 구렁이. 큰 뱀.
38) 세. '혀[舌]'에 해당하는 방언.

그런 세월(歲月)이니, 백골(白骨)이 울엇소아.
송님동이, 이동이, 사마동이,//자다가 깨더나서[40], 옷을 춰처입고[41],
물너[42] 삼배(三拜), 나서[43] 삼배(三拜), 절하며,
백골(白骨)님 어이하야, 이러 낙루(落淚)합닛가?
우리는 아무일도 죄(罪)를 안이 지엇는데.
백골(白骨)이 말을하되,
나는 너희를 맛나서 호사(豪奢)를 잘햇소아,
너 삼형제(三兄弟)를 염라대왕(閻羅大王)서 잡아간다.//삼일(三日)만에 잡어라온다.
백골(白骨)님이 엿헤까지[44], 우리를//기물(器物)이 수만재(數萬財)를 주엇서니,
그 매패(謀避?)[45]를 하여보소.
너의 집에 검정황소 잇너냐?
그걸 눕혀놋코 새럭밧고[46],//세워놋코 황복밧고[47],
그 소를 잡어서, 서런 세 쟁반에 노아서[48],
궁왕산(山)[49] 다리ㅅ목에, 식상배설(食床配設)하고,//만종록(萬鍾祿)[50]을 챙겨놋코.
너 삼형제(三兄弟) 그다리 알에[51] 드러가 숨어라.

---

39) '(말을) 하고'의 뜻임.
40) 깨어나서.
41) 들쳐 입고.
42) 물러나서. 뒤로 물러서서.
43) 앞으로 나아가서.
44) 여태까지. 지금까지.
45) '모피(謀避)'의 와음. 꾀를 부려 피함.
46) '쇄륵(鎖勒) 받고'의 와음. 굴레를 씌우고.
47) '항복(降服) 받고'에 해당하는 방언.
48) 서른 세 개의 쟁반에 놓아서.
49) 궁왕산. 문맥상으로는 산의 이름임에 틀림없으나 더 이상은 미상임.
50) 만종록(萬鍾祿). 매우 많은 봉록(俸祿). 여기서는 매우 많은 음식과 물건들을 말한 것임.
51) 아래에.

그럴적에, 너 잡어라온 사자(使者),
시장해서 그것을 먹고,//돌아안저 신발할적에,
그 다리 알에로 나와서,//물너 삼배(三拜), 나서 삼배(三拜),
삼삼예배(三三禮拜) 드리며,//살니달나고 빌어라.
사자(使者) 삼(三)분이 쩌나서,//긍왕산(山) 다리를 건널쩨에, 시장하니,
이럴적에는 얼나들[52] 먹든 밥이라도,//잇서면 먹어면 좃켓는기[53].
뒤에 섯든 사자(使者)가,//첫말내고, 두말 다시 내지마라.
인간(人間)잽이를 한나가도[54] 못그러겟는데,
인간(人間) 셋을 붓들너 가는데, 엇저겟너냐?
어서가자, 날내[55]가자.//다리ㅅ목에 다 건너온적
식상배설(食床配設)하고, 만히 챙겨 노앗소아,
사자(使者) 세분이라 서근[56],
밤말을 쥐듯고, 낫말은 새 듯는다고,
이 음식(飮食)을 먹고, 엇더케 모피(謀避)를 하겟너냐?
음식(飮食)보고 진부득퇴(進不得退)[57]라고
음식(飮食)보고 지내 갈수없서,//사자(使者) 세분이 그것을 다 먹엇슬때에,
송님동이 삼형제(三兄弟) 나와서,
사자(使者) 세이게[58] 절을 대고[59] 하니,
너희는 엇전[60] 사람들이냐?
나는 송님동이오,//나는 이동이오,//나는 사마동이오.
너희 음식(飮食) 우리먹고,//엇지 그저 가겟니?

---

52) 얼나들. '어린 아이들'에 해당하는 방언.
53) 좋겠는 것이. 좋겠는데.
54) 인간 잡이를 하나를 하나. 한 사람을 잡으러 가도.
55) 날내. '어서. 빨리'에 해당하는 방언.
56) 서서는.
57) 진부득퇴(進不得退). 문맥상으로는 '나아가지 물러갈 수 없다' 정도의 뜻으로 이해됨.
58) 셋에게. 세 사자에게.
59) 대고. '마구. 무작정'에 해당하는 방언.
60) '어떤'에 해당하는 방언.

송님동이는 누런 황소를//급(急)히 쓰내여 오너라.
이동이는 유삼(油衫)[61] 한불[62] 내여 오너라.
사자(使者)들이 소 유삼(油衫)하고 놋동이 하고 가지고,
염라국(閻羅國)으로 큰 대문(大門) 재피히고[63] 드러갓소아.
송님동이를 엇제 못잡아 왓너냐?
방방곡곡(方方谷谷)으로 단여도[64]//송님동이란 이름이 업섭되다.
그 고을에 누릉 황소 잇거드랑이[65]//곱비[66] 풀어 가지고 왓소.
이동이도 업더냐?
업서, 그 고을에 잇는 유삼(油衫)을 뱃겨[67] 드러왓습니다.
사마동이도 업더냐?
방방곡곡(方方谷谷)을 단여도 사마동이란 이름이 업서
그 고을에 잇는 놋동이를 드러왓습니다.
옛날에도 그러케하야,//여든하나 짜지[68] 사다가 죽은즉,
혼수성인[69] 바다[70] 먹기되여서,
백성(百姓)들이 혼수도 맛고 성인도 맛고.

---

61) 유삼(油衫). 눈이나 비를 막기 위하여 옷 위에 껴입는 기름에 결은 옷.
62) 한 불. '(옷이나 그릇 등의) 한 벌'에 해당하는 방언.
63) 열고.
64) 다녀도.
65) '있길레'에 해당하는 방언.
66) 곱비. 고삐.
67) '벗겨'에 해당하는 방언.
68) 여든 하나까지. 여든 한 살까지.
69) 성인(聖人)으로 알려져 황천혼시의 제차를.
70) 받아.

7. 2. 장자풀이

임석재(任晳宰) 선생이 조사하여 주요무형문화재로 지정 요청한 무형문화재보고서 제79호(1970년 12월) 『줄포무악(茁浦巫樂)』[71]에 수록된 박소녀(朴少女) 무녀 구연본이다. 제보자인 박소녀 무녀는 1912년 전라북도 부안군 줄포면의 무당 집안에서 태어나 조사 당시까지 무업에 종사하고 있었으며 무가 일체와 징, 장구 반주도 가능하며, 여러 가지 무속의례에 매우 밝은 것으로 기록되어 있다.

사마장자가 악인의 전형으로 나타나며, 중을 학대하는 화소가 있고, 며느리가 시아버지 몰래 시주를 하는 것은 장자못전설 계통의 삽화와 유사하다. 특히 며느리가 매우 현명하며 그 역할이 크게 부각되어 나타난 것과 저승차사들이 사마장자 대신 그의 말을 잡아간 것이 이 본의 내용상 특징이라고 할 수 있다.

원문은 음보를 기준으로 채록하였는데, 띄어쓰기가 되어 있고 한자가 노출되어 있으며 문장 부호는 일부 붙어 있었으나 주석은 따로 가해지지 않았다. 이 책에서는 띄어쓰기는 원문에 따랐으나 한자는 책 전체의 체제를 고려하여 ( ) 속에 넣었고 문장 부호는 필요하다고 인정될 경우 보충하고 주석을 가했다. 행 구분은 구연상황을 상정하여 4음보 정도를 기준으로 배열했으나 경우에 따라서는 얼마간 길어진 행도 있다. 원문의 행 구분과 달라진 경우에는 //표를 하여 원문에서는 그 위치에서 행이 구분되어 있었음을 표시했다.

---

71) '줄포'는 전라북도 부안군에 속한 지명임.

○ 장자풀이 무가(巫歌)[72]

아왕[73]님아//공심은 절아지요 남산(南山)은 본이로구나.
조선은 국이요 팔만은 사또년으
법은 정법이요 왕은 이씨 왕이로구나.
대는 석가님으 대인데
일년(一年)은 열두달 과년[74]은 열 석달
삼백육십일(三百六十日)을 다 지내가도
근심없고 걱정없고 자란[75]없고 자차없이.
사마들어[76] 사마장자 우마들어 우마장자
제석들어 제석장자//삼(三)장자를 다 불러내어
삼(三)장자 허넌 말이//어떤 장자는 잘 살고//어떠한 장자는 못살며
우마들어 우마장자는 가난하여//아직[77] 벌어 아적 먹고//저녁 벌어 저녁 먹고
아적 나절 소매 동냥히여다가//신명 봉제사를 지어 놓고
산명으로 기지양으//선조 대접을 허고 부모님에 소심허고[78]
동구간에[79] 우애허고 삼사촌(三四寸)에 화목허고

---

72) 이 행은 원문에는 없던 것이나 책의 전체적 체제 통일을 위하여 편주자들이 삽입한 것임.

73) '아황(娥皇)'의 와음. 옛날 중국 요(堯)임금의 딸로, 여영(女英)과 함께 자매가 순(舜)임금의 부인이 되었는데 흔히 이 두 사람을 함께 일컬어 '이비(二妃)'라고 함. 순 임금이 창오산에서 죽자 이비는 상강(湘江)에 빠져 죽었는데 이때 그 피가 강가의 대나무에 튀어 소상반죽(瀟湘斑竹)이 되었다는 전설이 있음. 경기도 지역의 무당들은 이 이비를 무당의 시작이라고 인식하고 있기 때문에(이에 대한 더 자세한 내용은 서대석·박경신, 『안성무가(安城巫歌)』, 서울:집문당, 1990. 78-80면 참조) 무가의 첫머리에서 언급하고 있음을 볼 수 있음.

74) 과년(過年). 무가에서 음력으로 '윤년(閏年)'을 가리키는 말. 음력은 삼년마다 한 번씩 윤달이 들고 따라서 윤년인 해는 열석 달이 한 해가 됨.

75) '재난' 정도의 와음으로 판단됨.

76) 사마들의.

77) '아침'에 해당하는 방언. 아침에.

78) '효심(孝心)하고'에 해당하는 방언. 여기서는 '효도하고'의 뜻임.

동네방네 다 덕화질러//만인간(萬人間)으 일컨을[80] 받고 있는듸
사마도라[81] 사마장자는//부모님께 불효허고
동구간으 화목못허고//동네방네 인심없고
사마장자 맘씨가 궂고 맘씨가 나뿌다.
사마장자 거동 보소.
사마장자 죄를 무궁무궁 짔는구나.
나락[82]은 썩어서 뒤엄[83]이 되고//쌀은 썩어서 재가 되고
돈에서는 삼녹이 나고[84]//옷은 썩어서 거름이 되고
아적으 작은 말로 주고//밤에는 큰 말로 받어 들이고
적은 되로 주고 큰 되로 받어드리고
체게 자리 놓아도[85] 두푼 오리에다//장리[86]로서 걷어 들이고
세 푼 오리로 장리로 받고
사마장자 죄를 무궁허게 짔는다.
옹그전으다[87] 말 달리기//비단전에 물총 놓기
우는 애기 주저앉지기[88]//우는 애기 집어 뜯기
똥 싸는 애기 주저앉지기//새끼 밴 개 발질로 툭 차 놓고
말 밥 안주고도 말 밥 주었다고 핑게 대기
얻어 먹던 걸인이 오면//식은 밥뎅이 여그저그 던저 주고
사마장자 죄를 무궁 무궁 지는구나.
중이 동양을 오며는

---

79) 동기간(同氣間)에. 형제 사이에.
80) 일컬음을. 칭찬을.
81) 사마들의.
82) 벼[禾].
83) 두엄.
84) '마구 녹이 나고. 마구 녹이 슬고' 정도의 뜻으로 이해됨.
85) 아마도 '처가(妻家)자리에다 놓아도' 정도일 것으로 이해됨. 처가집에 돈을 빌려 주어도.
86) 곡식을 꾸어주고 붙이는, 일년에 본 곡식의 절반이 되는 변리. 흔히 봄에 꾸어 주었다가 가을에 받게 됨. 혹은 물건의 길이나 수효에 대하여 본래의 것보다 절반이 더한 것.
87) 옹기전에다. 옹기를 파는 곳에서.
88) 주저앉히기.

보리 때에는 풍구끝이[89] 꺼시락[90]을 집어 던저 주고
나락 때에는 나락 쭉젱이[91]를 던저주고
호박에다 말뚝 박기//넘으 유부녀 음해 작패
아적 새벽 바람에//물 동으 이고 가는 사람//젖통이 잡고 입 마추기
사마장자 죄를 무궁 무궁 짔는구나.
사마장자 거동 보소.
선영[92]에서 배가 고파 목이 말라//등장[93] 가세 등장 가세.
선영 조상에서 저승으 열 시왕에 등장을 가오니
"등장 왔십니다 등장 왔십니다.
사마장자네 집이//부자되고 장자되었는듸
선영에 정성없고 배가 고파 등장 왔소.
목이 말라 등장 왔소. 옷이 없어 등장 왔소."
저승으 열 시왕이
"등장 왔이먼 뭐라고 등장 왔소?"
"배가 고파 밥을 주고, 옷이 없어 옷을 주고, 돈이 없어 돈을 주시라고 등장 왔소."
저승으 열 시왕이 중을 내 보낸다.
사자 셋을 부를 적으
저승 사재 해원 맥시//이승 사재 이덕춘이
삼(三) 사재를 불러 놓고
"앉어 듣는 말과//서서 보는 것과 달분데[94] 가서 보고 오라" 허신다.
중을 먼저 내보내는데

---

89) 풍구 끝에. '풍구'는 바람을 일으켜 곡물로부터 쭉정이·겨·먼지 등을 제거하는 농기구.
90) '까끄라기'에 해당하는 방언. 벼나 보리 등의 수염 또는 그 토막난 동강. 특히 보리의 까끄라기는 그 수가 많고 억세어 타작을 할 때 몹시 어려움을 겪는 것이 예사임.
91) '쭉정이'에 해당하는 방언. 껍질만 생겨 속에 알이 들지 않은 곡식 등의 열매.
92) 선산(先山). 조상의 무덤. 여기서는 단지 '조상'이라는 뜻으로 사용된 것임.
93) 등장(等狀). 여러 사람이 이름을 잇대어 써서 관청에 어떠한 요구를 하소연하는 일.
94) '다른데'에 해당하는 방언. (소문으로 듣는 것과 실제로 보는 것이) 다를 수도 있는데.

중을 매질적으//열대에 바랑 잤고//석자 석치 꼬깔 지어
혼물[95]은 우마장자요//정물[96]은 사마장자라.
중을 꾸며 갈 적으//저 중 거동 보소.
장삼 입고 꼬갈 씨고//염주 목에 걸고 단주는 팔에 걸고
저쫄정[97] 손에 짚고//백 질포[98] 장삼으 분홍 띠 띠고
손님당상[99] 빗난 어부[100] 귀우그[101] 떡 부치고
구리 백통판은[102] 양 옷고름으그 뒤어잡어[103]
광쇠[104]는 쾅 쾅 쾅 쾅//목탁은 똘 똘 뚜드리면서
정월초(正月初) 사흔날 중이 들어선다.
"이댁이 사마장자으 댁이//부재되고 장자되었단 말을 듣고
절이 무너저서 절을 중창헐라고//이 댁으로 시주 왔십니다."
시주허란 말을 듣고//사마장자 거동 보소.
완자[105] 밀창[106]을 와르르 여다리면서
"어떤 놈이냐?
내 문전(門前)에서 단 돈 서푼 시주허란 놈이 있섰는듸
정월(正月) 초 사흔날 마수[107]없이 시주허라는 놈이 어떤 놈이냐?
꿈에 중만 보아도 재수없다는듸

95) 혼물. '헛물'의 와음. 여기서는 '잡아와서는 안될 사람'의 뜻임.
96) 정물(正物). 바른 물건. 여기서는 '반드시 잡아와야 할 사람'의 뜻임.
97) '구절죽장(九節竹杖)'의 와음. 마디가 아홉 있는 중의 대지팡이.
98) '백저포(白苧布)'의 와음. 흰 모시베.
99) 미상.
100) 빛난 어부. 번쩍거리는 어부. '어부'는 아마도 '어부(御符)'일듯함. 그렇다면 '염라대왕이 내린 부절(符節)' 정도로 볼 수 있을 것임.
101) '귀 위에'에 해당하는 방언.
102) 대개의 다른 지방 무당들은 '구리백동 반은장도'라고 구연하는 어절임.
103) '더위 잡아'에 해당하는 방언. 거의 그 높이에 올라갈 정도가 되게 해서.
104) 광쇠. 꽝쇠. '꽹가리'에 해당하는 방언.
105) 완자. 완자창. '卍'자 모양으로 된 창살이나 그런 창살로 된 문.
106) 밀창. 밀어서 열게 되어 있는 창문.
107) 마수. 마수걸이. 첫번에 팔리는 것으로 미루어 말하는 그 영업이나 그 날의 운수. 여기서는 '정초(正初)의 재수' 정도의 의미로 사용된 것임.

어떤 놈이 내 문전에 찾어 왔냐?"
"중이 왔십니다. 절이 무너저서
절을 중창허러 시주 왔십니다."
"여봐라!"
하인을 불러 들여
"저 중 잡어 대태[108]를 매라.
저 중놈을 저짝 뺌[109] 이짝 뺌 우자 뺌 처라.
거름도 아깝다마는 뒤엄[110]이나 한 소시랑[111] 찍어 주어라. 바리때에 담어 주어라."
중이 허넌말이
"장자네 댁으 거름이 아깝다면
장자네 댁으 거름이나 허시요."
탈팍[112] 어프러[113] 옆에 놓니
사마 장재 메눌애기 우루루루 나와서
"아부지 아부지 중으 동양
후히는 못주나마//박적[114]조차 깨치요.
많이 주면 한 말이요//적게 주면 닷 되인듸
이게 웬 일이요?"
우루루 죄피방으[115] 들어 가서
구앙반문[116]을 열고 밍지[117] 한 필 내어 들고 종두래[118] 쌀 서말 서

---

108) 대태(大笞). 큰 태. '태'는 볼기를 칠 때에 사용하는 형구(刑具).
109) '뺨'에 해당하는 방언.
110) 뒤엄. '두엄'에 해당하는 방언.
111) 소시랑. '쇠스랑'에 해당하는 방언. 쇠로 서너 개의 발을 만들고 자루를 박은 갈퀴 모양의 농기구. 땅을 파서 흙을 고르거나 두엄을 쳐내는 데 사용함.
112) 탑삭. 갑자기 덮어 물거나 쥐는 모양. 여기서는 몽땅 뒤집어 쏟아버리는 모양.
113) '엎어서'에 해당하는 방언. 뒤엎어서.
114) '바가지'에 해당하는 방언.
115) 아마도 '옆에 방에' 정도의 뜻인듯 함.
116) 아마도 '광문' 정도의 뜻인듯 함.
117) 밍지. '명주'에 해당하는 방언.

되 각고[119] 나와
"여보시요 저그 가는 저 대사(大師)
우리 시아버지가 그전에는 그런 일이 없었는듸 오늘날은 마음이 빈(變)했이니
이것은 적사오나 이 쌀 서말은 불기[120]지어 부체님전으 고양허시고
서되는 초 사고 종으[121] 사서
우라부지[122] 몸수[123] 좋고 기운 좋라고//축원 축수하여 주오.
밍지 한 필일랑 장삼 지어 입으시요."
도라서니 저 중 거등 보소.
"사마 장자네 집이 사람이 없는 줄 알았더니
사마장자네 집이도 사람이 있구나.
사마장자 죄목으로 허서는
사마장자네 집이 다 쏘[124]를 맨들고
나 간 사흘만에 쏘를 맨들어//사마장자를 잡어 갈라 힛더니
사마장자 메눌애기 군자같은 메눌애기
나를 따라가면 어떠뇨?"
사마장자 메눌애기 허던 말이
"중이라 허던 것은 절에서 부처님 전에 공이나 디리고
시주 받어 먹으랬지//넘으 유부녀를 데려가려 허느냐?
일부종사(一夫從事)허던 것이 여자지 이부종사(二夫從事)허랬던가?
그 말은 당치도않는 말이니 그런 말은 입밖에도 내지 말고 어서 도라가서

---

118) 종두래. 작은 바가지.
119) 갓고. 가지고.
120) 불기(佛器). 부처님께 올리는 공양메를 담는 그릇. 여기서는 '부처님께 올리는 공양메'의 뜻으로 사용된 것임.
121) 종으. '종이'에 해당하는 방언.
122) '우리 아버지'에 해당하는 방언.
123) 몸수. 몸의 운수. 신수.
124) 소(沼).

우라버지 몸수 좋게 축수나 히 주게."
중은 저승왕에 가서
"앉어서 듣는 말과 서서 보는 것과 적실헙니다.[125]"
"그러면 정월(正月) 대보름날 꿈에 선몸[126]이나 넣어 주어라."
정월(正月) 대보름날 도라오니//사마장자 허던 말이
"오늘은 일년(一年) 열 두달 꿈을 꾸어서 농사 장완[127]시키니
농사 꿈이나 꾸어 보자."
열 나흘날 저녁에는//호피도듬[128]에다 비개[129]를 높이 돋우고
벼란침자[130] 뜨개로//원앙침으로 돋아 비고
촛불을 밝혀 놓고 잠을 들 적으
겉눈은 감고 속 눈은 뜨고//비몽사몽간에 꿈을 꾼다.
뒷 동산으 행자목[131]이//삼 도막이 갈라저 뚱땅 뚱땅 부러저
마당 한 가운데//사마장자 방문 바로 노이는구나.
사마장자 번적 까어 보니[132] 꿈이로다.
또 한 꿈을 꾸니
천하궁 까마구[133]는 지하궁으로 울고 가고
지하궁 까마구는 천하궁으로 울고 간다.
"지피방으 아둘 아가//꿈 하득[134]이나 하여 도라[135].
뒷 노방으 마누래 꿈 해득이나 하여주소.
뜰아래 딸애기야 꿈 해득이나 하여도라.

---

125) 적실(的實)합니다. 완전히 꼭같습니다.
126) '선몽'의 잘못임. 현몽(現夢).
127) 농사 장원(農事壯元). 그 마을이나 지역 단위에서 가장 농사를 잘 짓는 일.
128) 호피(虎皮) 돋움.
129) 베개.
130) 미상. 어쩌면 '원앙침 잣벼개'의 와음인 듯.
131) 은행나무 목재. 여기서는 단순히 '은행나무'의 뜻으로 사용된 것임.
132) 깨어 보니.
133) '까마귀'에 해당하는 방언.
134) 꿈 해득. 해몽.
135) '하여 다오'에 해당하는 방언.

막동 딸아 내 꿈 해득이나 하여도라."
아들 애기 허던 말이
"아부지 베실허실[136] 꿈이요."
막둥 딸애기 허던 말이
"아부지 진사 급제 허실 꿈이요."
마누래가 허넌 말이
"이바지[137] 얻어 지실[138] 꿈이요."
사마장자 허넌 말이
"어 그 꿈 해석 잘 도 하였구나. 적실도 하다."
메눌애기 우루루 달려 들어
"아부님 꿈 해덕을 지가 허리다.
어머니는 꿈해덕을 그렇게 허시며
막둥 애기씨는 아부지 꿈 해덕을 그렇게 허시며
백년 적원님[139]도 꿈해덕을 그리 허시요?
아버지가 젊어서 못헌 베실//이제 와서 베실 허시며
아버지가 젊어서 글공부를 못허셨는듸
이제 과개[140] 가시여 젊어서 못헌 진사 급제 하시겠소?
우리가 인심이 후하지 못힛는듸 무신[141] 이바지를 얻어 먹겠소?
아부님 꿈 해덕을 지가 허리다.
뒷동산으 행자나무 삼(三) 동강이 갈라저//방문 바로 뇌여 보일적으는
한 도막은 젯상을 짜라는 거요,//한 도막은 곽을 짜라는 거고,
또 한 도막은 상부[142] 짜라는 뜻이요.

---

136) 벼슬하실. 관직에 나아갈.
137) 이바지. 힘들여 음식 등을 장만하여 대접함.
138) '자실'의 잘못임. 잡수실.
139) 백년 적원님. 며느리가 자신의 남편을 지칭한 것임.
140) '과거(科擧)'에 해당하는 방언.
141) '무슨'에 해당하는 방언.
142) '상여(喪輿)'에 해당하는 방언.

내가 이 집에 시집 와서 삼십년(三十年)이 지나도
개한티[143] 물 한 방울 찌크러[144] 주는 일없고
걸인 밥 한 뎅이 주는 일 못봤소.
나는 친정에서 클 때 보며는//정월(正月)이면 신수 개려[145]
거리 산제 요왕 산제 질 산제//가진 제를 모시고
정월(正月)이면 액맥이[146]허고//선영 제양[147]도 모시고
만인간(萬人間)이 오며는 밥도 주고 쌀도 주고//돈도 주고 옷도 주고
얻어 먹는 걸인 오면//밥을 따숩게[148] 챙겨 주고
장품 내로 오면[149] 간장에다 썩은새물을 석거[150] 주는 일이 없고
쌀품을 내로 오면 힌 모래며 힌 싸래기[151]를 석거 주는 일이 없고
된장품을 내로 오면 흑뎅이[152]를 박어주는 일이 없고
지[153] 품을 내로 오며는 우거지를 걷지 내지 않고 주는 일이 없고 허던디
아버지는 그러지않고 지운 죄가 많십니다.
이 세상 재물을 두었다가 뉘게다 다
전장허러[154] 하십니까? 절반은 귀신한티 주고 절반은 자손한티 주어도
먹고 남고 씨고 남고 헐터이니 지은 죄나 풀어 주시요."
사마장자 이 말 듣고 홰를 내어
"어허어 그년 괫심허다.

---

143) 개한테. 개에게.
144) '부어'에 해당하는 방언.
145) '가려'에 해당하는 방언.
146) 액막이. 앞으로 닥칠 재액(災厄)을 미리 막음.
147) 제향(祭享). '제사'의 높임말.
148) '따뜻하게'에 해당하는 방언.
149) 장(醬)을 빌리러 오면.
150) 섞어.
151) 싸래기. '싸라기'에 해당하는 방언. 쌀의 부스러기.
152) 흙덩이.
153) 지. '김치'에 해당하는 방언. '오이지. 짠지' 등의 '-지'임.
154) 전장(傳掌)하려. 전하여 관장하게 하려고.

넘으 자식이라 꿈 해덕히도//숭칙허게 헌다.

에라 이년 좇아내라."

그제는 메눌애기 친정으로 쫓게 나서 시집을 나오는데

나오다가 생각허니//사흘만 숨었다가 되는 일을 보겠다고 쵀피 방에 들어가서 숨어 있구나.

사흘이 못다 가서 아니나 다를가.//사마장자 벵이 나는구나.

사대 삭신 육천(六千) 마디 쑤시고

정신이 암암허고 복중이 애리고[155]

다리가 제리고[156] 어깨가 쑤시고

골머리가 애리고 정신이 없구나.

사마장자 허던 말이

"허허어 이게 웬 일이냐?//내가 이제 죽게 되다니 웬 말이냐?"

메눌애기 데레 오라고 메눌애기 찾는구나.

지피방에서 메눌애기 나와서

"이 승패에 귀신을 폴어 멕이시요.

저 건너 소강절[157]한티 문복이나 솟아 보십시요."

사마장자 쌀 서되를 퍼 가지고 소강절을 찾어 간다.

소강절이 사마장자 오는 것을 보고

"이게 웬 일이요. 내가 여그 일백 칠십년을 살어도 사마장자네 돈이 무엇인지 쌀이 무엇인지 몰랐는듸 이게 웬 일이요?"

사마장자 허던 말이

"문복이나 자세히 개려주오.[158]"

---

155) '아리고'에 해당하는 방언.

156) '저리고'에 해당하는 방언.

157) 소강절(邵康節: 1011년~1077년). 중국 송나라 때의 유학자. 이름은 옹(雍). 자는 요부(堯夫). 강절은 시호임. 하남 사람. 이정지(李挺之)에게서 도가서(道家書)인 선천상수(先天象數)의 학을 배웠고 신비적인 수리 학설을 세웠음. 무가에서는 뛰어난 점쟁이 가운데 한 사람으로 언급되는 경우가 많은데 여기서도 그런 뜻으로 사용된 것임.

158) '가려 주오'에 해당하는 방언.

소강절이 화초석[159]을 깔아 놓고//나주 칠반[160]을 내어 놓고
첫째 산을 던지니 무신 산이 비치는구나.
두째 산을 던지니 북망산이 비치는구나.
세번째 던지니 저승 염나대왕이 불러 드린다.
소강절이 허던 말이
"여보시요 장재님 장재네 집이 큰 일 났소.
장자네 집주가 동허고[161] 터주가 동허고 성주가 동허고 선영이 발동허고
장지님 먹든 수저가 석 동강 부러지고//씨던 갓이 벗어저 뵈고
입던 옷이 벗어저 불이 타 뵈고//삼간초당(三間草堂)에 제금 나가[162] 뵈고
지붕우그 기가 꼽아 뵈고//마당 가운데 시암[163] 파 뵈고
사마 장자네 집 큰 일 났소."
"그것 적실허네."
"뒷동산 행자목[164]이 삼(三)동[165] 부러저서 한마당 가운데 뇌여 뵈오."
"그것도 적실허네."
"어서 뱁삐 도라 가겨
앞 노적 헐어내애//동네 사람 기민 주고[166]
뒷 노적 헐어내어//섬 술 허고 섬 밥 허고
왼 소 잡어 사지감고//왼 돗[167] 잡어 큰 칼 꼽아//이북시북[168] 신식허고[169]

---

159) 화초석(花草席). 꽃을 수놓은 자리.
160) 나주 칠반(羅州漆盤). 나주에서 생산된 옻칠을 한 상(床).
161) 동(動)하고. 움직이고.
162) 제금 나가. '딴살림을 차려 나가'에 해당하는 방언. 주로 결혼하여 부모나 형의 집에 같이 살던 사람이 따로 살림을 차려 나가는 것을 말함.
163) 시암. '샘[泉]'에 해당하는 방언.
164) 행자목(杏子木). 은행나무.
165) 삼(三)동. 세 도막. 세 도막으로.
166) '기민(饑民) 먹이고'에 해당하는 방언. 굶주리는 사람들에게 곡식을 거저 나누어 주고.
167) 왼돝. 통째로의 돼지. 통돼지.
168) 문맥상으로 보면 '북[鼓]'을 말한 것은 확실하나 더 이상은 미상임.

돈 삼백냥(三百兩) 가지고//물 좋고 산(山) 좋고 정자 존데[170] 가서
밤낮 사흘 홍수맥이[171] 허고
십리정으 젓대 소리//오리정으 피리 소리
묵은 새 장구 소리//천근드리 징 소리 대여서
성방[172] 불러다가 괴인[173] 광대 불러다가//밤낮 사흘 굿 하여
이게 뉘 음식이냐 물거던//동네 모듬 음식이라 하고
먹고 난 뒤에 빌어 보시요.//그러하면 사마장자 살 도리 있소."
사마장자 그말 듣고 배삐 집에 와서 앞으 노적 헐어내어 기민 준다해도
동네 사람 아니오고
"장재네 집이서 기민 갖다 먹으면//삼대(三代)를 빌어 먹는단다.
기민 가질로[174] 가지말자."
하고 공논하네.
그제는 메눌애기 노적우그 올라 서서
"여보시요 동네 어른들.
나는 동네 사람헌티 강허게[175] 한 일없소.
내가 선허게 풀어 주니 선허게 받어 가시요."
그제서야 동네 사람 기민 받어 가오.
뒷 노적 헐어내어//섬 술허고 섬 떡 치고 왼 소 잡어 사지 감고
왼 돗 잡어 큰 칼 꼽아 이북시북 신식허고
돈 삼백냥(三百兩) 가지고//물 좋고 산(山) 좋고 정자 좋은 디 가서
십리정으 젓대 소리//오리정으 피리 소리
천근드리 대 징 소리//묵은 색 장구 소리

169) 신식(信息)하고. 소식을 전하고. 알리고. 여기서는 '울리고'의 뜻임.
170) 좋은 데. 좋은 곳에.
171) 홍수맥이. '횡수(橫數)막이'에 해당하는 방언. 그 해의 액운을 막으려고 정월달에 무당을 시켜 하는 굿.
172) 성방. '무당'을 달리 이르는 말. '신의 성방'이라고도 함.
173) 괴인. '공인(工人)'에 해당하는 방언. 굿을 할 때 악기 반주를 하는 사람.
174) 가질로. '가지러'에 해당하는 방언.
175) 강하게. 독하게. 못되게.

밥 낮 사흘 굿을 허넌구나.
저승에서 사자 셋이 나올 적으
저승 사재 해원맥이는//쇠 방망치 들처 메고
이승 사재 이덕춘이는 쇠줄 들고
부왕 사재 강님도령[176]은//쇠 방망치 들처 메고//전동[177]같이 나려 오더니
"어허어 이 질목[178]으로 갈 적에는//배가 고파 못갈레라."
또 한 사재 허던 말이
"이럴 적으 밥 한 그럭 물 한 그럭만 놓아 주어요[179]
사마장자 득죄목을 멘헤[180] 주련마는"
또 한 사재 허던 말이
"이 놈아 밤 말은 쥐가 듣고//낮 말은 새가 듣은단다.
어서 배삐 쫓차가자."
어서 뱁삐 쫓아 오니//난디 없는 굿 소리가 나는구나.
난디 없는 음석이//지름 내[181] 장 내 꼬순 내[182]가 진동헌다.
사재 셋이 배가 고푸고 목이 말라.
엎저있던[183] 사마장자 벌떡 이러나서
"이게 동네 모듬 음석이요."
사재 이말 듣고//만만 진수[184] 구와 대떡으로 먹고 난다.

---

176) 강님도령. 강림이. 저승차사의 이름임. 강림이가 저승차사가 된 내력담이 제주도 무가인 '체사본풀이'임.
177) 전동. 전통(箭筒). 원래는 '화살을 넣은 통'을 말하나, 여기서는 단순히 '화살'을 말한 것임.
178) 질목. '길목'에 해당하는 방언.
179) '주어도'의 잘못임.
180) 면해. 면하게.
181) 지름내. '기름 냄새'에 해당하는 방언. 기름을 사용하여 요리하는 음식을 할 때 나는 냄새.
182) 꼬순내. '구수한 냄새'에 해당하는 방언. 지방에 따라서는 '꼬신내'라고도 함.
183) 엎드려 있던.
184) '만반진수(滿盤珍羞)'의 와음. 상에 그득 차린 귀하고 맛있는 음식.

사마장자 다시 나와

"비나이다 비나이다.//이 음석은 사마장자 음석이요."

사재 셋이 이 말 듣고

"이게 웬 말이냐?

우리는 동네 모듬 음석이라고 해서 먹었지 사마장자 음석이라 하였시면 먹지를 않했실 것을.

먹어 놨시니 이를 어찌 한단 말이냐?

그러면 이 동네 한 날 한 시 난 사람 있느냐?"

"예에 우마장자라는 사람이 있입니다."

사재 셋이 우마장자 잡으러 건너간다.

사자 셋이 우마장자 문전에 당도하여

"우마장자야"

한번을 부르니 지신[185]이 막는구나.

두번을 부르니 문깐 대장[186]이 막는구나.

문깐 장수 호령하고 찹쌀개[187]가 짓는구나.

사재 서이 다시 사마장자네 집이로 오는구나.

사마장재 메눌애기 지켜 있다가

"여보시요 번순님[188]네.//우마장네 집이 가니 어떱디까?"

"아이고 여보시요.

문깐에서 장군이 호령허고 찹쌀개가 짓고 나오고

지신이 호령을 추상겉이 하고 막어서 들어가지못허고 도로 나왔소."

"그럴 것이요.

우마장자는 인심이 거룩허니//선영에서도 받들고

지신이 받들고//성주가 받드니 어이 들어 가겠소?

---

185) 지신(地神). 집의 터를 지키는 신.

186) 문전신(門前神). 대문(大門)을 지키는 신.

187) 삽살개.

188) 번수(番數)님. 저승사자를 지칭한 것임. 여기서는 '임무를 맡으신 분' 정도의 뜻임.

우리 집이서 대신하나 세워서 잡어 가는 것이 어떴소?"
"대신도 좋소."
"우라부지 타고 대니시는 백마(白馬)를 잡아 가시요.
저싱에 가서
사마장자는 죄를 어찌 무궁허게 많이 지었던지 산체로 말이 되었다고 하고 끄시고[189] 오느라고 늦었다고 말하시요. 말을 대신 끌고 가고//우라버지를 살려 주시요."
"그말도 적실허오."
메늘애기 마구깐에 들어 가는구나.
"여봐라 말아.
말못허넌 짐성이라도 내 말을 들어 들아.
우리 시아버지가 살고 보아야지//돌아가시면 어쩔거나?
아버지 타고 대니시는 말이니 네가 우라부지 대신 가거라."
메눌애기 최피방으 들어 가서
시아버지 씨던 갓 망건과 입던 옷 두루매기 바지 동배내[190]를 가지고 나와 말에 입혔구나.
사재는 사마장재 타고 다니는 백마(白馬)를 끌고 저승으로 가는구나.
저승으 문서 잡은 최판관이
"어찌 이제 오느냐?" 호령허니
사제 셋이 허넌 말이
"사마장재 죄를 너머 많이 저서//산 채로 말이 되여 있어
그 말을 끄씻고 오니라고//이렇게 느졌십니다."
저승으 열 시왕이 이말 듣고
"네 그 놈으 목에는 큰 칼을 씨우고 손에는 고랑[191]을 채우고
발에는 황쇠 족새를 신기고//머리에는 투구 철갑을 씨우고

189) '끌고'에 해당하는 방언.
190) 동배내. 배내옷. 깃저고리. 깃을 달지 않고 지은 갓난 아이의 저고리.
191) 고랑. 쇠고랑. 수갑.

잡어 직지기여라."
저승 사재 명을 받고//말에 수갑 채우고 고랑 채우고
큰 칼 씌우고 투구 철갑 씌우고//황쇠 덕새 신기여서 잡어 직지기니//
말인들 가만히 있을소냐.
"사마장자 이놈아!
내가 무신 죄로 이런 고초당허느냐?
나는 십리만 갈레도 너를 내 등에 태우고
오리만 갈레도 내 등에 태우고
네 발에 흑을 하나 안묻혀 준 죄밖에는 없는듸
늬 죄를 집어씨고//근사망[192]을 씨고
큰 칼 씨고 쇠고랑 차고//황쇠 덕새 신고
투구 철갑 씨고 가진 고초 당허니
너는 어서 내 고[193]를 끌러도라[194]"
말은 밤낮으로 실피 우는구나.
사마장자 꿈자리인들 좋을소냐.
사마장자 소강절을 찾어 가서 문복헌다.
"여보시요 소강절//꿈자리가 고약허니
문점이나 자서히[195] 가려 주오."
소강절이 나주 칠판에 산을 허터 보터니
"죄 없는 산 말이//장자 대신 끌려가서
말못허던 말 짐성인들//얼메나 뛰고 울고 쥐인을 원망허것소?
이 세상사는//은인이 웬수가 되고//웬수가 은인이 되는 법이니
말 시끔을 닷세만 히여 주면//말은 사람으로 인도환생헐 것이니
그 것도 좋은 일이니//어서 뻽삐 도라가서//말 시꿈 닷새를 허시요.

---

192) 큰 사망. 줄로 된 커다란 그물.
193) 고. 올가미. 둥글게 해서 묶은 끈.
194) 끌러 다오. (묶인 것을) 풀어 다오.
195) 자세히.

말이 인도환생히여 사람이 되면 웬수가 은인이 될 것이요."
사마장자 천방지축 도라 와서//말 시끔 굿을 시작허넌구나.
앞으 노적 헐어내어//얼기 설기 대 떡 치고
두 귀 쫑긋 셍펜[196]이며//느레미[197] 산적[198]이며
삼색(三色) 실과 주과포[199]며//오색(五色)탕수[200] 어적[201] 육적[202]
홍떡 백떡 유과[203] 광정[204] 주과포(酒果脯)를//좌우(左右) 줄로 받혀 놓고
십리(十里)정의 젓대 소리//오리(五里)정으 피리 소리
삼현육각(三絃六角)으로 열락으로 굿을 허니
첫날 굿에 말으 머리서 철갑이 벗겨 지는구나.
두채날으 시끔 굿에 목에 큰 칼 벗겨지고
시번채 시끔 굿에 몸에 금사망이 벗겨지고
네번째 시끔 굿에 손에 고랑 끌러지고
다섯번 시끔 굿에 발에 황쇠 덕새 벗는구나.
말이 사람되여 나가니//웬수가 은인 되었구나.
제일전(第一殿)에 진광대왕(秦廣大王) 봉허고
제이전(第二殿)에 초강대왕(初江大王) 봉허고
제삼전(第三殿)에 송제대왕(宋帝大王) 봉허고

---

196) '송편'에 해당하는 방언.
197) 느레미. '누르미'에 해당하는 방언. 화양 누르미. 삶은 도라지를 쇠고기, 버섯 등과 섞어 잘게 썰어서 양념하고 볶아 꼬챙이에 꿰고, 끝에 삼색 종이를 감은 음식. 또는 삶은 도라지와 소의 양, 허파, 꿩고기, 닭고기, 생전복 등을 백숙하고, 알고명을 실같이 썰어 위에 얹은 음식.
198) 산적(散炙). 쇠고기 같은 것을 길쭉하게 썰어 양념을 하여 꼬챙이에 꿰어서 구운 음식.
199) 주과포혜(酒果脯醯). 술 · 과실 · 말린 고기 · 식혜. 곧 간략하게 차린 제물.
200) 탕수. 탕. 제사에 쓰는 국의 한 가지. 건지가 많고 국물이 적음.
201) 어적(魚炙). 물고기를 구어서 만든 적.
202) 육적(肉炙). 고기를 구어서 만든 적.
203) 유밀과(油蜜果). 밀가루나 쌀가루를 반죽하여 적당한 넓이와 모양으로 빚어서 바싹 말린 후 기름에 튀기어 꿀 또는 조청을 발라 튀밥이나 깨고물을 입힌 과자.
204) 강정. 찹쌀 가루로 만든 과자의 한 가지. 삭히어 말린 찹쌀을 가루로 장만하여 술을 치고 끓는 물에 반죽하여 얄팍하게 썰어서 더운 방바닥에서 익힌 후 끓는 기름에 넣어 익혀서 꿀을 발라 깨 · 콩가루 · 송화 가루 · 잣가루 등을 따로따로 묻힌 것.

제사전(第四殿)에 오관대왕(五官大王) 봉허고
제오전(第五殿)에 염나대왕(大王) 봉허고
제육전(第六殿)에 변성대왕(變成大王) 봉허고
제칠전(第七殿)에 태산대왕(泰山大王) 봉허고
제팔전(第八殿)에 평등대왕(平等大王) 봉허고
제구전(第九殿)에 도시대왕(都市大王) 봉허고
제십전(第十殿)에 전륜(轉輪)대왕 봉허고
열두 왕(王)의 열 시왕(十王)을 메어노니
예순 하나 육갑생(六甲生)으로
오늘은 다//사마드러 사마장자//우마드러 우마장자
제석드러 제석장자가//이 터 이 명당에
우환없고 자란[205]없고 자치없이 도와 주시고
사마장자는 죄가 무궁헌 고로//정월(正月) 대(大) 보름날
홍수[橫數] 맥이 거리에서//홍수맥이로 받고
오늘날 다//동(東)에는 청제장군(青帝將軍)
청마(青馬)에 청(青)안장 청(青)칼 청(青)활 청(青)살을 매겨 들고//중앙(中央)으로 쏘아 내고
남(南)에는 적제장군(赤帝將軍)
적마(赤馬)에 적(赤)안장 적(赤)칼 적(赤)활 적(赤)살을 매겨 들고//중앙(中央)으로 쏘아내고
서(西)에는 백제장군(白帝將軍)
백마(白馬)에 백(白)안장 백(白)칼 백(白)활 백(白)살을 매겨 들고//중앙(中央)으로 쏘아 내고
북(北)에는 흑제장군(黑帝將軍)
흑마(黑馬)에 흑(黑)안장 흑(黑)칼 흑(黑)활 흑(黑)살을 매겨 들고//중앙(中央)으로 쏘아 내고

205) '재난(災難)'의 와음.

중앙(中央)의 황제(黃帝) 살을 막어 낼제
일년(一年)은 열 두달, 과년은 열 석달 삼백육십일(三百六十日)을 지내 갈 제
한 달 육장(六場)[206] 오일(五日) 닷세
근심 걱정 자란 자차[207] 자신[208] 둘신[209]에
액운없이 점지시켜 주시고
이 터 이 명당에 만복 수복을 점지 시키시며
정월(正月)에 드는 액은 정월(正月) 보름 막어내고
이월(二月)에 드는 액은 이월 한식(二月寒食) 막어내고
삼월(三月)에 드는 액은 삼월(三月)삼진으로 막어내고
사월(四月)에 드는 액은 사월초파일(四月初八日) 관등불로 막어내고
오월(五月)에 드는 액은 오월단오(五月端午)의 추천[210]으로 막어 내고
유월(六月)에 드는 액은 유월(六月) 유두새로 막어 내고
칠월(七月)에 드는 액은 칠월칠석(七月七夕)날로 막어내고
팔월(八月)에 드는 액은 팔월(八月)보름 막어내고
구월(九月)에 드는 액은 구월구일(九月九日)로 막어내고
시월(十月)에 드는 액은 시월(十月) 마날[211]로 막어내고
동지(冬至)달 드는 액은 동지(冬至) 팥죽으로 막아내고
섣달에 드는 액은 막 가는 섣달 그뭄날 떡 굿으로 막어 낼 제
정칠월(正七月) 이팔월(二八月) 삼구월(三九月) 사시월(四十月) 오동지(五

206) 육장(六場). 여섯 번의 장날. 한 달이 30일 정도이고, 대개의 장은 오일장이기 때문에 한 달에 여섯 번의 장이 서기 때문에 이렇게 말한 것임.
207) 젖혀.
208) 미상.
209) 미상.
210) 추천. 그네. 그네뛰기.
211) 마날. 말날. 오일(午日). 일진에 '오(午)'가 들어 있는 날. 『동국세시기(東國歲時記)』의 기록에 의하면, 민간의 풍속에 시월의 오일(午日)에는 팥으로 시루떡을 만들어 외양간에 가져다 놓고 신에게 기도하여 말의 건강을 비는데, 단 '병오일(丙午日)'은 '병(丙)'이 '병(病)'과 음이 같기 때문에 이를 꺼리어 그렇게 하지 않는다고 하였음.

冬至) 육(六)섣달

춘하추동(春夏秋冬) 사절(四節) 다 지내 가도

금심 걱정 우환 자차 어수월이[212] 뜨수월이[213]

지양[214] 도둑 고무[215]도둑//눈 큰고[216] 발 큰 놈을

삭지쇠멸[削災消滅]시켜 주시고

만만진수 구와 대떡으로//소망을 점지시켜 주시고

기기승승허고 떠떳 부귀허고

만세 만세(萬歲萬歲) 무강 만세//소원성취시켜 주옵소서.

---

212) 어수월이. 뒤의 '뜨수월이'에 운을 맞춘 것임.

213) 뜨수월이. 문맥상으로는 아마도 '뜬것. 뜬귀신' 정도의 뜻으로 이해되나 더 이상은 미상임.

214) 재앙.

215) 뒤의. '곰'은 '임'의 반대로 '뒤'의 뜻임.

216) '크고'의 오식(誤植).

8. 손님굿

8. 1. 손님거리

이 본은 박경신(朴敬伸) 교수가 정리한 『울산지방무가자료집』[1])제 2권에 실린 자료로, 1987년 11월 21일 경상남도 울산시 동구 일산동 별신굿에서 동해안 세습무 집단의 김동언 무녀가 1시간 40분에 걸쳐 구연한 것을 채록·정리한 것이다. 따라서 자연상태에서 구연된 자료를 정리한 것인데, 무가의 사설은 물론 자세한 구연상황까지 나타나 있다. 춤이나 악기 반주가 있었던 자리, 잽이나 관중들의 개입 등도 모두 채록했기 때문에 현장감이 두드러진 것이 특징이며 무가가 굿의 현장에서는 실제로 어떤 형태로 구연되는가 하는 것을 이해할 수 있다. 원문은 음보 단위로 채록되어 있었고 행 배열은 무녀의 호흡 단위를 기준으로 배열되어 있었는데 이 책에서는 기본적으로는 원문에 따르되 행 배열은, 책 전체의 체제 통일을 고려하여, 얼마간 조정한 곳이 있는데, 원문과 행 배열이 달라진 부분에 내해서는 //표시를 하여 원문에서는 그 위치에서 행이 나누어져 있었음을 표시해 두었다. 또한 원문에서는 끝부분에 '손님네 말치레 놀이'라는 연극적 놀이가 들어 있었는데 이 부분은 엄밀히 말하면 서사적 내용이 아니지만, 원문을 존중한다는 의미와, 자료 자체의 실상을 그대로 보여 준다는 의미에서 그대로 싣기로 했다. 원문에는 자세한 주석이 붙어 있었기 때문에 주석은 원문의 것을 그대로 옮겼다. 다만 원문의 주석에서는 표제어를 먼저 제시하지 않았는데 여기서는 책 전체의 체제 통일을 위하여 표제어를 제시한 것만 달라졌다. ~ 표시가 된 곳은 원문에 따른 것인데 이는 다른 음절보다 현저하게 길게 구연된 곳을 표시한 것이라고 원문에 설명되어 있다.

---

1) 박경신, 『울산지방무가자료집(전 5권)』, 울산: 울산대학교 인문과학연구소, 1993. 이 자료집은 같은 해에 『동해안별신굿무가(전 5권)』라는 제목으로 국학자료원에서 재간행함.

ㅇ손님거리 무가(巫歌)

[잽이들은 흐드러지게 악기를 연주하고 무녀는 그 장단에 맞추어 춤을 춘다. 그 반주에 맞추어 한참동안 춤을 추던 무녀가 마이크 앞으로 나와 선다<소요시간: 1분 50초>]

<말로>

巫女: 여봅소//이석(席) 잡아 오시는 성관(星官)님[2]으로
　　손님네로 모시는 갑심더.[3]//손님네 오실적에
　　시우[時候] 삼년(三年)돌어 일산동(日山洞) 대동안에
　　각성(各姓) 육성(六姓)받이에
　　금동자 아들방성[4] 옥동자(玉童子) 딸의방성들 여러 손지[孫子]들
　　외손지[外孫子][5] 즉손지[6]나//안고품고 키울지라도 우야든지[7]
　　작은일[8]만 살짜기[9] 시키고, 한성구[10] 정구[11]치고 두성구 도리점에[12]
　　시성구[13] 낙점을 찍아[14] 연지딱지[15] 분딱지[16] 고이곱게 마련하시고

---

2) 이 석(席) 잡아서 오시는 신(神)은. '이번 굿거리에 모시기로 되어 있는 신(神)은'이라는 뜻. '석(席)'은 굿의 단위를 나타내는 용어로 흔히 '거리'라고도 함.
3) 갑심더. '모양입니다. -것 같습니다'에 해당하는 경상도 방언.
4) 아들 방성. '아들 아이'에 해당하는 경상도 방언. '방성'은 '아이'에 해당하는 경상도 방언. '방성'은 경상도 지방 무가(巫歌)에서 흔히 '아이' 혹은 '일반적인 사람'을 말할 때 쓰는 용어임. 그 구체적 용례(用例)를 보면, '아이야 방성', '생겨준 방성' 등 주로 비칭(卑稱)으로 사용되는 경우가 많음.
5) 외손지. '외손자(外孫子)'에 해당하는 경상도 방언.
6) 즉손지. '친손자(親孫子)'에 해당하는 경상도 방언.
7) 우야든지. '어떻든. 어떠하든지'에 해당하는 경상도 방언.
8) 작은 일. 조그만 일. '수두(水痘)'를 말한 것임. 수두를 다른 말로는 '작은마마'라고 부르기 때문에 이렇게 말한 것임. '수두(水痘)'는 어린 아이의 피부에 붉고 둥근 발진(發疹)이 생겼다가 얼마 뒤에 수포(水泡)로 변하는 유행병.
9) '살짝'에 해당하는 경상도 방언. 정도가 매우 약하게.
10) 한성구. 천연두(天然痘)를 앓을 때 처음 나타나는 증상을 민간(民間)에서 일컫는 말. 그 병세(病勢)가 진전되는 과정을 '한 성구. 두 성구. 세 성구' 등으로 각각 말하게 됨.
11) 정구. '전구(前驅)'의 와음. '전구(前驅)'는 전염병의 잠복기. 따라서 '정구 치고'는 '잠복기를 거치고' 정도의 뜻임.
12) 두 번째로 둥그런 반점이 나타나는 증상을 거쳐. '도리점'은 둥그런 점으로 천연두에 걸린 사람의 얼굴에 붉은 반점이 솟는 것을 말한 것임.

진명[17] 서리담고[18] 짜린명(命)[19] 질게잇아[20] 무쇠목숨 돌끈달아
오동(梧桐)나무[21] 상상봉(上上峰)에 봉학[鳳凰][22]같이 점지하시라꼬
손님네로 착실히 모시는 갑더라.[23]
강남(江南) 대왕국에 명신(明神) 손님네로 모시는데
옛날에는 자식(子息)들로//아부지[24]가 서이[25]라 했으니
날 낳아준 아부지도 아부지요
또 삼신 지왕님네[26]도 아부지요 손님네도 아부지라.
아무리 지왕님네가 참 잘//고이곱게 참 잘생기게 만들어 놓아도

잽이: 아

---

13) '세 성구'에 해당하는 경상도 방언. 세 번째에 나타나는 증세로.
14) '낙점을 찍어'에 해당하는 경상도 방언. 점이 생겨. 천연두(天然痘)를 앓은 사람의 얼굴에 흉터가 생길 자리가 잡힘을 표현한 것임.
15) 연지딱지. 천연두(天然痘) 앓는 사람의 얼굴에 그 종기가 딱지가 지는 것을 표현한 것임.
16) 분딱지. 위와 같음.
17) 진 명. '긴 명(命)'에 해당하는 경상도 방언. 긴 목숨.
18) 서리 담고. '서려 담고'에 해당하는 경상도 방언. '서리다'는 '길고 잘 감기는 물건을 동그랗게 포개어 감다'의 뜻.
19) 짜린 명. '짧은 명(命)'에 해당하는 경상도 방언.
20) 질게 잇아. '길게 이어'에 해당하는 경상도 방언.
21) 오동나무. 오동과(科)에 속하는 낙엽 활엽 교목. 줄기 높이 10m 가량이고 잎은 난형이며 잎 뒤에 갈색의 짧은 털이 밀생함. 목재(木材)는 장농·나막신·상자·악기(樂器) 등을 만드는데 쓰이며 정원수(庭園樹)로도 심음. 여기서 언급된 것은 봉황(鳳凰)이 깃들이는 나무이기 때문인데 이에 관해서는 아래 주)를 참조할 것.
22) 봉학. '봉황(鳳凰)'의 와음. '봉황(鳳凰)'은 상상상(想像上)의 상서(祥瑞)로운 새. 몸은 닭의 머리, 뱀의 목, 제비의 턱, 거북의 등, 물고기의 꼬리 모양을 하고, 키는 6척(六尺) 가량이며, 몸과 날개에는 오색(五色)의 빛이 찬란하고, 오음(五音)의 소리를 낸다고 함. 오동(梧桐)나무에 깃들이고 대의 열매[竹實]를 먹으며 예천(醴泉)의 물을 마심. 성천자(聖天子)가 나타나려고 하면 이 새가 나타나는데 뭇짐승들이 따라 모인다고 함. 수컷을 '봉(鳳)', 암컷을 '황(凰)'이라고 함. 용·거북·기린과 함께 사령(四靈)을 이루는데 중국(中國) 고대(古代)의 전설(傳說)에 많이 등장함.
23) '-가 보더라'에 해당하는 경상도 방언.
24) 아부지. '아버지'에 해당하는 경상도 방언.
25) 서이. '셋'에 해당하는 경상도 방언.
26) '삼신 제왕님'에 해당하는 경상도 방언. 경상도 지방에서는 흔히 그냥 '제왕. 제왕님. 지왕' 등으로 부름. 사람의 출생(出生)과 어릴 때의 성장을 관장한다고 알려져 있는 무속신(巫俗神)의 이름. 이 신(神)에 대한 본풀이가 '제석본풀이'임.

巫女: 손님네를 잘못 만나면 곰보도 만들고 쩨보[27]도 만들고
다리병신도 만들고//코병신도 만들고 이렇게 참
험하게 마련하는 갑심더.
무섭고 시럽는[28] 강남(江南) 대왕국에
잽이: 아
巫女: 맑을[29] 명짜[明字],
없어.[30]
맑을 명짜[明字] 귀신(鬼神) 신짜[神字] 명신(明神) 손님네를 모십시다.

[잽이가 잠깐 장고 반주를 한다<소요시간: 1초>]

<창(唱)으로>
巫女: 모시자 모시자~//손님네를 모시자~

<말로>
잽이: 허이

<창(唱)으로>
巫女: 남산부주[31] 대한 민국(大韓民國)//경상 남도(慶尙南道) 울산시(蔚山市)
잽이: 아~디야
巫女: 일산동(日山洞)아 대동안에 시우[時候]야
삼년(三年)돌~어 우별신(右別神)을 디리시고

---

27) 쩨보. '언청이'를 농(弄)으로 일컫는 말.
28) '-스러운'에 해당하는 경상도 방언. '(감당할 수 없을 정도로) 변덕스러운' 정도의 뜻임.
29) '밝을'의 잘못임. '명(明)'의 훈(訓)은 '밝을'임.
30) 이 단어는 무가(巫歌)의 사설(辭說)이 아님. 잽이가 무녀에게 무엇인가를 가지고 있느냐고 손짓으로 물었는데 무녀가 잽이의 그 물음에 대해서 자신은 가지고 있지 않다고 대답을 한 것임.
31) 남산부주. '남섬부주(南贍部洲)'의 와음. 여기서는 인간세계, 곧 사바세계(娑婆世界)라는 뜻으로 사용된 것임. 각 거리의 시작은 그 굿이 이루어지는 시간(時間)과 장소(場所)를 신(神)들에게 고(告)하는 내용이 첫머리에 놓이는 것이 전국적인 굿의 일반적인 관례인데 여기서도 이 굿이 이루어지는 장소를 언급한 내용의 일부임.

잽이: 아~디야

巫女: 좌별신(左別神)으로 드리시는데
말도 선후(先後)가 있고 글도 선후(先後)가 있고 귀신(鬼神)도
선후 차례(先後次例)로다 차지법(次知法)[32]으로 모시는데

잽이: 아~디야

巫女: 강남(江南)아 대왕국에//명신(明神) 손님을 모시자~

[잽이들은 흐드러지게 악기를 연주하고 무녀는 그 장단에 맞추어 춤을 춘다<소요시간: 21초>]

<창(唱)으로>

巫女: 강남(江南)아~ 대왕국에//명신(明神)손님을 모실때

잽이: 아~디야

巫女: 일산동(日山洞) 대동안에야 이놀이 정성을//올리는데
각성(各姓)받이야 의논(議論)하시고 육성(六姓)받이 공론(公論)하야

잽이: 아~디야

巫女: 오십 한살[五十一歲]에 최씨 대주(崔氏大主)[33]
온동네 정신 디리고//만동네 차지(次知)[34] 받아
밤중 밤중 야밤중에//축문(祝文) 지어서 제문(祭文) 올리고

잽이: 아~디야

巫女: 제문(祭文)을 지어서 축문(祝文) 올리고
모욕재계[沐浴齋戒][35]를 정(淨)히 하고~

---

32) 차지법. 관장(管掌)하는 규칙. 위계(位階)에 따라서 신직(神職)을 부여받는 절차. 이 경우의 '차지'는 이두(吏讀)에서 사용된 '차지(次知)'와 가까운 개념으로 이해됨. 이두(吏讀)에서의 '차지(次知)'는 '주관(主管). 관장(管掌)'의 의미임.

33) 성(姓)이 최씨(崔氏)인 대주(大主). '대주(大主)'는 무당이 단골집의 남자 주인을 이르는 말. 이 부락제(部落祭)의 제주(祭主)는 마을 사람인 최영재씨였기 때문에 '최씨대주(崔氏大主)'라고 지칭한 것임.

34) 차지. 이 경우의 '차지'는 이두(吏讀)에서 사용된 '차지(次知)'와 가까운 개념으로 이해됨. 이두(吏讀)에서의 '차지(次知)'는 '주관(主管). 관장(管掌)'의 의미임. 따라서 '차지를 받아서'는 '일을 맡아서. 일을 주관(主管)하여서' 정도의 뜻으로 이해할 수 있겠음.

잽이: 아~디야
巫女: 제주(祭主)집을 마련하여
일단 정신 디리시고//조심도가[36] 많이 디려야
잽이: 아~디야
巫女: 하나마[37] 잘되자꼬//이정성도 아니옵고
물아리나[38] 물우이나[39] 동네안과 태평(安過泰平)하고
물로 들오는 천량[40]이며
잽이: 아~디야
巫女: 들로들온 곡식(穀食)이며
상업자(商業者)나 공업자(工業者)나
객지(客地) 갔는어 자손(子孫)들이나
잽이: 아~디야
巫女: 명(命)우에 명(命)을 주소//복(福)우에 복(福)을 주소.
안과 태평(安過泰平)을 점제하고
잽이: 아~디야
巫女: 부귀 공명(富貴功名)을 점제 하시라꼬
손님네를 모시는데
잽이: 아~디야
巫女: 강남(江南) 대왕국으느//연잎[蓮葉]같이 너른[41]나라고
옛날에 우리나라는 조선국(朝鮮國)이라 하였으니
잽이: 아~디야

---

35) 모욕재계. '목욕재계(沐浴齋戒)'에 해당하는 경상도 방언. 목욕을 하여 몸을 깨끗이 하고 마음을 가다듬어 부정(不淨)을 피하는 일. 부락제(部落祭)의 제주(祭主)와 집사(執事)들은 제(祭)를 지내기 전의 일정한 기간을 재계(齋戒)하는데 이 재계의 과정에 찬물에 목욕하는 절차가 있었던 것이 상례(常例)였음.
36) '조심도'에 해당하는 경상도 방언. '-가'에는 별다른 의미가 없음.
37) '하나만'에 해당하는 경상도 방언. 제주(祭主) 한 사람만.
38) '물 아래나'에 해당하는 경상도 방언.
39) '물 위에나'에 해당하는 경상도 방언.
40) 천량. 살림살이에 쓰이는 모든 재물(財物).
41) 너른. '넓은'에 해당하는 경상도 방언.

巫女: 우리 대한민국(大韓民國)은//댓잎[竹葉]같이 좁은나라에
연잎같이 널으는[42] 강남(江南) 대왕국은//밥치장으로 둘러본다.

잽이: 아~디야

巫女: 밥으노 피밥[43]이요//노내끼[44] 채소(菜蔬)야
굼벵이[45] 산적(散炙)[46]에//이렇게 자시고

잽이: 아~디야

巫女: 우리 나라에 밥치장을 둘러보자.
외씨[47] 같으느[48] 전이밥[49]에다//앵두[50] 같으나 팥을 섞어

잽이: 아~디야

巫女: 나물치레 둘러본다.
올라가는 올고사리며 내려오는~아 늘고사리야

---

42) '넓은'에 해당하는 경상도 방언.

43) 피밥. 피로 지은 밥. '피'는 포아풀과(科)에 속하는 일년초(一年草). 벼논에 나는데 벼의 성장에 방해가 되기 때문에 전(前)에는 일일이 손으로 뽑아주었음.

44) '노래기'에 해당하는 경상도 방언. 여기서는 '노래기가 붙은. 노래기 냄새가 나는'의 뜻임. '노래기'는 배각류(倍脚類)에 속하는 절족(節足) 동물의 명칭. 음습한 곳에 살며 물건에 닿으면 몸을 둥글게 말고 몸에서 고약한 냄새를 분비함.

45) 매미의 유충(幼蟲). 누에와 비슷하나 몸길이가 짧고 뚱뚱함. 초가집 썩은새 속이나 땅속에서 보통 여러 해를 자라는데 알에서 50일 또는 300일 만에 부화(孵化)하여 나무뿌리의 양분 등을 흡수하며 성장함. 그 움직임이 매우 둔하기 때문에 동작이 매우 느리고 굼뜬 사람을 가리키는 말로도 사용됨. 어떤 사람이라도 각기 자신의 장처(長處)가 있으니 결코 업신여겨서는 안된다는 뜻을 나타내는 속담(俗談)에 '굼벵이도 궁글 재주가 있다'라는 말이 있음.

46) 산적(散炙). 제의(祭儀)에 사용하는 제물(祭物)의 이름임. 쇠고기 같은 것을 길쭉길쭉하게 썰어서 양념을 하여 꼬챙이에 꿰어서 구운 음식.

47) 외씨. 오이씨. 곧 '갸름하고 길쭉하며 하얗고 미끈하게 생긴'이라는 뜻임.

48) '같은'에 해당하는 경상도 방언.

49) 전(全)이밥. 쌀만으로 지은 밥. 전부 쌀로만 된 밥. '이밥'은 쌀밥. 제사(祭祀) 덕분에 쌀밥을 먹게 되었다는 것을 표현하는 속담(俗談)에 '조상(祖上) 덕(德)에 이밥'이라는 것이 있음.

50) 앵두. 앵두나무의 열매. '앵두나무'는 앵도과(科)에 속하는 낙엽 활엽 관목. 높이 1~3m이고 잎은 도란형 또는 타원형임. 4월에 도색(桃色) 또는 백색(白色) 꽃이 한둘씩 액생(腋生)하고 핵과(核果)는 다장질(多漿質)이며 구형이고 6월에 홍색으로 익음. 인가 부근에 심는데, 강원도를 제외한 한국 각지 및 일본·만주 등지에 분포함. 정원수로 가꾸고 과실은 식용(食用)함.

<말로>

잽이: 잘한다

<창(唱)으로>

巫女: 한푼두푼 돈이나물[51] 자주(紫朱)비단 가지나물
　　섬방 이방 호박 나물

잽이: 아~디야

巫女: 이렇게 자시고
　　산소머리 도치걸고[52]//죽은소머리 칼을꽂고
　　앞다리 선각(先脚) 뒷다리 후각(後脚)이야//이리~ 자시고~
　　눌렀다 금청주[53]야//봤다떴다 요하주[54]~
　　석달열흘 백화주[55]//도련님[陶淵明][56]의 국화주(菊花酒)[57]며

---

51) 돈이나물. '돌나물'에 해당하는 경상도 방언. '돌나물'을 경상도 지방에서는 '돈나물'이라고 부르기 때문에 '돈'과 연결시켜 '한푼두푼'이라는 말과 결합된 것임. '돌나물'은 돌나물과(科)에 속하는 다년초(多年草)로 들이나 산록의 언덕, 돌틈 등에 나는데 거의 한국의 전역에 분포하며 어린 잎과 줄기는 식용(食用)함.

52) '살아 있는 소의 머리에 도끼를 걸고'에 해당하는 경상도 방언. '도치'는 '도끼'에 해당하는 경상도 방언. 이 행(行)은 다음 행(行)과 짝을 이루어 무가(巫歌)에 많이 등장하는 공식적 표현(公式的表現)의 하나임. 마마신을 그렇게 훌륭하고 거창한 제물(祭物)을 받던 위엄 있는 신(神)으로 떠받들려는 의도이며 오신(娛神)의 한 과정임.

53) 금청주. 술의 이름. 아마도 '천금주(千金酒)'의 와음인듯함. '천금주'는 찹쌀로 빚은 술의 일종.

54) 요하주. '유하주(流霞酒)'의 와음. '유하주(流霞酒)'는 신선(神仙)이 먹는다고 알려져 있는 좋은 술. 송강(松江) 정철(鄭澈)의 가사 관동별곡(關東別曲)에 '뉴하주 ㄱ득 부어 둘ᄃ려 무른 말이………'라는 구절이 있음.

55) 백화주. '백일주(百日酒)'의 잘못이라고 보는 것이 옳겠음. 담근 뒤에 백일(百日) 동안 땅속에 묻어 두었다가 거른 술. '백화주(百花酒)'가 없는 것은 아니나 '백화주'의 뜻은 '온갖 꽃을 넣어서 빚은 술'로서 앞의 '석달열흘'과는 관계가 없음.

56) '도연명(陶淵明)'의 와음. '도연명(陶淵明)'은 중국 진(晉)나라의 유명한 시인(詩人). 이름은 잠(潛). 405년에 팽택(彭澤)의 영(令)이 되었으나 80여일 후에 '귀거래사(歸去來辭)'를 남기고 귀향하고 말았음. 자연미(自然美)를 노래한 시가 많으며 중국의 서경시(敍景詩)는 이때부터 발달한 것으로 알려져 있음. 또한 그는 중국 역사에서 가장 국화(菊花)를 사랑한 사람으로 널리 알려져 있어서 국화가 등장하기만 하면 그의 이름이 언급되는 경우가 많음.

57) 역사상으로 중국에서 도연명(陶淵明)이 국화(菊花)를 가장 사랑한 사람으로 알려져 있

이태백(李太白)[58]이야 포도주(葡萄酒)[59]며//이렇게 거룩하게

삼실과(三實果)[60] 왕밤대추//거룩하게도만 자시는데

잽이: 아~디야

巫女: 인물(人物)좋고 밥좋고//거레 좋다[61] 말씀듣고

인물 적간(人物摘奸)[62]으로 나오시고//밥적간[飯摘奸]으로 나오신다

[잽이들은 일제히 악기를 연주하고 무녀는 그 장단에 맞추어 춤을 춘다. 꽹과리 소리가 유난히 크게 들린다<소요시간: 29초>]

<창(唱)으로>

巫女: 손님네가//손님네가 나오실때//무엇을 타고 오시나?

배한척이가 정(正)히 없네.

잽이: 아~디야

巫女: 연잎[蓮葉]같이 너른[63] 나라에//오십 삼분[五十三名][64]이 나오시다가

커다큰~ 저땅으로//비워 두지를 못하여서

잽이: 아~디야

巫女: 쉰분은 호양하고[65]//단삼분 나오실때

기 때문에 이런 표현이 생기게 된 것임.

58) 이태백. 중국 당(唐)나라 시대의 유명한 시인(詩人). 호방하고 낭만적인 시풍으로 유명하며 일명 시선(詩仙)이라고 불림. 포도주를 잔뜩 먹고 물에 비친 달을 건지려다가 빠져죽었다고 전함.

59) 위의 주)를 참조할 것.

60) 삼실과. 삼색 실과(三色實果). 제사(祭祀) 지낼 때에 사용하는 세 가지 과실. 삼색과(三色果)라고도 함.

61) 거레 좋다. '길거리가 좋다'에 해당하는 경상도 방언. '문물(文物)이 화려하여 볼만하다' 정도의 뜻임.

62) 인물 적간. '사람들이 어떤지 살펴 보려고' 정도의 뜻임. '적간(摘奸)'은 원래 '부정(不正)이 있나 없나를 캐어 살핌'의 뜻.

63) '넓은'에 해당하는 경상도 방언.

64) 오십삼 분. 쉰 세 분. 오십삼명(五十三名). 다른 지방의 무가자료를 보아도 처음에는 쉰 세 분이 나오는 것으로 되어 있는 것이 보통임.

65) 호양하고. '회향(回向)하고' 혹은 '회향(迴鄕)하고'의 와음. '회향(回向)'은 '얼굴을 돌리어 딴곳으로 향하다'의 뜻.

어떤 손님네가 나오시나?

잽이: 아~디야

巫女: 앞에좇아 오신손님은 삼한 시준[66]손님
시준 손님네 치레 보소

잽이: 아~디야

巫女: 한자 한치 홑꼬깔[67]에//두자 두치 접고깔[68]에
열두자야 홑장삼(長衫)에야

잽이: 아~디야

巫女: 쉰대자[69] 먹장삼(長衫)[70]에 백팔 염주(百八念珠) 목에 걸고
시나 단주(短珠)[71]를 팔에 걸고

잽이: 아~디야

巫女: 염불(念佛)로 모시고 나오시고,
그뒤에 오시는 손님네는//글좋은 문신(文臣) 손님 나오실때
글좋은 문신(文臣) 손님 치레 보자.
손님네 치레치장 둘러 보자.
양님이[72] 접바지[73] 저고레[74]다~

---

66) 시준. 동해안(東海岸) 세습무(世襲巫) 집단의 무녀들이 '세존(世尊)'이나 '제석(帝釋)'을 다르게 부르는 말. 이 경우의 '세존(世尊)'이나 '제석(帝釋)'은 불교(佛敎)에서 말하는 세존이나 제석신이라기보다는 우리 고유의 '삼신[産神]'을 지칭한다고 보는 것이 옳다고 알려져 있음.

67) 홑꼬깔. '홑고깔'에 해당하는 경상도 방언. 한 겹으로 된 고깔. '고깔'은 중들이 머리에 쓰는 건(巾)의 한 가지. 흔히 상좌들이 쓰는데 배접한 베조각으로 접고 맞추어 세모지게 만듦.

68) 접고깔. '겹고깔'에 해당하는 경상도 방언. 겹으로 만든 고깔에. '고깔'은 배접한 베조각으로 세모지게 접고 맞추어서 쓰는 스님들의 모자의 한 가지. 주로 상좌(上佐)들이 쓰게 됨.

69) 쉰대 자. '쉰 다섯 자[五十五尺]'에 해당하는 경상도 방언. 쉰 다섯 자의 베로 만든.

70) 먹장삼. 검은 물을 들인 장삼(長衫). '장삼'은 검은 베로 길이가 길고 소매가 넓게 만든 중의 웃옷.

71) 시나 단주. '세낱 단주(短珠)'의 와음. 세 낱으로 된 단주(短珠). '시나'는 '셋'에 해당하는 경상도 방언. '단주'는 짧은 염주(念珠). 쉰네 개 이하의 구슬을 꿰어 만든 염주를 말함.

72) 양님이. '양누비'의 와음. 안쪽과 바깥쪽의 양쪽을 다 누빈. '누비다'는 솜 등을 속에

잽이: 아~디야

巫女: 청사(靑紗) 도복(道服)에//흑사 띠[黑紗帶]로다.

순금(純金) 괘리[75]를 넌짓[76] 매고

잽이: 아~디야

巫女: 외올이 명건[網巾][77]에다//쥐꼬리 당주[78]에

대보 간자[玳瑁貫子][79]~//끼얄[80]같은 저탕관[宕巾][81]에

다 넣고 꿰매는 바느질의 한 방법.

73) 접바지. '겹바지'에 해당하는 경상도 방언. 겹으로 된 바지.

74) '저고리'에 해당하는 경상도 방언.

75) 괘리. 허리띠.

76) 넌짓. 느직이. 너무 꽉 죄지 않게. 느슨하게.

77) 외올이 명건. '외올 망건(網巾)'의 와음. '외올 망건'은 외올로 뜬 품질이 좋은 망건. '외올'은 여러 겹으로 겹치지 않고 단 하나의 올만으로 짠 물건. '외올뜨기'라고도 함. '망건(網巾)'은 상투 있는 사람이 머리가 흩어지지 않도록 말총 등으로 그물처럼 만들어 머리에 두르는 물건. 운두가 10cm 가량 되며 이것을 쓴 위에 갓을 쓰게 됨.

78) 쥐꼬리 당주. '쥐꼬리 당줄'의 와음. 대부분의 다른 지방의 무가자료(巫歌資料)에서는 대개 '쥐꼬리 당줄'이라고 구연되는 구절임. '쥐꼬리망초의 줄기처럼 짧은 마디마디가 있는 망건(網巾)의 당줄'이라는 뜻. '당줄'은 망건에 달린 줄. 망건당에 꿰는 아랫당줄과 상투에 동여매는 윗당줄이 있는데 아랫당줄은 짧은 마디가 있기 때문에 이렇게 말하게 된 것으로 이해됨. '망건'에 대해서는 위의 주)를 참조할 것. '쥐꼬리망초'는 쥐꼬리망초과(科)에 속하는 일년초(一年草)로서 줄기는 방형(方形)인데, 높이 30~40cm이고, 잎은 대생하며 유병(有柄)이고 난형(卵形) 또는 긴 타원상 피침형임. 7~9월에 담홍색(淡紅色) 또는 백색(白色)의 순형화(脣形花)가 가지 끝에 수상(穗狀) 화서로 달려 피고, 삭과(蒴果)는 선상(線狀)의 타원형임. 들이나 산록에 나는데, 한국 각지 및 일본·중국·대만 등지에 분포함. 뿌리는 '진범'이라 하여 약용(藥用)함.

79) 대보간자. '대모관자(玳瑁貫子)'의 와음. 대모갑(玳瑁甲)으로 만든 관자(貫子). '대모(玳瑁)'는 거북과(科)에 속하는 바다 거북의 한 종류. 각판은 반투명의 황색 바탕에 암갈색 구름 무늬가 있는데 대개 지붕의 기와처럼 포개어져 있음. 인도양·태평양·대서양의 열대와 아열대에 분포하는데 등껍데기를 '대모(玳瑁)' 혹은 '대모갑(玳瑁甲)'이라고 하며 공예품·장식품 등에 귀중하게 쓰임. '관자(貫子)'는 망건에 달아 망건줄을 꿰는 작은 고리인데 주로 옥(玉)·금(金)·뿔·뼈 등으로 만들게 됨.

80) 끼얄. '게알'에 해당하는 경상도 방언. 게[蟹]의 알. '끼' 혹은 '기'는 '게[蟹]'에 해당하는 경상도 방언.

81) '게알탕건'은 '썩 곱게 떠서 만든 탕건(宕巾)' 정도의 뜻임. '탕관'은 '탕건(宕巾)'에 해당하는 경상도 방언. '탕건(宕巾)'은 예전에 벼슬아치가 갓 아래에 받쳐 쓰든 관(冠). 말총을 잘게 세워서 뜨는데 앞쪽은 낮고 뒤쪽은 높아 턱이 졌음. 평안도(平安道) 정주(定州)의 것이 가장 품질이 좋은 것으로 알려져 있었기 때문에 최고급(最高級) 탕

잽이: 아~디야

巫女: 통양갓으로[82] 덮어쓰고

<말로>

잽이: 잘한다.

<창(唱)으로>

巫女: 삼승(三升)[83] 접버선[84]에//꽃가죽신 받쳐신고//말을 타고 나오실때

잽이: 아~디야

巫女: 검은 책[85]을 옆에 찌고[86]//큰북은 손에 들고

살자식으노 검은점 찍구야//욕볼 자식[87]은 붉은점을 찍고

죽을 자식으노 낙점을 찍고//점을 찍으러 나오시고

잽이: 아~디야

巫女: 그뒤에 오시는아 손님네는//각시 손님이 나오신다.

잽이: 아~디야

巫女: 각시 손님아//치레를 둘러보자.

신수[88] 좋은아 저얼굴에다//분세수(粉洗手)를 정(淨)히하고

잽이: 아~디야

巫女: 감탕같은[89] 채진머리[90]는

건을 표현할 때 고전문학(古典文學) 작품에서는 흔히 '정주 탕관[定州宕巾]'이라는 표현이 사용되었음.

82) '통영(統營)갓을'의 와음. 통영(統營)의 갓을. 통영(統營)에서 생산된 갓을. '통영(統營)'은 현재 경상남도(慶尙南道) 충무시(忠武市)의 옛지명(地名)으로 예로부터 좋은 갓의 산지(産地)로 널리 알려져 있음. 그래서 고전문학(古典文學) 작품에서는 흔히 '정주탕관[定州宕巾]'과 짝이 되는 표현으로 '통영갓'이 등장함.

83) 삼승. '-승(升)'은 베[布]의 굵기를 나타내는 말. 따라서 '삼승(三升)'은 '석새'의 굵기의 베를 말함.

84) 접버선. '겹버선'에 해당하는 경상도 방언. 겹으로 된 버선.

85) 천연두(天然痘)를 앓게 할 사람과 그렇지 않은 사람들의 이름을 적은 책을 말한 것임.

86) '끼고'에 해당하는 경상도 방언.

87) 욕볼 자식. '천연두(天然痘)에 걸려서 심하게 고생을 할 사람'의 뜻. 천연두를 심하게 앓을 사람.

88) 신수. 용모(容貌)와 풍채(風采).

잽이: 아~디야 디~야

巫女: 동박기름[91)]에 광을 올려[92)]//느진느진[93)] 곱게 땋서
갑사댕기[94)] 반(半)만 물려//외틀어서[95)] 머리꽂고

잽이: 아~디야

巫女: 뒤에는 축줄비네[96)]//앞에는 금봉채(金鳳釵)[97)]요
치레 옷치장을 둘러본다.

잽이: 아~디야

巫女: 물명지[98)] 고두바지[99)]에//백(白)비단의 말[100)]을 달고

잽이: 아~디야

巫女: 물명지 단속곳[101)]에 서기반[102)]을 끈을달아//맵시 있게도 졸라매고

---

89) 감탕과 같은. '감탕'은 아주 곤죽같이 된 진흙. 여기서는 검고 윤기있는 여인의 머리카락을 말한 것임.

90) 채진 머리. '채가 긴 머리'에 해당하는 경상도 방언. '채'는 가늘고 긴 물건의 길이를 이르는 말. 여기서의 '채'는 '머리채'로 '길게 늘어뜨린 머리카락'의 뜻. '질다'는 '길다'에 해당하는 경상도 방언.

91) 동박기름. '동백(冬柏) 기름'에 해당하는 경상도 방언. 동백나무 열매에서 짜낸 기름으로 매우 끈기가 있음. 옛날 여인들이 머리카락에 윤기가 나게 할 때에 이 기름을 사용했음.

92) 윤기가 나게 해서. 반질반질하게 빛이 나게 해서.

93) '느짓느짓'에 해당하는 경상도 방언. 너무 단단하지 않게.

94) 갑사댕기. 갑사(甲紗)로 만든 댕기. '갑사(甲紗)'는 품질이 좋은 얇은 비단. '댕기'는 여자의 길게 땋은 머리 끝에 드리는 헝겊이나 끈. 흔히는 자주빛이나 검은빛의 것을 쓰나 상제인 경우에는 흰색을 사용하기도 함.

95) 외틀어서. 왼쪽으로 틀어서. 왼쪽으로 돌려서

96) 축줄비네. '죽절(竹節)비녀'의 와음. 대나무로 만든 비녀[簪]. 그다지 고급스러운 것은 아니며 값도 쌈. '비네'는 '비녀'에 해당하는 경상도 방언.

97) 금봉채. 금(金)으로 봉황(鳳凰)을 새겨서 만든 비녀.

98) 물명지. '물명주'에 해당하는 경상도 방언.

99) 고두바지. '고두쇠 바지'에 해당하는 경상도 방언. 고두 바지. 은(銀)으로 만든 장식품으로 끈을 치장한 바지.

100) 말. 치마의 말. '말'은 치마 등의 옷에서 윗단이나 아랫단에 빙 둘러가며 댄 길다란 천 부분.

101) 단속곳. 여자의 속곳. 바지 위에 덧입고 그 위에 치마를 입게 되어 있음.

102) 서기반. '수(繡)비단'의 와음인듯함. 수(繡)놓은 비단.

<말로>
잽이: 좋~다

<창(唱)으로>
巫女: 순금비단 짝저고리[103]는//거출[104] 비단을 안을 받쳐
잽이: 아~디야
巫女: 반달같은 짓[105]을달고//명자[106]고름[107]을 끈을달아
잽이: 아~디야
巫女: 이렇게 맵시있게 졸라매고
　　잎을 그려 다홍치마는//범나비[108] 주름을 잡아
잽이: 아~디야
巫女: 무지개 말[109]을달고//거츨비단 안을받쳐
　　꿍어즌[110] 줄을 달아서//맵시 있게도 졸라매고
잽이: 아~디야
巫女: 삼승(三升) 접버선에//꽃가죽신 받쳐신고//가마를 타고 나오신다.
잽이: 아~디야
巫女: 가마 치장 둘러 보자.
　　가마 나무 목각 나무[111]요
　　가마 휘장(揮帳)[112]은 호피(虎皮)[113] 로다.

---

103) 짝저고리. 문맥상으로는 '겹저고리'의 뜻임.
104) '꺼칠한. 매끄럽지 않은' 정도의 뜻임.
105) 짓. '깃'에 해당하는 경상도 방언. 옷깃. 저고리나 웃옷의 목에 둘러대어 앞으로 여미는 부분.
106) '명주(明紬)'의 와음. 비단.
107) 옷고름.
108) 범나비. 호랑나비.
109) 말. 치마의 말. '말'은 치마 등의 옷에서 윗단이나 아랫단에 빙 둘러가며 댄 길다란 천 부분.
110) 문맥상으로 보아 혹 '공단'의 잘못이 아닐까 함.
111) 목각나무. '먹감나무'의 와음. 여러 해 묵어 속이 검은 감나무의 심재(心材). 단단하고 고우므로 여러 가지 세공물을 만드는데 쓰임. 오시목(烏柿木).
112) 휘장. 여러 폭의 피륙을 이어 만든 둘러치는 장막.
113) 호피. 호랑이의 가죽.

잽이: 아~디야

巫女: 가마 문(門)으는 완짜문[卍字門][114] 이요

가마 꼭지는 죽[115]을 박았구나.

가마 방석은 꽃방석이라.

잽이: 아~디야

巫女: 가마를 타고서 나오시고

호반(虎班) 손님이 나오실때

잽이: 아~디야

巫女: 호반 손님 거동보소.

옥양목(玉洋木)[116] 접장삼(長衫)[117]에//옥양목(玉洋木) 버선에

육노리[118] 미트레[119]//칼을 차고 나오시네.

활로[120] 살(煞)로 막어 온다.

동(東)에 청제살(青帝煞)을 막고//남(南)에 적제살(赤帝煞) 막고

북(北)에 흑제살(黑帝煞) 막고//중앙(中央)에는 황제살(黃帝煞)을

잽이: 아~디야

巫女: 사방살(四方煞)로 막어 오실때

의주(義州) 압록강(鴨綠江)을 당도했네~.

[잽이들은 흐드러지게 악기를 연주하고 무녀는 그 장단에 맞추어 춤을 춘다<소요시간: 38초>]

---

114) 문짝 살대가 완자형(卍字形)으로 된 문.

115) '주석(朱錫)'의 잘못임. 놋쇠.

116) 옥양목. 생목보다 발이 고운 무명의 피륙. 빛이 썩 희고 얇음.

117) 접장삼. '겹장삼'에 해당하는 경상도 방언. 겹으로 된 장삼(長衫). 동해안(東海岸) 세습무(世襲巫) 집단의 다른 무녀들은 '먹장삼'이라고 구연하기도 하는 단어임.

118) '육날'의 와음. 미투리는 흔히 날을 여섯 개로 하기 때문에 '육날'이라는 말이 붙은 것임.

119) '미투리'에 해당하는 경상도 방언. '미투리'는 삼[麻]으로 삼은 신. 흔히 날을 여섯 개로 하기 때문에 '육날 미투리'라고 함.

120) '화(禍)를'의 잘못임.

<창(唱)으로>

巫女: 커닥하는[121] 저강(江)을 건널라니[122]//배 한척이가 정히[123] 없어~

잽이: 아~디야

巫女: 흘배[124]를 모아[125] 탈라니//풀어져서 못나오고~

나무배를 모아 탈라니//밑이 썩어서 못나오고

쇠배를 모아 탈라니//대천지 저한바다에[126]

지남철(指南鐵) 무서워 못나오고

잽이: 아~디야

巫女: 돌배를 모아타고//바람이 부는대로

물결 치는대로//거침 없이도 나오 시다가

잽이: 아~디야

巫女: 모지나[127] 풍랑(風浪)을 만나 가지고

배를 모두 파산[破船] 시키고

잽이: 아~디야

巫女: 압록강(鴨綠江)에 당도하야

공아 공아 배사공아//주야 주야 배선주(船主)야

잽이: 아~디야

巫女: 자야 자야 나리자[128]야

한번 불러 돈담무신[129]//두번 불러 전이무심[130]

---

121) '큰'에 해당하는 경상도 방언.

122) '건너려니'에 해당하는 경상도 방언.

123) '전혀'의 잘못임.

124) 흘배. '흙배'에 해당하는 경상도 방언. 흙으로 만든 배. 토선(土船)

125) 모아. 배를 만드는 것을 경상도 해안지방에서는 흔히 '배를 모운다'라고 말함. 어원적(語源的)으로는 '뭇다'에서 온 말임.

126) '저 큰 바다에. 저 넓은 바다에'에 해당하는 경상도 방언. '한바다'는 '넓은 바다. 큰 바다'에 해당하는 말임.

127) '모진'에 해당하는 경상도 방언.

128) 나리자. 나룻터지기. 나루를 지키는 사람. '나리'는 '나루[津]'에 해당하는 경상도 방언.

129) 돈담무신. '돈단무심(頓斷無心) 혹은 돈담무심(頓淡無心)'의 와음. 사물에 대하여 도무지 탐탁하게 여기는 마음이 없음.

130) 전이무심. '전혀 무심(無心)'에 해당하는 경상도 방언. 완전히 무심함.

잽이: 아~디야

巫女: 삼세번 거듭 불르니[131] 사공이 나오는데,

여봐라 사공씨야 우리는//다른 사람 아니다.

강남(江南) 대왕국이야//명신(明神) 손님으로

대한민국(大韓民國)이 인물적간(人物摘奸)[132] 거레적간[133]

밥적간을 나왔다가

잽이: 아~디야

巫女: 배를 파산[破船]하고 여기 머무렀으니[134]//배한척만 빌려다오.

잽이: 아~디야

巫女: 천은(天銀)[135] 고바닥[136]을 너를줄까?

잽이: 아~디야

巫女: 밀물에 공단(貢緞)[137] 닷돈[138]//들물[139]에 비단 닷돈

열에 열닷돈을 너를 줄테니

잽이: 아~디야

巫女: 배잠시만 빌려다오.

[이때 마이크의 상태가 아무래도 좋지 못한듯 소리가 심하게 울리는 상태가 계속된다. 무녀는 아무래도 마이크 상태가 몹시 신경에 거슬리는 모양이다. 더 이상 마이크를 사용하는 것이 곤란하다고 판단을 하였든지 무녀가 마이크에서 한발짝

131) '부르니'에 해당하는 경상도 방언.

132) 인물적간. '사람들이 어떤지 살펴 보려고' 정도의 뜻임. '적간(摘奸)'은 원래 '부정(不正)이 있나 없나를 캐어 살핌'의 뜻.

133) 거레적간. '거리[街] 적간(摘奸)'의 와음. 여기서의 '거리'는 '거리의 문물(文物)이 화려하여 볼만하다' 정도의 뜻임. 따라서 '거레적간'은 '거리의 문물이 화려하여 볼만한지 어떤지 살핌' 정도의 뜻이 됨.

134) '머물렀으니'에 해당하는 경상도 방언.

135) 천은. 품질이 매우 좋은 은(銀).

136) 고바닥. '구답(舊畓)'의 와음. 예로부터 가지고 있던 논.

137) 공단. 감이 두껍고 무늬가 없는 비단.

138) '닷동'의 잘못임. 다섯 동. '동'은 피륙의 길이를 헤아리는 단위의 하나임.

139) 들물. '날물'의 잘못임. 경상도 지방에서는 '썰물'을 흔히 '날물'이라고 하고 '밀물'을 '들물'이라고 함.

옆으로 비켜서서 육성(肉聲)으로 관중들을 향하여 말을 한다. 본부석에서는 마을 임원들이 분주하게 마이크 상태를 점검한다]

<말로>
巫女: (관중들을 향하여)인제 말이 좀 똑똑능교?[140)]
관중 가운데 어느 할머니: (무녀의 질문에 대한 대답으로)잘~한다.
巫女: 좀 안[141)]//덜 퍼지능교?
관중 가운데 어느 할머니: 그래.
巫女: 하는 나는 힘에[142)]
관중 가운데 어느 할머니: 알아 듣겠다.
巫女: 다 꺼뿌소[143)] 마.

[무녀는 소리 내어 웃는다]

<말로>
관중 가운데 어느 할머니: 똑똑 띠가[144)] 잘해봐라.

<창(唱)으로>
巫女: 이때여야~//사공씨 하는 말이야

<말로>
巫女: 사공씨가 나오더니만은

---

140) '똑똑합니까?'에 해당하는 경상도 방언. 아무래도 마이크를 통해서 나오는 자신의 음성이 불만스러웠던 무녀가 이렇게 육성(肉聲)으로 구연(口演)을 하면 똑똑히 들리느냐고 관중들에게 물은 것임.
141) '울리는 것 같지 않습니까?' 정도의 말이 뒤에 생략된 것으로 이해됨.
142) 무녀 자신은 육성(肉聲)으로 해도 괜찮겠는데 관중들이 어떨지 모르겠다는 말임.
143) 무녀가 자신은 마이크를 이용해서 구연하는 것이 더 힘이 드니까 마이크를 아예 꺼버리면 좋겠다는 뜻에서 본부석을 향해서 한 말임.
144) '똑똑 떼어서'에 해당하는 경상도 방언. 마다마디 잘 나누어서. 관중들이 무녀에게 사설(辭說)의 어절(語節)을 분명히 구분하여 똑똑히 구연(口演)하라는 뜻에서 한 말임.

<창(唱)으로>
巫女: 손님네요 손님네요~//우리 나라에//배가 많이 있었는데

<말로>
巫女: 임진년(壬辰年) 왜난시(倭亂時)에[145] 배파산[破船]을 다시켜 버리고
다만 한척이 남아 있는것이 나라 공출배[供出船]라[146] 못빌려 드리겠소.

<창(唱)으로>
巫女: 여봐라 사공씨야~

<말로>
巫女: 밀물에 공단닷돈 들물에 비단닷돈 열에 열닷돈을 너를 줄테니
배 잠시만 건네다오
니은공(恩功)은 할것이니[147] 그리하며는 어떠하냐?
사공씨 거동보소.//가마속에 있는 각시손님을 보더니마는
잽이: 아
巫女: 마음이 잠시 잠깐//희안하야[148] 손님네그게[149] 여쭌다.
손님네요 밀물에 비단닷돈 공단닷돈 열에 열닷돈도//나는 싫사옵고
저 가마속에 있는 각시 손님네로 잠시만
하룻밤만 소인(小人)의 수청(守廳)을 들어주면은
실수(失手)없이 건네드리겠소.

---

145) 임진왜란(壬辰倭亂) 때에. 임진년은 서기 1592년을 말한 것임.
146) 공출배라. 공출선(供出船)이라서. 공출선(供出船)이기 때문에. '공출(供出)'은 국가의 수요(需要)에 따라 국민이 농업 생산물이나 기타 물자(物資)나 기물(器物)을 의무적으로 정부에 매도하는 일.
147) 너의 은혜에 대한 보답(報答)은 할 것이니. '니'는 '너'에 해당하는 경상도 방언.
148) '희한(稀罕)하여'의 와음. '희한(稀罕)하다'는 '매우 드물다'라는 뜻으로 매우 아름답고 좋은 경우에 사용하는 말임. 여기서는 사공이 '각시손님의 미모(美貌)에 크게 미혹되어서' 정도의 뜻임.
149) '손님네에게'에 해당하는 경상도 방언. '-그게'는 고어(古語) '-그에'로 '누구누구의 편에. 누구누구의 쪽에'의 뜻임.

잽이: 아

<창(唱)으로>
巫女: 아이구~ 이것이 웬일이오~

<말로>
巫女: 각시손님이 이말을 듣더니만은

<창(唱)으로>
巫女: 연지통에다 분을내고 화통에다 화를 내야
오던길도 호양한다.150) 물밑에 삼년(三年)살고
물우에서 삼년(三年)살고
잽이: 아~디야
巫女: 석삼년으로151) 살고나니
그곱더느 그얼굴에//시라꽃152)이가 피었구나.153)
잽이: 아~디야
巫女: 가만히 생각하니//지만한 놈을154) 몬이겨서155)
도로 호양[廻鄕]이 웬말이냐?
잽이: 아~디야
巫女: 도로 돌아가서//사공의야 은장도(銀粧刀) 드는칼로

<말로>
巫女: 사공의 목을쳐서 의주(義州) 압록강(鴨綠江)에다 던져버리고

---

150) 호양한다. '회향(回向)한다' 혹은 '회향(廻鄕)한다'의 와음. '회향(回向)'은 '얼굴을 돌리어 딴곳으로 향하다'의 뜻.
151) 석삼년. 삼년(三年)씩 세 번을. 곧 구년(九年)을.
152) 시라꽃. '나시꽃'의 잘못임. 냉이꽃. '나시'는 '냉이'에 해당하는 경상도 방언. '냉이'는 겨잣과(科)에 속하는 두해살이 풀로 길가나 밭에 나는데 전체에 털이 있고 잎은 깃꼴로 갈라지며 봄에 흰색의 십자화(十字花)가 피며 열매는 삼각형임.
153) 얼굴이 창백해졌다는 말임. 냉이꽃이 흰색이기 때문에 이렇게 표현한 것임.
154) '저만한 놈을'에 해당하는 경상도 방언. 사공 정도의 놈을.
155) '못 이겨서'에 해당하는 경상도 방언.

잽이: 아

巫女: 사공씨 아들 칠형제(七兄弟) 있는 칠형제를 모도 다 잡아낸다
　　손님을 시켜[156] 잡아낼때

<창(唱)으로>

巫女: 손님네가 무섭고 시렵구나[157]
　　맏아들로 잡아내고//둘째놈을 잡아내고//세째 네째 다섯째며

<말로>

잽이: 좋~다

<창(唱)으로>

巫女: 여섯 아들로 잡어내니 사공씨~
　　마누라가 아이구 아이고 내신세야
　　울며불며 통곡(痛哭)하다가//정한수~[158]
　　한그릇 판[159]에다 받쳐들고~

<말로>

巫女: 정신없이 손님네그게//착실히 비는구나.
　　손님네요 손님네요 맑고맑은 명신(明神)손님네
　　강남(江南) 대왕국에 명신(明神) 손님네요.
　　사공씨의 소해[所行]를[160] 보며느//일곱형제[七兄弟]를 다 잡아내어
　씨도없이 마련하고 소인(小人)마저 잡아가지마느

<창(唱)으로>

巫女: 그래도 그래도//백(白)모래 밭에도 씨가 있고

---

156) '천연두(天然痘)에 걸리게 해서'의 뜻임.
157) 시렵구나. '-스럽구나'에 해당하는 경상도 방언. '(감당할 수 없을 정도로) 변덕스럽구나' 정도의 뜻임.
158) 정한수. '정화수(井華水)'에 해당하는 경상도 방언.
159) 판. '상(床)'에 해당하는 경상도 방언.
160) 소해를. '소행(所行)을'에 해당하는 경상도 방언. 하는 짓을.

<말로>
巫女: 고무신도 짝이 있다는데 어째 인간(人間)으로 태어나서 씨없이 하올까요?
잽이: 그렇지

<창(唱)으로>
巫女: 사공의 소해[所行]를 보지말고//이 늙은 나를 보더라도

<말로>
巫女: 하나 자식(子息)만을 살려주면 어떠하오?
손님네 거동보소.

<창(唱)으로>
巫女: 여봐라 사공씨야//마저 잡아내도 분(憤)이 안풀리는데

<말로>
巫女: 하나 자식은 살려주되 열두가지 병신(病身)이라도 좋느냐?
잽이: 하

<창(唱)으로>
巫女: 손님네요

<말로>
巫女: 싹싹코 연력한[161] 마음이네//어야든지
병신자식(病身子息)을 만들지 말고 성하도록 만들어주면 어찌하오?[162]

<창(唱)으로>
巫女: 그렇게는 못한다.//그렇지 아니하면

---

161) 싹싹하고 연력한. '싹싹하고 영리한'에 해당하는 경상도 방언.
162) '어떠하오?'의 잘못임.

<말로>

巫女: 오늘 당장 잡아간다 하는구나..
그러믄 손님네요
열두가지 병신(病身)이라도 목숨보명(保命)만 시켜주옵소서.

<창(唱)으로>

巫女: 손님네 거동보소//하나아들 살려주되
안팎곁팎 곱새163)에//눈에는 미영씨164) 박고
입에는 아구씨 박어가지고165)//어어야 손님네야~

잽이: 아~디야

巫女: 이렇게 저렇게//병신(病身)을 만들어//곰짝 못하도록 앉혀놓고

잽이: 아~디야

巫女: 그곳을 돌아나와//배를 모아 탈라꼬
은도끼를 울러메고166)//뒷동산으로 올라가야

잽이: 아~디야

巫女: 오늘날 손님네가//어디서 솟았던고?
뒷동산 어이으//시느리167) 밭에서 솟아나니

잽이: 아~디야

巫女: 대[竹]를 쪼개서 수천(數千)잎을 만들고
수천(數千)아 자리168)를 꺼내가지고

---

163) 곱새. '곱사'에 해당하는 경상도 방언. 곱사등.

164) 미영씨. '무명씨'에 해당하는 경상도 방언. 목화씨. 눈에 삼이 박힌 것을 경상도 지방에서는 '미영씨 박혔다'고 말함.

165) '아구'는 '입[口]'의 비어(卑語). 입이 심하게 비뚤어진 것을 말함.

166) 울러메고. '둘러메고'에 해당하는 경상도 방언.

167) 시느리. '식대'에 해당하는 경상도 방언. 경상도 일부지방에서는 '시누대'라고도 발음함. 해장죽(海藏竹). 대과[竹科]에 속하는 대의 하나로 줄기는 6m가량이며 마디 사이가 길고 잎은 좁은 피침형임. 꽃은 5월에 원추(圓錐) 화서로 피고 영과는 긴타원형인데 가을에 익음. 해변이나 촌락 부근에 나는데 경남북(慶南北) 및 일본(日本)에 분포함. 바다의 가까운 곳의 제방에 방풍림(防風林)으로 심음. 줄기는 죽세공재(竹細工材)로 사용하고 죽순(竹筍)은 식용(食用)함.

168) 자리. 앉거나 눕거나 할 때 바닥에 까는 데에 사용하는 물건. 장방형(長方形)으로 왕

잽이: 아~디야
巫女: 배를 모아타고 나오실때
손님네 흘러가는 냉수(冷水)처럼//하염없이 가시다니[169]
동에 동선[170] 돋은 해가
잽이: 아~디야
巫女: 일락 서산(日落西山)을 넘어 가니
잽이: 아~디야
巫女: 배는곧 파사[171] 당해보고[172]//허기(虛飢)는 나고 어두침침하야
낮이면 나난[173] 가문(家門)이요[174]//밤에는 불쓴[175] 가문(家門)이라.[176]
낮이면 연기(煙氣) 나는곳을 찾어가고~//밤이면 불켠데를 찾어간다
손님네 허둥지둥 가더라니//불이 번뜩번뜩 야~

<말로>
巫女: 요즘에 같으면은 참//천지(天地)가 불꽃같고
빠뜩빠뜩 참 아롱다롱하지마는 옛날에는 호롱불[177] 밑이라.
호롱불 밑을 찾어갈라 하니
한곳으로 바라다보니//창문 너머로 문틈으로 참

골·갈대·부들 등으로 만드는 것이 보통인데 여기서는 대나무로 그런 자리 모양을 만들었다는 말임.

169) '가시자니'에 해당하는 경상도 방언. 가시다 보니.

170) 동쪽에 있는 동선령(東仙嶺). '동선령(東仙嶺)'은 사설시조(辭說時調) 등에 등장하는 높은 고개의 이름임. 아니면 '동산(東山)'의 와음으로 볼 수도 있겠음.

171) '파선(破船)'의 잘못임. 풍파(風波)나 어떤 장애(障碍)로 인하여 해상(海上)에서 배가 파괴됨.

172) 배는 곧 파선(破船)을 당해 버리고. '-부고' 혹은 '-뿌고'는 '어떻게 어떻게 하여 버리고'에 해당하는 경상도 방언.

173) '나는'에 해당하는 경상도 방언. 여기서는 '연기(煙氣)가 나는'의 뜻임.

174) 집이요. 이 행(行)을 이어놓고 해석하면 '낮에는 연기 나는 집으로 찾아가고'의 뜻임.

175) '불을 켠'에 해당하는 경상도 방언.

176) 이 행(行)을 이어놓고 해석하면 '밤에는 불이 켜져 있는 집을 찾아가고'의 뜻임.

177) 호롱불. 호롱에 켠 불. 등잔불.

<창(唱)으로>
巫女: 불이 뻔뜩뻔뜩 새어나오니

<말로>
巫女: 손님네 그곳으로 허둥지둥 찾어간다.
그곳이 어딘고 하면//옛날에는 참
장자(長者)라하면 억만장자(億萬長者) 재물(財物)이라.
재물(財物)도 많고 재산(財產)도 많고

<창(唱)으로>
巫女: 그때여 한양(漢陽)의 장안에

<말로>
巫女: 김장자(金長者) 집으로 찾어간다.

<창(唱)으로>
巫女: 담도 열두담이요//대문(大門)도 열두채[178]요//집도 열두채라.

<말로>
巫女: 대문앞에 썩들어서서 대문을 뚜드리니[179]
김장자(金長者) 마당쇠[180]가 나오더니 밖에 뉘시오?
우리는 다른사람 아니라 지나가는 손님넨데

<창(唱)으로>
巫女: 길을 잃고 잠시 들렀으니//하룻밤만 쉬어가세.

<말로>
巫女: 이렇게 말을 하니//마당쇠 거동보소.
김장자(金長者)그게로 달려가서 장자임요

178) '열두 대문(大門)'의 잘못임.
179) '두드리니'에 해당하는 경상도 방언.
180) 마당쇠. '하인(下人)'을 말한 것임.

밖에 난데없는 손님이 와가지고
하룻밤만 쉬어가자 하니 어찌하면 좋을까요?
김장자 거동보소 재물(財物)도 많고

<창(唱)으로>
巫女: 욕심(慾心)도 많고~
재물밖에 모르고//이기주의(利己主義) 같은 장자(長者)라.

<말로>
巫女: 욕심(慾心)많고 대적(大賊)같은 사람이다 보니
우리집에 저런 손님을 딜여놨다[181] 무슨일이 일어날꼬?

<창(唱)으로>
巫女: 아이고 아이고~

<말로>
巫女: 산적(山賊)뗀지 거리뗀지[182] 도둑놈인지 어찌알고 딜이놓는단[183] 말이냐?
밤중에 사람을 어디 딜이느냐?//그러지 말고
나가가지고 우리집에는 집은 많고 방(房)은 많으나
잽이: 아
巫女: 빈대도 많고 베룩[184]도 많아가주고 손님 자고갈 방은 한군데도 없으니//썩 좇아내라 한다.
잽이: 아

<창(唱)으로>
巫女: 마당쇠 이렇게 말을하니~//손님네는

181) '들여 놓았다가'에 해당하는 경상도 방언.
182) '거지뗀지'의 잘못으로 보는 것이 옳겠음.
183) '들여 놓는다는'에 해당하는 경상도 방언.
184) 베룩. '벼룩'에 해당하는 경상도 방언.

<말로>

巫女: 앉어서도 명금천리[明見千里][185]요 서서도 명금[186] 주리천하[187] 굽어보시는 손님넨데 그걸 어찌 모를까?

잽이: 아

巫女: 마당쇠 하는말을 듣고 그질로[188] 돌아나온다.

<창(唱)으로>

巫女: 그집을 돌아 나와서~//허둥지둥 어두침침한데

<말로>

巫女: 가더라보니[189]//가다보니 어느만큼 갔던고?

잽이: 아

<창(唱)으로>

巫女: 이때여~//숫구막[190] 오막집에

[이때 관중 가운데 어느 할머니가 나와서 무녀의 가슴띠에다 돈을 꽂아 준다. 그런데 돈을 꽂아주는 과정에서 무녀의 가슴띠를 너무 세게 당겼던 모양이다]

<말로>

巫女: (할머니를 향하여)아이구 아야

---

185) 명금천리. '명견 천리(明見千里)'의 와음. 먼 곳의 일을 환하게 앎. 먼 장래의 일을 환하게 앎. 흔히 '명견 만리(明見萬里)'라고 함.

186) 제보자의 실수였음. '주리천하'로 바로 이어져야 할 자리이기 때문에 바로 뒤에서 바로잡은 것임.

187) 주리천하. '주유천하(周遊天下)'의 와음으로 보는 것이 옳겠음. '주유천하(周遊天下)'는 '천하 각지를 두루 돌아다니며 구경함'의 뜻. 굳이 발음을 그대로 살린다면 '주리천하(周履天下)'로 보아 '천하를 두루 밟는다'로 해석될 수도 있겠으나 '주리천하'라는 말이 사용되는 것 같지는 않음.

188) 그 질로. '그 길로'에 해당하는 경상도 방언. 그 당장에. 즉시.

189) '가다보니'에 해당하는 경상도 방언.

190) 숫구막. 숫막. '주막(酒幕)'에 해당하는 경상도 방언.

[무녀는 할머니를 바라다 보면서 소리 내어 웃는다]

<말로>
巫女: 숫구막 오막집에 그집이 뉘집인고 노고할매[191]집이라.
노고 할매 집으로 가서

<창(唱)으로>
巫女: 안에 주인(主人) 있소?

[이때 관중 가운데 어느 할머니가 나와서 무녀의 가슴띠에다 돈을 꽂아준다]

<말로>
巫女: (할머니을 향하여)고맙심데~이

<창(唱)으로>
巫女: 이~이~이
잽이: 아~디야
巫女: 이리저리[192] 손님네가 말을 하니

<말로>
巫女: 노고할매 거동보소.
노고할매는 어떤 사람인고 하니
김장자(金長者)집에 하루하루 방아품[193]을 들어사는 할매라.
김장자 집에 철현이 도련님이 있는데
삼대독자(三代獨子) 외아들로써 그자식이 낳아가지고
젖유모(乳母)로 들어가 가주고//십오세(十五歲)까지 키워주고
그집에서 하루하루 방아품을 들어먹고 사는처지(處地)라.

---

191) 노고할매. '노구 할머니'에 해당하는 경상도 방언. '노구(老嫗)'는 늙은 할머니.
192) 여차여차. 사정을 밝혀 말했다는 뜻임.
193) 방아품. 삯을 받고 방아를 찧어주는 일.

<창(唱)으로>
巫女: 혼자사는 노고할매~

<말로>
巫女: 노고할매 거동보소.
등넘에[194] 짚신을 갖다 육너리[195] 미트리[196]로 갖다가
외상(外上)으로 갖다가 신었더니마는
짚신값 받으러 왔는가 보다.

<창(唱)으로>
巫女: 여보시오 짚신장사요~

<말로>
巫女: 내일모레 김장자(金長者)집에 방아품 들어서 갚을테니
내일모레 다시 오시오.

<창(唱)으로>
巫女: 손님네 여봐라~//하마하마[197]

<말로>
巫女: 노고하마
잽이: 하
巫女: 우리는 다른 사람 아니라 강남(江南) 대왕국에 명신(明神)손으로써
이물적간[人物摘干] 거레적간[198] 거레[199] 밥적간 나왔다가 길을 잃

---

194) '등 너머에서'에 해당하는 경상도 방언. 산 너머에서. '등'은 '산등성이'를 말함.
195) 육너리. '육날'의 와음. 미투리는 흔히 날을 여섯 개로 하기 때문에 '육날'이라는 말이 붙은 것임.
196) 미트리. '미투리'에 해당하는 경상도 방언. '미투리'는 삼[麻]으로 삼은 신. 흔히 날을 여섯 개로 하기 때문에 '육날 미투리'라고 함.
197) '할멈아 할멈아'에 해당하는 경상도 방언.
198) 거레적간. '거리[街] 적간(摘奸)'의 와음. 여기서의 '거리'는 '거리의 문물(文物)이 화려하여 볼만하다' 정도의 뜻임. 따라서 '거레적간'은 '거리의 문물이 화려하여 볼만

고 잠시 들렸으니//하룻밤만 쉬어가자.

<창(唱)으로>
巫女: 이렇게 말을하니

<말로>
巫女: 호롱불 밑에서 노고할매 거동보소.
버선 수금질[200] 하고 있다가 깜짝 놀라야
잽이: 아

<창(唱)으로>
巫女: 집었던 버선이나~

<말로>
巫女: 바늘이나 실이나 마 어디로 간데없이 다집어 떤지고[201]

[이때 관중 가운데 어느 할머니가 앞으로 나와서 무녀의 가슴띠에다 돈을 꽂아준다]

<말로>
巫女: (할머니를 향하여)예//고맙심데~이.

<창(唱)으로 >
巫女: 집어떤지고는 문(門)을 왈칵열고 우루루 버선발로 달려나가 손님네 요 소인(小人)이//미륵한[202] 소인(小人)이 몰라 뵜심니더.

한지 어떤지 살핌' 정도의 뜻이 됨.

199) 여기의 '거레'는 제보자의 실수였음. 없어야 할 자리임.

200) 수금질. 그대로 놓고 보면 '수금(繡衾)질' 곧 '침구(寢具)에 자수(刺繡)를 놓는 일'로 볼 수밖에는 없는데 그렇게 되면 앞의 '버선'과는 호응이 잘 되지 않음. 따라서 이 단어는 '수선질' 정도의 와음으로 보는 것이 옳겠음. (버선을) 고치는 일.

201) '던지고'에 해당하는 경상도 방언.

202) 미륵한. '미련한'에 해당하는 경상도 방언.

<창(唱)으로>
巫女: 어서 들어갑시다.

<말로>
巫女: 이리저리 들어가야 청소(淸掃)를 하고 모신다는기
모지랑[203] 빗자리[204]를 가지고 여도털고[205] 저러[206] 저도털고 꺼적자리로[207] 툭툭 털어내니
거짓말 보태가[208] 빈대도 툭툭 티나오고[209] 벼룩도 티나온다
먼지가 폭폭 일어나니 그래도 손님네가
청소(淸掃)하는 참//깨끗이 정성을 디리는
그의 마음이 참 양심(良心)이 갸륵하야
마음이 갸륵하야 손님네가 참 기특하게 생각하고//방안으로 들어간다.
하마 노고 하마[210] 우리가 시장기가 매우 찼으니
뭐 요기(療飢)할것이 없겠느냐?

<창(唱)으로>
巫女: 아이구 손님네요

<말로>
巫女: 잠시만 기다리시옵소서.
정지[211]로 가서로 참//쌀독을 들이다[212] 보니
참 쌀 한톨이 전히가[213] 없다.

---

203) 모지랑. 물건의 끝이 다 닳아서 없어진.
204) 빗자리. '비[箒]'에 해당하는 경상도 방언.
205) '여기도 털고'에 해당하는 경상도 방언.
206) '저기를'에 해당하는 경상도 방언.
207) '거적자리를'에 해당하는 경상도 방언.
208) 거짓말 보태가. '거짓말을 보태어서'에 해당하는 경상도 방언. '조금 과장해서 말하면'의 뜻임.
209) '튀어 나오고'에 해당하는 경상도 방언.
210) '할머니 노고할머니'에 해당하는 경상도 방언.
211) 정지. '부엌'에 해당하는 경상도 방언.
212) '들여다'에 해당하는 경상도 방언.

잽이: 아

<창(唱)으로>
巫女: 이것이 어짠일고?[214)]

<말로>
巫女: 손님네 올줄 알았으며는//내가 참

<창(唱)으로>
巫女: 아이구~ 아이구~//어디를 가서~

<말로>
巫女: 도둑질을 하더라도 손님네 양식(糧食)거리나 마련해 놨지마는
그렇지 못하다보니 손님네 오시는줄 내몰랐네.
이걸[215)] 이일 장차 어찌할꼬?
잽이: 아
巫女: 헐수 할수없다.
김장자(金長者)집으로 가는도리(道理) 밖에없다.
할매 눈으느 침침하고 나이가 많으니//눈까지 침침하야

<창(唱)으로>
巫女: 허둥허둥 달려가서~//김장자 집이가서
장자임요 장자임요//노고 할매요.
장자임 집에//나락[216)] 한말[一斗]만 꾸어주며는
일년 열두달 방아품 들어서라도 갚을테니
나락 한말만

---

213) '전혀'에 해당하는 경상도 방언.
214) '어쩐 일인가?'에 해당하는 경상도 방언. 어찌 된 일인가?
215) 제보자의 실수였음. '이일'로 바로 이어져야 할 자리였기 때문에 바로 뒤에서 바로잡은 것임.
216) 나락. 벼. '아직 찧지 않은 쌀'을 의미하는 경상도 방언.

<말로>
巫女: 꾸어주오.
잽이: 아
巫女: 이렇게 말을하니 그때야 참 김장자(金長者) 거동보소.
예끼 요망(妖妄)한 하마[217]//이밤중에 곡슥[218]이
낟알끼가[219] 어데로 밤으로[220] 나간단 말이냐?
잽이: 그렇지요

<창(唱)으로>
巫女: 아이구 아이구 그런말 말고 어서 바삐

<말로>
巫女: 돌아가거라.//밤중에 낟알이 못나간다.
이때에 참 김장자(金長者) 마누라 거동보소.
그래도 마누라는 영감그게
영(令)이 무섭고 두려워서 영감그게는 못가고
할매로 보고 옆에가서 눈을 껌쩍껌쩍 하디마는 자기 따라오라 한다.
잽이: 그래.
巫女: 장자(長者) 마누라 뒤를 따라가니

<창(唱)으로>
巫女: 아이구~

<말로>
巫女: 뒷고방[221]으로 가더니마는//나락 한말[一斗]이라꼬 주는것이

---

217) 할미야. 할머니야.
218) '곡식(穀食)'에 해당하는 경상도 방언.
219) 낟알끼가. '낟알갱이가'에 해당하는 경상도 방언. 알곡식(穀食)이.
220) '밤에'에 해당하는 경상도 방언. 경상도 지방에서는 어른이 아이에게 밤에 나돌아다니지 말라고 충고할 때 '밤으로 나댕기지 마라'고 말함.
221) 뒷고방. 집의 뒷쪽에 있는 고방(庫房). '고방(庫房)'은 세간이나 그 밖의 온갖 물건을

할매가 들고보니 기가차고 매가찬다.[222]

잽이: 아

<창(唱)으로>

巫女: 무거리[223]도 반(半)이요 쥐똥도 반(半)이요 싸래기[224]도 반(半)이다

<말로>

巫女: 이것이 무엇인고 하며는 내일 아침에
닭모시[225] 줄 모시든가 보더라.

잽이: 그렇지.

<창(唱)으로>

巫女: 아이구 아이구~//이걸랑은 딴거로 돈주면[226] 좋겠구만은

<말로>

巫女: 그래도 이것도 아니가져 가며는
손님네가 얼마나 시장하고 밤새 시장기를 어찌 면(免)한다 말이냐?

잽이: 아

巫女: 그래도 그것이라도 고맙다고 받아들고 집으로 와서
요새는 참 기계(機械)도 좋고 세월(歲月)이 좋아서
보리밥 먹는 사람이 짜드라[227] 없건마는,

넣어두는 방(房).

222) 이 행(行)은 기가 막힌다는 뜻임. 매우 안타깝다는 말. 몹시 기가 막힌 일을 당했을 때 경상도 아이들이 사용하는 표현에 '기가 차고 매가 차고 순사가 칼을 차고 순경이 총을 차고 거지가 깡통을 차고……………'로 이어지는 것이 있는데 이 표현의 일부분이 바로 본문에 주어진 표현이 된 것임.

223) 무거리. 곡식 같은 것의 빻은 것을 채에 쳐서 가루는 빠지고 남은 찌끼.

224) 싸래기. '싸라기'에 해당하는 경상도 방언. '싸라기'는 쌀의 부스러기.

225) 닭모시. '닭모이'에 해당하는 경상도 방언. 닭에게 줄 모이. '모시'는 '모이'에 해당하는 경상도 방언.

226) 문맥상으로는 '다른 것으로 (바꾸어)주면'의 뜻임. 아니면 '돈으로 주면'의 뜻으로 볼 수도 있겠음.

227) 짜드라. '많이. 한꺼번에 많이' 정도에 해당하는 경상도 방언. 흔히는 '짜드리'라고도

그때 그시절(時節)에는//방아품을 찌어가지고[228]
방아를 찌어가지고 밤에
체이[229]에다 까불러[230] 가지고 이래저래 다 따듬어[231] 내고나니
참 싸래기가

[테이프 뒤집음. T12-1-B로. 테이프를 뒤집는 과정에서 몇 음보 정도의 누락이 있었음[232]]

<말로>
巫女: 할수 없고~

<창(唱)으로>
巫女: 그걸로 가지고//불을 일어서~[233]

<말로>
巫女: 밥은 할수가 없고
솥에다 붓고 거짓말 보태가[234] 물 반도우[235] 붓고 마
죽을 쑨다.//싸래기[236] 죽을 쑨다.
이래저래 죽을 써가지고 마 모지랑[237] 식기(食器)
모지랑 숟가락에다 모지랑 참 이빠진 그륵[238]에다 사발에다 받쳐들고

발음함.
228) '찧어서'에 해당하는 경상도 방언.
229) 체이. '키'에 해당하는 경상도 방언. '체이' 혹은 '쳉이'라고 발음함. '키'는 곡식 등을 까불러 고르는 기구. 앞은 넓고 평평하게, 뒤는 좁고 우긋하게 버들고리 같은 것으로 엮어 만듦.
230) 까불러. 키의 끝을 위아래로 흔들어 안에 든 곡식의 티나 검불 따위를 날려 보내어.
231) '다듬어'에 해당하는 경상도 방언.
232) 내용상으로 보면 누락된 것은 '이루 말할 수도 없고' 정도였음.
233) 불을 피워서.
234) 거짓말 보태가. 거짓말을 조금 보태어서 말하면. 약간 과장(誇張)해서 말하면.
235) '물을 반(半) 동이'에 해당하는 경상도 방언. 물 반 동이는 다섯 되 정도의 양(量)임.
236) 싸래기. '싸라기'에 해당하는 경상도 방언. '싸라기'는 쌀의 부스러기.
237) 모지랑. (물건의) 끝이 다 닳아서 없어진.

들어가니 참 숭늉같기도 하고 싸래기 죽같기도 하고

잽이: 그렇지

巫女: 기가차기 그지없다.

간장[239]을 들여다 놓고 손님네요//얼마나 시장하시오이까?

어서 드시옵소서.

손님네 사분[四名]이[240] 가만히 들이다보니

이거는 죽도 아이고[241] 숭늉도 아이고 어진쭝쭝~하다.[242]

그래도 이걸 들고 숟가락을 퍼먹다보며는 시장끼가 더할 것이고

마 한그륵씩 들고 마신다.//쭐 마시고 보니

<창(唱)으로>

巫女: 그래도~//낟알끼[243]가 뱃속에 들어갔다꼬

<말로>

巫女: 한그륵쓱 마시고 보니//배가 뺄떡 일어난다.

<창(唱)으로>

巫女: 아이구 아이구 노고하마//니은공(恩功)으로 무엇을 할꺼나~?[244]

<말로>

巫女: 니그게는[245] 직손지[246]도 없고 외손녀(外孫女)도 없느냐?

---

238) 그륵. '그릇'에 해당하는 경상도 방언.

239) 흰죽을 먹을 때에는 흔히 간장만을 찬으로 올리게 됨. 특히 배탈이 나서 흰죽을 쑤어 먹을 때에는 더욱 그러함.

240) 네 분이.

241) '아니고'에 해당하는 경상도 방언.

242) 어진쭝쭝하다. '어중간하다'에 해당하는 경상도 방언. 이것인지 저것인지 분간하기 곤란하다.

243) 낟알끼. 여기서는 '곡기(穀氣)' 정도의 뜻임.

244) '무엇으로 너의 은공(恩功)을 갚겠느냐?' 정도의 뜻임.

245) '너에게는'에 해당하는 경상도 방언. '-그게'는 고어(古語) '-그에'로 '누구누구의 편에. 누구누구의 쪽에'의 뜻임.

246) 직손지. '친손자(親孫子)'를 말한 것임. 직계(直系)의 손자(孫子).

잽이: 아

<창(唱)으로>
巫女: 손님네요 손님네요

<말로>
巫女: 소인(小人)이그게 딸하나 있었는데 딸하나를 치웠더니마는[247)]

<창(唱)으로>
巫女: 그손주[孫子]//외손녀(外孫女) 하나를 놓고

<말로>
巫女: 지에미[248)] 명(命)이 짤라서[249)] 죽고 없고
그걸참 사우[250)]가 키우질 못하고 소인(小人)이
하룻밤 방아품팔이 들어사는 소인(小人)이 그자식을 못키워서
등넘에 넘우집에[251)] 주었는데 죽었는지 살았는지
소인(小人)은 모르고

<창(唱)으로>
巫女: 어찌 하오리까요~?

<말로>
巫女: 그럼 그손녀(孫女)라도 데리고 오너라.
우리가 한성구[252)] 정구[253)]치구 두성구 도리점[254)] 시성구[255)] 낙점

---

247) 치웠더니마는. '시집을 보내었더니'에 해당하는 경상도 방언. '딸 치우다'는 '딸을 시집 보내다'는 말임. 흔히 딸을 시집 보내는 일을 경상도 지방에서는 '딸 치운다'라고 표현함.
248) 지에미. '저의 어미'에 해당하는 경상도 방언. 문맥상으로는 '노고 할미의 딸'을 말한 것임.
249) 짤라서. '짧아서'에 해당하는 경상도 방언.
250) 사우. '사위'에 해당하는 경상도 방언.
251) '등 너머에 살고 있는 남의 집에'에 해당하는 경상도 방언. '등 너머'는 흔히 '산 너머' 정도의 뜻으로 사용됨.

을 찍어줄 테이니[256]

정우[前驅]로 내어줄 테이니[257] 데리고 오라 한다.

<창(唱)으로>

巫女: 아이구~ 아이구~ 손님네요

<말로>

巫女: 우리 외손녀(外孫女)는 놔두시고

소인(小人)이 참 어려서//젖유모(乳母)로 들어가 십오세(十五歲)까지 키웠는//삼(三)[258]

삼대독자(三代獨子) 외동아들 장자(長者)집에 철현이 도련님이나

<창(唱)으로>

巫女: 정우[前驅]를 쳐주며는 손님을 시켜 주시면

<말로>

巫女: 어떠하오리까?

잽이: 아

巫女: 나이 열다섯살 묵도록[259] 손님을 못시켰단다.

---

252) 한성구. 천연두(天然痘)를 앓을 때 처음 나타나는 증상을 민간(民間)에서 일컫는 말. 그 병세(病勢)가 진전되는 과정을 '한 성구. 두 성구. 세 성구' 등으로 각각 말하게 됨.

253) 정구. '전구(前驅)'의 와음. '전구(前驅)'는 전염병의 잠복기. 따라서 '정구 치고'는 '잠복기를 거치고' 정도의 뜻임.

254) 두 번째로 둥그런 반점이 나타나는 증상을 거쳐. '도리점'은 둥그런 점으로 천연두에 걸린 사람의 얼굴에 붉은 반점이 솟는 것을 말한 것임.

255) 시성구. '세 성구'에 해당하는 경상도 방언. 세 번째에 나타나는 증세로.

256) '낙점을 찍어줄 터이니'에 해당하는 경상도 방언. 점이 생기게 하여 줄 터이니. 천연두(天然痘)를 앓은 사람의 얼굴에 흉터가 생길 자리가 잡힘을 표현한 것임.

257) '전구(前驅)를 내어 줄테니'에 해당하는 경상도 방언. '전구(前驅) 정도로 마마를 앓는 것을 끝나게 하여 줄 터이니'라는 뜻임. '전구(前驅)'는 전염병(傳染病)의 잠복기를 이르는 말.

258) 제보자의 실수였음. '삼대독자(三代獨子)'라고 해야할 자리였기 때문에 바로 뒤에서 바로잡은 것임.

259) 묵도록. '먹도록'에 해당하는 경상도 방언.

<창(唱)으로>
巫女: 그러며는~

<말로>
巫女: 니 마음이 천심(天心)이고//니 인심(人心)이 참
양심(良心)이 본심(本心)이로구나.
잽이: 아
巫女: 그러면 장자(長者)그게 가서 여쭤보아라.

<창(唱)으로>
巫女: 그이튿날 날을새서
노고할미야 장자(長者)집에 들어가서//장자 김장자(金長者)요
우리집에 강남(江南) 대왕국이//명신(明神) 손님네가
좌정(坐定)하여 있사오니
잽이: 아~디야
巫女: 철현이 도련님 정우[前驅]내모 어떠하고?[260)]
이렇기 말을하니//예끼 요망(妖妄)한아[261)]

<말로>
巫女: 하마 노고하마[262)] 철현이 도련님을
어디 돌아댕기는 돌손[263)]인지 날손[264)]인지 모르고
어디와서 손님 정우가 웬말이냐?
그런소리 말고 어서바삐 가라한다.
꾸지람을 듣고 참 오다보니 손님네는 벌써 집에서 그일을 먼저

---

260) '어떠하오?'의 잘못임.
261) '요망(妖妄)한'을 이렇게 구연한 것임.
262) '할미야 노고할미야'에 해당하는 경상도 방언.
263) 돌손. 형편 없는 손님. 형편 없는 마마손님. '돌'는 흔히 동식물(動植物)의 이름 앞에 붙어서, 품질이 낮거나 산과 들에 저절로 난 것을 가리키는 접두사(接頭辭)로 사용됨.
264) 날손. 앞의 '돌손'에 운(韻)을 맞춘 것임. 이 경우의 '날-'은 접두사(接頭辭)로서, '날강도'라고 했을 때의 '날-'과 거의 같은 의미로 보면 무난할 것으로 판단됨.

알고 계시는 이일을 어찌하믄 좋을꼬?

<창(唱)으로>
巫女: 손님네 노고 하매그게다//여봐라~

<말로>
巫女: 노고하마 어서가서 너외손녀(外孫女)라도 데리고 오너라.
잽이: 아
巫女: 외손녀(外孫女)로 거 데리고 오는데 또
손녀(孫女)를 데리고 오니 손녀(孫女)가 나이 세살이라.
나이 세살을 먹고보니

<창(唱)으로>
巫女: 그손녀(孫女)를 손님을 시킬적에야//노고할매 놀래까봐

<말로>
巫女: 작은님265) 각시손님이 들어가서

<창(唱)으로>
巫女: 한성구 정우치고 두성구 도리점에
시성구~ 낙점을 찍어서 작은임//살짝 시게서
인물(人物)좋게 마련하고//그래좋게266) 마련하고
진명(命)267)은 서리담고268) 짜린명(命)269)은 질게잇아270)

---

265) 작은님. '수두(水痘)'를 말한 것임. 수두를 다른 말로는 '작은마마'라고 부르기 때문에 이렇게 말한 것임. '수두(水痘)'는 어린 아이의 피부에 붉고 둥근 발진(發疹)이 생겼다가 얼마 뒤에 수포(水泡)로 변하는 유행병.
266) '그렇게도 좋게'에 해당하는 경상도 방언.
267) 진 명. '긴 명(命)'에 해당하는 경상도 방언.
268) 서리 담고. '서려 담고'에 해당하는 경상도 방언. '서리다'는 '길고 잘 감기는 물건을 동그랗게 포개어 감다'의 뜻.
269) 짜린 명. '짧은 명(命)'에 해당하는 경상도 방언.
270) 질게 잇아. '길게 이어'에 해당하는 경상도 방언.

잽이: 아~디야

巫女: 넘어가는~ 반달같이//돋아오는 일월(日月)같이

잽이: 아~디야

巫女: 국색(國色)같이도 마련 하여서//손님을 시게놓니

노고할매 걱정하야//밤이되면 잠을못자고 걱정을 한다.

아이구 아이구 손님시게서 누웠으니

손님 배송(拜送)[271]을 내야 하는데

<말로>

巫女: 당장 집안에 은전(銀錢)한푼 돈전[銅錢][272]한푼이 없으니 이일을 장차 어찌할꼬?

잽이: 그렇지.

巫女: 그때야 손님네 거동보소.//하마 걱정마라.

<창(唱)으로>

巫女: 은전(銀錢)닷돈 금전(金錢)닷돈 열에 열닷돈을 너를 줄테니

<말로>

巫女: 그돈을 가[273] 찬거리를 봐서//손님 배송(拜送)을 내도록 하여라.

이때 노고한매 거동보소.

<창(唱)으로>

巫女: 찬거리를 보아가지고

<말로>

巫女: 음식(飮食)을 장만해서 정신(精神)을 지극히 들여 건구[274]치고

---

271) 손님 배송. 천연두(天然痘)를 앓은지 13일만에 마마신을 전송(餞送)하는 일. '마마 배송굿'이라고 해서 큰굿을 하는 민속(民俗)이 있었음.

272) '동전(銅錢)'의 잘못임.

273) '그 돈을 가지고'에 해당하는 경상도 방언. 그 돈으로.

274) 건구. '금줄'의 와음. '금줄'은 '인줄'이라고도 하는 것으로 제(祭)를 지낼 때에 부정

<창(唱)으로>
巫女: 음식(飮食)을 장만하야 시리떡[275]도 찌구야 백설기[276]도 찌고

<말로>
巫女: 나라 국비무녀(國費巫女)[277]들을 불라다가[278] 손님 배송(拜送)을 내는구나.
잽이: 그렇지.

<창(唱)으로>
巫女: 아이구 아이구//이때에 거동보소.//김장자(金長者)~

<말로>
巫女: 열흘이 넘도록 노고할매가 우리집에
방아품들러 아니오니 이것이 웬일이냐?
하루는 육노리[279]//육노리 미트리[280] 짚신을 신고
담뱃대 입에 물고 관(冠)을 덮어쓰고
째찍~하이[281] 어정어정 넘어온다.

(不淨)을 꺼리어 사람이 함부로 드나들지 못하도록 쳐놓는 줄. 왼새끼를 쓰게 되는데 이것은 왼쪽이 곧 동(東)쪽이고 동(東)쪽은 귀신(鬼神)을 쫓는 방위로 인식되기 때문으로 이해됨.

275) 시리떡. '시루떡'에 해당하는 경상도 방언. 시루에다 찌는 떡. 고사(告祀)를 할 때에는 시루에다 떡을 쪄서 시루째 올리고 비는 것이 일반적인 민속(民俗)임. '시리'는 '시루'에 해당하는 경상도 방언.

276) 백설기. 시루떡의 하나. 맵쌀 위에다 밤·대추·석이·실백(實柏) 같은 것을 펴고 켜 밑마다 백지(白紙)를 깔아서 쪄 낸 떡. 줄여서는 '설기'라고도 부름.

277) 국비무녀. 나라에서 주관하는 굿을 맡아서 하던 무녀(巫女). '큰 무당' 정도의 뜻으로 이해할 수 있음.

278) '불러다가'에 해당하는 경상도 방언.

279) 제보자의 실수였음. 뒤에 이어질 '미투리'라는 말이 얼른 생각나지 않아서 구연이 잠깐 중단된 것임. '육노리'는 '육날'의 와음. 미투리는 흔히 날을 여섯 개로 하기 때문에 '육날'이라는 말이 붙은 것임.

280) '육날 미투리'에 해당하는 경상도 방언. '미투리'는 삼[麻]으로 삼은 신. 흔히 날을 여섯 개로 하기 때문에 '육날 미투리'라고 함.

281) '거드럼을 잔뜩 피우면서'에 해당하는 경상도 방언.

<창(唱)으로>

巫女: 어정 어정 넘어온다.

논둑을 지나서//밭둑을 지나서

노고할매 집으로 오다가 보니

잽이: 아~디야

巫女: 난데없는 징장구[282]소리 들리니//이것이 웬일이냐?

울너머 담너머로//할매집으로 넘가다보니[283]

잽이: 아~디야

巫女: 많은 재물(財物)로 장만해놓고

손님 배송(拜送)낸다꼬 정신(精神)이 없네.

잽이: 아~디야

巫女: 김장자(金長者) 거동보소.

<말로>

巫女: 이 요망(妖妄)하는 참 노고한매가//장자집에 방아품 들어서

<창(唱)으로>

巫女: 아이구 장래쌀[長利米][284] 갚을생각 아니하고

<말로>

巫女: 돈이 어디 있어서

이재물(財物)이 웬말이며 아직 우리 철현이 열다섯살 되도록 손님 배송(拜送)도 안내고 정우[285]도 못쳤는데

---

282) 징장구. 징과 장구. 굿을 할 때 반주용으로 사용하는 악기들을 말한 것임. 문맥상으로 보면 노고할미의 집에서 손님 배송굿을 하는 소리를 들었다는 말임.

283) '넘겨다 보니'에 해당하는 경상도 방언.

284) 장래쌀. '장리(長利)쌀'의 와음. '장리(長利)'는 곡식을 꾸어주고 붙이는, 일년(一年)에 본 곡식의 절반이 되는 변리. 흔히 봄에 꾸어 주었다가 가을에 받을 때에 셈을 하게 됨.

285) 정구. '전구(前驅)'의 와음. '전구(前驅)'는 전염병의 잠복기. 따라서 '정구 치고'는 '잠복기를 거치고' 정도의 뜻임.

<창(唱)으로>
巫女: 이것이 웬일이고?//노고한매그게

<말로>
巫女: 호통을 치는구나.//이때에 거동보소.//노고한매가

<창(唱)으로>
巫女: 아이구 아이구//여봐라 노고하마

<말로>
巫女: 방아품 들어서
장래쌀[長利米] 갚을생각 아니하고 이것이 웬일이고?
어디서 이런 돈이 났느냐고 호통을 치고
어디 돌아댕기는 돌손[286]을 불라다 놓고 이것이 웬일이냐꼬 고함을 지르니
잽이: 하
巫女: 노고할매 거동보소. 장자임요

<창(唱)으로>
巫女: 장자임요 강남(江南) 대왕국에//명신(明神) 손님네 앞에서

<말로>
巫女: 부정(不淨)하게시리 이것이 무슨 말씀이요?//그런 말씀 마옵소서
내일 모레라도//방아품 들어서 장래쌀[長利米] 갚을테니 걱정마시고
어서 가소 오소하고//둘이 싱강[287]을 하다보니

---

286) 돌손. 형편 없는 손님. 형편 없는 마마손님. '돌'는 흔히 동식물(動植物)의 이름 앞에 붙어서, 품질이 낮거나 산과 들에 저절로 난 것을 가리키는 접두사(接頭辭)로 사용됨.
287) 싱강. '실랑이'에 해당하는 경상도 방언. 흔히는 '실갱이'라고도 발음함. 실랑이질. '실랑이질'은 원래 '남을 못 견디게 굴어 시달리는 일'이라는 뜻이나 경상도 지방에서 사용하는 용례를 보면 '서로 내가 옳으니 네가 옳으니 하면서 가볍게 붙들고 다투는 일' 정도의 뜻임.

잽이: 아

巫女: 손님네가 차마[288]//갑자기[289] 참 어이없기 짝이없다.
저런 무례(無禮)한 놈이

<창(唱)으로>

巫女: 어디다가 입에다 올려놓고야~

<말로>

巫女: 돌손[290]이 웬말이냐?
노고할매보고 저런놈 하고 입섞아[291] 말하지 마라고
손님네가 충고(忠告)를 주는구나.

<창(唱)으로>

巫女: 노고한매 거동보세~
입에다 거품을 벅쩍벅쩍 물고//뒤로 히떡히떡 넘어간데이[292]

<말로>

巫女: 아이고 답답애라[293]//김장자(金長者) 이걸 보더니마는
깜짝놀라서 육노리 미트리[294] 담뱃대야 마 관(冠)이야
걸음아 오금[295]아 날살려라꼬 집으로 달려간다.
집으로 쫓아가서 참 마누라그게 하는 말이

---

288) 제보자의 실수였음. '갑자기'로 바로 이어져야 할 자리였기 때문에 바로 뒤에서 바로잡은 것임.

289) 제보자의 실수였음. '어이없기 짝이 없다'로 바로 이어져야 할 자리이기 때문에 바로 뒤에서 바로잡은 것임.

290) 형편 없는 손님. 형편 없는 마마손님. '돌'는 흔히 동식물(動植物)의 이름 앞에 붙어서, 품질이 낮거나 산과 들에 저절로 난 것을 가리키는 접두사(接頭辭)로 사용됨.

291) '입을 섞어'에 해당하는 경상도 방언. 대화(對話)의 상대로 삼아.

292) 너무도 분하고 억울하여 쓰러진다는 말임.

293) '답답해라'에 해당하는 경상도 방언. 흔히는 '답답아라'라고 발음함.

294) '육날 미투리'에 해당하는 경상도 방언. '미투리'는 삼[麻]으로 삼은 신. 흔히 날을 여섯 개로 하기 때문에 '육날 미투리'라고 함.

295) 오금. 무릎의 구부리는 안쪽. 흔히는 '오금쟁이'라고 함.

여보 마누라야//어서바삐 우리 철현이를 갖다
유접사[296] 절[寺]로 피유[297]를 보내고
어서 골목골목 이 담넘에다가[298] 모도
담 모랑지 모랑지[299]에 돌아가면서 어서//그 저~

[무녀는 목이 아픈지 고개를 마이크에서 돌리고는 기침을 한 번 한다. 그러느라고 구연이 잠깐 중단된다]

<말로>
巫女: 저 고방(庫房)안에 있는//꼬치섬[300]을 내어다가
꼬춧불로 수둣불로[301] 피아놓아라 한다.
손님네는 원래 꼬춧불로 피아서 매우며는 못들어 온다꼬 불로 피워 놓으라 하고는 이렇게 말로 하니
김장자(金長者) 마누라는 그것저것도[302] 모리고[303]

---

296) '유점사(楡岾寺)'의 와음. 금강산(金剛山)에 있는 유명한 절 이름. 강원도(江原道) 간성군(杆城郡)에 있는 절로 31본산의 하나. 사명당(四溟堂)이 임진왜란(壬辰倭亂) 때에 이곳에 있었는데 왜병도 그의 도(道)에 압도되어 오히려 사명당을 모셨다고 함. 여기서는 '깊은 산속에 있는 절'이라는 뜻으로 사용된 것임.
297) 피유. 문맥상으로 '전염병이 돌 때에 그곳을 피하여 멀리 가서 그 병의 감염을 피함' 정도의 뜻임.
298) '담 너머에다가'에 해당하는 경상도 방언.
299) 모랑지 모랑지. '모퉁이 모퉁이'에 해당하는 경상도 방언. 구석구석. '모랑지'는 '길이 휘돌러 나간 산의 모퉁이'에 해당하는 경상도 방언.
300) 꼬치섬. '고추 섬'에 해당하는 경상도 방언. 고추를 담은 섬. 고추가 매우 맵기 때문에 고추섬 근처에는 마마신이 접근을 기피하리라는 뜻에서 한 말임. '섬'은 곡식을 담기 위하여 짚으로 엮어 만든 멱서리. 대개 곡식 '한 섬'이라고 했을 때에는 두 가마를 말하게 됨.
301) 수둣불로. '수두(水痘)불을'인듯함. 수두를 막기 위한 불을. '수두(水痘)'는 어린 아이의 피부에 붉고 둥근 발진(發疹)이 생겼다가 얼마 뒤에 수포(水泡)로 변하는 유행병. 아니면 혹 '스토브(stove:난로)'를 이렇게 말한 것인지도 모르겠음.
302) 아무 것도. 사정이 어떻게 된 것인지도.
303) 모리고. '모르고'에 해당하는 경상도 방언.

<창(唱)으로>
巫女: 아이구 아이구 누영(令)이라꼬[304] 거역(拒逆)할까

<말로>
巫女: 꼬치섬을 내다 꼬치 뿌닥불로[305] 피아놓고
철현이그게는 유접사[楡岾寺] 절에다 피유를 보낸다
철현아 책을 가지고 어서 유접사[楡岾寺] 절에가서 공부를 하고 있거라
엄마가 데리러 갈때까지 오지말고

<창(唱)으로>
巫女: 이렇게 말을 하니//철현이는

<말로>
巫女: 부모그게는 효성(孝誠)이 지극(至極)한 아이라.
유접사[楡岾寺] 절로 피유를 가고나서
꼬칫불로 피워놓고 손님네 거동보소.
잽이: 아
巫女: 손님네는 참 싹싹코 연력한[306] 마음에//빌면 비는대로 듣고
손님네로 갋아가지고[307] 손님네그게
해보자꼬 하는 사람은 더 갈는지라[308]
손님네가 어찌 무섭고 시럽는지[309]
철현이네 집으로//참 김장자(金長者) 집으로 가고보니
김장자 집에 꼬칫불로 피아 났구나.

---

304) '누구의 영(令)이라고'에 해당하는 경상도 방언. 누구의 명령(命令)이라고.
305) 뿌닥불로. '모닥불을'의 잘못인듯함.
306) 연력한. '싹싹하고 영리한'에 해당하는 경상도 방언.
307) 갋아서. 대항(對抗)해서. 상대(相對)해서. 고어(古語) '갋다[竝]'에서 온 말임.
308) '갋는지라'에 해당하는 경상도 방언. 대항(對抗)을 하는지라.
309) '-스러운지'에 해당하는 경상도 방언. '(감당할 수 없을 정도로) 변덕스러운지' 정도의 뜻임.

잽이: 아

<창(唱)으로>

巫女: 매와서 들어가지는 못하고 어~이야

<말로>

巫女: 손님 사(四)분이 의논공론(議論公論)을 하더니마는
유접사[楡岾寺] 절에 피유갔는 철우[310]//철현이를 불러내자.

<창(唱)으로>

巫女: 각시손님 거동보소.//철현이 엄마같이 변신(變身)을 해가지고
얼굴 모습도 철현이 엄마같고//옷치장이나 치레치장이나
말에 말씨도 철현이 엄마같이

잽이: 아~디야

巫女: 이렇게 변신(變身)을 해가지고
유접사[楡岾寺] 절로 찾아가서//밤중에 철현이를 불러낸다.
철현아~ 어서가자//손님네도 떠나고//없으니~
어서 집으로 내려가자.

잽이: 아~디야

巫女: 엄마요 어찌 이밤중에//이렇게 먼곳으로 오시었소?
엄마를 따러갈때//철현이를 앞세우고//엄마는 뒤에서고
각시손님 거동보소.

잽이: 아~디야 좋~다.

巫女: 대문전(大門前)에 썩들어서서//아릿[311] 종아리를
한차리[312] 들이치고[313]//두차리 세차리를 거들치워[314]

---

310) 제보자의 실수였음. '철현'이라는 이름이 갑자기 생각나지 않아서 생긴 실수였음. 그러다가 이내 그 이름이 생각났기 때문에 바로 뒤에서 바로잡고 이어나간 것임.

311) 아릿. '아랫'에 해당하는 경상도 방언.

312) 한 차리. '한 차례'에 해당하는 경상도 방언. 한 대.

313) 들이치고. 몹시 심하게 때리고.

314) 거들치워. '거듭 쳐서'에 해당하는 경상도 방언. 거듭 때려서.

잽이: 아~디야

巫女: 은칠[315] 닷단[316]을 꼽아 놓니야//마당 가운데 엎으지며
아이구 엄마 나죽겠네 아이구 아버지 나죽겠네.

<말로>

巫女: 마당 가운데서 치등글[317] 내리둥굴[318] 울음을 운다.
이때여 거동보소.
김장자(金長者)와 김장자 마누라 껌쩍놀라 문을 열고 내다보며

<창(唱)으로>

巫女: 철현아 철현아 니가 어찌

<말로>

巫女: 이렇게 밤중에 왔느냐?

<창(唱)으로>

巫女: 어머니가 나를 데리러 오지 아니하였소~?
아이구 아이구 내자식(子息)아

<말로>

巫女: 어서 들어가자 방안으로 들어가자.
돌아대니는[319] 돌손에 날손에 영정(零丁)[320] 부정(不淨)[321]손아 다불

---

315) '은침(銀鍼)'의 잘못임. 은(銀)으로 된 침(鍼). 뼈마디 마디에 침을 놓은 듯 뼈마디 마디에 병(病)이 들게 만들었다는 말임.

316) 닷 단. '다섯 단'에 해당하는 경상도 방언. 다섯 묶음.

317) 치둥글. '치궁글'의 잘못임. 통증(痛症)을 참지 못하여 위쪽으로 데굴데굴 구르는 모양.

318) 내리둥굴. '내리궁글'의 잘못임. 통증(痛症)을 참지 못하여 아래쪽으로 데굴데굴 구르는 모양.

319) '돌아 다니는'에 해당하는 경상도 방언.

320) 영정. '영정(零丁)'은 본래 영락하여 의지할 곳이 없는 고독한 모양을 가리키는 말이나, 무속(巫俗)에서는 그러한 오갈 데 없는 귀신을 지칭하는 용어로 사용됨. 이러한 귀신은 인간에게 해악(害惡)을 미친다고 보아서 부정과 함께 제장(祭場)을 정화(淨化)하는 과정에서 깨끗이 해야 하는 것으로 인식하고 있음.

러 딜여놓으니[322]

철현이 아야디야 내죽겠다꼬 울음을 우니

<창(唱)으로>

巫女: 이때야 거동보소//손님네도 의논공론(議論公論)하야~

<말로>

巫女: 철현이로 얽어매기로[323] 시작하니

하루가고 이틀가고 삼일(三日)만에는

<창(唱)으로>

巫女: 붉은 구슬[324]이 불뚝불뚝 일어나니[325]

철현이 엄마 거동보소.

<말로>

巫女: 장자(長者) 마누라 여보시오

<창(唱)으로>

巫女: 장자(長者)요 여보 영감요~

<말로>

巫女: 우리 철현이가 절에가서 무엇을 잘못 먹었는지

온몸에 두드르기[326]가 일어났소.

---

321) 부정. '부정신(不淨神)'의 의미임. 엄밀히 말하면 '부정(不淨)'은 신(神)일 수는 없는 것이나 무속(巫俗)에서는 하나의 독립된 신격(神格)처럼 인식하여 독립된 제차(祭次)의 대상으로 되고 있는데 이것은 '부정(不淨)'을 인격화(人格化)시킨 결과로 이해됨.

322) '들여 놓으니'에 해당하는 경상도 방언. 철현이가 천연두에 단단히 걸렸다는 말임.

323) '옭아매기를'에 해당하는 경상도 방언. 죄어 들기를.

324) 붉은색의 종기(腫氣).

325) 전신(全身)에 발진(發疹)이 생기기 시작하였다는 말임.

326) 두드르기. '두드러기'에 해당하는 경상도 방언. '두드러기'는 약(藥)이나 음식의 탈로 인하여 생기는 급성 피부병을 일컫는 한의학상(韓醫學上)의 명칭. 피부가 붉거나 희게 부풀어 오르면서 몹시 가렵고 더 심하면 물집이 생겨서 터지기도 함.

여보 마누라 두드르기는 아~무 걱정 마시오.
껌정옷을 입혀놓고 짚에다 불을 꺼실러 가주고[327] 두드르기 씰자[328] 두드르기 씰자
알로 치로[329] 우로 치켜 내리씰고 하며는
두드래기가 싹 없어진다 하는구나.
잽이: 그렇지.

<창(唱)으로>
巫女: 이때야 철현이 엄마가

<말로>
巫女: 시기는대로[330] 껌정옷을 입혀놓고 이리저리 씰고보니

<창(唱)으로>
巫女: 아이구 손님네 몸에다가//화기(火氣)가 웬말이냐~

<말로>
巫女: 우로 씨니 우로 몰리고 밑으로 내리씨니 밑으로 몰리고
한군데 치리둥굴 내리둥굴 몰려가지고
마 나중에는 마 구슬[331]이 마//혹이 뿔뚝뿔뚝 되는구나.
잽이: 그렇지.

<창(唱)으로>
巫女: 여보 영감요 우리 철현이 몸에

---

327) '끄을러서'에 해당하는 경상도 방언. '불을 피워서'의 뜻임.
328) '(비[篲]로) 쓸자. 쓸어내자'에 해당하는 경상도 방언. 민간(民間)에서 두드러기를 치료하기 위해서 사용하는 민간요법(民間療法)의 하나임.
329) '아래쪽으로 위쪽으로'에 해당하는 경상도 방언.
330) '시키는대로'에 해당하는 경상도 방언. '시기다'는 '시키다'에 해당하는 경상도 방언.
331) 구슬. 발진(發疹)으로 생긴 종기(腫氣)를 말한 것임.

<말로>

巫女: 온 전신만신(全身滿身)에 혹이 불가났소.[332)]
여보 마누라 혹은 아~무 걱정마시오
등넘에[333)] 침재이[334)]로 불라다가[335)]
이리째고 저리째고 열십자(十字)로 째고나면
피나오고 고름나오고 나서 아물고나믄 싹낫는다 한다.

<창(唱)으로>

巫女: 아이구 아이구~//미륵하고[336)] 곰같은[337)] 영감이다~.

<말로>

巫女: 마누라는 영감 시기는대로 침쟁이로 불러다 이리저리 째고보니
피도 안나오고 고름도 안나오고//살만 히떡히떡 나자빠진다[338)]

<창(唱)으로>

巫女: 철현이는 나죽겠다고//아이구 엄마 나죽겠네~
아이구 아버지 나죽겠네//나죽겄네

<말로>

巫女: 살려주오~.

잽이: 아

<창(唱)으로>

巫女: 이때에 손님네 거동보소//영정(零丁)손 부정(不淨)손아~

---

332) '불거져 났소'에 해당하는 경상도 방언. 나서 불거졌소. 혹처럼 된 것이 생겨서 튀어 나왔다는 말임.
333) 산 너머에. 산 너머에 살고 있는.
334) 침재이. '침장이'에 해당하는 경상도 방언. 침을 잘 놓는 사람.
335) '불러다가'에 해당하는 경상도 방언.
336) 미륵하고. '미련하고' 혹은 '미욱하고'에 해당하는 경상도 방언.
337) 곰 같은. 하는 짓이 미련하고 둔한.
338) '살만 허옇게 드러난다'는 말임.

<말로>
巫女: 돌손아 날손아 들어가거라.

<창(唱)으로>
巫女: 이때여 은침(銀鍼) 닷단 놋침[339] 닷단 열에 열닷단을 마디마디

<말로>
巫女: 꼽아 놓으니
아이구 엄마 배고[340]//배아파 내죽겠네 다리아파 내죽겠네.
나조끔 살려주소.//치둥글[341] 내리둥글[342] 하고보니

<창(唱)으로>
巫女: 여보시오 영감님요

<말로>
巫女: 아무래도 우리 철현이가 손님네 좌정(坐定)한것이 분명(分明)한것 같소.
어째 손님네그게 쪼매[343] 빌어보소.

<창(唱)으로>
巫女: 철현이 거의 죽게 되었으니~

<말로>
巫女: 하나 자식(子息) 삼대독자(三代獨子) 외아들로 죽이고 나면 어찌할 것이오?//우리 철현이 좀 살려주소.
이때에 김장자(金長者) 거동보소//철현이 꼴을보니 말이 아니다.
목에는 쇠소리가 나고[344]

---

339) 놋침. 놋쇠로 된 침(鍼). '놋쇠'는 구리[銅]와 아연(亞鉛)의 합금(合金).
340) 제보자의 실수였음. '배 아파서'라고 하여야 할 자리인데 '배 고파서'라는 말이 나오려 했기 때문에 다음에서 바로잡은 것임.
341) 치둥글. '치궁글'의 잘못임. 통증(痛症)을 참지 못하여 위쪽으로 데굴데굴 구르는 모양.
342) 내리둥글. '내리궁글'의 잘못임. 고통을 참지 못해서 아래쪽으로 뒹구는 모양.
343) 쪼매. '조금. 약간'에 해당하는 경상도 방언.

<창(唱)으로>

巫女: 열(熱)은 불덩어리 같이나고//온몸에 혹같이

<말로>

巫女: 불뚝불뚝 일어나니
그모습을 보니 처량(凄涼)하기 그지없어서
그래도 손님네그게 좀 비는구나.

<창(唱)으로>

巫女: 모욕재계[沐浴齋戒] 정(淨)히하고~
의관(衣冠)을 갖춰입고 정화수(井華水) 떠다놓고

<말로>

巫女: 손님네그게 비는 말이
이사람은 어릴때도 웅정[345]도 많이하고
재물(財物)이 많이있어 기러운걸[346] 모르고
부모그게 독자(獨子)로 크다보니
웅정도 많이하고 조금 쌔[347]가 짤라가지고[348]
무섭고 두려운게 없다.
손님네그게 비는말이//거짓말 보태가지고[349]//반말섞여 하는말이
손님네요 손님네요 강남(江南) 대왕국에 명신(明神) 손님네요
우리 철현이 좀 살려주며는
앞두지[350] 헐어 떡하고 뒷두지 헐어 술[酒]하고

---

344) 숨이 매우 가빠한다는 말임.

345) 웅정. '웅석'에 해당하는 경상도 방언.

346) '그리운 것을'에 해당하는 경상도 방언. 부족(不足)한 것을.

347) 쌔. '혀[舌]'에 해당하는 경상도 방언.

348) '짧아서'에 해당하는 경상도 방언. '쌔가 짜리다'는 '말을 할 때 웅석을 지나치게 부리다. 어린아이처럼 말하다' 정도의 뜻임.

349) '거짓말 보태어서'에 해당하는 경상도 방언. 약간 과장(誇張)해서 말하면.

350) 앞두지. '앞뒤주'에 해당하는 경상도 방언. 앞쪽에 놓아둔 뒤주. '뒤주'를 경상도 지방에서는 흔히 '두지'라고 발음함. '뒤주'는 쌀 등의 곡식을 담아 두는 세간의 한

껌동 송아지[351] 잡아서 손님네를 대우(待遇)해 드릴테니
우리 철현이 쪼매만[352] 살려조보지~.[353]
이렇게 반말이라도 하는것이
그래도 인간(人間)이 비는것이 장관(壯觀)이라[354]

<창(唱)으로>

巫女: 마음이 가상(嘉祥)하야 손님네 의논(議論)하야//철현이를~
돌손아~ 나오너라~//바람손아 나오너라//영정(零丁)손아 나오너라.
가라앉고[355] 구슬[356]이 되더니//구슬도~ 딱지가 앉구야
목에 쇠소리도 안나는구나.

잽이: 아~디야

巫女: 툴툴 털고 일어나더니//엄마요 밥좀주소 물좀주소 하는구나.

잽이: 아~디야

巫女: 철현이 엄마가//얼마나 좋은지
내자식아 내새끼야//어서 많이 먹어라.//안고 지고 우는구나.

잽이: 아~디야

巫女: 이때에 철현이~//열흘이 지나가니 연지딱지[357] 떨어지고
분딱지[358] 떨어지니 손님네~ 거동보소.

가지. 나무로 큰 궤짝처럼 만들었는데 네 기둥과 짧은 발이 있으며 위의 판(板)의 절반 앞쪽이 문 구실을 하게 되어 있음. 조선(朝鮮) 제22대 왕인 정조(正祖: 재위 1777년~1800년)의 아버지 사도세자(思悼世子)가 자신의 아버지인 영조(英祖: 재위 1725년~1776년)의 노여움을 받아 뒤주 속에 가두어져서 굶어 죽었다고 알려져 있음.

351) 껌동 송아지. '검정 송아지'에 해당하는 경상도 방언. 검은 털이 난 송아지. 민간(民間)에서는 검은 소의 고기가 붉은 소의 고기보다 맛이 좋다고 알려져 있어서 '같은 값이면 검정소'라는 속담(俗談)이 있음.

352) 쪼매만. '조금만'에 해당하는 경상도 방언.

353) '살려주어 보지'에 해당하는 경상도 방언. '살려주십시요'라는 존대말이 아니라 손님네에게 반말 비슷하게 했다는 말임.

354) 문맥상으로는 '가상(嘉祥)한 일이라' 정도의 뜻임.

355) 솟았던 종기가 수그러졌다는 말임.

356) 종기에 고름이 든 모양을 말한 것임.

357) 연지딱지. 천연두(天然痘) 앓는 사람의 얼굴에 그 종기가 딱지가 지는 것을 표현한 것임.

잽이: 아~디야

巫女: 장자(長者) 하는거동[359] 보는데//김장자(金長者) 거동보소.

잽이: 아~디야

巫女: 영감요 우리 철현이가//손님네 정구~[360] 쳤으니야

앞두지 헐어 떡할까요?//뒷두지 헐어 술할까요?

껌둥 송아지를~ 잡을까요?

잽이: 아~디야

巫女: 예끼 요망(妖妄)한 계집년이//이것이 웬말이냐?

<말로>

巫女: 내년(來年) 시절(時節)이 어찌 될줄알고 앞두지를 헐며

올시절[361]이 어찌 될줄알고 뒷두지 헌단 말이냐?

잽이: 그렇지.

巫女: 앞두지는 두었다가 내년시절(來年時節)이 잘못되며는 장래살[長利米][362]을 놓을 것이고

뒷두지 헐었다가 올시절[今年時節]이 잘못되며는

장래살[長利米] 놓을라 하는데

껌둥 송아지가 웬말이냐?

그런 소리말고//아침에 밥한상 해가지고 우리먹고 난뒤에

거다가 참//짚에다가 밥을 그해놓으며는[363]

손님네사[364] 먹고가든지 씨고가든지 하겠지~.

---

358) 분딱지. 위와 같음.

359) 김장자가 어떻게 하는지를. 김장자가 어떤 대접을 하는지를.

360) 정구. '전구(前驅)'의 와음. '전구(前驅)'는 전염병의 잠복기. 따라서 '정구 치고'는 '잠복기를 거치고' 정도의 뜻임.

361) 올시절. 금년(今年)의 시절(時節). 금년(今年)의 농사(農事) 형편.

362) 장래쌀. '장리(長利)쌀'의 와음. '장리(長利)'는 곡식을 꾸어주고 붙이는, 일년(一年)에 본 곡식의 절반이 되는 변리. 흔히 봄에 꾸어 주었다가 가을에 받을 때에 셈을 하게 됨.

363) 짚을 추려서 땅바닥에다 펴고 그 위에다 밥을 놓아둔다는 말임. 민속(民俗)에서 격(格)이 낮은 신격(神格)들을 대접하는 일반적인 방법 가운데 하나임.

364) '손님네야'에 해당하는 경상도 방언. 손님네는. '-사'에는 강세(强勢)의 의미가 있음.

잽이: 아

巫女: 손님네가 앉어서도 천리(千里)요

서서도 주리천하[周遊天下][365] 명금천하[明見天下] 구어보는[366] 손님네

무섭고 시럽는[367] 손님네가

눈에 보이지 안하고 귀에 듣기지 아니해도

잽이: 그렇지.

<창(唱)으로>

巫女: 손님네가 이걸 모를일이 있나~?

<말로>

巫女: 이말 듣던 손님네 거동보소.//괘씸하기 짝이 없다.

우리가 앞두지 허라했나[368] 뒷두지 허라했나 껍둥 송아지 잡으라 했나

저런 놈으느 재물(財物)밖에 모르는 놈으느

저 자식(子息)도 필요없다.//자식도 오감하니[369]

<창(唱)으로>

巫女: 저자식(子息)을 잡아가고//씨도손(孫)도 없이해야 된다~.

손님네 의논(議論)하야

---

365) '주유천하(周遊天下)'의 와음으로 보는 것이 옳겠음. '주유천하(周遊天下)'는 '천하 각지를 두루 돌아다니며 구경함'의 뜻. 굳이 발음을 그대로 살린다면 '주리천하(周履天下)'로 보아 '천하를 두루 밟는다'로 해석될 수도 있겠으나 '주리천하'라는 말이 사용되는 것 같지는 않음.

366) '굽어보는'에 해당하는 경상도 방언.

367) '-스러운'에 해당하는 경상도 방언. '(감당할 수 없을 정도로) 변덕스러운' 정도의 뜻임.

368) '헐라고 했나'에 해당하는 경상도 방언. 헐라고 말했나.

369) 오감하니. '오감하다'는 말은 본래 '분수에 맞아 만족히 여길 만하다'는 뜻이나 경상도 지방에서는 흔히 '분수에 넘친다'는 뜻으로 사용되는데 여기서도 후자(後者)의 경우로 사용된 것임. 흔히는 '오감타'라고 발음되는데 '그것도 너에게는 오감타' 등과 같이 사용하게 됨.

철현이를 다시 잡어서 때려눕히고 은침(銀鍼)닷단

<말로>

巫女: 놋침닷단 열에 열닷단을 마디마대[370] 꼽아놓으니
철현이 다시 내죽겠다고 치둥글 내리둥글 알거낸다.[371]

<창(唱)으로>

巫女: 가이없이[372] 알거낼때//철현이 거동보소~
방(房)가운데 치둥글 내리둥글//아이구 어머니 나죽겠네
아이구 아부지 나죽겠네.

잽이: 아~디야

巫女: 나 쪼금[373] 살려주~//내죽구 나면
이많은 장자 재물(長者財物)로//어느 누구를 주실라요?

잽이: 아~디야

巫女: 눈물 흘리며 통곡(痛哭)하니
철현이야[374]//손님네 거동보소//철현이를 잡어 갈라꼬
철현아 철현아 막죽[375]으로 가는길이
엄마아빠 그기에[376] 할말이 없느냐?
막죽으로 가는길에//한마디 말을 하고 가자.

잽이: 아~디야

巫女: 철현이 울며 통곡하네~.
불쌍하는[377] 우리 엄마//아버지 하나를 잘못 만나서

---

370) '마디마디에'에 해당하는 경상도 방언. 뼈 마디마디에.
371) '(이리저리 뒹굴며) 앓는다'에 해당하는 경상도 방언.
372) 가이없이. 끝없이.
373) 쪼금. '조금'에 해당하는 경상도 방언.
374) 제보자의 실수였음. '손님네 거동보소'로 바로 이어져야 할 자리이기 때문에 바로 뒤에서 바로잡은 것임.
375) 막죽. '마지막'에 해당하는 경상도 방언.
376) '어머니 아버지에게'에 해당하는 경상도 방언.
377) '불쌍한'에 해당하는 경상도 방언.

하나 자식(子息)도 일거 버리고[378]

잽이: 아~디야

巫女: 재물(財物)밖에 모르는 영감을 만나서

험난(險難)한[379] 세월(歲月)로 보지를 못하고[380]

잽이: 아~디야

巫女: 편안(便安)한 세월(歲月) 한번 못보고 사누나.

우리엄마 불쌍해서 내어이 갈까?

아이고 아이고//울아버지[381]요

재물(財物)만 알다가 삼대독자(三代獨子)//외동아들 나를잃고

잽이: 아~디야

巫女: 이때는[382] 몰라도 살아가면//구부구부[383] 후회(後悔) 하리라.

잽이: 아~디야

巫女: 나는 나는//부모(父母)를 잘못만나//손님네 따라서 떠나가네~.

아부지요 잘있시소[384]//엄마야 잘있시소

불효자식(不孝子息)은 떠나가네.

잽이: 아~디야

巫女: 누눈에 눈물이~

잽이: 아~디야

巫女: 비오듯이 흘러내린다

잽이: 아~디야

巫女: 이때여 손님네가 목을 조우니[385]//철현이 숨이벌떡 넘어간다.

---

378) 일거 버리고. '잃어 버리고'에 해당하는 경상도 방언.

379) 제보자의 실수였음. '편안한'이라고 구연해야 할 자리인데 반대로 말한 결과가 되었음. 구연을 하여 놓고 무녀가 이 사실을 감지하였기 때문에 다음 다음 행(行)에서 '편안한'이라고 바로잡은 것임.

380) 제보자의 실수였음. 내용상 잘못된 표현이었기 때문에 뒤에서 바로잡았음.

381) 울아버지. '우리 아버지'에 해당하는 경상도 방언.

382) 문맥상으로 '지금은'의 잘못임.

383) 구부구부. '구비구비'에 해당하는 경상도 방언.

384) '잘 있으소. 잘 계십시요'에 해당하는 경상도 방언.

385) 조우니. '조이니'에 해당하는 경상도 방언. 죄니.

잽이: 아~디야

巫女: 철현이 엄마 거동 보소//치둥글 내리둥글
가슴복통 치며//아이구 아이구 내자식아

잽이: 아~디야

巫女: 나도 가자 나도 가자//니따라서[386] 나도가자.

잽이: 아~디야

巫女: 하나자식 너를잃고//내가 무슨 낙(樂)이있어
이세상(世上)을 살어갈꺼나.
너가부지[387] 잘못만나//편한 세월(歲月) 한번 못보고
시집 살던 내정국이면[388]
내자식아 내새끼야 나이~//열다섯 먹도로[389]
이렇게 다키워논 너를잃고//원통(寃痛)해서 내어이 살까.

잽이: 아~디야

巫女: 깜짝깜짝 눈뜬 자식(子息)//강보(襁褓)에 싸인 자식도
죽어서 버릴라면//일천 간장[一寸肝腸][390]이 다녹는데

잽이: 아~디야

巫女: 이만큼 다키운 내철현아//에미를 버리고 어디로 가느냐?
못가지야 못가지야//나를 버리고 못가지야.

잽이: 아~디야

巫女: 방성 통곡(放聲痛哭) 울음을 울어도
철현이는 이승 사람이 아니었고//저승 사람이 불명[分明]하구나.
철현이는 손님네 따라갈때//손님네 거동보소.
철현아 철현아//너는 어느 가문(家門)에 태어날라나?[391]

잽이: 아~디야

386) 니따라서. '너를 따라서'에 해당하는 경상도 방언.
387) 너가부지. '너의 아버지'에 해당하는 경상도 방언.
388) '나의 형편이며. 나의 사정이며'에 해당하는 경상도 방언.
389) '먹도록'에 해당하는 경상도 방언. 나이가 열다섯 살이 되도록.
390) 일천간장. '일촌간장(一寸肝腸)'의 와음. '창자 마디마디'의 뜻.
391) '태어나겠느냐?'에 해당하는 경상도 방언.

巫女: 손님네요 열살안에는//좋은 가문(家門)에라도
다시 인도환생(人道還生)[392] 하지만
나이 열다섯살 먹은놈이//이렇게 험한 꼴로 누집에[393] 태어 날까요?
그러며는 우리 막동이[394]나 되어서 손님네

<말로>
巫女: 막동이 되어서 손님네나 따라당기며[395]
방방곳곳이[396] 면면촌촌(面面村村)이//손님네나 따라 다닐라요.
잽이: 아
巫女: 열살안에 죽어지며는 인생환생[人道還生][397]을 하여서 좋은가문(家門)에 태어나지마는
열다섯살 먹고
십오세(十五歲)가 되어서 험한꼴로 누집에 태어나오리까?
잽이: 아
巫女: 손님네 막동이가 되어서 손님네를 따라다닌다 하니
그럼 너좋은대로 하려무나.
너는[398]//손님네 거동보소.
너는 부모(父母)를 잘못 만나서
아까운 참 효자자식(孝子子息) 하나 일거니[399]
그래도 너마음이 갸륵하야//너를 데리고 다닐테니
막둥이 되어 다니다 보니

392) 인도환생. 사람으로 다시 태어남.
393) 누집에. '누구의 집에'에 해당하는 경상도 방언. 어느 가문(家門)에.
394) 막동이. 동해안(東海岸) 무가(巫歌)에서 손님네를 모시고 다니는 마부(馬夫) 아이의 이름임.
395) '따라다니며'에 해당하는 경상도 방언.
396) '방방곡곡(坊坊曲曲)이'의 와음.
397) '인도환생(人道還生)'의 잘못임. 사람으로 다시 태어남.
398) 제보자의 실수였음. '손님네 거동보소'로 바로 이어져야 할 자리이기 때문에 바로 뒤에서 바로잡은 것임.
399) 일거니. '잃으니'에 해당하는 경상도 방언.

<창(唱)으로>
巫女: 이집저집 다니다 보니~
손님네 잡수코[400] 남았는[401]//띠비밥[402]을 얻어야~

<말로>
巫女: 말절에[403] 앉아서 울음을 울며
눈물반 콧물반 그밥을 먹고 손님네를 따라 다닐적에
이때야 손님네가 어디로 가셨는고?

<창(唱)으로>
巫女: 손님네 가시는 곳이 어디멘고
한양 천리(漢陽千里)~//이정승(李政丞) 집으로 찾어간다~.
이정승 집에 찾어갈때야//이정승 그게다 꿈에 선몽[現夢][404]을 넣고

<말로>
巫女: 잠에 별몽(別夢)을 넣는구나.
이정승(李政丞) 집에 아들 삼형제(三兄弟)라
그아들 삼형제(三兄弟) 정우를 칠라고[405] 손님네가 꿈에 별몽(別夢)을 할때
이때야 참//이정승(李政丞) 거동보소 꿈을 꾸고나니

---

400) '잡수시고'에 해당하는 경상도 방언.
401) '남은'에 해당하는 경상도 방언.
402) 띠비밥. '뚜껑밥'에 해당하는 경상도 방언. 밥을 담아 두었을 때에 생기는 제일 위의 딱딱해진 밥. 아니면 '밥그릇의 뚜껑에 담아주는 밥'으로 볼 수도 있겠음. '띠비'는 '뚜껑'에 해당하는 경상도 방언.
403) 말절에. '(손님네가 타고 다니는) 말[馬]의 곁에'에 해당하는 경상도 방언. 아니면 '(손님네가 타고 다니는 말을 묶어 놓은) 말뚝 곁에'로 볼 수도 있겠음. 막동이가 손님네의 마부(馬夫)이기 때문에 하는 표현임. '절'은 '곁[傍]'에 해당하는 경상도 방언.
404) 선몽. '현몽(現夢)'에 해당하는 경상도 방언. 꿈에 나타남.
405) '전구(前驅)를 치려고'에 해당하는 경상도 방언. '전구(前驅)'는 전염병의 잠복기. 따라서 '정구 치고'는 '잠복기를 거치고' 정도의 뜻임. 따라서 여기서는 '마마를 앓게 하려고'의 뜻.

<창(唱)으로>
巫女: 어떠마는[406]/할아버지가 말을 타고~//오는구나~.

<말로>
巫女: 그때야 이정승(李政丞) 거동보소 마누라그게
여보 마누라//우리집에 어서 영정(零丁)을 착실히 가리고 부정(不淨)[407]을 가리고//건구[408]를 치시오.

<창(唱)으로>
巫女: 손님네가 아무래도 좌정(坐定)할것 같소~.

<말로>
巫女: 영정(零丁)을 치고 부정(不淨)을 착실히 가려서 손님네를 좌정(坐定)시게[409]놓고
그집 삼형제(三兄弟) 아들을 참 정우를 치는구나.

<창(唱)으로>
巫女: 한성구[410] 정우치고 두성구 도리점에[411] 시성구[412] 낙점을 찍어서
연지딱지~[413] 마련하구//분딱지[414]를~ 마련할때

---

406) 어떠마는. '어떠한'에 해당하는 경상도 방언. 경우에 따라서는 '상당히 큰, 굉장히 큰'의 뜻으로 사용되기도 함.
407) 부정. '부정신(不淨神)'의 의미임. 엄밀히 말하면 '부정(不淨)'은 신(神)일 수는 없는 것이나 무속(巫俗)에서는 하나의 독립된 신격(神格)처럼 인식하여 독립된 제차(祭次)의 대상으로 되고 있는데 이것은 '부정(不淨)'을 인격화(人格化)시킨 결과로 이해됨.
408) 건구. '금줄'의 와음. '금줄'은 '인줄'이라고도 하는 것으로 제(祭)를 지낼 때에 부정(不淨)을 꺼리어 사람이 함부로 드나들지 못하도록 쳐놓는 줄. 왼새끼를 쓰게 되는데 이것은 왼쪽이 곧 동(東)쪽이고 동(東)쪽은 귀신(鬼神)을 좇는 방위로 인식되기 때문으로 이해됨.
409) 시게. '시켜'에 해당하는 경상도 방언.
410) 한성구. 천연두(天然痘)를 앓을 때 처음 나타나는 증상을 민간(民間)에서 일컫는 말. 그 병세(病勢)가 진전되는 과정을 '한 성구, 두 성구, 세 성구' 등으로 각각 말하게 됨.
411) 두 번째로 둥그런 반점이 나타나는 증상을 거쳐. '도리점'은 둥그런 점으로 천연두에 걸린 사람의 얼굴에 붉은 반점이 솟는 것을 말한 것임.
412) 시성구. '세 성구'에 해당하는 경상도 방언. 세 번째에 나타나는 증세로.

아이가 아이가[415] 그곳을 지나가지구야

<말로>

巫女: 배송(拜送)[416]을 착실히 받아서 그집을 떠나와여
손님네가//참 일산동(日山洞)에 이게[417] 오기전(前)에//어디로 갔는고?
이곳을 더터야[418] 한군데를 오더라보니[419]

<창(唱)으로>

巫女: 노구한매[420] 집으로 당도(當到)할때~

<말로>

巫女: 노구한매 거동보소.
장자(長者)집에 그많던 재물(財物)은 노고한매그게 다가고

<창(唱)으로>

巫女: 노고한매 숫구막[421] 오두막집으는//김장자(金長者) 집으로 가고~

<말로>

巫女: 그때야 참//자식(子息)은 이무양대로[422]//이무양대로 못해도
재물(財物)으는 서천(西天)에 구름[423]이라
있다가도 없는거고 없다가도 있는거고

---

413) 연지딱지. 천연두(天然痘) 앓는 사람의 얼굴에 그 종기가 딱지가 지는 것을 표현한 것임.
414) 분딱지. 위와 같음.
415) '아이구 아이구'를 이렇게 발음한 것임.
416) 배송. 천연두(天然痘)를 앓은지 13일만에 마마신을 전송(餞送)하는 일. '마마 배송굿'이라고 해서 큰굿을 하는 민속(民俗)이 있었음.
417) '여기'에 해당하는 경상도 방언.
418) 더터야. '더듬더듬 찾으면서' 혹은 '거쳐서'에 해당하는 경상도 방언.
419) '오다가 보니'에 해당하는 경상도 방언.
420) 노구한매. '노구 할머니'에 해당하는 경상도 방언. '노구(老嫗)'는 '늙은 할머니'를 말함.
421) 숫구막. 숫막. '주막(酒幕)'에 해당하는 경상도 방언.
422) 이무양대로. '임의(任意)대로. 마음대로'에 해당하는 경상도 방언.
423) '재물(財物)은 서쪽 하늘의 뜬구름 같이 무상(無常)한 것'이라는 말임.

<창(唱)으로>

巫女: 아이구 아이구//음지(陰地)가 양지(陽地)되고 양지(陽地)가 음지(陰地) 되는 것은//그것을 두고

<말로>

巫女: 하는 말이라.
사람으는 마음을//천심(天心)으로 본심(本心)으로 씨다보믄[424]
스스로 복(福)이오는 법(法)이라.
노고한매 거동보소

<창(唱)으로>

巫女: 와가(瓦家)집[425]에 니귀[426]에 풍경(風磬)[427]을 달고 옥동마루[428]에 다가

<말로>

巫女: 넘우집에[429] 참//머슴으로 있는 사우[430]도 데려다 놓고

<창(唱)으로>

巫女: 외손녀(外孫女)를 데려다 놓고//노고한매 팔자(八字)가 피어서

<말로>

巫女: 세월(歲月) 가는줄 모르고 그손녀(孫女)를 안고품고
나날이 다달이 세월(歲月) 가는줄 모르고 살고있더라

---

424) '쓰다보면'에 해당하는 경상도 방언. 마음을 가지다 보면.

425) 와가집. 기와집.

426) 니 귀. '네 귀'에 해당하는 경상도 방언. 네 귀퉁이. 네 모퉁이.

427) 풍경. 처마 끝에 다는 경쇠. 작은 종(鐘) 모양으로 만들고 그 속에 쇳조각을 붕어 모양으로 만들어 달아서 바람이 부는대로 흔들리어 소리가 나게 되어 있음.

428) 옥동마루. 문맥상으로 보면 아마도 '육간(六間)마루'의 와음이었을 것으로 보임. '육간(六間)'은 '육간 대청'에서 볼 수 있는 바와 같이 '매우 크고 웅장한 건물'의 뜻을 가짐.

429) '남의 집에'에 해당하는 경상도 방언.

430) 사우. '사위'에 해당하는 경상도 방언.

잽이: 아

<창(唱)으로>
巫女: 이때여 거동보소.//손님네가 그곳을 지나다 보니

<말로>
巫女: 얼마나 보기가 좋는지
노고한매 거동보소.//하룻날은 외손녀(外孫女)를 안고
헐일이 없다보니 그손녀(孫女)를 안고보니
딸애기 생각이 간절하고
이덕(德) 저덕(德)이 누덕(德)인고?
강남(江南) 대왕국에 명신(明神) 손님네덕(德)이 불명[分明]하구나.
그손녀(孫女)를 안고품고 또//사랑가를 한번 노이는데
또 이렇게 노인다[431]

<창(唱)으로>
巫女: 둥둥~//두리두둥 두둥//둥둥둥둥 내손녀(孫女)야.
손녀(孫女)야 내손녀야~ 두리둥 두둥 내손녀야
이덕(德) 저덕(德)이 뉘덕(德)인고?
손님네 덕(德)이가 불명[分明]하다.
잽이: 아~디야
巫女: 두리둥~둥//둥두리둥 두둥//둥기둥둥 내손녀(孫女)야.
잽이: 아~디야
巫女: 하늘에서 뚝떨어 졌나//땅에서 불끈 솟아났나?

<말로>
관중 가운데 어느 할머니: 좋다.

---

431) '놀리는데 또 이렇게 놀린다'에 해당하는 경상도 방언.

<창(唱)으로>

巫女: 임당수[印塘水][432] 깊은 물에//심낭자(沈娘子)[433]가 니되어[434] 왔는가?
둥둥 두리둥둥~//두리두둥두둥

[무녀의 노래가 시작되자 할머니들이 마이크 근처로까지 나와서 신나게 춤을 추기 시작한다. 장고잽이는 장고를 신나게 두드리고 무녀는 그 장고 장단에 맞추어 손을 올렸다 내렸다 하면서 빙글빙글 도는 춤을 춘다<소요시간: 20초>]

<말로>

관중 가운데 어느 할머니: 잘한다.

관중 가운데 또다른 할머니: 잘한다~. 박수(拍手) 박수.

[관중 가운데 몇몇 할머니들이 무녀를 향하여 박수를 친다]

<창(唱)으로>

巫女: 두리둥둥//두리둥둥 둥둥게 둥둥
둥기둥 둥둥 내손녀(孫女)야.

잽이: 손녀야.

巫女: 손녀(孫女)야 내손녀야//얼씨구나 좋네 내손녀야.

잽이: 아~디야

巫女: 손녀(孫女)의 사랑은 할머니 들이요
자식(子息)의 사랑은 엄마로구나.

잽이: 아~디야

巫女: 영감님 사랑은 할머니요//할멈 사랑은 영감이로다.

잽이: 아~디야

巫女: 남편(男便)의 사랑은 마누라요//마누라 사랑은 남편(男便)이로다.

---

432) 임당수. '인당수(印塘水)'의 와음. '인당수(印塘水)'는 고대 소설 『심청전(沈清傳)』에 나오는 깊은 물 이름. 심청(沈清)이 공양미 삼백(三百) 석에 몸을 팔아 제수(祭需)로 바쳐졌던 곳임.

433) 심낭자. '심청(沈清)이'를 말한 것임.

434) '너가 되어서'에 해당하는 경상도 방언.

잽이: 아~디야

巫女: 메늘애[435] 사랑은 시아버지로구나//사우 사랑은 장모(丈母)로구나.
둥~ 두리둥둥//둥게둥둥 내손녀(孫女)야

잽이: 아~디야

巫女: 하늘에서 뚝떨어 졌나//땅에서 불끈 솟아났나?
금수(錦繡)[436]야 옥수(玉髓)[437] 노리개[438]도//한번 보며는 그뿐이고

잽이: 아~디야

巫女: 아무리 고운 꽃이라도//한번 보며는 보기싫고
우리 손지[孫子]는//자고나도 새사랑
자고나도 새사랑아~//두리둥 두둥 내사랑

잽이: 아~디야

巫女: 물밑에[439] 왕녀성[440]은//청태(靑苔)[441]나 끼어서 곱기나 하고

잽이: 아~디야

巫女: 덤불밑에 무질레[442]는//가시나 총총돋아 곱기나 하지.

잽이: 아~디야

巫女: 불탄 집에는 화기(火氣)씨 같고//오두막 집에는 석이(石耳)[443]씨라.

---

435) 메늘애. '며늘아이. 며느리'에 해당하는 경상도 방언.

436) 금수. 비단과 수를 놓은 직물(織物).

437) 옥수. 가늘고 긴 결정(結晶)이 모여 공 모양이나 유방(乳房) 또는 종유석(鐘乳石) 모양을 한 흰빛·잿빛·검은빛 혹은 갈색의 보석.

438) 노리개. 금(金)·은(銀)·주옥(珠玉) 등으로 만든 여자의 패물(佩物).

439) '우물 안에'의 잘못인듯함. 동해안(東海岸) 세습무(世襲巫) 집단의 문서에는 이 단어가 '우물 안에'라고 되어 있음(김태곤, 『한국무가집 4』, 서울, 집문당, 1980. p. 54).

440) '옥여씨'의 와음. 동해안(東海岸) 세습무(世襲巫) 집단의 문서에는 이 단어가 '옥여씨'라고 되어 있음(위의 책, 같은 면). 아마도 '옥여씨'는, 경상도 해안지방에서 바닷물 속에 잠겨 있는 바위 섬을 '여'라고 하는 것으로 보아, '물속에 잠긴 구슬'이라는 뜻일 것으로 보임.

441) 푸른 빛깔이 나는 이끼.

442) 하얀 꽃이 피는 찔레나무.

443) 석이(石耳) 버섯. 석이과(石耳科)에 속하는 지의류(地衣類)의 하나. 원반형(圓盤形)의 편평한 엽상으로 직경 3~10cm 가량이며, 질(質)은 부드러우나 말리면 가죽처럼 됨. 윗면은 회갈색이며 번들번들하고 안쪽은 검은빛에 검은 가시털이 밀생하는데 중앙부의 색상체(索狀體)의 돌기(突起)로 바위에 고착함. 포자(胞子)는 타원형의 단세

잽이: 아~디야

巫女: 넘우[444] 자식은 양~자(養子)

우리 자식(子息)은//효자(孝子)로 구나.

둥~둥~//두리두두 두두//둥게두둥 내손지[孫子]야.

아무리 남우[445] 자식이 곱다고 해도

잘생긴 넘우 자식보다//얼간이[446] 근근이[447] 병신(病身)이라도

내자식 밖에는 더좋으리.

<말로>

관중 가운데 어느 할머니: 좋다~ 잘한다~.

[테이프 바꿈. T12-2-A로. 테이프를 바꾸는 과정에서 몇 음보 정도의 누락이 있었음]

<창(唱)으로>

巫女: 둥둥둥둥 내사랑아

둥둥 두리둥두 두두//둥기두둥 내손녀(孫女)야.

잽이: 아~디야

巫女: 이와신[448] 손님네요//여러 보살님네 노인네들

여러 남녀노소(男女老少) 말들어 보소.

잽이: 아~디야

巫女: 넘우 집에 자식(子息)들으는//부모(父母) 그게다

잘해주는 효자(孝子)라도//못하는 내자식(子息)이 더욱 좋고

포(單細胞)임. 깊은 산의 바위 위에 나는데 일본(日本) 특산으로 한국 및 중국에도 분포함. 향기와 맛이 좋아 흔히 초를 쳐서 식용(食用)함.

444) '남의'에 해당하는 경상도 방언.

445) '남의. 타인(他人)의'에 해당하는 경상도 방언.

446) 얼간이. 됨됨이가 똑똑하지 못하고 모자라는 사람을 일컫는 말.

447) 근근이. 본래는 '겨우겨우. 가까스로'의 뜻을 가지는 부사이나 여기서는 명사로 보는 것이 옳겠음. 앞의 '얼간이'에 운(韻)을 맞춘 것임으로 '가까스로 사람축에 끼는 사람' 정도의 뜻으로 볼 수 있을 것임.

448) '여기에 오신'에 해당하는 경상도 방언.

아무리 아무리 아들이 밉구야//메늘이~ 미워도
그속에 낳는//손지[孫子][449] 손녀(孫女)는//자고 나도 새사랑아.

잽이: 아~디야

巫女: 둥둥 두리둥둥 둥두//둥게둥둥 내손지[孫子]야.

잽이: 아~디야

巫女: 문전 옥답(門前沃畓)을 장만한들//이만큼이나 더좋을까?
아무리 고운 노리개라도 한번//보며는 보기싫네.
둥둥둥 두리두두 둥둥//둥게둥둥 내사랑아.
세월(歲月)아 가지 마라//알뜰한 청춘(青春)이 다늙는다.
세월(歲月)아 멈춰라 가지를 마라.//아까운 노고할매도 다늙는다.

<말로>
잽이: 좋다.

<창(唱)으로>
巫女: 옛날 옛적에는 밥두 험(險)하구//옷도 험쿠 길도 험해
먹는 사람은 적었고//굶는 사람은 많앴지만[450]

<말로>
잽이: 좋다.

<창(唱)으로>
巫女: 요즘 세월에는//굶는 사람 어디 있노?
길도 좋구 밥도 좋고//옷도 좋으나[451] 이세월(歲月)에
나날이 세월으는//좋은세월 오건마는
한번 가신 청춘(青春)들은//다시 오기가 어렵구나.

---

449) 손지. '손자(孫子)'에 해당하는 경상도 방언.
450) '많았지만'에 해당하는 경상도 방언.
451) '좋은'에 해당하는 경상도 방언.

<말로>
잽이: 좋다.

<창(唱)으로>
巫女: 한번 아차 죽어지면//다시 깨어나기 어렵구나.
왜늙었노 왜늙었나?//이좋은 세월이 왜늙었나?
잽이: 아~디야
巫女: 늙은것이가 원수(怨讐)로 구나 둥둥//두리둥 두둥
두둥 둥둥 내사랑아
잽이: 아~디야
巫女: 이사랑 저사랑 다좋다 해도
손지[孫子] 손녀(孫女) 사랑에 당할소냐?
둥둥 두리둥둥//둥게 둥둥 내사랑아.
오늘 이좌석(座席)에 오신 보살(菩薩)임네
손님네 손때[452]에 알락달락 걸었다가[453] 자식(子息)들과
손녀(孫女)들 손지[孫子]들//한성구[454] 정구치고[455]
두성구 도리점[456]에//세성구 낙점을 찍어
연지딱지[457] 분딱지[458] 마련하고~//자식들~ 알뜰히 키워

---

452) 손때. '손대'에 해당하는 경상도 방언. 손님대. 손님의 강림(降臨)을 상징하는 신대[神竿]. 동해안(東海岸) 세습무(世襲巫)들의 굿에서 손님거리를 할 때에는 길이 2m 정도의 대나무에다 한지(韓紙)로 만든 술을 달아서 신대[神竿]를 만들어 이것을 들고 관중들 사이를 지나다니면 관중들이 그 한지 술에다 돈을 매달아 주게 되어 있음.
453) 관중들이 신대[神竿]에다 돈을 달아주는 것을 표현한 것임. '알락달락'은 '알록달록'에 해당하는 경상도 방언.
454) 한성구. 천연두(天然痘)를 앓을 때 처음 나타나는 증상을 민간(民間)에서 일컫는 말. 그 병세(病勢)가 진전되는 과정을 '한 성구. 두 성구. 세 성구' 등으로 각각 말하게 됨.
455) '전구(前驅) 치고'의 와음. '전구(前驅)'는 전염병의 잠복기. 따라서 '정구 치고'는 '잠복기를 거치고' 정도의 뜻임.
456) 두 번째로 둥그런 반점이 나타나는 증상을 거쳐. '도리점'은 둥그런 점으로 천연두에 걸린 사람의 얼굴에 붉은 반점이 솟는 것을 말한 것임.
457) 연지딱지. 천연두(天然痘) 앓는 사람의 얼굴에 그 종기가 딱지가 지는 것을 표현한 것임.
458) 분딱지. 위와 같음.

진명(命)[459]은 서리담고[460]//짜린명(命)[461]은 질게잇아[462]
무쇠 목숨에 돌끈 달아

잽이: 아~디야

巫女: 만세(萬歲) 천만세(千萬歲)로 점지하소.
둥기둥둥 내손녀[孫女]야

잽이: 아~디야 내손녀야

巫女: 노고할매 거동보소.
노랑다[463] 치마에//노랑다 저고레[464] 노랑 버선에
노랑 손수건//손에다 들고보니야
뒷동산에 꾀꼬리들도 지닮았다[465] 꾀꼴꾀꼴.

잽이: 아~디야

巫女: 노고할매 손녀(孫女) 치레보소.
연분홍 저고리//연분홍 치마
연분홍 바지 연분홍 버선에//연분홍 손수건 들고 보니
뒷동산에 연달래꽃[466]도//지닮았다고 방글방글.
노고할매 사우 거레보소.[467]//검동버선에 검둥바지에
검둥 저고리 검둥 손수건//손에다가 들고보니
날아가는 갈마귀[468]들도 지닮았다 까웃까웃.

---

459) 진 명. '긴 명(命)'에 해당하는 경상도 방언.
460) 서리 담고. '서려 담고'에 해당하는 경상도 방언. '서리다'는 '길고 잘 감기는 물건을 동그랗게 포개어 감다'의 뜻.
461) 짜린 명. '짧은 명(命)'에 해당하는 경상도 방언.
462) 질게 잇아. '(짧은 명(命)은) 길게 이어'에 해당하는 경상도 방언.
463) 노랑. 노랑색. '-다'는 율조를 매끄럽게 하기 위해서 들어간 것일뿐 특별한 의미는 없다고 보는 것이 옳겠음.
464) '저고리' 혹은 '저고리에'에 해당하는 경상도 방언.
465) '저를 닮았다고'에 해당하는 경상도 방언. 자기와 닮았다고. 꾀꼬리가 노랗기 때문에 이렇게 표현한 것임.
466) 연달래꽃. '진달래꽃'의 한 종류를 가리키는 경상도 방언. 진달래꽃 가운데 붉은 색깔이 연한 종류를 이 지역에서는 흔히 '연달래'라고 부르고 색깔이 짙은 것만 '진달래'라고 부르는 경향이 있음.
467) 제보자의 실수였음. '거동보소'와 '치레보소'가 혼란을 일으켜서 이렇게 된 것임.

둥둥 두리둥둥 두두//둥다두둥 내사랑이야//어화둥둥 내사랑아.

[잽이들은 악기를 흐드러지게 연주하고 무녀는 거기에 맞추어 춤을 춘다. 여기저기서 관중들의 박수소리가 터져 나온다<소요시간: 14초>]

<말로>
잽이: 참 잘~한다.
巫女: 아이구 답답어라~.

[춤을 추던 할머니들이 자리로 돌아가 앉느라고 굿당안이 소란스럽다. 할머니들은 매우 흡족한 표정들이다]

<말로>
관중들 가운데 어느 할머니: 봐라.//하나도 안틀리고
이래도 안틀리고 저래도 안틀리고
이놈우 이 지랄꺼 아마꺼도[469] 안틀리고
이러이 무신[470] 재미가 있노?
여러해 재주 있는거 다 팔고 없는거 마노?[471]
아이구 기분 나빠라.//오늘으느 마

[할머니의 항변에 다른 할머니들은 유쾌하게 웃는다. 그 웃음 속에는 무녀에 대한 비난 등은 전혀 들어 있지 않다. 이때 관중 가운데 어느 할머니가 무녀에게 박카스 한 병을 가져다 준다]

---

468) '까마귀'의 잘못임. 아니면 '갈가마귀'의 잘못으로 볼 수도 있겠음. '갈가마귀'는 까마귀과(科)에 속하는 새. 까마귀와 비슷하나 약간 작고 목에서 가슴·배까지는 희고 나머지는 검음. 만주·시베리아 지방에서 번식하여 늦은 가을부터 봄까지 우리나라에 건너와서 떼를 지어 다님.
469) '아무 것도'에 해당하는 경상도 방언. 어느 것도. 조금도.
470) 무신. '무슨'에 해당하는 경상도 방언.
471) 뭐 하노? '무엇을 하느냐?'에 해당하는 경상도 방언.

<말로>
할머니: 이거 먹어라.
巫女: (할머니를 향하여)아이구 또 먹으라꼬예?
할머니: 아이구 잘한데~이.

[무녀는 할머니가 건네주는 박카스를 받아 마신다. 그러느라고 구연이 잠시 중단된다. 잽이들은 계속해서 악기를 연주한다<소요시간: 13초>]

<창(唱)으로>
巫女: 이때야~ 거동 보시오~
　　바람이 불어도 둥뎅//아니 불어도 둥뎅
　　세월(歲月) 가는줄 모르고 이렇게

<말로>
巫女: 재미나게 살고있고.
잽이: 아

<창(唱)으로>
巫女: 이때야~//철현이 손님네 모시고 그곳을 떠나오면서
　　여보시오 손님네요

<말로>
巫女: 강남(江南) 대왕국으로 가시는 길에
잽이: 아

<창(唱)으로>
巫女: 우리 엄마 아버지//막죽[472]으로 얼굴이라도 한번 보고 갑시다.
　　이때여 거동보소 니소원(所願)이 그리한데[473]

472) 막죽. '마지막'에 해당하는 경상도 방언.
473) 문맥상으로는 '너의 소원이 그러하니' 정도의 뜻임.

<말로>
巫女: 그곳으로 지나가자//이때여 거동보소

<창(唱)으로>
巫女: 사람의 팔자(八字)는 시간문제(時間問題)라~
노고할매 집을 떠나

<말로>
巫女: 철현이네 집으로 지나다 보니
철현이네 그 참 고래등 같은 기와집은 어디로가고 없고

<창(唱)으로>
巫女: 숫구막[474] 오막집에다 꺼적문[475]에

<말로>
巫女: 꺼적자리에다[476] 꺼적자리를 깔고

<창(唱)으로>
巫女: 김장자(金長者) 거동보소//바람기[477]

<말로>
巫女: 풍기(風氣)까지 와가지고[478]
그많은 재물(財物)로 잃고 정신없이
육노리 미트리[479] 짚신을 삼아서

---

474) 숫구막. 숫막. '주막(酒幕)'에 해당하는 경상도 방언.
475) 꺼적문. '거적문(門)'에 해당하는 경상도 방언. 거적으로 된 문. '꺼적'은 '거적'에 해당하는 경상도 방언.
476) 제보자의 실수였음. '꺼적자리를 깔고'로 바로 이어져야 할 자리이기 때문에 바로 뒤에서 바로잡은 것임.
477) 바람기. 풍기(風氣). 중풍(中風) 기운.
478) 중풍(中風)까지 걸렸다는 뜻임. '바람'은 풍병(風病)을 민간(民間)에서 이르는 속어(俗語).
479) 육노리 미트리. '육날 미투리'에 해당하는 경상도 방언. '미투리'는 삼[麻]으로 삼은

그것을 팔아서 목숨 보명(保命)을 하고 있고
철현이 엄마는 밥바가치[480]//다깨진 밥바가치 옆에다 찌고[481]
문전문전(門前門前) 밥걸식 다니고

<창(唱)으로>
巫女: 아이구 아이구//그곳을 지나갈때야~
한골목을 지나더니//철현이 엄마 거동보소.
울며 불며 눈물 짓고//골목 골목 다니면서
아이구 아이구 내팔자(八字)야
잽이: 아~디야
巫女: 아이구 아이구 내신세야//이것이 웬말이고?
눈물 짓고 다니다가//철현이만한 친구[482]를 보며는
애들아~ 너희들은 있는데//내철현이를 못보았느냐?
잽이: 아~디야
巫女: 너희들과 같이//글방에 공부하던//철현이를 못보았느냐?
잽이: 아~디야
巫女: 너거들[483] 보면 내자식(子息)이 생각나고//내자식은 어디로 갔나?
잽이: 아~디야
巫女: 눈물 흘리며//밥바가치 손에들고
문전 걸식(門前乞食)을 다니면서//밥좀주소 슬픈소리
잽이: 아~디야
巫女: 그집에 마나님 거동보소.
장자(長者) 마누라//이름은 있어 가지고 그래도

신. 흔히 날을 여섯 개로 하기 때문에 '육날 미투리'라고 함.
480) 밥바가치. '밥바가지'에 해당하는 경상도 방언. 밥을 얻어 먹으러 가지고 다니는 바가지.
481) 찌고. '끼고'에 해당하는 경상도 방언.
482) 문맥상으로는 '아이'가 맞을 자리임.
483) 너거들. '너희들'에 해당하는 경상도 방언.

<말로>

巫女: 걸비[484]가 되어도

<창(唱)으로>

巫女: 장자 마누라다.

장자 마누라요//당신네 집에~//억만장자(億萬長者)로 잘살때는

우리들 그게다가//장래쌀[長利米]을 놓아가지고

한말 꾸어주면 두말 받어가고//인심(人心)이 야박(野薄)하더니만

잽이: 아~디야

巫女: 우리집에 농사(農事) 지을때//논을 갈아줬소 밭을 매줬소?

밥좀 달라 소리가//웬말이요 하는구나.

잽이: 하는구나.

巫女: 대문(大門)을 닫고 들어가니야~

이때여 문전 걸식(門前乞食)하고//울음 울고 다니는구나.

잽이: 아~디야

[무녀는 목이 아픈듯 마이크로부터 고개를 돌리고는 기침을 한 번 한다]

<창(唱)으로>

巫女: 이팔자가 웬말이냐?

철현아~ 영검[485]이 있거들랑//이에미도 다려[486] 가거라.

험난(險難)한 이세월(歲月)이//니없이 사는

목숨 보명(保命)을 할라하니

잽이: 아~디야

巫女: 문전 걸식(門前乞食) 다니다가

돌에도 채여서 넘어지고~//발에도 걸려 엎어지면

---

484) 걸비. '거렁뱅이'에 해당하는 경상도 방언. '거렁뱅이'는 '거지'에 해당하는 경상도 방언.

485) 영검. '영험(靈驗)'에 해당하는 경상도 방언. 사람의 기원(祈願)에 대한 신불(神佛)의 영묘(靈妙)한 감응(感應).

486) 다려. '데려'에 해당하는 경상도 방언.

나도 데려 가거라//날잡아 가거라//이세상에 살기 싫네.
철현이 말꼬삐[487]를 손에다 쥐고
철현이는 엄마를 보건마는//엄마는 철현이를 몬보는 구나.
불쌍한 울엄마요 그것이 웬일이요?
그많은 재물(財物)도 다어디 가고//엄마 모습이 웬말이요?
울며 불며 통곡(痛哭) 하네.

잽이: 아~디야

巫女: 목아[488] 목멘 소리로 울음을 우니//손님네 거동 보소.
불쌍 하기 거이[489] 없다.
사분[四名]이 의논(議論)하더니마는

<말로>

巫女: 사분이 의논공론(議論公論)을 하더니마는
씨없이도 마련하고 보니//그것도 참 거이없는 일이고
그많은 재물(財物)도//발큰놈[490] 손큰놈[491] 다 들어가야[492]
그것저것 다 저버리고[493]//숫구막 오막집에 살고
철현이를 보니 참 불쌍키 그지없다.

잽이: 그렇지.

巫女: 철현이를 보더라도//우리 사분[四名]이 의논공론(議論公論) 하여서
재물(財物)도 도로 찾도록 해주고

---

487) 말꼬삐. '말고삐'에 해당하는 경상도 방언.
488) 제보자의 실수였음. '목멘 소리로'로 바로 이어져야 할 자리이기 때문에 바로 뒤에서 바로잡은 것임.
489) 거이. '가이'에 해당하는 경상도 방언. 끝이. 아니면 '그지'의 와음으로 볼 수도 있겠음.
490) 발큰놈. '도둑놈'을 말한 것임. 흔히 발이 매우 큰 사람을 일컬을 때 '도둑놈 발'이라고 말함.
491) 손큰놈. 앞의 '발큰놈'에 운(韻)을 맞춘 것임. 원래 이 단어는 '씀씀이가 크고 헤픈 사람'을 가리키는 말임.
492) '다 들어가 버려서'에 해당하는 경상도 방언. (도둑놈들이) 다 훔쳐가 버려서. (도둑놈들이) 다 가져가 버려서.
493) '옛날에 이랬든저랬든 그런 감정은 모두 잊어버리고'의 뜻임.

그때야 칠십(七十)에 생남(生男)[494]한다는 말이 그때 나온지라
많은 재물(財物)로 도로 참//그 재물로 징기게[495] 하여주고 보니

<창(唱)으로>
巫女: 이때여~//각시를 여~이

<말로>
巫女: 작은 마누라를 얻어서 마음도 곤치게[496] 하고 작은 마누라 얻어 가지고
칠십(七十)에 생남(生男)을 시게놓으니

<창(唱)으로>
巫女: 오늘날 씨도 이수코[497] 대(代)도 이수코

<말로>
巫女: 철현이를 보더라도 그렇게 마련하야 놓고
손님네가 그곳을 떠나가지고

<창(唱)으로>
巫女: 이때야~//한장안에[498] 들어가서로~

---

494) 칠십(七十)에 생남(生男). 나이 일흔에 아들을 낳음. 원래 이 행(行)의 내용은 맹인거리(심청굿)의 마지막 부분에 있던 구절임. 심봉사가 왕후가 된 심청을 만나서 부귀영화를 누리고 안씨맹인(安氏盲人)과의 사이에서 아들을 얻은 것을 두고 말한 것임. 따라서 이 대목은 무녀의 착각으로 인한 실수로 볼 수도 있겠음.

495) 징기게. '지니게'에 해당하는 경상도 방언. 가지게. '징기다'는 '지니다'에 해당하는 경상도 방언.

496) 곤치게. '고치게'에 해당하는 경상도 방언. '곤치다'는 '고치다'에 해당하는 경상도 방언.

497) 이수코. '잇고'에 해당하는 경상도 방언. '이숫다'는 '잇다[連]'에 해당하는 경상도 방언.

498) '장안에'의 잘못인듯함. 서울에.

<말로>
巫女: 손님 배송(拜送)[499]을 받을적에//이때야//거동 보소.

<창(唱)으로>
巫女: 최정승(崔政丞) 집에 가서로~//손님네 자식(子息)들~[500]

<말로>
巫女: 오남매(五男妹)를 착실히 손님을 시겨서 손님 배송(拜送)을 받을적에
하루이틀 사흘나흘 열흘이 지나고나니
연지딱지[501] 분딱지[502] 마련하여
그집에 부부(夫婦)가 의논공론(議論公論)을 하여 가지고

<창(唱)으로>
巫女: 손님 배송(拜送)을 낼때야~

<말로>
巫女: 앞두주 헐고[503]//뒷두주[504] 헐어 술하고 앞두주 헐어 밥하고

<창(唱)으로>
巫女: 떡하고 술빚고야//껌둥 송아지 잡아가지고~

<말로>
巫女: 손님배송(拜送)을 낼적에 국비무녀(國費巫女)[505]들 불러다가 착실히

---

499) 손님 배송. 천연두(天然痘)를 앓은지 13일만에 마마신을 전송(餞送)하는 일. '마마 배송굿'이라고 해서 큰굿을 하는 민속(民俗)이 있었음.
500) 최정승(崔政丞)의 자식들을 말한 것임.
501) 연지딱지. 천연두(天然痘) 앓는 사람의 얼굴에 그 종기가 딱지가 지는 것을 표현한 것임.
502) 분딱지. 위와 같음.
503) 제보자의 실수였음. '뒷두주 헐어'라고 할 자리였기 때문에 다음 행(行)에서 바로잡았음.
504) 뒷두주. '뒷뒤주'에 해당하는 경상도 방언. '두주' 혹은 '두지'는 '뒤주'에 해당하는 경상도 방언.
505) 국비무녀. 나라에서 주관하는 굿을 맡아서 하던 무녀(巫女). '큰 무당' 정도의 뜻으로

내는구나.

이때여//이 무녀(巫女)는 어디서 왔는고 하니 저~게 강원도(江原道) 무녀(巫女)를 불라[506] 놓으니

강원도에는 모도//강원도굿이라 하며는

큰굿에는 모도//징장구 소리도 요란하고

굿소리도 지골[507] 풍속(風俗)이 다 다르다 보니 강원도 무녀(巫女)는 와서 굿을 하는데//이렇게 한다.

<창(唱)으로>

巫女: 남산(南山)은~ 본(本)이요//주산(主山)[508]은~ 국(國)이라~.

사~도[509] 강남(江南)의[510] 씨러~지고~[511]

안가는[512] 관이로다[513] 갑산[514]은 제자[515]로다~.

여~산[516]이 동업이라~.[517]

잽이: 아~디야

<말로>

巫女: 강원도(江原道) 굿은 그리 하지마는

강원도에는 참//점바치[518]도 많고 보살(菩薩)도 많아 가지고

이해할 수 있음.

506) '불러'에 해당하는 경상도 방언.

507) 지골. 저의 골. '자기 고을'에 해당하는 경상도 방언. 자신이 살고 있는 고을.

508) 주산. 주룡(主龍). 묏자리나 집터 또는 도읍(都邑)터의 뒤쪽에 있는 산. 풍수지리(風水地理)에서 그 터의 운수 기운이 매었다고 말하는 산.

509) 사도. 미상임.

510) 강남의. 중국(中國)의.

511) 미상임.

512) 안가는. 미상임.

513) 관이로다. 미상임.

514) 갑산. 미상임.

515) 제자. 미상임.

516) 여산. 중국(中國)의 여산(廬山)을 말한 것인듯함.

517) '도읍(都邑)이라'의 와음.

518) 점바치. '점장이'에 해당하는 경상도 방언.

잽이: 그렇지.
巫女: 전부다 쾌자[519]를 입고 굿을 하는데

<창(唱)으로>
巫女: 에~시자 오시자~
잽이: 에~시자 오시자~
巫女: 골매기[520]님 모시자~
잽이: 아~디야
巫女: 이골매기 돌아들어~
잽이: 아~디야
巫女: 앞산은 너름잡고[521]
잽이: 아~디야
巫女: 뒷산은 주름[522]잡고
잽이: 아~디야
巫女: 우백호(右白虎) 우철룡[右青龍][523]아~
잽이: 아~디야
巫女: 좌백호(左白虎)는 좌철룡[左青龍]아~
잽이: 아~디야
巫女: 나많아[524] 점주[525] 나적어 동주~[526]

---

519) 쾌자. 옛 전복(戰服)의 한 가지. 등솔을 길게 째고 소매는 없음. 근래에는 복건과 함께 명절이나 돌날에 어린 아이들이 주로 입음. 동해안(東海岸) 세습무(世襲巫)들이 굿을 할 때 무녀들이 가장 많이 착용하는 옷이기도 함.
520) 골매기. 부락(部落)의 수호신(守護神). 경상도 지방에서는 부락 수호신을 '골맥이' 혹은 '골매기'라고 부르는 것이 일반적임. 어원적으로는 '골[谷, 곧 마을]'과 '액운을 막다. 부락을 수호하다'라는 뜻을 갖는 '막다'에서 전성된 명사가 결합되어 이루어진 말로 이해됨.
521) 너름 잡고. 뒤의 '주름[主嶺] 잡고'에 운(韻)을 맞춘 것임. 동해안(東海岸) 세습무(世襲巫) 집단의 다른 무녀(巫女)들도 대개 이렇게 부름.
522) 주름. '주령(主嶺)'의 와음. 잇달아 있는 고개들 가운데에서 가장 높은 고개.
523) 우철룡. '우청룡(右青龍)'의 와음. 원래대로는 '좌청룡(左青龍)'이라고 해야 맞지만 앞의 '우백호(右白虎)'의 '우(右)'에 운(韻)을 맞춘 것으로 이해되며 이런 경우는 다른 지역의 무가자료에서도 흔히 나타나는 현상임.

잽이: 아~디야

巫女: 일좌수(一座首)[527] 이군수(二郡守)[528] 삼호수(三戶首)[529] 도호수[都元帥][530]라~.

잽이: 아~디야

<말로>

巫女: 그무녀(巫女)는 모도 이시자 오시자로
나무아미타불로 그래 굿을 하고
그곳을 떠나 가지고 아매[531]
부산(釜山)하고 울산(蔚山)하고 굿이 좀 비슷하지 싶으다.
오구굿[532]에는 무녀(巫女)들이 굿을 해놓고는
징도 살살치고 장구도 살살치고 징장구 둘이만 앉아가지고
춤도 옛날에는//나는 몰라도//옛날 무녀(巫女)들은 우리처럼 이래서가[533] 펄쩍펄쩍 뛰지도 안하고

---

524) '나이 많아'에 해당하는 경상도 방언.

525) 점주. '첨지(僉知)'의 와음. '첨지(僉知)'는 '첨지중추부사(僉知中樞府事)'의 준말. 조선시대(朝鮮時代) 중추부(中樞府)의 당상(堂上) 정삼품(正三品) 벼슬의 이름이었으나 후대 민간(民間)에서는 나이 많은 남자에 대한 경칭(敬稱)으로 사용된 경향이 있음.

526) 동주. '동자(童子)'의 와음.

527) 일좌수. 첫번째는 좌수. 제일 먼저는 좌수. '좌수(座首)'는 조선시대(朝鮮時代)의 주(州)·부(府)·군(郡)·현(縣)에 두었든 향청(鄕廳)의 우두머리. 고종(高宗) 32년에 향장(鄕長)으로 개칭(改稱)하였음.

528) 이군수. 두번째는 군수(郡守).

529) 삼호수. 세번째는 호수(戶首). '호수(戶首)'는 옛 제도(制度)로, 땅 여덟 결(結)을 단위로 하여 공부(貢賦)를 바치는 책임을 지게 한 사람.

530) 도호수. '도원수(都元帥)'의 와음인듯함.

531) 아매. '아마도'에 해당하는 경상도 방언.

532) 오구굿. 망자(亡者)의 영혼(靈魂)을 저승세계의 좋은 곳으로 천도하기 위하여 하는 굿. 일명(一名) '망자(亡者)굿' 혹은 '사령제(死靈祭)'라고 함. 서사무가(敍事巫歌)로 널리 알려진 '바리공주'는 거의 전국적인 분포를 보이는 이 오구굿 무가이며 이 동해안(東海岸) 세습무(世襲巫)의 오구굿에도 '바리데기'라는 이름으로 불리어짐. 무형문화재(無形文化財)로 지정되어 있는 전라남도(全羅南道) 진도(珍島)의 '씻김굿'도 이 오구굿의 한 형태임.

533) '이렇게 서서'에 해당하는 경상도 방언. 굿에는 무당이 서서 하는 '선굿'과 앉아서

춤도//춤도 나~불나~불[534] 곱게 춤을추고
똑 옛날에//누구는 보며는//똑 요다가[535]

[무녀는 왼손으로 치마자락을 가볍게 걷어잡고 가볍게 한 바퀴 빙 돌면서 춤을 추는 모양을 보여준다]

<말로 >
巫女: 그냥 춤을 추모 이래 그하믄 되는데 요 거마줘고[536] 논다.
거마줘고 요기다 또 항상 문때가지고[537] 이래 춘다.
춤도 나붓이[538] 추는데//또 이래한다.

<창(唱)으로>
巫女: 임아 임아~ 고~허~어~//허~어~ 하세 로구나.
굿이로구나 굿이로구나~//이굿이가 누굿~인고?
해단님[539]아~ 굿일런가~?
잽이: (장구로 장단을 맞추면서)어~이~ 어~이//허~어 하세 로구나.
巫女: 해단님아~ 굿일런가~?//해단님의 굿도 아니고~
아이~히 하~이~하~어//달단님[540]아 굿도 아니고~
잽이: 에~야

<말로>
巫女: (잽이를 향하여)마 에~야 하지마소.
에~야 하지마소 마//목구멍 다 빠진다.

하는 '앉은굿'이 있기 때문에 이렇게 말한 것임.
534) '나풀나풀'에 해당하는 경상도 방언. 가볍게 춤을 추는 모양.
535) '꼭 여기에다'에 해당하는 경상도 방언.
536) '거머쥐고는'에 해당하는 경상도 방언. 움켜쥐고.
537) '문질러서'에 해당하는 경상도 방언. '문때다'는 '문지르다'에 해당하는 경상도 방언.
538) 나붓이. 얌전하고 가볍게 춤을 추는 모양.
539) 해단님. '해뜬 님'의 잘못임. 다른 지방의 무가 자료(巫歌資料)에서 흔히 '일광(日光)님'이라고 언급되는 것과 같은 의미로 보임.
540) 위의 '해단님'에 운(韻)을 맞춘 것임.

울산(蔚山)굿 참 부산(釜山)굿으는 이래하고
이굿으는 어데 참 무녀(巫女)가 하는고 하니
저~게 전라도(全羅道)로 가고//저~ 남도(南道)로 가므는 전부
울음 우는것도 소리[541]로 울고
굿하는 것도 육자배기[542] 소리를 한다.
육자배기 소리를 할때
이굿으는 저~기//어디 무녀(巫女)가 오는고 하니
저~기 경기도(京畿道) 무녀(巫女)가 오는데

[이때 구경을 하고 있던 할머니 한 분이 졸고 있는 것을 발견한 옆의 할머니가 그 할머니를 깨우려고 한다]

<말로>
巫女: (할머니를 제지하면서)놔두시소.//할매들도 마 한잔 잡숫고
이래 앉아//가마[543] 앉아 굿만보고 있으며는//잠이 저절로 오고
아무리 참 부모형제(父母兄弟)가 돌아가셔도 한정잠[544]이란거 있는데
이래 시끄럽은[545] 속에서도 앉아 계시며는~//자부름[546]이 절로 온다.
날이나 추브므 하지마는[547]
날도 따시고[548] 해놓으이까네 잠이 절로 오제요?
또 배도 고픈데다가//또 팥죽까지 잡사놓으이까네
또 잠이 얼매나 잘 오능교?

---

541) 소리. '창조(唱調)로 한다'는 말임.
542) 육자배기. 잡가(雜歌)의 한 가지. 곡조가 활발하고 주로 남부지방, 특히 전라도 지방에서 많이 불림.
543) '가만히'에 해당하는 경상도 방언.
544) 한정잠. 한 적의 잠. 잠깐 깊이 자는 잠.
545) 시끄럽은. '시끄러운'에 해당하는 경상도 방언.
546) 자부름. '졸음'에 해당하는 경상도 방언.
547) '날씨라도 추우면 하지만'에 해당하는 경상도 방언. '추브므'는 '추우면'에 해당하는 경상도 방언.
548) 따시고. '따뜻하고'에 해당하는 경상도 방언.

[무녀는 소리 내어 웃는다]

<말로>
巫女: 그런데 이굿으는 어데또 무녀가 하는고 하니
저~ 경기도(京畿道) 무녀(巫女)들은 불러 모으며는
전부다 대감(大監)[549]이 다 지대감이다.[550]

<창(唱)으로>
巫女: 성주아[551] 대감두 내대감이여//시준[世尊] 대감두 내대감아

<말로>
관중 가운데 어느 할머니: 잘한다.

<창(唱)으로>
巫女: 조사[552] 대감도 내대감 이야//골매기 대감도 내대감아
손님 대감도 내대감 이야 대감님네//오셨다가 막걸리 한통에
명태(明太) 한마리에 많이 잡숫고
노시다가 명복(命福)을 불가주고 가옵소서.
둥둥~둥 아니 노지를 못하리.
오늘 이좌석(座席) 오신 손님//남녀 노소(男女老少)로 물론 하고
누추(陋醜) 하는 이장소(場所)에//고초(苦楚)히도 오셔 가지고
무엇으로 대접 할까요? 변변치 못하는
소리[553]라도 이것으로마 올립니다.[554]

---

549) 대감. 경기도 지방의 굿에서 대표적으로 사용되는 신격(神格)의 명칭 가운데 하나임. '성조대감', '개비대감' 등으로 부르게 됨.
550) '자신의 대감이다'에 해당하는 경상도 방언.
551) 성주. '성조신(成造神)'에 해당하는 경상도 방언. '성조신'은 집의 대들보에 모셔지는 남신(男神)으로 그 집의 대주(大主)를 수호하는 것으로 인식하고 있음. 따라서 조왕신과 함께 가정신앙에서 가장 중요한 위치를 차지하고 있는 신(神)임. 이 신에 대한 무의(巫儀)가 '성조거리'이며 이 성조거리 무가는 전국적으로 보면 서사무가(敍事巫歌)로 구연되기도 하고 축원무가(祝願巫歌)로 구연되기도 함.
552) 조사. '조상(祖上)'에 해당하는 경상도 방언.

얼씨구나 지화자자 좋네//아니 놀지를 못하리라.
둥둥둥 둥두둥 둥둥//아니 노지를 못하리.

[무녀의 노래가 시작되자 다시 할머니들과 마을 아저씨 몇 분이 나와서 춤을 추기 시작한다]

<창(唱)으로>
巫女: 만리 창공(萬里蒼空)에는//노을이 흩어지고
무산(巫山)555) 싫고556) 원수557)도 유정(有情)터라
님이이라며 다다정(多情)하며558) 이별(離別)이라고 다설소냐?559)
이별마자고 지은 언색[言約]560)은 태산(泰山)//같이~ 믿었더니
태산(泰山)이 험난에561) 무너질줄//어느 감히 알었을 거나?562)

---

553) 소리. '노래'를 말한 것임.
554) 이제 축원(祝願)은 끝났고 여흥(餘興)으로 자신이 노래를 하겠다는 것을 관중들에게 알린 것임.
555) 무산. 중국(中國) 사천성(泗川省) 무산현(巫山縣)에 있는 산으로 십이봉(十二峰)이 있고 그 아래에 신선묘(神仙廟)가 있음. 이 산에는 신녀(神女)가 살고 있다고 하는데 이 신녀를 흔히 '무산신녀(巫山神女)'라고 함. 초(楚)나라의 양왕(襄王)이 무산에서 청조(靑鳥)의 도움으로 이 신녀를 만나 정(情)을 나누었다는 유명한 이야기가 전하며 '양대지몽(陽臺之夢)'과 '운우지정(雲雨之情)'이라는 고사성어(古事成語)는 이에서 유래한 것으로 알려져 있음.
556) '십이봉(十二峰)'의 와음. 위의 주)를 참조할 것.
557) '월색(月色)'의 와음.
558) '임이 저리 다정(多情)하면'의 와음. 아래 주 562)를 참조할 것.
559) '이별(離別)인들 있을소냐'의 와음. 아래 주 562)를 참조할 것.
560) '맹세' 내지는 '언약(言約)'의 잘못임.
561) '허망(虛妄)히'의 와음. 다음 주)를 참조할 것.
562) '만리창공(萬里蒼空)에'부터 여기까지는 전라도(全羅道) 민요(民謠) '잦은 육자배기' 가운데 들어있는 가사와 비슷함.

만리장공(萬里長空)에 하운(夏雲)이 흩어지고 화용(花容)은 십이봉(十二峰)에 월색(月色)도 유정(有情)하구나 임이 저리 다정(多情)하면 이별(離別) 말자 지은 맹세(盟誓) 태산(泰山)같이 믿었더니 태산이 허망(虛妄)하여 이별(離別)이 될 줄 어느 누가 알았을거나(이창배 편저, 『가요집성(歌謠集成)』, 홍인문화사, 1987, p. 360).

그러나 사실 이 가사에서는 중간에 빠진 부분이 있었음. 박송희 편『박녹주 창본』(서울. 집문당. 1988)의 '자진육자배기' 부분에 들어 있는 가사를 보면 '임이 저리

얼씨구 절씨구//얼씨구 지화자자 좋네.//아니나 노진 못하리라.
꿈~아 무정(無情)한 꿈아//날과 무슨 원수(怨讐)길레
오는 임을 보냈느냐 가는 님을//붙들어두고 잠든 나를 깨워주지.
지금쯤은 잠을 잤느냐?[563]//앉았더냐 누웠더냐?
그리다 못해 지쳤구나.
얼씨구 절씨구//얼씨구 지화자자 좋네.//아니나 노지는 못하리라.
우연히 길을 갈적에//이상한 새가 울음을//운다 무슨
새가 울련마는//적벽하정[564]이 부연[565]이라.
달[月]보고 지척(咫尺)을 보고

<말로>
잽이: 좋다.

<창(唱)으로>
巫女: 설리 통곡(痛哭) 하려니와
사람의 인정(人情)치고는//차마 어찌 볼수가 있느냐?
일후회(一後悔)라도 남기고 보면//후회 막급(後悔莫及)이 있으리로다.
얼씨구 절씨구//얼씨구 지화자자 좋네//아니나 노진 못하리라.
공두[公道]나니[566]는 백발(白髮) 이요

다정(多情)하면'의 뒤에 '이별(離別)인들 있을소냐'라는 가사가 이어져 있는데 이것이 맞는 것임.

563) '자느냐'의 잘못임.

564) 적벽하정. '적벽화전(赤壁火戰)에'의 와음. 『삼국지(三國志)』에 나오는 적벽대전(赤壁大戰)을 말한 것임. 제갈량(諸葛亮)이 동남풍(東南風)을 빌어 조조의 군사들을 화공(火攻)으로 격파하였기 때문에 '화전(火戰)'이라고 한 것임. 『뎡졍 증보신구잡가』(『한국잡가전집 1』, 계명문화사, p. 156)에 실린 '륙자동고리'에 '우연히 길을 가노라니 이샹스러운 ᄉᆡ가 우름을 운다 적벽화젼에 죽은 조졸 원금나는 ᄉᆡ가되여 조승샹을 원망ᄒᆞ고 구곡을 ᄇᆞ라다보고 슯히 울고 갈가나'(띄어쓰기 필자)라는 가사가 있음.

565) 부연. '두견'의 와음. 두견새.

566) 공두나니. '공도(公道)라니'의 와음. '공도(公道)'는 떳떳하고 당연한 이치. 여기서는 나이가 들면 백발(白髮)이 되는 것은 당연한 이치라는 말임.

<말로>
잽이: 어이

<창(唱)으로>
巫女: 면(免)치 못할거는 늙어 죽음이라.
천황(天皇)[567] 지황(地皇)[568] 인황씨(人皇氏)[569]며
실로[570] 하지[571] 복해시[572]라.
말잘하는 소진장사[573]는 육국(六國)//지황[574]을 다달래도
염라대황[閻羅大王]은 못달래고//한번 죽음을 몬면(免)하시고
거룩하신 영웅(英雄)들으노//죽어 사저이라도[575] 있건마는
초로(草露) 같은[576] 우리 인생(人生)들으는
한번 아차 죽어지면//꽃이 피나 잎이 피나

---

567) 천황. 천황씨(天皇氏). 중국 태고 시대의 전설적인 인물. 지황씨(地皇氏) 인황씨(人皇氏)와 함께 삼황(三皇)으로 일컬어 짐. 삼황(三皇)의 으뜸으로 12형제가 각각 만 팔천년(萬八千年)씩 임금 노릇을 하였다고 함.
568) 지황. 지황씨(地皇氏). 역시 중국 태고 시대의 전설적인 인물. 천황씨(天皇氏)·인황씨(人皇氏)와 함께 삼황(三皇)이라고 불림.
569) 인황씨(人皇氏). 역시 중국 태고 시대의 전설적 인물. 삼황(三皇) 가운데 한 사람임.
570) 실로. '신농씨(神農氏)'의 와음. 반인반수(半人半獸)였다고 알려져 있는 고대(古代) 중국(中國)의 전설상(傳說上)의 왕. 영농(營農)과 약초(藥草)의 신(神)으로 알려져 있음.
571) 하지. '황제(黃帝)'의 와음. '황제(黃帝)'는 고대(古代) 중국(中國)의 전설상(傳說上)의 왕. 복희씨(伏羲氏)·신농씨(神農氏)와 함께 삼황(三皇)이라 일컬어짐. 기원전 2,700년경 천하(天下)를 통일하여 문자(文字)·수레·배 등을 만들고, 도량형(度量衡)·역법(曆法)·음악(音樂)·잠업(蠶業) 등 많은 문물제도(文物制度)를 확립하여, 인류에게 문화 생활을 가져다 준 최초의 제왕(帝王)으로 숭앙되었음.
572) 복해시. '복희씨(伏羲氏)'의 와음. '복희씨'는 중국(中國) 고대(古代)의 제왕(帝王). 삼황오제(三皇五帝)의 수위(首位)를 차지하며 팔괘(八卦)를 처음으로 만들고 그물을 만들어 어렵(漁獵)의 방법을 가르쳤다고 전함.
573) 소진장사. '소진장의'의 와음. 소진(蘇秦)과 장의(張儀). 두 사람은 중국(中國) 전국시대의 유명한 변설가(辨說家). 소진은 합종책(合從策)을 주장하고 장의는 연형책(連衡策)을 주장하였음.
574) 육국지황. '육국제왕(六國帝王)'의 와음. 중국(中國) 전국시대(戰國時代)의 여섯 강국(强國)의 왕들. 곧 초(楚)·조(趙)·위(魏)·한(韓)·연(燕)·제(齊)의 육국(六國)의 왕(王)들.
575) '사정(事情)이라도'에 해당하는 경상도 방언.
576) 초로(草露) 같은. 풀잎에 맺힌 이슬 같은. 인생(人生)의 덧없음을 말한 구절임.

<말로>
춤을 추던 어느 할머니: 좋다~.

<창(唱)으로>
巫女: 살아 생전(生前)에 니양하 내양하[577]//죽어지면 허사(虛事)로구나.
얼씨구나 얼씨구//아니 노지를 못하리.
기다리다 못하여서//잠이 잠깐 들었더니
새벽~별 찬바람 속에//눈비[578]가 펄럭 날속였네.
행여나 임이 올까 창문(窓門)을//열고 내다 보아도
그님은 정녕 간곳이 없고//녹음[579]조차 왜밝혔나?
앉어서 생각 누어서 생각 끝에 한숨이라.
마자 마자 마자 마자구 해도 그대
혼령[580]만 일렁거려//긴긴 밤만 세웠노라.[581]
얼씨구나 얼씨구//아니 노지를 못하리라.

<말로>
춤을 추던 어느 할머니: 좋다~.

<창(唱)으로>
巫女: 높은 산(山)이가 낮어만가고//낮은 산이가 높어오니

---

577) 니양하 내양하. '너와 내가'에 해당하는 경상도 방언.
578) '풍지(風紙)'의 와음. 문풍지(門風紙). '문풍지'는 문틈으로 들어오는 바람을 막기 위해 문짝 가에 붙인 종이.
579) '부운(浮雲)'의 와음. 뜬구름. 지나가는 구름. 경기도(京畿道) 지방 민요(民謠)에서는 '명월(明月)'이라고 구연되는 단어임.
580) '화용(花容)'의 와음. 꽃다운 얼굴. 꽃 같은 모습.
581) '기다리다'부터 여기까지는 경기도(京畿道) 민요 '창부타령(唱夫打令)'에 나오는 내용임.

기다리다 못하여서 잠이 잠깐 들었더니 새벽별 찬바람에 풍지(風紙)가 펄렁 날속였네 행여나 임이 왔나 창문(窓門) 열고 내다보니 임은 정녕 간 곳 없고 명월(明月)조차 왜 밝았나 생각 끝에 한숨이요 한숨 끝에 눈물이라 마자마자 마잤더니 그대 화용(花容)만 어른거려 긴 긴 밤만 새웠노라(이창배 편저, 『가요집성(歌謠集成)』, 홍인문화사, 1987, p. 249).

골골이 물졸졸 흘러 내리니//나많은 노친네 다늙는다.
세월(歲月)아 멈춰라 가지말어라 알뜰한//청춘(靑春)이 다늙는다.
둥둥~ 아니//노지는 못하리라.

<말로>
춤을 추던 어느 할머니: 좋다~.

<창(唱)으로>
巫女: 우여나차[582] 늘어진 가지//높다랗게 그네를 매고
임이아 뛰며[583] 내가 밀어주고//내가 뛰며 임이 밀고

<말로>
춤을 추던 어느 할머니: 좋다~.

<창(唱)으로>
巫女: 임아 임아 임아 줄살살 밀어라//줄떨어지며는 정(情)떨어진다.
얼씨구나 얼씨구//아니 노지를 못하리라.
어와 청춘(靑春) 벗님네요//백발(白髮) 보고서 웃지마오 나도
어젯날 청춘(靑春)이더니//오는 백발(白髮)이가 더욱 설네.

<말로>
춤을 추던 어느 할머니: 잘한다~.

<창(唱)으로>
巫女: 하늘에 삼십 삼천(三十三天)[584]이라도//가는 청춘은 몬잡아주고[585]
땅이가 이수 팔수[二十八宿][586]라도//한번 죽음은 몬면(免)해준다.[587]

---

582) '휘영청'의 와음. 동해안(東海岸) 세습무(世襲巫) 집단의 다른 무녀들은 대개 '낙락장송(落落長松)'이라고 구연하는 단어임.
583) '뛰면'의 잘못임.
584) 삼십삼천. 불교(佛敎)에서 말하는 서른세 개의 하늘. 욕계(慾界)의 육천(六天)과 색계(色界)의 십팔천(十八天)과 무색계(無色界)의 구천(九天)을 함께 말하는 것임.
585) '못잡아 주고'에 해당하는 경상도 방언. 잡아 주지를 못하고.

둥둥~둥 아니 노지는 못하리라.

<말로>
춤을 추던 어느 할머니: 잘한다~.

<창(唱)으로>
巫女: 나무도 늙어서 고목(古木)이 되면//오던 새도 아니오고

<말로>
춤을 추던 어느 할머니: 잘한다~.

<창(唱)으로>
巫女: 꽃도 피어서 낙화(落花)가 되면//오던 나비도 안날아오고
인생(人生)도 늙어 백발(白髮)이 되며//오던 임도 아니온다.
새끼 백발[588]은 쓸곳이 있어도//인간(人間) 백발(白髮)은 쓸곳없네.

<말로>
춤을 추던 어느 할머니: 좋다~.

<창(唱)으로>
巫女: 무정(無情)한 세월(歲月) 가지마라
아까운 우리 보살(菩薩)네 다늙는다.
세월(歲月)이 가며는//지혼차[589] 가지 알뜰한

---

586) 이수팔수. '이십팔수(二十八宿)'의 와음. 옛날 인도나 페르샤, 중국(中國) 등지에서 해와 달과 여러 혹성(惑星)들의 소재(所在)를 밝히기 위하여 황도(黃道)에 따라 천구(天球)를 스물여덟 개의 구역(區域)으로 나누었기 때문에 생긴 말.

587) '못면(免)해 준다'에 해당하는 경상도 방언. 면하게 하여 주지를 못한다. 면하게 하여 줄 수가 없다.

588) 새끼 백 발. 일백 발 길이의 새끼. 길이가 일백 발이 되는 새끼줄. '백발(白髮)'을 '백발[百丈]'이라는 같은 음의 단어로 바꾼 일종의 언어유희(言語遊戱)임. '새끼'는 볏짚을 꼬아 만든 끈. '한 발'은 성인남자(成人男子)가 팔을 벌렸을 때 양팔의 끝 사이의 거리를 가리키는 용어.

589) 지혼차. '저 혼자'에 해당하는 경상도 방언. '혼차' 혹은 '홈차'는 '혼자'에 해당하는

청춘(青春)은 왜 다려갔나?[590]

[무녀는 몹시 목이 아픈듯 고통스러워 한다. 옆에 있던 무녀 김유선씨가 재빨리 마이크 앞으로 나서 노래를 이어가고 무녀는 옆으로 물러서서 잠시 목을 쉰다]

<창(唱)으로>
김유선 巫女: 아니~ 아니 노지는 못하리라.

<말로>
춤을 추던 어느 할머니: 좋다~.

<창(唱)으로>
김유선 巫女: 아니 쓰지는 못하리라.

<말로>
춤을 추던 어느 할머니: 잘한다~.

<창(唱)으로>
김유선 巫女: 이추원[祝願] 한뒤에난[591] 일산지[日山津][592] 대동[593]에
멍텅구리[594] 마이 나여[595]//전하[596]시장(市場)에 헐키[597] 파소.

경상도 방언.

590) '데려갔나?'에 해당하는 경상도 방언.

591) '한 뒤에는'에 해당하는 경상도 방언. 하고 난 후에는. 내용상으로는 '이 굿을 올린 후에는'의 뜻임.

592) 일산지. '일산진(日山津)'에 해당하는 경상도식 발음. '일산진(日山津)'은 이 굿이 행해졌던 현재의 경상남도(慶尙南道) 울산시(蔚山市) 동구(東區) 일산동(日山洞)임. 옛날에 나루터가 있었기 때문에 '나루 진(津)'자가 붙은 것으로 보임.

593) 대동. '큰 마을'이라는 뜻을 가진 말. 굿을 할 때에 굿을 하는 그 부락 자체를 가리켜 이렇게 말하는 것이 일반적임.

594) 멍텅구리. 생선의 이름임. 표준말로는 꼼치. 울산(蔚山) 지방에서는 '물메기. 먹통. 곰. 씽티' 등으로 불리우고 경상도 남해안 지방에서는 흔히 '메기'라고 하는 생선임. 바다 물곰. 생긴 것이 투박하고 둔해 보이기 때문에 붙은 이름임.

595) '많이 나서'에 해당하는 경상도 방언. 많이 생산(生産) 되어서. 많이 잡혀서.

596) 전하. 지명(地名)임. 경상남도(慶尙南道) 울산시(蔚山市) 동구(東區) 전하동(田下洞). 일

<말로>
춤을 추던 어느 할머니: 잘한다~.

<창(唱)으로>
김유선 巫女: 얼씨구 절씨구//지화자 좋으네//아니 노지는 못하리라.

<말로>
춤을 추던 어느 할머니: 좋다~.

<창(唱)으로>
김유선 巫女: 무정 세월(無情歲月)아 가지 마라
이내 청춘(青春) 다늙는다.

<말로>
춤을 추던 어느 할머니: 좋다~.

<창(唱)으로>
김유선 巫女: 세월이 가며는 너혼차[598] 가지
아까운 내청춘 와다리 가노?[599]

<말로>
춤을 추던 어느 할머니: 잘한다~.

<창(唱)으로>
김유선 巫女: 얼씨구 절씨구 지화자//좋으네//아니가라[600] 노지는 못하리라.

산동(日山洞)과 바로 인접해 있는 동(洞)임.
597) 헐키. '(값이) 싸게'에 해당하는 경상도 방언. 싼 값에.
598) '너 혼자'에 해당하는 경상도 방언.
599) '왜 데려가느냐?'에 해당하는 경상도 방언.
600) '아니'를 이렇게 구연한 것임. '-가라'는 율조를 고려하여 들어간 일종의 탄성으로 볼 수 있겠음.

[김유선 무녀는 물러서고 잠시 목을 쉰 김동언 무녀가 다시 마이크 앞으로 나와 노래를 이어간다]

<창(唱)으로>
巫女: 이몸이 죽어 학(鶴)이나 되아
나래 위에다 임을 실고 수만리[601]
장천(長天) 훨훨 날아가서 이별(離別)
없는 곳을 찾어가여[602]

<말로>
춤을 추던 어느 할머니: 잘한다~.

<창(唱)으로>
巫女: 그곳도~허 이별곶이면[603]//또천 만리(千萬里)를 날어 가리라.
얼씨구나 지화자자 좋네//아니 놀지를 못하리라.

<말로>
춤을 추던 어느 할머니: 잘한다~.

<창(唱)으로>
巫女: 말은 가자고 구부[604]를 치고있고//임은 잡고서 놓지를 않네.
서경[夕陽][605]에 저재를 넘고//나이[606] 갈길이 천리(千里)로구나.

<말로>
춤을 추던 어느 할머니: 잘한다~.

601) '구만리(九萬里)'의 와음.
602) '찾아가서'에 해당하는 경상도 방언.
603) '이별 곳이면'에 해당하는 경상도 방언. 이별(離別)이 있는 곳이라면.
604) 구부. '굽'에 해당하는 경상도 방언. 말굽. 발굽.
605) 서경. '석양(夕陽)'의 와음.
606) '나의'에 해당하는 경상도 방언.

<창(唱)으로>
巫女: 벗님아~ 날잡지를 말고 지는//저해로마[607] 잡아주소.
일천 간장[一寸肝腸][608] 맺힌 설움은
부모(父母)님 생각이가 뿐이로구나.
얼씨구나 지화자자 좋네//아니나 노지는 못하리라.

<말로>
춤을 추던 어느 할머니: 잘한다~.

<창(唱)으로>
巫女: 봄이 왔네~//이강산(江山) 삼천리(三千里) 새봄이 왔네.
방실 방실 웃는꽃들 우줄 우줄 능수버들

<말로>
춤을 추던 어느 할머니: 좋다~.

<창(唱)으로>
巫女: 졸졸 흐르는 물소리며 지지배배 종달새며
앞집 수탉이 꼬끼오 울고 뒷집 삽//살개[609] 콩콩짓네.

<말로>
춤을 추던 어느 할머니: 잘한다~.

<창(唱)으로>
巫女: 앞논에 암소가 음매음매 뒷넘어 산꽁[610]이 비비배배
물이고 가는 큰애기[611] 걸음 삼천//가절[612]에 홍(興)을 겨워

---

607) '지는 저 해를 그냥'에 해당하는 경상도 방언.
608) 일천간장. '일촌간장(一寸肝腸)'의 와음. '창자 마디마디'의 뜻.
609) 앞 행(行)의 마지막 음절인 '삽'과 합하여 '삽살개'임. 무녀가 구연을 하여 내려오다가 호흡의 곤란을 느껴 '삽'에서 쉬었기 때문에 이런 결과가 된 것임.
610) 산꽁. '산꿩'에 해당하는 경상도 방언. 산(山)에 사는 꿩. 야생(野生)의 꿩. '꽁'은 '꿩'에 해당하는 경상도 방언.

사뿐사뿐~ 아지장 아장//홍얼 거리면서 걸어간다.

<말로>
춤을 추던 어느 할머니: 잘한다~.

<창(唱)으로>
巫女: 얼씨구나~ 지화자자 좋네 아니 노지는 못하리라.
얼씨구나~허~//두리둥 둥둥 내사랑아.

[이때 춤을 추던 한 할머니가 지친듯 자리로 돌아가려고 한다. 옆에서 춤을 추던 다른 할머니가 더 춤을 추자고 들어가려는 할머니를 만류한다]

<말로>
할머니: 아이구 숨이 가빠 몬하겄다.

[테이프 뒤집음. T12-2-B로. 테이프를 뒤집는 과정에서 몇 음보 정도의 누락이 있었음[613]]

<창(唱)으로>
巫女: 떨치고~//산간 벽촌(山間僻村)을 찾어가니

<말로>
춤을 추던 어느 할머니: 좋다~.

<창(唱)으로>
巫女: 송주[614] 바람은 솔솔히도 불고//산새 조차도 슬피운다.

---

611) 큰애기. '처녀'에 해당하는 경상도 방언. 경상도 지방 가운데에서도 유난히 울산(蔚山) 지방에서 많이 사용하는 방언임.

612) 삼천가절. 원래대로 하면 이 단어는 앞 행의 마지막 단어인 '삼천'과 연결되어 '삼천가절'이라고 해야 할 단어이나 무녀가 '삼천'까지 구연하고 숨을 쉬었기 때문에 이렇게 행(行) 구분 되게 된 것임. '삼천가절'은 '삼춘가절(三春佳節)'의 와음.

613) 누락된 것은 '어지러운 사바세계(娑婆世界) 의지(依支)할 곳 바이 없어 모든 미련 다' 정도였음.

귀촉도(歸蜀途)[615] 부려귀[不如歸][616]야 너도//울고 나도 울어서 심야삼경(深夜三更) 깊은 밤에//단둘이 울어서 세워나 볼까?[617]

<말로>
춤을 추던 어느 할머니: 좋다~.

<창(唱)으로>
巫女: 얼씨구나 김치국//절씨구 된장에
　　보리밥만 비벼먹어도 살만찐다.
　　둥두여~어 허~두둥둥//두리둥둥 내사랑아.
　　반평생(半平生) 걸어온 길이//번민(煩悶)과 고통(苦痛) 뿐이로구나.

<말로>
춤을 추던 어느 할머니: 잘한다~.

<창(唱)으로>
巫女: 안타까이 애태우며//몸부림 치던때 그얼마냐?

<말로>
춤을 추던 어느 할머니: 좋다~.

<창(唱)으로>
巫女: 나머지 반평 생(半平生)은//내어이 또울며 걸어가리.

---

614) 송주. '송죽(松竹)'의 와음. '송죽 바람'은 소나무와 대나무 사이로 불어오는 시원한 바람.
615) 귀촉도. '두견새'를 다르게 일컫는 말.
616) 부려귀. '불여귀(不如歸)'의 와음. 역시 '두견새'를 가리키는 말임.
617) '어지러운 사바세계(娑婆世界)'에서부터 여기까지는 경기도(京畿道) 민요(民謠) '창부타령(唱夫打令)'에 이와 비슷한 가사가 있는데 그것은 다음과 같음.

어지러운 사바세계(娑婆世界) 의지(依支)할 곳 바이 없어 모든 미련(未練) 다 떨치고 산간벽절 찾아가니 송죽(松竹) 바람 슬슬(瑟瑟)한데 두견조차 슬피 우네 귀촉도 불여귀(歸蜀途不如歸)야 너도 울고 나도 울어 심야삼경(深夜三更) 깊은 밤을 같이 울어 새워 볼까(이창배 편저, 『가요집성(歌謠集成)』, 홍인문화사, 1987, p. 247).

둥둥~ 허허 두리둥//두리둥 두리둥둥 두리둥둥
아니 놀지를 못하//리라~ 아~.

[노래를 끝낸 무녀는 관중들을 향해서 머리 숙여 절을 한다. 여기저기서 관중들의 박수소리가 들린다. 춤을 추던 할머니들은 자리로 돌아가는 사람들도 있고 아직 그 자리에 남아있는 사람들도 있다. 이때 춤을 추던 할머니 한 분이 도저히 신명을 참을 수 없다는듯 마이크 앞으로 나온다]

<말로>
할머니: (관중들을 향하여)내 한분 하까?[618]

[주위의 할머니들이 박수를 치면서 소리 내어 웃는다]

<말로>
할머니: (다른 할머니를 향하여)윘지마라.[619]//어 내 한분[620] 하께.
巫女: (할머니를 향하여 할 수 없다는듯이)하소.

[할머니의 노래가 시작되자 주위에 있던 할머니들부터 나오기 시작해서 많은 할머니들이 함께 어울려 춤을 춘다. 할머니는 술이 약간 취한 상태지만 노래는 상당한 수준이다]

<창(唱)으로>
할머니: 아니~ 아니//놀지는 못허리라.

<말로>
옆에 있던 할머니: 좋~다.

---

618) '내가 한 번 할까?'에 해당하는 경상도 방언. 할머니 자신이 노래를 한 번 부르고 싶다는 말임.
619) 윘지 마라. '웃지 마라'에 해당하는 경상도 방언. 경상도 지방에서는 '웃다'를 흔히 '윘다'라고 발음함.
620) 한 분. '한 번'에 해당하는 경상도 방언.

<창(唱)으로>
할머니: 아니 쓰지는 못하리라.
금(金)이야 옥(玉)이야 키운아들//메늘 아기 뚝따가고

<말로>
다른 할머니: 좋~다.

<창(唱)으로>
할머니: 맹자[621] 공자[622] 내딸으는[623]//사우[624]란 놈이 뚝따가고

<말로>
다른 할머니: 좋~다.

<창(唱)으로>
할머니: 영감은 황천(黃泉) 가고//쓸쓸한 빈방에 홀로 누워

<말로>
춤을 추던 어느 할머니: 좋다~.

<창(唱)으로>
할머니: 밤은 염염[625] 야심(夜深)한데//잠은 오지 아이하고[626]
몸부름[627]에 시다리여[628]//친구란넘[629] 잠못잤네.

---

621) 시골의 여자 아이들 이름에 '자(子)'가 붙는 이름들이 많기 때문에 이렇게 말한 것임.
622) 위와 같음.
623) '내 딸은'에 해당하는 경상도 방언.
624) 사우. '사위'에 해당하는 경상도 방언.
625) 염염(冉冉). 점점 시간이 흐르는 모양.
626) '아니하고'에 해당하는 경상도 방언.
627) '몸부림'에 해당하는 경상도 방언.
628) '시달리어'에 해당하는 경상도 방언. 시달리느라고.
629) '친구란 놈'에 해당하는 경상도 방언. 뒤척이는 소리 때문에 옆의 친구가 잠을 못잤다는 말임.

<말로>
다른 할머니: 좋~다.

<창(唱)으로>
할머니: 송죽(松竹) 바람은 쓸쓸한데//두견새 조창도[630] 슬피우네.

[아무래도 자신의 노래가 멋적다는듯이 할머니는 소리 내어 크게 웃고 노래를 마친다. 잽이들은 계속해서 악기를 흐드러지게 연주하고 무녀가 다시 마이크 앞으로 나선다]

<창(唱)으로>
巫女: 나나 나~//어~히 이~히~//이~히

[잽이들은 악기를 연주한다. 특히 빠른 장단의 꽹과리 반주가 이어진다<소요시간: 8초>]

<창(唱)으로>
巫女: 과리리이~//나나리 리리리//다리라~//얼씨구요 얼쑤~
    덩당 다르리 디리덩덩//다르리 리리 나리나라//디르딩//얼씨구//좋소으~
    다리이~ 이~이~//다롱 당당당당//댕다딩 다띵딩
    다르딩 딩다//다르딩 딩딩//이히~ 이히~히~
    다릉 다로디//디르디 디야//다로딩 딩하~//에헤헤헤 어이야~
    어야 오야 디야//어기야 디야~//어기야 디야~//어야 어야
    에헤~헤~히어//허아~ 어허야
    돌고 돌고//돌아~봐요//돌아봐요 어~야~
    에헤헤헤헤 어기야//에~헤야
    무정 세월(無情歲月)아//가지 마라
    아까운 청춘이//다늙 는다.
    아싸 야로//아싸 야로//아싸 우우~[631]

---

630) 조창도. '-조차도. -조차'에 해당하는 경상도 방언.
631) 이 삼행(三行)은 별다른 의미가 없는, 단순한 감탄사들임.

[잽이들은 계속해서 악기를 연주하고 무녀는 그 반주에 맞추어 춤을 춘다<소요시간: 7초>]

<말로>
巫女: (한참 신나게 춤을 추고 있는 아저씨를 향하여)아이고~
아저씨 쪼끔만[632)]
아이고 할매들 춤도 잘추시고 돈도 잘씨고
머~이//내가 이래 내혼자//내혼자 이래 오래 서가주고 할수있나?
요뒤에 또//요뒤에 또//공주 무녀(公主巫女)[633)]가 또 나오는데 세사
나혼자 서가 너무 오래하믄 안된다.

[잽이들은 악기를 계속해서 연주한다<소요시간: 15초>. 할머니들은 무녀의 노래가 끝나서 춤을 출 수 없게 된 것이 아무래도 불만스럽다는 표정이다. 무녀가 할머니들을 설득시키려고 한다]

<말로>
巫女: 아이고 답답어레~이.
내리[634)]//내리 일찍 오시소.

<말로>
巫女: 엽소//손님네 그곳을 떠나가지고 배송(拜送)[635)]을 착실히 받으시고
잽이: 이~

<창(唱)으로>
巫女: 말을타고 도(道)를도(道)를 다들치는데~[636)]

---

632) 쪼끔만. '조금만'에 해당하는 경상도 방언. 무녀가 굿의 진행을 위하여 아저씨에게 춤을 잠깐 멈추어 달라고 요청한 것임.
633) 공주무녀. 문맥상으로는 '젊고 예쁜 무녀' 정도의 뜻임.
634) 내리. '내일(來日)'에 해당하는 경상도 방언.
635) 배송. 천연두(天然痘)를 앓은지 13일만에 마마신을 전송(餞送)하는 일. '마마 배송굿'이라고 해서 큰굿을 하는 민속(民俗)이 있었음.
636) '다 들어가서 거치시는데' 정도의 뜻임.

도야~[637] 손님아//에~이 손님아//손님네 떠나간다.

잽이: 아~디야

巫女: 도를도를 다드친다.

잽이: 아~디야

巫女: 도야~//도야 도야 강화도(江華島)야//도야 도야 경상도(慶尙道)야~
도야 울령도[鬱陵島]야 응~아//제주도(濟州道)를 다더터서[638]

잽이: 아~디야

巫女: 경기도(京畿道)를 더쳐가지고~//경상북도(慶尙北道)를 더쳐서//도(道)마다

<말로>

巫女: 전라도(全羅道)까지~

<창(唱)으로>

巫女: 충청북도(忠淸北道) 충청남도(忠淸南道)~//다더터 가지고야
경상남도(慶尙南道) 울산시(蔚山市)야//일산동(日山洞) 대동안에야

잽이: 아~디야

巫女: 시우[時候]야 삼년(三年)돌어//우별신(右別神)아 좌별신(左別神)아

잽이: 아~디야

巫女: 거리별신 네별신[639]아

잽이: 아~디야

巫女: 이래 모도 하시는 말씀듣고//손님네 오셔 가지고
각성(各姓)받이 육성(六姓)받이야
가개일명[家家一名] 호차례(戶次例)로

---

637) 제보자의 실수였음. '손님아'로 바로 이어져야 할 자리이기 때문에 바로 뒤에서 바로 잡은 것임.

638) '다 거쳐서'에 해당하는 경상도 방언. '더터다'는 '더듬더듬 찾다'의 뜻을 가지는 경상도 방언.

639) 거리[街]는 흔히 '네 거리' 혹은 '사거리'라고 하기 때문에 '거리별신 네별신'이라고 한 것임.

금동자 아들네야//옥동자 딸네들이며//자손(子孫)들 그게야
한성구[640] 정구[641] 치구야//두성구 도리점[642]에다
시성구[643] 낙점을 찍어야
연지딱지[644] 마련하시고//분딱지[645]를 마련하야
명(命)우에는 명(命)을주고//복(福)우에는 복(福)을 주시고

<말로>
巫女: 수명장수(壽命長壽)를 점제하시고

<창(唱)으로>
巫女: 각성(各姓)받이 육성(六姓)받이야
가가일명(家家一名)[646] 호차례(戶次例)로
농업(農業)이나 공업(工業)이나//해상 어업(海上漁業)이나

<말로>
巫女: 장사나

<창(唱)으로>
巫女: 상업(商業)이나 객지(客地)갔는 자손(子孫)이나 첫째는 명(命)이고 둘째는 복(福)이고
오복(五福)을 점지하고//수복(壽福)을 고리태와서[647]

---

640) 한성구. 천연두(天然痘)를 앓을 때 처음 나타나는 증상을 민간(民間)에서 일컫는 말. 그 병세(病勢)가 진전되는 과정을 '한 성구. 두 성구. 세 성구' 등으로 각각 말하게 됨.
641) 정구. '전구(前驅)'의 와음. '전구(前驅)'는 전염병의 잠복기. 따라서 '정구 치고'는 '잠복기를 거치고' 정도의 뜻임.
642) 두 번째로 둥그런 반점이 나타나는 증상을 거쳐. '도리점'은 둥그런 점으로 천연두에 걸린 사람의 얼굴에 붉은 반점이 솟는 것을 말한 것임.
643) 시성구. '세 성구'에 해당하는 경상도 방언. 세 번째에 나타나는 증세로.
644) 연지딱지. 천연두(天然痘) 앓는 사람의 얼굴에 그 종기가 딱지가 지는 것을 표현한 것임.
645) 분딱지. 위와 같음.
646) 가가일명. 집집마다 한 사람 한 사람.
647) 고리 태와서. '골고루 태워서'에 해당하는 경상도 방언. '고리'는 '고루'에 해당하는

가정(家庭)에는 안락(安樂) 하시고//자손(子孫)에는 창생[昌盛]하고~
만대유진[萬代遺傳][648]하고~//백대천석[百代千孫][649] 시화연풍(時和年豊) 국태민안(國泰民安) 점제하고
농업(農業)이며

<말로>
巫女: 어야든지[650]

<창(唱)으로>
巫女: 농사장원(農事壯元)[651] 시기주고[652]
해상(海上) 어업(漁業)하는 자손(子孫)들~
큰배나 작은배나//모두다 메래치 바리나//자망[653] 그물바리나
오늘날 오도시[654]다//갓빠리[655] 수경빠리[656]야//잠바리[657] 그물바리야

경상도 방언. '태워서'는 '타고나게 해서'의 뜻임.

648) 만대유진. '만대유전(萬代遺傳)'의 와음. 가문(家門)이 만대(萬代)를 전(傳)하여 내려감. 집안이 끝없이 이어져 나감.

649) 백대천석. '백대천손(百代千孫)'의 와음. 자손(子孫)이 영원히 이어가고 번성함.

650) 어야든지. '어떻든'에 해당하는 경상도 방언.

651) 농사장원. 그 부락(部落)이나 면(面) 등에서 그해 농사를 가장 잘 지었을 경우에 내리는 이름임.

652) 시기주고. '시켜 주고'에 해당하는 경상도 방언.

653) 자망. 어로작업(漁撈作業)의 한 방법. 코가 잔 그물을 이용하여 고기를 잡는 방법으로 여러 겹으로 된 그물을 사용하는 경우도 있음.

654) 오도시. 무동력(無動力) 저인망 어선. 커다란 목선(木船)으로 큰 돛대 셋을 세우고 비교적 먼 바다까지 나가 저인망으로 고기를 잡는 배임. 흔히는 '우다시'라고 하며 다른 말로는 '중선'이라고도 부름.

655) 갓빠리. '원양(遠洋)바리'의 반대. 연근해(沿近海)에서 하는 어로작업(漁撈作業) 혹은 그런 방법으로 고기를 잡는 어선(漁船).

656) 수경빠리. '수경(水鏡)바리'를 이렇게 말한 것임. 수경(水鏡)을 이용하여 하는 어로작업(漁撈作業)이나 그런 방법으로 고기나 어패류(漁貝類)를 잡는 어선. 사각(四角) 기둥처럼 생긴 나무통의 한쪽에 유리를 대고 그 통을 물에 반쯤 잠기게 한 후 다른 쪽을 통해서 배 위에서 물밑을 보면 크게 보이게 되는데 이런 장치를 이용하여 바다밑에 있는 해삼이나 문어 등을 잡게 됨. 해녀나 잠수부 혹은 그들을 이용한 어로작업도 넓은 의미에서는 이에 해당한다고 할 수 있음.

657) 잠바리. 경상도 해안지방에서 사용되는 경우를 보면 두 가지의 해석이 다 가능한 단

<말로>

巫女: 저바다에 나갈지라도

<창(唱)으로>

巫女: 큰고기는 동[658]을치고 잔고기는 떼를모아
억수만금(億數萬金) 티를내고[659] 수천금(數千金)을 불가주고[660]
소원성취(所願成就)대로 점지하자 청(青)깃발로 띠와주소[661]
홍(紅)깃발로 띠와주소.[662]
가래[663]소리 등침[登天]하시고[664]
이물가에 제자비고[665] 뱃머리는 장(場)을비어[666]

어임. 첫째는 잠수부(潛水夫)나 해녀(海女)의 어로(漁撈) 혹은 채취작업을 가리킬 때에 이 단어를 사용하며 둘째는 주낙 등을 바다 깊이 가라앉게 하여 고기를 잡는 어로방법(漁撈方法)이나 그렇게 해서 고기를 잡는 배를 가리킬 때에도 이 단어가 사용됨. 두번째의 경우는 바다 밑바닥에 붙어 살거나 뻘밭에 사는 고기의 경우는 이런 방법으로 잡게 되는데 장어 등이 이런 방법으로 잡히는 대표적인 어종(魚種)이라고 할 수 있으며 이 경우에는 다른말로 '앉은바리'라고도 함.

658) 동. 묶어서 한 덩이로 만든 묶음 또는 그 단위. 먹은 열 장, 붓은 열 자루, 무명·베·명주 등은 쉰 필(疋), 백지(白紙)는 백 권(卷), 조기·비웃[청어] 등은 이천(二千) 마리, 새앙은 열 접, 건시(乾柹;곶감)는 백 접, 땅은 백 뭇을 각각 '한 동'이라고 부름. 동해안(東海岸) 지방의 경우 오징어를 헤아릴 때 스무 마리는 '한 두름'이라고 하고 백 두름 곧 이천(二千) 마리를 '한 동'이라고 부름.

659) 티를 내고. '퇴를 내고'에 해당하는 경상도 방언. '퇴'는 장사를 하여 남기는 많은 이익(利益)인데, 경상도 방언에서 이 말이 사용되는 용례를 보면 '너무 많거나 잦아서 견디기 어려울 정도로 귀찮다'라는 뜻을 가지는 경우가 대부분임.

660) 불가주고. '불려 주고'에 해당하는 경상도 방언. 수(數)가 늘어나게 하여 주시고. '불가주다'는 '불려 주다'에 해당하는 경상도 방언.

661) 만선(滿船)을 시켜달라는 말임.

662) 위와 같음.

663) 가래. 고기를 많이 잡게 하여 달라는 뜻임. '가래'는 곡식(穀食)이나 눈 등을 한 곳에 밀어 모으는 데에 쓰는 기구. 넓적한 나무쪽에 긴 자루를 달았음. 잡아서 뱃전에 쏟아놓은 고기를 모을 때에나 어판장(魚販場)에 쏟아부은 고기를 모을 때에 사용하게 됨.

664) 등침하시고. '등천(登天)하시고'의 와음. 하늘에 오르시고. 문맥상으로는 '하늘을 찌르시고'의 뜻임.

665) 이 물가가 시장(市場)이 되고. 이 물가에서 시장(市場)을 보게 하고. '제자'는 '저자'에 해당하는 경상도 방언. '저자'는 시장(市場). '비고'는 '보게 하고'. 경상도 지방에서는 시장에서 물건을 사는 것을 '장(場) 본다'라고 함.

<말로>
관중 가운데 어느 할머니: 잘한다.

<창(唱)으로>
巫女: 억수만금(億數萬金)을 불가주시고
저물에 사고(事故)없이 점제 하옵시고
모두 잠수(潛水) 해녀(海女)들도
어짜든지 사고(事故)없이 점지 하옵시고
물밑에 노는 천량 억수만금(億數萬金) 티를
내고 수천금(數千金)을 불가주시고
장사하는 상인(商人)들으는//재수왕기(財數旺氣)[667] 대통(大通)하고~
인복(人福)으는 걸어들고 물복으느 흘러들고 바람복은 불어들고 구름복은
뭉게뭉게 기어들어 노비우마(奴婢牛馬) 창생[昌盛]
하시고 언답(言答)은 어디가도//일이등(一二等)을 점제 하시고
가정(家庭)에 하루 열두시 한달//서른날 일년 삼백 육십일로~
과연(過年)[668] 열석달로 춘하동절(春夏冬節)이 다지나 갈지
라도 평반(平盤)에 물을 실어 제석국에[669] 바친
듯이 화병(花甁)에 꽃을담아 천상(天上)에
올린듯이루 점제 하옵시고 낮이면은 물이
맑고 밤이면 불이밝게 점제 하옵시고
일년일체(一年一切) 지내가도 사귀잡병(邪鬼雜病) 물러가고~

---

666) '장(場)을 보게 하여'에 해당하는 경상도 방언. 시장(市場)이 되도록. 경상도 지방에서는 시장(市場)에 가는 것을 '장(場)보러 간다'고 말함. '비다'는 '보이다(보게 하다)'에 해당하는 경상도 방언. 고기를 많이 잡게 하여 달라는 말임.

667) 재수왕기. 재수(財數)와 왕기(旺氣). '재수'는 재물(財物)에 대한 운수(運數). '왕기'는 행복스럽게 될 징조.

668) 과연(過年). 음력(陰曆)으로 '윤년(閏年)'을 말한 것임. 음력(陰曆)으로는 윤년이 삼년(三年)에 한 번씩 들고 윤년이 든 해는 한 달이 더 많아서 그 해는 열석 달이 됨.

669) 제석국에. '제숙으로'의 와음. '제숙'은 '제수(祭需)'에 해당하는 경상도 방언. '제수(祭需)'는 '제물(祭物)'.

무병안과(無病安過)~

[무녀는 관중들을 향하여 두 손을 합장한 자세로 절을 한다]

<말로>
관중 가운데 어느 할머니: 아주 잘한다.//잘한다 잘~한다~.

[잽이들은 신나게 악기를 연주하고 무녀는 그 반주에 맞추어, 마이크를 떠나, 빙글빙글 도는 춤을 잠깐 추다가 다시 마이크 앞으로 온다<소요시간: 8초>]

** 지금부터 진행되는 것은 ≪손님네 말치레 놀이≫임 **

≪손님네 말치레 놀이≫

[이 놀이는 내용상으로 보아서는 뚜렷한 극적(劇的) 갈등이 나타나지 않는다. 단지 제주를 말[馬]로 삼아서 무녀와 잽이(무녀의 상대역을 맡아 그 대사를 이어주는 구실을 하는데 그 역할은 마부(馬夫)인 막동이임)가 재담(才談)을 주고 받으면서 여러가지 구실을 붙여 마을임원들과 관중들로부터 돈을 받아내는 내용으로 되어 있다. 그러나 본래 이 놀이는 실제 짚으로 말모양을 만들어 막동이가 그 말에다 손님네를 태워서 배송(拜送)하는 절차의 일부로서 제의적(祭儀的)으로 중요한 의미가 있었던 것이다. 따라서 여기서는 그 제의적 의미의 흔적만 남은 것으로 이해된다. 이 놀이로서 이 거리가 완전히 끝난 것이 아니고 뒤에 다시 무녀의 사설이 이어져 있다는 점에서 다른 일반적인 놀이들과는 약간의 차이가 있다고 할 수 있다]

[무녀는 잽이석에 앉은 잽이를 정면으로 바라다보면서 큰소리로 외친다]

<말로>

巫女: 막동[670]아~

예~이[671]

손님네로 어서 물 좋고 정자(亭子) 좋은 곳[672]으로 모시렸다~.

<창(唱)으로>

巫女: 막동이 불러딜여서//어~야

<말로>

巫女: 막동아~

예~이

손님네로 모시자.

(본부석에 앉은 제주(祭主)를 향하여)제주(祭主)집 아저씨 오소. 빨리 빨리오소 빨리.

[잽이들의 악기 연주가 계속되는 가운데 제주(祭主)가 마이크 앞으로 나온다. 무녀는 제주(祭主)를 말처럼 마이크 옆 땅바닥에 엎드리도록 시킨다. 제주는 별다른 저항감을 보이지 않고 순순히 무녀의 말에 따른다.]

<말로>

巫女: 엽소.

잽이: 아

巫女: 손님네로 모실라 하니//물 좋고 정자(亭子) 좋은 곳으로 모실라하니 각시손님네는 가매[轎][673]가 있어야 되고

잽이: 그렇지.

巫女: 손님 삼분[三名]으는 말을 타고 가야 되는데

670) 막동이. 동해안(東海岸) 무가(巫歌)에서 손님네를 모시고 다니는 마부(馬夫) 아이의 이름임.

671) 막동이가 할 대사를 무녀가 한 것임.

672) 모든 조건을 다 갖추고 있는 곳.

673) 가매. '가마[轎]'에 해당하는 경상도 방언.

말도 사야 되고 손님네 가마도 사야 되고

그러이 주인(主人)없는 공사가 있나?//내가 대사[674] 좀 가보자.

관중 가운데 어느 할머니: 손님 가매[轎] 없다.//말뿌이다.[675]

[잽이들이 계속해서 악기를 연주하는 가운데 무녀는 본부석으로 돈을 받으러 간다. 본부석에 있던 마을 임원들이 얼마간의 돈을 무녀에게 주자 무녀는 마이크 앞으로 되돌아 온다<소요시간: 1분5초>]

<말로>

巫女: 손님네 말도 사고 가마도 치장을 채렸으니

어머~이 말[馬]로 내가 사왔다.

(제주를 향하여)아저씨 일나보소.[676]

여 무슨 말[馬]인동 모르제요?

만동네 정신을 받아서 오십한살에 최씨대주(崔氏大主)[677]

정신 드리고 조심 드리는데 이래 많이 있는 사람들

만인간(萬人間) 앞에 이래 우새를 하면[678] 이래 동네도 팬코[679]

최씨(崔氏) 가정(家庭)안에 여또[680]

최씨 대주(崔氏大主)도 일신성불[一時成佛][681] 한답니더. 그리이까네[682]

---

674) 대사(大事). '큰 일, 중요한 일을 맡은 사람'이라는 뜻에서 온 말로 동해안(東海岸) 세습무(世襲巫) 집단의 무녀들이 굿을 주재(主宰)하는 마을의 임원들을 지칭하는 용어.

675) '말뿐이다'에 해당하는 경상도 방언. 말로만 가마가 있다고 하지 실제로는 가마가 없다는 말. 할머니가 장난삼아 던진 말임.

676) 일나보소. '일어나 보소'에 해당하는 경상도 방언.

677) 성(姓)이 최씨(崔氏)인 대주(大主). '대주(大主)'는 무당이 단골집의 남자 주인을 이르는 말. 이 부락제(部落祭)의 제주(祭主)는 마을 사람인 최영재씨였기 때문에 '최씨 대주(崔氏大主)'라고 지칭한 것임.

678) 이래 우새로 하면. '이렇게 창피를 당하면'에 해당하는 경상도 방언. '우사' 혹은 '우새'는 '창피. 모욕(侮辱)' 등을 뜻하는 경상도 방언. 창피를 당할 만한 일을 했을 때 흔히 '동네에 우사시럽다'라고 말함.

679) 팬코. '편하고'에 해당하는 경상도 방언. 편안하고.

680) '여기 또'에 해당하는 경상도 방언. 일종의 발어사(發語詞)일뿐 특별한 의미는 없다고 볼 수 있음.

681) 일신성불. '일시성불(一時成佛)'의 와음으로 보는 것이 옳겠음. 금새 성불(成佛)함. 금

우사를 좀 해야된다.

어머~이 이말[馬]이 뭔 말[馬]인동 모르제요?//호마(胡馬)[683]다.

잽이: 아

巫女: 호만데[胡馬인데] 이 말치레를 봐야 안되능교?

(말처럼 엎드려 있는 제주(祭主)를 향하여)날 보지 말고

절로 보소.[684] 내가

祭主: (무녀를 향하여)백말[白馬]이다 백말.

巫女: 아이고 백말이머 못씬다.//호[685] 호마(胡馬)라야 된다.

아이고~ 말로 사는데[686]//내가 말치레로 둘러봐야 되제?

<창(唱)으로>

巫女: 이말 치장을 둘러보자 이말 치레를 보자.

이말 귀를 보소

문고리 같이 생겼구나 문고리 쇠도 쇠로구나//쇠값을 받아라.

이말 코를 보소

윤디[687] 같이 생겼구나 윤디쇠도 쇠로구나 쇠값으로 받아라.

이말 입을 보소

대장게 찍게[688] 같네 찍게쇠도 쇠로구나 쇠값으로 받아라.

이말 눈으로 보소

새 해탈(解脫)하여 부처가 됨. 아니면 '일신성불(一身成佛)'로 보아 '몸이 부처가 됨'으로 해석할 수도 있겠음.

682) '그러니까'에 해당하는 경상도 방언.

683) 호마. 만주(滿洲)나 중국(中國) 북방에서 나는 말[馬].

684) '저리로 보소'에 해당하는 경상도 방언. 저쪽으로 보십시요.

685) 제보자의 실수였음. '호마(胡馬)'로 바로 이어져야 할 자리이기 때문에 바로 뒤에서 바로잡은 것임.

686) '내가 말을 사는 마당에. 내가 말을 사는데' 정도의 뜻임.

687) 윤디. '인두'에 해당하는 경상도 방언. '인두'는 바느질을 할 때 불에 달구어 천의 구김살을 눌러 펴는 데에 사용하는 기구. 바닥이 반반하고 긴 손잡이가 달렸으며 그 손잡이의 끝에 쇠부분이 붙어 있음.

688) 제보자의 실수였음. '대장간의 집게같네'라고 하려고 했던 것이 말이 잘못 나온 것임. '대장간의 집게'는 '대장간에서 사용하는 집게'라는 뜻임.

종바리때[689] 같이 생겼구나 종바릿때도 쇠로구나 쇠값으로 받아라.
이말 허리를 보소//이말 허리를 보소//이말 등을 보소.
활등[690] 같이 생겼구나 활등쇠도 쇠로구나 쇠값으로 받아라
이말 다리를 보소[691]//이말 배를 보소
땅가미[692] 같이 생겼구나 땅가마쇠도 쇠로구나 쇠값으로 받아라.
이말 다리를 보소
촛대같이 생겼구나 촛대쇠도 쇠로구나 쇠값으로 받아라.
이말 불알로 보소
왕방울같이 생겼구나 왕방울쇠도 쇠로구나 쇠값으로 받아라.

<창(唱)으로>

잽이: 이말 자지를 보소.

巫女: 피나발[693] 같이 생겼구나 피나발쇠도 쇠로구나 쇠값으로 받아라.
워워워워워~[694]

잽이: 와와와

巫女: 워워워~

<말로>

巫女: (잽이를 향하여)고는 마이크 또 낮추고[695]

---

689) 종바리때. '주발'에 해당하는 경상도 방언. 흔히는 '중발'이라고 발음함. '주발'은 흔히 눈[眼]이 둥글고 큰 것을 말할 때 '눈이 중발 같다' 혹은 '눈이 중발만하다'고 말함.

690) 활등. 활[弓]짱의 등쪽.

691) 제보자의 실수였음. '이말 배를 보소'로 바로 이어져야 할 자리였기 때문에 바로 뒤에서 바로잡은 것임.

692) 땅가마. '가마솥'에 해당하는 경상도 방언.

693) 피나발. '나팔'에 해당하는 경상도 방언.

694) 흔히 움직이는 소나 말에 대해서 멈추라고 명령할 경우에 하는 소리임. 고삐를 죄면서 이 소리를 하여 소나 말을 멈추게 함.

695) 잽이에게 쓸 데 없는 소리를 하지 말라는 뜻에서 한 말임. 위에서 잽이가 '이 말 자지를 보소'라고 하고는 또 바로 위에서 '와와와'라고 거듭 참견을 하였기 때문에 이렇게 말하게 된 것임.

데~이 쩌[696]//음충하게시리[697]//감 있시소 보자.
이말 치레를 이래 둘러봤는데
감 있시소 보자.//이말 여물[698]로 믹여봐야 되제?[699]

잽이: 하이

[관중들은 여기저기서 떠들고 장내(場內)가 꽤 소란스럽다. 그러나 무녀는 그런 사실에는 개의치 않고 굿을 진행해간다]

<말로>

巫女: 이말 여물도 사야되는데 마 이것저것 다 제감(除減)[700]하고
야 콩을 한말 사가 여물로 끼렸다.[701]
여물로 끼렸는데 가만 있시소 보자.
이래 더듬어 가매 미기야 되제?[702]

[무녀는 엎드려 있는 제주(祭主)의 등을 손으로 쓰다듬는다]

<말로>

巫女와 잽이: 먹어.

잽이: 듣기도 싫단다.

巫女: 먹어.

잽이: 보기도 싫고.

巫女: 보기도 싫단다.//먹어.

---

696) 흔히 어른이 아이의 하는 짓이 못마땅할 때에 그 일을 저지시키거나 꾸짖기 위하여 사용하는 표현임.
697) '음흉(陰凶)하게시리'에 해당하는 경상도 방언. 위에서 잽이가 '자지 운운(云云)'한 것이 음흉스러운 표현이라는 뜻임.
698) 여물. 소나 말에게 먹이기 위하여 말려서 썬 짚이나 풀.
699) '먹여 보아야 되지?'에 해당하는 경상도 방언.
700) 제감. 수효를 덜어내어 줄임.
701) '콩을 한 말 사서 여물을 끓였다'에 해당하는 경상도 방언. '끼리다'는 '끓이다'에 해당하는 경상도 방언.
702) '이렇게 더듬어 가면서 먹여야 되지?'에 해당하는 경상도 방언.

잽이: 맡기도 싫어.
巫女: 냄새도 맡기싫고.//묵어.[703)]
잽이: 누기[704)]도 싫어.
巫女: 누기도 싫다하제?

[무녀는 말[馬] 역할을 하고 있는 제주(祭主)에게 제상(祭床)의 쌀을 몇 알 집어준다]

<말로>
巫女: 잡소.[705)]//입에 쪼매만[706)] 드소.

[제주(祭主)는 무녀가 건네주는 쌀을 손으로 받아 입에 털어 넣고 우물우물 씹는다]

<말로>
잽이: 그 말 잘 쳐먹는다.
巫女: 아 말//말로 잘 쳐묵는다가 아이고 잘 잡숫는다.
아이구 감 있시소 보자 그런데//요 잡사시이까네
(제주(祭主)를 향하여)말 여물이 맛이 있덩교?

[제주(祭主)는 무녀가 다음에 할 소리가 무엇이라는 것을 잘 알고 있다는듯이 아무런 반응을 보이지 않는다]

<말로>
巫女: (제주를 향하여 다시 다그치듯이)여물이 맛있능교?
祭主: (할 수 없다는듯이)응//여물이 좋으네.
巫女: 아이구 여물이 좋으네 이란다.
그러모 좋으모 좋은 값을 좀 조야제?[707)]

---

703) '먹어'에 해당하는 경상도 방언. '묵다'는 '먹다'에 해당하는 경상도 방언.
704) 누기. (말이 똥이나 오줌을) 누는 일.
705) 잡소. '잡수십시요'에 해당하는 경상도 방언.
706) 쪼매만. '조금만'에 해당하는 경상도 방언.
707) 조야제? '주어야지?'에 해당하는 경상도 방언.

[잽이들의 악기 반주는 계속되고 관중들은 여기저기서 떠든다. 제주가 주머니에서 봉투 하나를 꺼내어 무녀에게 준다. 그러나 무녀는 아무래도 불만스러운 모양이다]

<말로>
巫女: 아이고 여 여물//여물값 받으러

[무녀는 여물값을 받아야겠다고 다시 본부석으로 가려고 한다. 이때 마이크 근처에 엎드려 있던 제주가 슬그머니 일어나 뒤쪽에 있는 본부석으로 돌아가려고 한다]

<말로>
巫女: (제주를 향하여)어디로 가능교?//여 오소 보자.
祭主: (약간은 짜증스러운 목소리로 무녀를 향하여)아이 다 끝났으므 가지머//서 있을기 뭐있노?
巫女: (옆에 서 있던 또 다른 무녀를 향하여)이 옆에 좀 끼라
옆에 끼라[708]

[옆에 서있던 또다른 무녀가 제주(祭主)의 겨드랑이를 팔로 낀다. 제주는 쑥스럽다는듯이 몸을 피하려고 한다]

<말로>
巫女: (제주를 향하여)가만 있시소 보자.//워워워 워워~
뒷발로 차지말고//말으는요

[무녀(巫女)와 마부(馬夫)는 제주(祭主)에게 말[馬]처럼 땅에 엎드려 네 발로 길 것을 요구하였으나 제주(祭主)는 무녀의 요구를 듣지 않으려 한다]

<말로>
巫女: (제주를 향하여)집에 가모 할마이[709]하고 엎드려 가지고

708) 말 역할을 맡은 제주(祭主)의 어깨를 옆에 있는 무당에게 끼라고 한 말. 이렇게 되면 그 무당이 마부(馬夫) 구실을 하는 것이 됨.
709) 할마이. '할머니'에 해당하는 경상도 방언. 여기서는 제주(祭主)의 부인(婦人)을 지칭한 것임.

[무녀는 자신의 말[710]이 우습다는듯이 소리 내어 웃는다. 제주(祭主)는 할 수 없이 땅에 엎드려 엉금엉금 기며 말 흉내를 낸다. 잽이들의 악기 반주가 갑자기 크고 요란해진다<소요시간: 10초>]

<말로>
巫女: 혼자 슬슬 기지말고
벌건 대낮에 뭐하러 그래 엎어져가 기능교?
가만 있시소 보자.//요 오소 보자.//이래가 안된다 손님네
祭主: 안중[711] 덜됐나?
참
巫女: 아직 덜됐다.//손님네 가시다 다부[712] 돌아오신다.

[무녀는 엉금엉금 기어가던 제주(祭主)의 머리를 붙잡고 돌려서 원래의 방향대로 되돌아오게 시킨다]

<말로>
巫女: 와 가는데 와 그라는동 모리제요?[713]
손님네 물좋고 정자(亭子) 좋은 곳으로
사분[四名]이 이래 시우[時候] 삼년(三年)들어 오셨다가//가실라 하니
손님네 가는 노자천[714]이//노비(路費)가 모자래가[715]
알락달락이[716]가 적단다.//그라이까네 아무래도
제주(祭主)집 했더라꼬 내하고 이래 각성(各姓) 육성(六姓)받이 이래 나가가주고 손님네 노자(路資) 좀 받아가주고
노자(路資)천 왕래(往來)천 받아가주고//그래 손님네 모십시다.

---

710) 제주에게 한 무녀의 말은 성행위(性行爲)를 의미하는 것이었기 때문에 쑥스러워 웃었던 것임.
711) 안중. '아직'에 해당하는 경상도 방언.
712) 다부. '다시. 도로'에 해당하는 경상도 방언.
713) '왜 가다가 도로 돌아오는지 모르지요?'에 해당하는 경상도 방언.
714) 노자천이. 노자(路資)돈이. 여비가.
715) 모자래가. '모자라서'에 해당하는 경상도 방언.
716) 알락달락이. '돈'을 지칭한 것임

여러 보살님네요//요 손때[717]에

祭主: (무녀를 향하여)내가 전화(電話)해야 되는데

巫女: 다 마치고 가야지 지금 어데로?

손님네 이래 오셨다가

손님네는 원래 손때에 알락달락이를 좋아하신답니더.

그러이 이래 모두 걸어주시고

또 나가거들랑 손님네 고 노자(路資) 한푼씩

시주(施主) 하시소 그라므 추원[祝願]은 내가

할매들 추원[祝願] 마저 해드립시데~이.

<창(唱)으로>

巫女: 가자~

[잽이들의 악기 반주가 계속되는 가운데 무녀는 신대[神竿]를 들고 관중들 사이로 시주를 걷으러 간다. 제주(祭主)도 무녀와 함께 관중들 사이를 돈다. 할머니들이 그 신대의 한지(韓紙)술에다 돈을 묶어준다. 돈을 걷으면서도 무녀는 창(唱)을 이어간다]

<창(唱)으로>

巫女: 여러 모두 보살님네요~//각성(各姓)받이 육성(六姓)받이야~

동네 안과태평(安過泰平) 하옵시고~

[관중들 사이를 돌며 시주를 다 받은 무녀는 다시 마이크 앞으로 돌아와 선다 <소요시간: 2분10초>. 제주(祭主)가 시주돈을 넣은 꽹과리를 무녀에게 건네준다]

<말로>

祭主: (무녀를 향하여)그런데

---

717) 손때. '손대'에 해당하는 경상도 방언. 손님대. 손님의 강림(降臨)을 상징하는 신대[神竿]. 동해안(東海岸) 세습무(世襲巫)들의 굿에서 손님거리를 할 때에는 길이 2m 정도의 대나무에다 한지(韓紙)로 만든 술을 달아서 신대[神竿]를 만들어 이것을 들고 관중들 사이를 지나다니면 관중들이 그 한지 술에다 돈을 매달아 주게 되어 있음.

巫女: 예
祭主: 암말보다 쑥말이[718] 그 저 저 시주(施主)로 하이 더마이 준다.

[제주의 말에 할머니들이 소리 내어 웃는다]

<말로>
祭主: 그 암말은 아무 소용(所用)이 없다.

[돈이 든 꽹과리를 무녀에게 넘겨준 제주(祭主)는 다시 본부석으로 돌아간다]

** 여기까지가 ≪손님네 말치레 놀이≫에 해당하는 내용임. 그리고 다음에 이어지는 것은 다시 무가의 사설임 **

[손님네 말치레 놀이를 끝낸 무녀는 다시 마이크 앞에 선다]

[이때 조사자 일행이 국어국문과(國語國文科)라고 쓰인 봉투를 무녀에게 주면서 축원을 해달라고 부탁한다]

<말로>
조사자: 울산대학교(蔚山大學校) 국어국문학과(國語國文學科) 축원(祝願) 좀 해 주세요.
巫女: 예.//학교(學校) 학생(學生)들 일동
조사자: 교수(教授)님 일동입니다.
巫女: 교수님 일동?//예 감사합니다.
조사자: 학생 교수님입니다.
巫女: 예 예 예.

---

718) '암말보다는 숫말이'에 해당하는 경상도 방언. '쑥말'은 '숫말'에 해당하는 경상도 방언. 여기서는 '여자보다는 남자가, 곧 무녀보다는 자신에게 관중들이 더 많은 돈을 준다'는 뜻임.

[무녀는 조사자들의 의도를 충분히 이해했다는듯 이내 축원을 하기 시작한다]

<창(唱)으로>
巫女: 추원[祝願]아 ~

<말로>
巫女: 요 뒤에 굿할 무녀는 대기(待機)해 가꼬 요 굿당으로 나오세요~
굿하러 나오시고//여러 보살임네요.
잠시 요 또 내가 추원[祝願] 잠시 해디리고 여러 할머이들 추원[祝願] 마이 해드립시데~이.[719)]

<창(唱)으로>
巫女: 오늘다~//울산 대학교(蔚山大學校)~//인문대학에 국어국문학과~
오늘다 학생 교수님 일동이고//학생들 일동올시다~.
우리문화(文化) 전통 예술(傳統藝術)을 살릴라꼬~
여러 학생들이야 연구(硏究)하고 공부하고~ 있습니다.
이래모도 와가지고//학생 교수님 대표(代表) 모두다 교수님 일동하에 여러학생들 모도
험난(險難)한 이세월(歲月)이 여루히[720)] 지나고
여루[如流]한 이세월(歲月)이 험난(險難)히 갈지라도
교수님 들으는

<말로>
巫女: 학생(學生)들이 잘되고 잘배우고 착하며는//교수님 이름이 나고

<창(唱)으로>
巫女: 교수님이 아무리 잘가리켜도~[721)]//학생들이 따라주지 아니하며는

---

719) 무녀가 조사자 일행을 위한 축원부터 먼저 해주겠다고 관중들에게 잠시 양해를 구한 것임.
720) '여류(如流)히'의 와음. 물 흐르듯이.
721) '잘 가르쳐도'에 해당하는 경상도 방언.

교수님 보람이 없고
어야든지~//우리 나라에~
모두다 귀(貴)한 방성[722] 귀(貴)한 자손(子孫)들이 올시다.
우리 전통예술(傳統藝術) 국어//국어~ 국문학과~
연구(硏究) 모도 공부하고 있을지라도
눈에 열기 주고 입에 총기 점제하시고//총기 열기 점제하고
첫째는 가정(家庭)에는 부모그게 효성(孝誠)이고
나라에는 충신(忠臣)되고~ 가정이 안락(安樂)하고
자손(子孫)에는 창생[昌盛] 하시고//교수님 가정에도 웃음꽃이 피고
학생들으는 공부해 가지고

<말로>
巫女: 좋은 가문(家門)에 장가가고 모두 시집가고

<창(唱)으로>
巫女: 어야든지 부부간(夫婦間)에 이별살(離別煞)도 막아주고 자식(子息)에 애중살(愛重煞) 청강살 내망살 중림살 중복살 내중백호[723] 점중백호 대살[724] 부부(夫婦) 이별(離別)[725]
자식(子息)에는 애중살(愛重煞)//거리 노중살(路中煞) 귀신(鬼神)에 원중살[726] 어깨너머 동자[727] 발에//디딜살 손에 육갑살

---

722) 방성. '아이'에 해당하는 경상도 방언. '방성'은 경상도 지방 무가(巫歌)에서 흔히 '아이' 혹은 '일반적인 사람'을 말할 때 쓰는 용어임. 그 구체적 용례(用例)를 보면, '아이야 방성', '생겨준 방성' 등 주로 비칭(卑稱)으로 사용되는 경우가 많음.

723) 백호. 백호살(白虎煞). 그냥 '백호(白虎)'라고도 함. 흉신(兇神)의 하나로 항상 태세(太歲) 뒤 사지진(四支辰)에 있는데 민간(民間)에서는 이 방향을 건드리면 상(喪)을 당하게 된다고 해서 극히 꺼려함.

724) 백호살(白虎煞)과 대살(大煞). '백호살'에 대해서는 위의 주)를 참조할 것. '대살(大煞)'은 세(歲) 중의 자사(刺使)로서 형(刑)을 주기 위한 싸움과 살상(殺傷)을 주관하는데 이 방향에서 건물(建物)을 수리하거나 출군(出軍)하게 되면 좋지 못하다고 함. 만일 이 방향을 범하면 집 주인이 살상을 당한다고 함.

725) 제보자의 실수였음. '이별살(離別煞)'이라고 하려고 했지만 그것을 방금 전에 했다는 사실 때문에 생긴 실수였음.

천살(天煞) 지살(地煞) 악살(惡煞) 망신살(亡身煞)[728]
겁살(劫煞)[729] 화살(禍煞)로 막아주시고
어서 공부해 가지고

<말로>
巫女: 교수님도 되고 박사학위(博士學位)도 따고

<창(唱)으로>
巫女: 어짜든지~//인복(人福)은 걸어들고 물복은 흘러들고 바람복은 불어들고 구름복은
뭉게뭉게 기어들어 동(東)을 가나 남(南)을 가나 동서팔방(東西八方) 다닐지라도
몸은 용상(龍床)에 좌정(坐定)하고//언답(言答)은 어디 가도 일이등(一二等)을 점제하야
시화연풍(時和年豊)하소 국태먼[國泰民安][730] 하시고
평반(平盤)에 물을//실어 지석국에[731] 바친듯이 화병(花瓶)에
꽃을담아 천상(天上)에 올린듯이//일출월출[日就月將][732] 고이 가까서

---

726) 원중살. '원진살(元嗔煞)'의 와음. 부부(夫婦) 사이에 까닭 없이 서로 한때 미워하게 만드는 살(煞). 따라서 민간(民間)에서는 궁합(宮合)을 볼 때 이 살(煞)이 드는 것을 몹시 꺼리게 되는데 쥐띠와 양띠, 소띠와 말띠, 호랑이띠와 닭띠, 토끼띠와 원숭이띠, 용띠와 돼지띠 등의 사이에 이 살(煞)이 든다고 함.

727) 동자. '(사람의) 등[背]'을 말한 것임.

728) 망신살. 몸을 망치거나 망신을 당할 운수. '망신살(亡身煞)이 뻗쳤다'는 표현을 흔히 사용하게 됨.

729) 겁살. 술가(術家)에서 말하는 삼살(三煞)의 하나. 독(毒)한 음기(陰氣)의 살(煞)이 있는 방위(方位)를 범(犯)하면 이 살해(煞害)가 있다고 함. '삼살(三煞)'은 세살(歲煞)·겁살(劫煞)·재살(災煞)로 이에 해당하는 방위(方位)를 소위 '삼살방(三煞方)'이라고 하여 민간(民間)에서는 가장 꺼림.

730) '국태민안(國泰民安)'의 와음. 나라가 태평(太平)하고 백성(百姓)이 편안(便安)함.

731) 지석국에. '제숙으로'의 와음. '제숙'은 '제수(祭需)'에 해당하는 경상도 방언. 동해안(東海岸) 세습무(世襲巫) 집단의 다른 무녀들은 흔히 '제석국에'라고 구연하는 어절(語節)임.

732) 일출월출. '일취월장(日就月將)'의 와음으로 보는 것이 옳겠음. 아니면 '일출월출(日出

고이멕여[733] 점제 하옵시고 이추원[祝願] 받으시며
눈으로 보는 듯이 귀로 듣는드끼 앉아 듣는드끼 서야 보는드끼[734] 점제하고
소원(所願) 성취(成就)대로 심중(心中) 소원(所願)대로
일산동(日山洞) 대동안에 골매기[735] 서황임네[736]//골매기 손님네요
청천(靑天) 하늘에 단단히 구어보시고~[737]
소원 성취(所願成就)대로 심중(心中)~ 소원대로

[잽이들의 악기 연주가 계속되는 가운데 무녀는 목이 막히는지 마이크에서 고개를 돌리고 기침을 한 번 한다]

<창(唱)으로>
巫女: 추원[祝願]아~//여러 보살(菩薩)임네요~
여러 어무이네요 할무이네요[738]
여러 아지매네 아저씨들요//할아버지네요~
오늘다 모두다 이래 오셔가주고~

月出)'의 와음으로 볼 수도 있을듯한데 이렇게 보면 문맥상으로 '나날이 다달이' 정도의 뜻으로 해석할 수 있겠으나 아무래도 약간의 무리가 따를 것으로 판단됨.

733) '먹여'에 해당하는 경상도 방언.

734) '서서 보는듯이'에 해당하는 경상도 방언. 서서 보는 것처럼. '-드끼'는 '-듯이'에 해당하는 경상도 방언.

735) 골매기. 부락(部落)의 수호신(守護神). 경상도 지방에서는 부락 수호신을 '골맥이' 혹은 '골매기'라고 부르는 것이 일반적임. 어원적으로는 '골[谷, 곧 마을]'과 '액운을 막다. 부락을 수호하다'라는 뜻을 갖는 '막다'에서 전성된 명사가 결합되어 이루어진 말로 이해됨.

736) 서황임네. '성황(城隍)님'에 해당하는 경상도 방언. 서낭님. '서낭'은 부락 수호신(守護神)의 하나. 주로 마을의 입구나 마을의 한복판에 이 신(神)을 모신 당(堂)이 있는 부락들이 많음. 당집의 형태를 취하고 있는 경우도 있으나 단순히 돌무더기로 되어 있는 형태도 상당수 있음.

737) '굽어보시고'에 해당하는 경상도 방언.

738) '어머니네요 할머니네요'에 해당하는 경상도 방언.

<말로>
巫女: 몇천[數千]원씩 이래 쓰신 돈으로

<창(唱)으로>
巫女: 줄데없어 나를주며 쓸데없어 나를 주실까요?
이시주(施主) 공덕(功德)으로//가정(家庭)에 아들네 딸네 메늘 손지[孫子]네들//안고 품고 계실지라도
첫째는 명(命)이고 둘째는 복(福)이올시다.
어야든지 손님을 시기더라도//한성구 정구치고 두성구 도리점에
시성구 낙점을찍아 연지딱지 분딱지//고이 마련하야~
천하일색(天下一色)같이 산하국색(國色)[739]같이 마련하고
나라에는 충신(忠臣)되고 부모그게 효성(孝誠)있고
가정(家庭)에는 안락(安樂)하고 자손(子孫)에는 창생[昌盛]하고
만대유진[萬代遺傳][740]하고 백대천성[百代千孫][741] 하옵시고 가정(家庭)에
청강상 내망살 중림살 중복살 내중백호 점중백호 대살이
부부이별(夫婦離別) 자슥[子息]에는 애중살(愛重煞)//거리 노중살(路中煞) 어깨너머 동자 발에
디딜살 손에 육갑살 천살(天煞) 지살(地煞) 악살(惡煞) 망신살(亡身煞) 겁살(劫煞)//화살(禍煞)로 다막아 점제
하옵시고 이래 오셨다가 무녀각시 추원공덕[祝願功德] 받어가지고
가정(家庭)에 자손(子孫)들그게 점제하고 치마폭폭에
싸가지고 오복(五福)을 주고 수복(壽福)을
고리 태와서 점제 하옵시고~
여러 보살님네요//오래 오래

---

739) 앞의 '천하일색(天下一色)'에 운(韻)을 맞춘 것임.
740) 만대유진. '만대유전(萬代遺傳)'의 와음. 가문(家門)이 만대(萬代)를 전(傳)하여 내려감. 집안이 끝없이 이어져 나감.
741) 백대천성. '백대천손(百代千孫)'의 와음. 자손(子孫)이 영원히 이어가고 번성함.

<말로>
巫女: 사시더라도//자식(子息)들 앞세우지 말고[742)]

<창(唱)으로>
巫女: 험한일도 보지말고 험한꼴도 보지마시고

<말로>
巫女: 어야든지 오래 사시다가 자는잠에 열반(涅槃)하야

<창(唱)으로 >
巫女: 나무[南無] 영산해사[靈山會上][743)] 불보살(佛菩薩)님 부처님 제자(弟子)되야//왕생 정토(往生淨土)[744)] 하옵시고~
오늘 이래 오셔서
소원(所願) 성취(成就)대로 점제하옵시고~

<말로>
巫女: 오늘 이래 오셔가주고 치마폭
관중 가운데 어느 할머니: 우리도 오래 사라쿠제.[745)]

[할머니의 말에 무녀는 소리 내어 웃는다]

<말로>
巫女: 오래~오래 사시다가 돌아가실때 자는잠에 열반(涅槃)하시라꼬
이래 오셔가지고 무녀들그게 아깝잖게 모도 천(千)원씩 몇천원씩

---

742) 자식들이 먼저 죽는 불행을 당하지 말고.
743) '나무(南無) 영산회상(靈山會上)'의 와음. '영산회상'은 '영산회상곡(靈山會上曲)'으로 석가여래가 설법(說法)하던 영산회(靈山會)의 불보살(佛菩薩)을 노래한 악곡. 세종대왕(世宗大王)이 지은 것인데 이 노래의 기원(起源)은 신라(新羅) 헌강왕(憲康王) 때에 신인(神人)이 바다 가운데로부터 나타나 왕도(王都)에 들어와서 춤을 추고 노래를 부른 것으로부터 시작되었다고 함.
744) 왕생정토. 서방정토(西方淨土)로 감. 극락왕생(極樂往生)함.
745) '살라고 하지'에 해당하는 경상도 방언.

만(萬)원 바까가 히딱[746]//오천(五千)원 바까가 히딱
이래 아깝잖게 쓰시니 이돈을 이래
돈으는 주미[747] 톡톡털고//이래모도 다쓰고 가시더라도
고 빈주머이 속엘랑[748] 눈에 보이지 안하고 귀로 듣기지 안하고
손에 잡히지 안한 명(命)이야 복(福)이야
추원[祝願]이나 고 주머니 안에다 꼭꼭 채와가지고
가정(家庭)에 자식(子息)들그게 점제하시고
어야든지 눈으로 보는듯이 귀로 들았는것과 마찬가지로
만만이[749] 받아 가시세~이.

[무녀는 관중들을 향해서 합장(合掌)을 하면서 절을 하고 관중들은 일제히 박수를 친다. 잽이들의 악기 반주가 계속되는 가운데 무녀는 제물대로 가서 술 한 잔을 갈아 부어놓고 허리 굽혀 절을 하고는 퇴장한다]

---

746) 만(萬)원짜리를 바꾸어서도 금방 없어졌다는 말임. 만(萬)원짜리를 바꾸었는데도 무녀들에게 시주(施主)를 하느라고 금방 없어졌다는 말임. '바까가'는 '바꾸어 가지고, 바꾸어서'에 해당하는 경상도 방언.
747) 주미. '주머니'에 해당하는 경상도 방언.
748) '(그 빈주머니) 속에는'에 해당하는 경상도 방언.
749) 만만이. '많이많이'에 해당하는 경상도 방언.

9. 심청(沈淸)굿

9. 1. 맹인(盲人)거리

이 본은 박경신(朴敬伸) 교수가 정리한 『울산지방무가자료집』[1] 제 4권에 실린 자료로, 1987년 11월 23일 경상남도 울산시 동구 일산동 별신굿에서 동해안 세습무 집단의 이금옥 무녀가 3시간 10분에 결쳐 구연한 것을 채록·정리한 것이다. 따라서 자연상태에서 구연된 자료를 정리한 것으로, 무가의 사설은 물론 자세한 구연상황까지 나타나 있다. 구연자인 이금옥 무녀는 동해안 세습무 집단에서도 최고령에 속하고 동해안 일대에서는 이 맹인거리를 잘 하기로 소문 나있는 사람이다.

이 거리는 '심청굿'이라는 이름으로 더 널리 알려져 있는데 동해안 지역에서는 관중들, 특히 할머니들에게 가장 인기 있는 거리이다. 다른 지방의 무가 자료에서는 발견된 적이 아직 없는 것으로 보아 동해안 지역에서만 전승되는 자료로 판단된다. 서사 부분의 내용은 판소리 「심청가」와 유사한 점이 많고 창(唱)도 판소리 창조(唱調)가 대부분을 차지한다. 그러나 판소리 『심청가』가 그 자체로서 주술적(呪術的) 기능을 가지지는 않는 데에 대해서 이 거리는 '눈을 밝게하고 안질(眼疾)을 예방한다'는 주술적(呪術的) 목적으로 구연된다는 점이 다르다. 길이가 길고 그 내용이 이미 판소리 등을 통해서 널리 알려져 있기 때문에 다른 거리에 비해서 구연이 어렵고 따라서 상당히 숙달된 무녀라야만 이 거리의 구연이 가능하다.

원문의 정리 방법이나 이 책에 실을 때에 적용된 방법 등은 앞의 「손님거리」의 경우와 같다.

---

1) 박경신, 『울산지방무가자료집(전 5권)』, 울산: 울산대학교 인문과학연구소, 1993. 이 자료집은 같은 해에 『동해안별신굿무가(전 5권)』라는 제목으로 국학자료원에서 재간행함.

○맹인거리 무가(巫歌)

[잽이들은 일제히 악기를 연주하고 무녀는 그 장단에 맞추어 춤을 춘다<소요시간: 1분16초>]

<말로>

巫女: 여봅소

잽이: 예

巫女: 일산동(日山洞) 대동안에
　　남자(男子)들도 수천명(數千名)이요//부인(婦人)들도 수천명(數千名)이요.

잽이: 그렇지요.

巫女: 아이야 방상[2] 여러 수천명(數千名)이라.
　　천하지대복(天下之大福)[3]은 무엇이 복(福)이냐?
　　사람나고 돈났지마느//천하(天下) 보배느 눈[眼]백에[4] 보배가 없다.

잽이: 그렇죠.

巫女: 샛별겉이 젊을때는 밝던 누이[5]
　　나이가 많어//육십(六十)이 넘어 칠십(七十)이 들어가모
　　반봉사(半奉事)가 되기 잠까이요[6]

잽이: 야

巫女: 검둥머리[7] 감탕겉은[8] 머리
　　모시[苧][9] 광주리[10] 씨기[11] 잠까이로다.[12]

---

2) 방상. '아이'에 해당하는 경상도 방언. '방상'은 경상도 지방 무가(巫歌)에서 흔히 '아이' 혹은 '일반적인 사람'을 말할 때 쓰는 용어임. 그 구체적 용례(用例)를 보면, '아이야 방상', '생겨준 방상' 등 주로 비칭(卑稱)으로 사용되는 경우가 많음. '방성. 방생. 방석' 등으로 다양하게 발음됨.

3) 천하지대복. 천하(天下)의 가장 큰 복(福). 천하(天下)에서 가장 큰 복(福).

4) '눈밖에'에 해당하는 경상도 방언.

5) '눈이'에 해당하는 경상도 방언.

6) '잠깐이요'에 해당하는 경상도 방언.

7) '검은 머리'에 해당하는 경상도 방언.

8) 감탕겉은. '감탕 같은'에 해당하는 경상도 방언. 감탕과 같은. '감탕'은 아주 곤죽같이 된 진흙. 여기서는 검고 윤기있는 여인의 머리카락을 말한 것임.

잽이: 그렇죠.

巫女: 머리는 시이[13] 백발(白髮)이 되더래도//눈이 밝아야 된다.
아들네 농사(農事)를 지나[14]//저 해업(海業)을 하나 선장(船長)을 하나
기관시[機關手][15]를 하나 여러 절군[16]
그타[其他][17] 알기[18]도 잘보고//줏대[19]도 잘맞추꼬[20]
어예든지 다 이렇게 하는데
또 저~ 군(軍)에 일선지구(一線地區) 장병(將兵)들도
눈이 밝아야 총살로 피하고//모든 액(厄)을 피해서 댕기고[21]

---

9) 모시. 모시베의 원료가 되는 모시풀. 쐐기풀과(科)에 속하는 다년초(多年草). 줄기의 껍질을 벗겨서 섬유를 얻게 됨. 이 껍질을 시냇물에 씻어서 그늘에서 말린 후 손톱으로 잘게 쪼개어 그것을 비비면서 이어 실을 얻게 됨.

10) 광주리. 대·싸리·버들 등을 엮어 만든 둥근 그릇.

11) 씨기. '쓰기'에 해당하는 경상도 방언. 뒤집어 쓰기. 모시로 실을 만들면 그 색깔이 흰색을 띠기 때문에 '모시 광주리를 쓴다'는 말은 머리가 백발(白髮)이 되어 마치 모시를 삼아서 담아 놓은 광주리를 뒤집어 쓴 것처럼 된다는 말임.

12) '잠깐이로다'에 해당하는 경상도 방언.

13) '(머리가) 세어서'에 해당하는 경상도 방언. 하얗게 되어서.

14) '지으나'에 해당하는 경상도 방언.

15) 기관시. '기관수(機關手)'에 해당하는 경상도 방언. 경상도 해안 지방에서는 흔히 '기관수(機關手)'를 '기관시' 혹은 '기간시'라고 발음함. 배에서 기관실(機關室)을 관장하면서 기관을 담당하는 선원.

16) 절군. '곁군'에 해당하는 경상도 방언. '곁군'은 본래 '곁에서 남의 일을 거들어 도와주는 사람'이라는 뜻이나 경상도 해안지방에서는 일반 선원(船員)을 지칭하는 말로 사용됨. 어원적(語源的)으로 보면 '곁군'의 구개음화(口蓋音化) 및 단모음화(單母音化) 현상으로 이해됨.

17) '기타(其他)'에 해당하는 경상도 방언. 여기서는 '모든 선원(船員)들'을 말한 것임.

18) 알기[卵旗]. 알이 되는 기. 가장 바탕이 되는 기. 바다에 그물이나 주낙을 놓을 때 제일 먼저 세우게 되는 기준이 되는 깃발. 나중에 그물이나 주낙을 걷을 때 이 깃발을 찾아 거기서부터 거두어 가야 순조로운 작업이 가능하기 때문에 어로작업(漁撈作業)에서 이 깃발을 발견하는 것은 대단히 중요한 일 가운데에 하나임.

19) 줏대. '깃대'를 말함.

20) '(깃대도) 잘 맞추고'에 해당하는 경상도 방언. 바다에서 그물이나 주낙을 놓을 때에는 그 위치를 표시하는 깃대를 묶어 두게 되는데 나중에 이것을 발견하는 일을 '깃대 맞췄다' 혹은 '깃대 찾았다'라고 표현하게 됨. 그때 깃대에 다는 천은 식별(識別)이 용이하도록 하기 위하여 붉은색이나 흰색 등을 주로 사용하게 됨. 이 일을 잘 하기 위해서는 우선 눈이 좋아야 한다는 말임.

공무원(公務員)들도 붓대를 들고 있더래도 눈이 밝아야
필적(筆跡)을 다 안지운다.[22]
이렇기 때무로[23]//한눈앓아 춘하맹산 두눈앓아 춘하맹산
피삼[24] 열삼[25] 걷아가주고[26] 가는거는
출천지(出天之)[27] 심소자[沈小姐]백이[28] 없던가 보더라.

잽이: 야

巫女: 심소자[沈小姐]는//이 세상에[29]
요왕국[龍王國] 들어가 영영 죽고 없었더라면
심소자 역사(歷史)에 옛글에 옛법을 안내버리지마는[30]

잽이: 야

巫女: 이 심처[沈淸]이는 요왕국[龍王國] 들어가 삼년(三年)으로
열다섯살서러[31] 가서//십오세(十五歲) 열다섯살에 들어가 가주고
삼년(三年)을 있다가 열여덟살에 육당[32]으로
송(宋)나라 송왕비(宋王妃)//왕비(王妃) 부인(夫人)[33]이 되어서

---

21) 댕기고. '다니고'에 해당하는 경상도 방언.
22) '글을 잘 쓸 수 있다. 글의 내용을 잘 기억할 수 있다' 정도의 뜻임.
23) 때무로. '때문에'에 해당하는 경상도 방언.
24) 피삼. 안질(眼疾)의 이름임. '삼'은 눈동자에 생기는 희거나 붉은 반점(斑點). 따라서 '피삼'은 '눈에 핏발이 서면서 눈동자에 반점이 생기는 안질의 이름' 정도로 이해됨.
25) 열삼. 역시 안질(眼疾)의 이름임. '삼'에 '열(熱)'이 붙은 것으로 보아 눈이 심하게 충혈되는 안질(眼疾)일 것으로 추측됨.
26) '걷어. 걷어서'에 해당하는 경상도 방언.
27) 출천지. 하늘이 낸. '출천지효녀(出天之孝女)'의 준말로 볼 수 있겠음. 천성(天性)으로 효심(孝心)을 타고난 여자. 천성(天性)으로 타고난 효녀(孝女).
28) '심소저(沈小姐)밖에'에 해당하는 경상도 방언. 문맥상으로는 물론 심청이를 지칭한 것임.
29) 제보자의 실수였음. '용왕국(龍王國) 들어가'라고 해야 할 자리였기 때문에 바로 뒤에서 바로잡은 것임.
30) '없었겠지만' 정도의 뜻임.
31) '열다섯 살에. 열다섯 살부터'에 해당하는 경상도 방언. 경상도 지방에서는 흔히 '-서로'로 발음하며, 그 용례를 보면 '-으로부터. -에'의 의미를 가짐.
32) 육당. '육지(陸地). 뭍'에 해당하는 경상도 방언. 흔히는 '육땅'이라고 발음함.
33) '왕비(王妃)'를 우리말로 풀어서, '왕(王)의 부인(夫人)'이라고 말하려고 했던 것이나 실수하여 그냥 '부인'이라고 말한 것으로 이해됨.

잽이: 그렇죠.

巫女: 이[34] 있기 때문에 천추 유만대[千秋累萬代][35]로 불러서
출천지(出天之) 효녀법(孝女法)을 비리지[36]않고
임당수[印塘水][37] 댕기는[38]//바다 댕기는 여러 선주(船主)들
만경창파(萬頃蒼波) 댕기더래도
심소자[沈小姐][39] 받들어서 요왕[龍王]님카 받들어서
아무 사고(事故) 없두로 맹그러주고[40]

잽이: 야

巫女: 또 어예든지 차(車)를 모나
학교(學校) 아동(兒童)들 공부(工夫)를 하나
누구든지 무슨 장사를 하나//눈이 밝어야 된다~.

잽이: 그렇죠.

巫女: 이때 심소자[沈小姐] 넋이를 불러
한상(床) 잘해 요왕[龍王]굿 풀어줍시다.

잽이: 야

<창(唱)으로>

巫女: 삼춘 하루[三春花柳][41]//호시 절(好時節)에[42]~

---

34) '여기. 여기에'에 해당하는 경상도 방언.
35) 천추유만대. '천추누만대(千秋累萬代)'의 와음. 천추만대(千秋萬代)로. 영원히.
36) '버리지'에 해당하는 경상도 방언. 경상도 지방에서는 '내버리다'를 흔히 '내삐리다. 내삐다'라고 발음함.
37) 임당수. '인당수(印塘水)'의 와음. 고대소설 『심청전(沈淸傳)』에 나오는 깊은 물 이름. 심청이 공양미(供養米) 삼백 석(三百石)에 몸이 팔려 제수(祭需)로 뛰어 들었던 물 이름. 그러나 여기서는 단순히 '바다'라는 뜻으로 사용된 것임.
38) 댕기는. '다니는'에 해당하는 경상도 방언.
39) '심소저(沈小姐)'에 해당하는 경상도 방언. 문맥상으로는 뒤에 주격조사(主格助詞)가 생략된 것임. 심소저(沈小姐)가. 심청(沈靑)이가.
40) 맹그러주고. '만들어 주고'에 해당하는 경상도 방언. '맹글다'는 '만들다'에 해당하는 경상도 방언.
41) 삼춘하루. '삼춘화류(三春花柳)'의 와음. 꽃 피고 버들 늘어진 봄.
42) 호시절에. 좋은 시절(時節)에. 좋은 계절에.

초목 군생(草木群生)이 침물[之物]이라.43)

잽이: 아~디야

巫女: 개윤이 자랑 할때44)//황곡 간45)으로 흘러 가고

유자물46)은 낙화(落花) 같구//낙화(落花)는~//유적47)같구 이~

황금(黃金)겉은 저꾀꼬리 북형[北鄕]으로 날어가고

잽이: 아~디야

巫女: 아름다운 분수식으느48)//임당수[印塘水]~ 깊은 물에

잽이: 아~디야

巫女: 힘없이 떨어지는 그꽃으노

어는49) 꼿인줄50) 알았더냐?

<말로>

관중 가운데 어느 할머니: 잘한다.

<창(唱)으로>

巫女: 황주구금[黃州郡]51) 도화동(桃花洞)에//한매인[盲人]이52)~ 살었는데~

잽이: 아~디야

巫女: 성(姓)으는 심씨(沈氏)요//이름으는 학규라~.

잽이: 아~디야

巫女: 심학규라 하는 이는//사십줄이53) 안명[眼盲] 하아54)

---

43) '지물[之物]이라'의 와음. 앞의 어절과 연결하면 '초목군생지물(草木群生之物)은' 정도의 와음이라고 보는 것이 옳겠음.

44) '개유이자락(皆有而自樂) 할 때'의 와음. 모두들 스스로 즐길 때에. 봄을 표현한 것임.

45) 황곡간. '산곡간(山谷間)'의 와음. 산골짜기 사이.

46) '유접(遊蝶)'의 와음. 노니는 나비. 날아다니는 나비.

47) 위와 같음.

48) '봄소식'의 와음.

49) 어는. '어느'에 해당하는 경상도 방언.

50) '꽃인줄'의 잘못임.

51) '황주군'의 와음. 고대소설 『심청전(沈淸傳)』에서 장소적(場所的) 배경이 된 곳이 황해도(黃海道) 황주(黃州) 도화동(桃花洞)임.

52) '한 맹인(盲人)이'에 해당하는 경상도 방언. 맹인(盲人) 한 사람이.

잽이: 아~디야

巫女: 가사(家事) 에야[55] 가사(家事)가 낭패(狼狽)[56]하고

야예[57] 예절(禮節)도 떨어지고[58]

잽이: 아~디야 디~야

巫女: 낭서 노복[59]도 정히[60] 없고

구간(苟艱) 하느[61]//살림살이~ 곽씨부인(郭氏夫人)을 잘만내여[62]

잽이: 아~디야 더~디야

巫女: 본시(本時)에 양반(兩班)의 후례로써[63]//행실(行實)도~ 점잔하고~

잽이: 아~디야 더~디야

巫女: 예절(禮節)도 착하시더라~.//이리~ 살적에~

잽이: 아~디야

巫女: 어지구[64] 착한 부인(夫人) 잘만내서//이때여~ 살어 갈때

잽이: 아~디야

巫女: 곽씨 부인(郭氏夫人)으//삯빨래~[65] 삯질삼~

온갖 품을 팔아//온갖~ 돈을 모아

쾌[66]를 지워서~//언근 도이[遠近洞里]~[67]

---

53) '사십 줄에'의 잘못임. 나이 사십이 다 되어서.
54) '안맹(眼盲)하여'의 와음. 눈이 멀어서.
55) 제보자의 실수였음. '가사(家事)가'로 이어져야 할 자리였기 때문에 바로 뒤에서 바로잡은 것임.
56) 낭패. 일이 실패(失敗)로 돌아가 매우 딱하게 됨.
57) 제보자의 실수였음. '예절(禮節)도'로 바로 이어져야 할 자리이기 때문에 바로 뒤에서 바로잡은 것임.
58) 문맥상으로는 '양반으로서의 지체도 낮아지고' 정도의 뜻임.
59) 낭서노복. '남녀노복(男女奴僕)'의 와음. 계집종과 사내종.
60) '전혀'의 잘못임.
61) '구간(苟艱)한'의 와음. 몹시 가난한.
62) '잘 만나서'에 해당하는 경상도 방언. 좋은 부인을 만나서.
63) '후예(後裔)로서'의 와음.
64) 어지구. '어질고'에 해당하는 경상도 방언.
65) 삯빨래. 삯을 받고 하는 빨래. '삯'은 '삯'에 해당하는 경상도 방언.
66) 쾌. 옛날 엽전을 세던 단위. 엽전 열 꾸러미, 곧 열 냥(兩)이 '한 쾌'가 됨.
67) '원근 동리(遠近洞里)'의 와음.

잽이: 아~디야

[잽이들은 일제히 악기를 흐드러지게 연주하고 무녀는 그 장단에 맞추어 춤을 춘다. 꽹과리와 장고와 징소리가 요란하다<소요시간: 24초>]

<창(唱)으로>

巫女: 언근 도이[遠近洞里]~ 문전(門前)에//단단이 맽게[68] 두고

잽이: 아~디야 더~디야

巫女: 동절 이복[冬節衣服][69] 수(繡)를 이구[70] 숨뜨기왕아[71]

하절이복[夏節衣服]에 수(繡)를이고//배자(褙子)[72] 단추

잽이: 아~디야

巫女: 토시~[73] 버선~//행장[行纏][74] 홍치~[75]

염나[夾囊][76] 복건(幅巾)꺼징[77] 다지어 낼때

잽이: 아~디야

---

68) 맽게. '맡겨'에 해당하는 경상도 방언. 이자를 받기로 하고 돈을 꾸어 주었다는 말임.
69) '동절의복(冬節衣服)'의 와음. 겨울철에 입는 옷.
70) '수(繡)를 놓고'의 잘못임.
71) '솜뜨기와'를 이렇게 발음한 것임.
72) 배자. 저고리 위에 덧입는 옷의 이름. 마고자와 같으나 소매가 없고 양옆구리의 귀가 겨드랑까지 틔어 있으며 흔히 양단(洋緞) 천에, 속에는 토끼·너구리·양 등의 털을 넣음. 겨울철에 여자가 입음.
73) 토시. 팔뚝에 끼는 방한(防寒) 제구. 저고리 소매 비슷하게 생겼는데 한쪽 끝은 좁고 다른 한쪽 끝은 넓게 되어 있음.
74) '행전(行纏)'의 와음. 바지·고의를 입을 때 정강이에 꿰어서 무릎 아래에 매는 물건. 옹구바지가 되지 아니하고 가든하게 하고자 발회목에서 장딴지까지 바지 위에 눌러 치는 것으로, 번듯한 헝겊으로 소맷부리처럼 만들고 위쪽에 끈 둘을 달아서 졸라매게 되어 있음.
75) 홍치. '줌치'의 와음. '줌치'는 '주머니'에 해당하는 경상도 방언.
76) 염나. '염낭'의 와음. 두루주머니. 아가리에 잔주름을 잡고 끝 두 개를 양쪽에 꿰어서 여닫게 되어 있는 주머니로 '협낭(夾囊)'이라고도 함.
77) '복건까지'에 해당하는 경상도 방언. '복건(幅巾)'은 도복(道服)에 갖추어서 머리에 쓰는 모자로 흔히는 '쾌자(快子)'라고 함. '쾌자'는 옛 전복(戰服)의 한 가지. 등솔을 길게 째고 소매는 없음. 근래에는 복건과 함께 명절이나 돌날에 어린 아이들이 주로 입음. 동해안(東海岸) 세습무(世襲巫)들이 굿을 할 때 무녀들이 가장 많이 착용하는 옷이기도 함. '-꺼징'은 '-까지'에 해당하는 경상도 방언.

巫女: 이렇게 모은 돈으로~ 단단히 줬다가[78]
선친 봉지사[79]//안명[眼盲]하는 가장공경(家長恭敬)
극진~히 공경(恭敬) 하여

잽이: 아~디야

巫女: 나는 팬타 하거니와[80]
마누래~//하루는 불러서//절에다가~ 앉하 놓고[81]

잽이: 아~디야

巫女: 여보게 마누라 내말좀 들어보오.
이모귀비[耳目口鼻][82] 성한 사람도//불초 기집[83]을 만낸다.[84]

잽이: 아~디야

巫女: 당신은 무슨 팔자(八字)로//불구자(不具者) 나를 만나

잽이: 아~디야

巫女: 불천 주야[不撤晝夜][85]로 벌어 딜여서[86]
어린 아이에//받드듯이 행여 춥은가[87]
행여 배고픈가//행여나[88] 날공경(恭敬)가?[89]

---

78) 줬다가. '주었다가'에 해당하는 경상도 방언. '이자(利子)를 받기로 하고 빌려 주었다가'의 뜻임.
79) 선친봉지사. '선친봉제사(先親奉祭祀)'의 와음. 글자 그대로의 뜻으로 하면 '돌아가신 아버지의 제사를 받든다'는 뜻이나 여기서는 '조상의 제사를 받듦' 정도의 뜻으로 이해임.
80) '나는 편하다고 하거니와'에 해당하는 경상도 방언. 제보자의 실수였음. 내용상으로 이 구절(句節)은 심봉사(沈奉事)가 곽씨부인(郭氏夫人)에게 하는 말로써, 여기에 나올 자리가 아님. 심봉사가 자식(子息) 낳기를 소원하여 부인에게 치성(致誠)을 들여보기를 권하는 대목에서 나올 내용임.
81) '곁에다가 앉혀놓고'에 해당하는 경상도 방언. '절'은 '곁'에 해당하는 경상도 방언.
82) 이모귀비. '이목구비(耳目口鼻)'의 와음.
83) 불초 기집. '불초(不肖)한 계집'에 해당하는 경상도 방언. 변변치 못한 아내. '기집'은 '계집'에 해당하는 경상도 방언. 흔히는 '지집' 혹은 '제집'이라고도 발음함.
84) 만낸다. '만난다'에 해당하는 경상도 방언.
85) 불천주야. '불철주야(不撤晝夜)'의 와음. 밤낮 가리지 않고.
86) '들여서'에 해당하는 경상도 방언.
87) 춥은가. '추운가'에 해당하는 경상도 방언.
88) 제보자의 실수였음. 문맥상으로 보아 없어야 할 자리임.

잽이: 아~디야

巫女: 나는 팬[便]타 하려니와//마누래에 고생(苦生) 살이

잽이: 아~아

巫女: 도로왜[90] 불편(不便)하니야 사는대로 살어가되
날공경(恭敬)으는 고만 하고

잽이: 아~디야

巫女: 우리도~//후세상(後世上)에 들어가면//선친(先親)을 대하야
무신[91] 민목[面目][92] 말을 하며
죽어~ 간하디래도~[93]

잽이: 아~디야

巫女: 물한그륵[94] 떠다 놓고//부양 재배[焚香再拜]~[95] 할사람~

잽이: 아~디야

巫女: 거게[96] 누가 있소?//옛날에 안씨 부인[97]은
이구산[尼邱山][98]에//공(功)을 디리서[99] 공자(孔子)님으로 탄생(誕生)하야

잽이: 아~디야

巫女: 늦게야~

---

89) '나를 공경(恭敬)하는가?'에 해당하는 경상도 방언.

90) 도로왜. '도리어'에 해당하는 경상도 방언.

91) 무신. '무슨'에 해당하는 경상도 방언.

92) 민목. '면목(面目)'에 해당하는 경상도 방언.

93) 제보자의 실수였음. '죽어간다 하더라도. 죽어가더라도. 죽더라도' 정도의 뜻인데 말이 잘 이어지지를 않았던 것임.

94) '물 한 그릇'에 해당하는 경상도 방언. 제사(祭祀)의 제물(祭物)을 말한 것임.

95) 부양재배. '분향재배(焚香再拜)'의 와음. 향(香)을 피우고 두 번 절함. 곧 제사(祭祀)를 지내는 일을 말한 것임.

96) '거기에'에 해당하는 경상도 방언.

97) 공자(孔子)님의 어머니. 이름은 징재(徵在).

98) 중국(中國)의 산동성(山東省) 곡부현(曲阜縣) 동남(東南)쪽에 있는 산의 이름. 공자(孔子)의 아버지인 숙양흘(叔梁紇)과 공자의 어머니인 징재(徵在)가 여기서 빌어서 공자를 낳았다고 함.

99) '드려서'에 해당하는 경상도 방언.

[잽이들은 일제히 악기를 연주하고 무녀는 그 장단에 맞추어 춤을 춘다<소요시간: 26초>]

<창(唱)으로>

잽이: 아~디야

巫女: 공자(孔子)님으로 탄식[誕生]해서[100]
　　　유도(儒道)에 팔포강하[101] 되었다네.

잽이: 아~디야

巫女: 우리도 명산에 기도(祈禱) 하야항아~
　　　병시[病身][102] 겉은 딸이라도//하나만 봤시면 한(恨)이 없소.

잽이: 아~디야

巫女: 곽씨 부인(郭氏夫人)이 그말 듣고
　　　자식(子息) 두고~ 싶은 마음이야
　　　뼈를 갈구야//몸을 판들 어찌~ 못하리요.

잽이: 아~디요

巫女: 정대(正大) 하시는 서방님 성질(性質)로 몰라
　　　말씀 못디랬 더니야
　　　시방(時方) 버텀[103] 서방님 의사(意思)에//영[令]을 따라서
　　　명산 대천(名山大川) 공(功)디리러 가네.

잽이: 아~디요

巫女: 품을팔어 모은돈으로 명산대천(名山大川) 찾아간다.
　　　명산대처아[名山大川][104]

---

100) '탄생(誕生)해서'의 잘못임.

101) '발복감화(發福感化)' 정도의 와음으로 보임. '발복(發福)'은 운(運)이 틔어 복(福)이 닥침. '감화(感化)'는 영향을 주어 마음이 변하게 함. 따라서 여기에서의 '발복(發福)'은 공자(孔子)의 아버지와 어머니의 입장에서 그렇게 되었다는 것이고 '감화(感化)'는 다른 사람들의 입장에서는 공자로 말미암아 결과적으로 그런 감화를 받게 되었다는 뜻으로 이해할 수 있을 것임.

102) 병시. '병신(病身)'에 해당하는 경상도 방언.

103) '시방(時方)부터'에 해당하는 경상도 방언. 지금부터.

104) '명산대천(名山大川)'의 와음.

영신당(靈神堂)[105]과 숙녀 주산[106] 서황[城隍]님[107]

잽이: 아~디야

巫女: 석불 보살(石佛菩薩)~ 미륵(彌勒)님께//허유 허유[108] 다니면서

잽이: 아~디야

巫女: 일철 불공[109] 날~ 불공아[110]

백일 산하[百日山祭][111] 제석 불공(帝釋佛供)

집에 들어 있는 날으느

성주[成造] 조왕(竈王)[112]님 전에 치성(致誠) 디리니

---

105) 영신당. 영험(靈驗)한 신(神)을 모신 신당(神堂).

106) '고묘총사(古廟叢祠)'의 와음. '고묘(古廟)'는 오래된 사당(祠堂). '총사(叢祠)'는 잡신(雜神)을 제사하는 사당집. 이해조(李海朝)의 신소설 『강상련(江上蓮)』의 이 대목에 '명산대천 령신당 고묘 총ᄉ 셕왕ᄉ에 셕불보살 미륵님젼………'이라고 되어 있음.

107) 서황님. '성황(城隍)님'에 해당하는 경상도 방언. 서낭님. '서낭'은 부락 수호신(守護神)의 하나. 주로 마을의 입구나 마을의 한복판에 이 신(神)을 모신 당(堂)이 있는 부락들이 많음. 당집의 형태를 취하고 있는 경우도 있으나 단순히 돌무더기로 되어 있는 형태도 상당수 있음.

108) 바삐 힘들여서 다니는 모양.

109) '한 계절 동안 드리는 불공(佛供)'으로 볼 수도 있겠으나 '일천불공(一千佛供)'의 와음으로 보아 '천일(千日) 동안 드리는 불공(佛供)'으로 볼 수도 있겠음. 이해조(李海朝)의 신소설 『강상련(江上蓮)』에서는 '칠성불공(七星佛供)'이라고 하였음.

110) 이해조(李海朝)의 신소설 『강상련(江上蓮)』에서는 '라한불공(羅漢佛供)'이라고 하였음.

111) '백일산제(百日山祭)'의 와음. 산천(山川)에 지내는 백일기도(百日祈禱)나 제사(祭祀).

112) 조왕. 부엌을 맡은 가정신(家庭神). 흔히 '조왕 할머니'라고 하며 성조신(成造神)과 함께 집안을 관장하는 가장 큰 신(神)임. 민간(民間)에서는 부뚜막에 좌정해서 불을 관장하며 그 집안의 주부(主婦)를 보호하는 신(神)으로 인식하고 있음. 제수(祭需)로는 흰 사발에 담은 정화수(井華水)를 받는데 이 흰 사발을 '조왕주발'이라고 부름. 한국의 어머니들이 부엌의 큰솥이 걸려 있는 벽 위에다 이 조왕주발을 모셔두고 매일 아침 정화수를 떠다 갈아 붓고 정성껏 빈 대상이 바로 이 조왕신이었고 '건궁조왕'이라고 하여 이 조왕주발 없이 그냥 조왕신에게 빈 경우도 있음. 다른 지방의 무가자료(巫歌資料)에는 이 조왕신에 대한 축원무가(祝願巫歌)가 존재하는 것이 보통이고, 제주도(濟州道)의 '문전신 본풀이'에서의 경우와 같이 완전한 서사무가(敍事巫歌)의 형태를 취하고 있는 경우도 있음. 그러나 이 일산동(日山洞) 별신굿에는 조왕신 본풀이나 조왕축원이 존재하지 않았는데 그것은 이 굿이 가정(家庭)을 위한 굿이 아니라 마을의 안녕(安寧)을 기원(祈願)하는 굿이기 때문인지, 아니면 본래 동해안(東海岸) 무가(巫歌)의 문서에는 이 조왕거리가 없기 때문인지는 더 조사하여 보아야 할 것으로 판단됨.

잽이: 아~디야

巫女: 공(功)든 탑(塔)이~ 무너지며//심던 남기~113) 부러 질까.

잽이: 아~디요

巫女: 갑자년(甲子年) 사월(四月)이라~ 초파일(初八日)날
꿈하나를 얻는 구나.

잽이: 아~디야

巫女: 하늘에 무산선녀[巫山神女]114)가 머리는 제건115)을 두루고116)
몸에는 월패(月佩)117)를 차~고//기화(奇花)118)를 꺾어쥐고

잽이: 아~디야

巫女: 학(鶴)을 타고 내리는 구나.

잽이: 아~디야 더~디야

巫女: 이때야~ 곽씨 부인전(郭氏夫人前)에//두손 모아~ 합장(合掌) 하고
소인(小人)은 서왕모(西王母)119)

---

113) '나무가'에 해당하는 경상도 방언. '남기'는 고어(古語)인 '나모'에 주격조사가 결부된 형태임.

114) 무산선녀. '무산신녀(巫山神女)'의 와음. 무산(巫山)에 살고 있다는 신녀(神女). '무산(巫山)'은 중국(中國) 사천성(泗川省) 무산현(巫山縣)에 있는 산으로 십이봉(十二峰)이 있고 그 아래에 신선묘(神仙廟)가 있음. 이 산에는 신녀(神女)가 살고 있다고 하는데 이 신녀를 흔히 '무산신녀(巫山神女)'라고 함. 초(楚)나라의 양왕(襄王)이 무산에서 청조(靑鳥)의 도움으로 이 신녀를 만나 정(情)을 나누었다는 유명한 이야기가 전하며 '양대지몽(陽臺之夢)'과 '운우지정(雲雨之情)'이라는 고사성어(古事成語)는 이에서 유래한 것으로 알려져 있음.

115) 제건. 아마도 '제건(帝巾)'인듯함. 문맥상으로 보면 '임금이 쓰는 관(冠)' 정도의 뜻으로 보임.

116) '두르고'에 해당하는 경상도 방언.

117) 월패. 달 모양으로 생긴 패옥(佩玉). 금관조복(金冠朝服)의 좌우에 늘이어 차는 옥(玉). 흰 옥을 서로 연하여 무릎 밑까지 내려가도록 하는 것인데, 엷은 사(紗)로 긴 주머니를 지어 그 속에 넣어서 참.

118) 기화. 진귀(珍貴)한 꽃. 기이(奇異)한 꽃. 계화(桂花)의 와음.

119) 서왕모. 중국 상대(上代)에 받들었던 선녀(仙女)의 하나. 성(姓)은 양(楊), 이름은 회(回). 주(周)나라 목왕(穆王)이 서쪽으로 곤륜산(崑崙山)에 사냥을 가서 서왕모(西王母)를 만나서 요지(瑤池)에서 노닐며 돌아오기를 잊었다고 함. 또 한(漢)나라 무제(武帝)가 장수(長壽)를 원하고 있을 때, 그를 가상(嘉祥)히 여기어 하늘에서 선도(仙桃) 일곱 개를 가지고 내려와 무제(武帝)에게 주었다고 함. 『산해경(山海經)』에서는

딸일러니야 반도진상(蟠桃進上)120) 나가다가

잽이: 아~디야

巫女: 옥진(玉眞) 비자를 만내121) 잠시 수작(酬酌)하다가

상제(上帝) 그게야122)

득지[得罪]123) 하여서 인간(人間)의그기124) 정배(定配)125) 하야

잽이: 아~디야

巫女: 찾어 왔으니//어여삐 이깁소사.126)

품안으로 살금 들어간다.

잽이: 아~디야

[장고 반주만 잠시 이어진다<소요시간: 3초>]

<말로>

巫女: 곽씨부인(郭氏夫人)이 꿈을 꾸니

잽이: 그~렇죠.

巫女: 꿈도 이상해서//심봉사(沈奉事)를 급히깨와 꿈얘기를 허니

두내우127) 꿈이 똑같이 꾸였구나.

잽이: 그렇지요.

그 모양이, 반인반수(半人半獸)로 표범의 꼬리에 범의 이를 가지고, 더벅머리에 풀다리를 썼다고 하였음. 그 여자의 남(南)쪽에는 세 마리의 청조(青鳥)가 있어서 그 여자의 먹을 것을 마련하여 준다고 함.

120) 반도진상. '반도(蟠桃)'를 바치는 일. '반도(蟠桃)'는 선도(仙桃)의 한 가지. 삼천 년(三千年)만에 한 번씩 열매가 연다고 함.

121) 만내. '만나'에 해당하는 경상도 방언.

122) '상제(上帝)에게'에 해당하는 경상도 방언. 옥황상제(玉皇上帝)에게. 옥황상제(玉皇上帝)께. '-그게'는 고어(古語) '-그에'로 '누구누구의 편에. 누구누구의 쪽에'의 뜻임.

123) 득지. '득죄(得罪)'의 와음. 죄를 얻음.

124) '인간세계(人間世界)에'에 해당하는 경상도 방언. 속세(俗世)에.

125) 정배. 죄인(罪人)에게 배소(配所)를 정하여 유배(流配) 시킴.

126) '어엿비 여기소서'에 해당하는 경상도 방언. 불쌍히 여기소서. '어엿브다'는 '불쌍하다. 가엾다'에 해당하는 고어(古語). '이기다'는 '여기다. (그렇게) 생각하다'에 해당하는 경상도 방언.

127) 두 내우. '두 내외(內外)'에 해당하는 경상도 방언. 부부(夫婦).

巫女: 심봉사가 태몽(胎夢)인줄 알고
가까이 땅가[128]눕혀 놓고

잽이: 아

巫女: 그날밤에 몇분[129]이나 잤는지
그거는 나는 보지는 못했지요.

잽이: 태끼[胎氣][130]가

巫女: 이랬는데 그달부텀 태끼[胎氣]가 드는가 보더라

잽이: 야

巫女: 곽씨부인(郭氏夫人) 어지고 착하신 범절(範節)
극진(極盡) 극진 조심허는데
곽씨부인(郭氏夫人)이 그달부텀 태끼[胎氣]들어 석부적 불식[席不正不坐 割不正不食]하고[131]
이불청청 액택[立不蹕 臥不側 耳不聽淫聲][132]하야 목불식 사생[目不視惡色][133]하야

---

128) 땅가. '(끌어) 당겨'에 해당하는 경상도 방언.

129) '몇 번. 몇 차례'에 해당하는 경상도 방언.

130) 태끼. '태기(胎氣)'에 해당하는 경상도 방언. 아이를 잉태할 기미. 이 행(行)은 대개 일정한 여음(餘音)만을 받아서 반복하는 일반적인 경우와는 달리, 잽이가 특정한 단어(單語)를 무녀를 상대로 미리 알려주고 있다는 점에서 특이(特異)함. 이것은 잽이가 무녀에게 다음에 이어질 내용 가운데의 핵심적인 단어를 가르쳐 줌으로써 구연을 이끌어가는 역할을 한 것으로 판단됨. 아마도 이 무녀가 대개 이 부분에 오면 혼란을 일으키는 경우가 많다는 것을 알고 있는 잽이가 미리 그것을 막기 위하여 '태기(胎氣)'라는 이 핵심 단어를 말해 준 것으로 보임.

131) '석부정부좌(席不正不坐)하고 할부정불식(割不正不食)하고'의 와음. 태교(胎教)의 한 가지임. 자리가 바르지 않으면 앉지를 않고 자른 것이 반듯하지 않으면 그 음식을 먹지 않음. '석부정부좌(席不正不坐)'와 '할부정불식(割不正不食)'은 각각 『논어(論語)』 향당편(鄉黨篇)에서 공자(孔子)의 일상생활을 설명하는 내용들 가운데 들어있는 구절들임.

132) '입불비(立不蹕) 와불측(臥不側) 이불청음성(耳不聽淫聲)'의 와음. 역시 태교(胎教)의 하나임. 외발(한쪽발)로 서지 아니하고 모로 눕지 아니하며 귀로 음란(淫亂)한 소리를 듣지 아니함. '입불비(立不蹕)'는 『열녀전(列女傳)』에 나오는 구절임.

133) '목불시악색(目不視惡色)'의 와음. 역시 태교(胎教)의 하나임. 눈으로 나쁜 색깔을 보지 않음.

잽이: 아

巫女: 이렇게 다~//극진(極盡)히 조심하야 십색[十朔][134]을 채우는데

잽이: 그렇지요.

巫女: 하리[135]는 순산(順産)끼[136]가 있던가 보더라.

잽이: 야

<창(唱)으로>

巫女: 아이고 배야//아이고 허리야
　　아이구 아이구 내죽겠네.

잽이: 아~디요

巫女: 심봉사(沈奉事)는//겁(怯)을 내여서
　　눈으로 보지는~ 못하고~

잽이: 아~디야

巫女: 지평 막대[137] 걷어 잡고[138]//더듬 더듬 나가서~

잽이: 아~디야

巫女: 짚한줌 추려[139]들고 새사발에 물떠놓고[140]
　　삼신[141] 지왕님[142]전(前)에 비는 말이야

---

134) 십색. '십삭(十朔)'에 해당하는 경상도 방언. 열 달.
135) 하리. '하루'에 해당하는 경상도 방언.
136) 순산끼. 해산기(解産氣). 해산(解産)을 할 기미. '해산기'라는 말을 경상도 지방에서는 흔히 '순산끼'라고 함.
137) 지평막대. '지팡 막대'의 와음. 지팡이.
138) 걷어 올려서 잡고.
139) 추려. 추려서. 짚단의 끝쪽을 손으로 들고는 아랫쪽을 돌 등에 가볍게 두드려 짚의 검불을 깨끗이 털어내는 일을 '짚 추린다'라고 말함.
140) 출산(出産)에 대비한 민속(民俗). 아이를 낳으려고 하면 깨끗한 짚 한 단을 잘 추려 상(床) 위에다 펴고 그 위에 쌀, 미역, 찬물 한 사발을 차려 놓고 삼신에게 순산(順産)을 비는 민속(民俗)이 있음.
141) 아기의 출생(出生)과 성장(成長)을 관장하는 신(神). 흔히 '삼신 할미'라고 함. 전국의 무가에 나타나는 '제석본풀이' 혹은 '당금애기'는 바로 이 신(神)에 대한 풀이로서 가장 원초적(原初的)인 생산신(生産神) 신화(神話)라고 알려져 있음.
142) '삼신 제왕님'에 해당하는 경상도 방언. 경상도 지방에서는 흔히 그냥 '제왕. 제왕님. 지왕' 등으로 부름. 사람의 출생(出生)과 어릴 때의 성장을 관장한다고 알려져 있는

<말로>

巫女: 이웃집 아주머이카[143] 싸움하는겉이//어찌 시끄럽게 비는지

잽이: 그렇지요.

巫女: 두무릎을 공소[恭孫]히[144] 꿇고 두손 합장(合掌)하야
영검하신[145] 삼신 지왕님네요

잽이: 야

巫女: 아그 어무이[146] 욕뵈지말고[147] 생게준[148] 이방성[149]
뺏문[150] 살문열아[151] 함박[152]에 물쏟듯//퍽~썩 쏟어 주옵소서.

잽이: 야

巫女: 삼신 지왕님전(前)에 이렇게 빌고 나더니

잽이: 그렇지요.

巫女: 혼미주[昏迷中]에[153] 탄식[誕生]해야[154]//아기 소리가 으아 나는구나.

잽이: 야

巫女: 사십(四十)이 넘어서 아기소리 들으이 기가 차다.
너무도 반가와서 기쁜 마음으로[155] 어쩔수가 없구나.

잽이: 야

무속신(巫俗神)의 이름. 이 신(神)에 대한 본풀이가 '제석본풀이'임.

143) '아주머니와'에 해당하는 경상도 방언.

144) '공손(恭遜)히'에 해당하는 경상도 방언.

145) 영검하신. '영험(靈驗)하신'에 해당하는 경상도 방언. 영묘(靈妙)한 감응이 있으신. '영검'은 사람의 기원(祈願)에 대한 신불(神佛)의 영묘(靈妙)한 감응(感應).

146) '아기의 어머니'에 해당하는 경상도 방언.

147) '고생스럽게 하지 말고. 수고롭게 하지 말고. 괴롭히지 말고' 등에 해당하는 경상도 방언. 경상도 지방에서는 일반적으로 '수고한다'라는 말을 '욕본다'라고 말함.

148) '생겨준'에 해당하는 경상도 방언. 생기게 하여 주신.

149) 이 방성. '이 아이'를 뜻하는 말임.

150) 뺏문. '뼈문[骨門]'의 와음.

151) '살문[肉門]을 열어'에 해당하는 경상도 방언.

152) 함박. '함지박'에 해당하는 경상도 방언. '함박'은 함지박과 같은 말. 통나무의 속을 파서, 전이 없이 큰 바가지같이 만든 그릇.

153) '혼미중(昏迷中)에'에 해당하는 경상도 방언. 혼미(昏迷)한 가운데.

154) '탄생(誕生)하여'의 잘못임.

155) '마음을'에 해당하는 경상도 방언.

巫女: 이럴적에 삼신 지왕님네//물을 떠놓고 비는말이[156]

안주[157]도 아긴지[158] 아들인지 딸인지 천지(天地) 분별(分別)을 모른다.

곽씨부인(郭氏夫人)이 정신(精神) 채러서[159]//여보시오 서방님요

남녀간(男女間)에 무엇인지 나를좀 알려주시오.

잽이: 그렇지.

巫女: 심봉사(沈奉事)가 아들인지 딸인지

눈만 밝으믄 보믄 알지마는

보지는 못하이 쨍배기서[160] 모지리[161] 더듬어 가다가

걸리면[162] 아들이고 안걸리면 딸이던 기었다.[163]

잽이: 아

<창(唱)으로>

巫女: 더듬 더듬 더듬 더듬//거침 없이 쑥내려 간다.

잽이: 아~디요

巫女: 동네 사람아//말 들어라.

날가무거든[164] 걱정 마시오.

우리 집에//홈파 났소~.

묵은 조개[165]가 햇조개[166] 낳소.

---

156) 제보자의 실수였음. 문맥상 여기에 들어갈 내용이 아님.
157) 안주. '아직'에 해당하는 경상도 방언.
158) 제보자의 실수였음. '아기가'라고 해야 맞는 자리임.
159) '(정신을) 차려서'에 해당하는 경상도 방언.
160) 쨍배기서. '이마에서부터. 정수리에서부터'에 해당하는 속어(俗語).
161) 모지리. '모조리'에 해당하는 경상도 방언.
162) '손에 사내 아이의 고추가 만져지면'의 뜻임.
163) '딸인 것이었다. 딸인 것이것다'에 해당하는 경상도 방언.
164) '날씨가 가물거든'에 해당하는 경상도 방언. 일기(日氣)가 오래 비가 오지 않거든.
165) 묵은 조개. 곽씨부인을 지칭한 것임. 조개나 홍합 등은 그 생김새 때문에 흔히 여성(女性)으로 비유되는 것들임.
166) 햇조개. 새로 태어난 조개. 새로 태어난 여자. 구체적으로는 자신의 갓 태어난 딸인 심청이를 지칭한 것임.

<말로>

巫女: 이렇게 하니//곽씨부인(郭氏夫人) 만득(晩得)으로 사십(四十)이 넘어 명산(名山)에 기도(祈禱)하고

딸이란 말이 웬말인고 대상통곡[大聲痛哭][167] 울음우니

심봉사 마누라 위로(慰勞)한다.

잽이: 허이

<창(唱)으로>

巫女: 마누라요~//마누라요~//순산(順産)하기 전(前)에는

순산하기 기달리고[168] 순산(順産)을 한끝에는

잽이: 아~디야

巫女: 아들 되기~//기달리는 거는

남녀 간(男女間)에 일반(一般)이요.

잽이: 아~디야

巫女: 여보시요 마누라요//아들도 잘못 두면

욕군 선천[辱及先親][169] 할것이요.

잽이: 아~디야

巫女: 우리딸 잘키와//예절 모절[禮儀凡節][170] 가리채서[171]

군자 서인[君子聖人][172] 짝을 지어

잽이: 아~디야

巫女: 외손 봉석[外孫奉祀][173] 못하리까?

그런 말으는 허시지 말고

167) 대상통곡. '대성통곡(大聲痛哭)'의 와음.
168) 기달리고. '기다리고'에 해당하는 경상도 방언.
169) 욕군선천. '욕급선친'의 와음. 돌아가신 아버지를 욕되게 함.
170) 예절모절. '예의범절(禮儀凡節)'의 잘못임.
171) 가리채서. '가르쳐서'에 해당하는 경상도 방언.
172) 군자서인. '군자성인(君子聖人)'의 와음.
173) 외손봉석. '외손봉사(外孫奉祀)'의 와음. 외손자(外孫子)가 제사(祭祀)를 받듦.

<말로>

잽이: 좋다.

<창(唱)으로>

巫女: 국밥이나 많이 잡숫고//아기 젖이나 많이 주오.

잽이: 아~디야 더~디야

<말로>

巫女: 이렇게 마누라를 위로(慰勞)하고

잽이: 허이

巫女: 삼신 지왕님 전(前)에
물한그륵[174] 떠다놓고 미역 한그륵 딜여놓고[175]
밥채려놓고[176] 비는말이//영검[靈驗]하신 삼신 지왕님네요

잽이: 예

巫女: 딸일망정 불거준[177] 공덕(功德)은 백골난방[白骨難忘][178]이고
머리를 뽑아서 신총[179]을 삼고
이[齒]를빼야 신날[180]을 걸고
새[181]를빼야 신바닥을 삼어도
삼신 지왕님네 인공[恩功]으느[182] 다 못갚으니
일출월출[日就月將][183] 가까주고 병(病)없이

---

174) '한 그릇'에 해당하는 경상도 방언.
175) '들여 놓고'에 해당하는 경상도 방언.
176) '차려 놓고'에 해당하는 경상도 방언.
177) '불려준'에 해당하는 경상도 방언. 여기서는 '태어나게 하여준'의 뜻임.
178) '백골난망(白骨難忘)'의 와음.
179) 신총. 짚신이나 미투리의 총. '총'은 짚신이나 미투리 등의 앞쪽의 두 편짝으로 둘러 박은 낱낱의 올.
180) 신날. 짚신이나 미투리 바닥에 세로로 놓는 날.
181) 새. '혀[舌]'에 해당하는 경상도 방언. 흔히는 '쌔'라고 발음함.
182) '은공(恩功)은'의 와음.
183) 일출월출. '일취월장(日就月將)'의 와음으로 보는 것이 옳겠음. 아니면 '일출월출(日出月出)'로 볼 수도 있을듯한데 이렇게 보면 문맥상으로 '나날이 다달이' 정도의 뜻으로 해석할 수 있겠으나 아무래도 약간의 무리가 따를 것으로 판단됨.

오복(五福)을 점지해여서 잘키워 주옵소서 하고
삼신 지왕님전(前)에 빌은후로[184)]
잽이: 아이
巫女: 사십(四十)이 넘아 딸이래도 놓으니 얼매나[185)] 반거운지[186)]
어쩔줄을 몰라
아기 포대기[187)] 싼채로//아기를 끌안고[188)] 어뤘는데[189)]
똑[190)] 이렇게 어뤘던가 보더라.
잽이: 허이
巫女: 아기르 엉겁절에[191)] 끌안는다는게[192)] 까꿀로[193)] 끌안았지요?
잽이: 예
巫女: 아기머리는 저드랑[194)] 밑으로 오고
아기 발[足]으는 심봉사 얼굴이로 대는구나.
잽이: 그렇지요.
巫女: 얼매나 눈이 어두워 답답키로//보지도 못하고 까꿀로 끌안았겠노?
잽이: 야
巫女: 이래또 어루는데 이런다.

---

184) '빈 후로'에 해당하는 경상도 방언.
185) '얼마나'에 해당하는 경상도 방언.
186) '반가운지'에 해당하는 경상도 방언.
187) 아기 포대기. 아이를 업을 때에 사용하는 넓고 긴 두툼한 천. 양쪽 상단(上端)에 긴 끈이 달려 있음. 아이를 등에 업은 후 천으로 업은 사람의 몸통과 아이를 함께 감싼 후 끈으로 다시 그 위를 묶어서 아이를 따뜻하게도 하고 손을 놓아도 아이가 흘러내리지 않게 함. 흔히는 '두디' 혹은 '두디기'라고도 발음함. 강보(襁褓).
188) '끌어 안고'에 해당하는 경상도 방언.
189) '얼르는데'에 해당하는 경상도 방언.
190) '꼭'에 해당하는 경상도 방언.
191) 엉겁절에. '엉겁결에'에 해당하는 경상도 방언. 뜻하지 아니한 순간에. 흔히는 '엉겁질에'라고 발음함.
192) '끌어 안는다는 것이'에 해당하는 경상도 방언.
193) 까꿀로. '꺼꾸로'에 해당하는 경상도 방언.
194) 저드랑. '겨드랑이'에 해당하는 경상도 방언. 흔히는 '제트랑'이라고도 발음함.

<창(唱)으로>
巫女: 둥~ 둥~ 둥두둥두//둥두기 둥둥둥 내딸이야
잽이: 내딸~이야.
巫女: 얼씨구나 좋구나 내딸~이야//절씨구나 내딸이야
잽이: 내딸이야.
巫女: 어디 갔다가 이제 왔나?//둥둥둥 내딸이야
잽이: 내딸이야.
巫女: 바람 질이[195] 불려 왔나?//구름 속에 싸여 왔나?
잽이: 아~디야
巫女: 둥둥두두 두둥두//두둥 둥둥둥 내딸이야
잽이: 아~디야
巫女: 아무리 꽂이가 좋다해도

<말로>
잽이: 그렇지요.

<창(唱)으로>
巫女: 한번만 보며느[196] 보기 싫고
잽이: 아~디야 디야
巫女: 금수(錦繡)[197] 옥수(玉髓)[198] 보석(寶石)이 라도

<말로>
잽이: 허이

<창(唱)으로>
巫女: 한번 쥐며느 쥐기 싫고

---

195) '바람결에'에 해당하는 경상도 방언.
196) '보면'에 해당하는 경상도 방언.
197) 금수. 비단과 수(繡)를 놓은 직물(織物).
198) 옥수. 가늘고 긴 결정(結晶)이 모여 공 모양이나 유방(乳房) 혹은 종유(鍾乳) 모양을 한 흰빛·잿빛·검은빛 혹은 갈색이 나는 보석.

잽이: 아~디요

巫女: 자슥[子息]의 정리(情理)는 무엇인지//자고 나도~ 새사랑아.

잽이: 새사랑아.

巫女: 얽거니 껌거니[199] 병시[病身]라도[200]//내자식 백에난[201] 더좋느냐~?

잽이: 아~디야

巫女: 둥두둥둥 두리~

잽이: 두둥 두둥 둥둥둥

巫女: 두리둥둥 내딸이야

얼씨구나 내강각이지[202]//절씨구나 내강각이지.

<말로>

잽이: 얼씨구야

<창(唱)으로>

巫女: 문전 옥답(門前沃畓)을 다장만 해도//이만침도[203] 더좋을까?

잽이: 아~디야

巫女: 천은(天銀)[204] 구바닥[205] 다장만 해도//이에 이상(以上)[206] 더좋을까?

잽이: 아~디야

巫女: 열소 경의 한막대[207] 로구나//둥둥 둥둥 내딸이야

열마디[208] 아들 겸해서

---

199) '검거니'에 해당하는 경상도 방언.

200) '병신(病身)이라도'에 해당하는 경상도 방언.

201) '밖에는'에 해당하는 경상도 방언.

202) 아이를 어를 때 내는 무의미한 의성어(擬聲語)임. 대개는 '강강'이라고 함.

203) '이만큼도'에 해당하는 경상도 방언. 이 정도보다. 이보다.

204) 천은. 품질이 매우 좋은 은(銀).

205) 구바닥. '구답(舊畓)'의 와음. 전부터 있던 논.

206) '이의 이상(以上). 이 이상(以上). 이보다.

207) 속담(俗談). '열 소경에 한 막대라'. 고전 문학 작품에서 비교적 널리 인용되는 속담(俗談)으로 판소리 『심청가』에도 이 표현이 있고 『춘향전(春香傳)』에도 이 표현이 나오는 본(本)들이 있음. 십맹일장(十盲一杖). 매우 긴요하고 알뜰하며 소중한 것을 이르는 말. 같은 뜻으로 사용되는 속담(俗談)에 '만진 중의 외장수'가 있음.

잽이: 아~디야

巫女: 내딸이지 내딸이지야

잽이: 아~디야

巫女: 둥둥둥 두이두이//두이 둥둥둥//어~허~ 내딸이야

잽이: 내딸이야.

巫女: 아무 따나[209] 잘커거라//니치 장으는[210] 내하 꾸마.[211]

잽이: 아하아~아

巫女: 둥둥기 둥둥 둥둥//덤불[212] 밑에 무질러러[213]
　　가시 충충돋어 곱기나 하지.[214]

잽이: 아~디야

巫女: 문굴아래[215] 옥니슬[216]은//청태(靑苔)[217]가 덮어도 곱기도 하구나.

잽이: 아~디야

巫女: 둥둥 둥둥이 두리두둥//둥둥둥 내딸이야

잽이: 둥둥둥 둥두두//둥기둥둥 내딸이야.

巫女: 둥기둥둥 내딸이야//얼씨구나 좋네요 내딸 이지

---

208) 아마도 '열 막대'의 잘못인듯함. '(열소경의) 한막대'에 대해서 열 배나 더 긴요하다는 의미로 말한 것이 아닌가 함.

209) 아무따나. '아뭏든'에 해당하는 경상도 방언. 아무렇게나.

210) '너의 치장은'에 해당하는 경상도 방언. 여기서는 '너를 잘 기르는 것은' 정도의 뜻.

211) '내가 하마'에 해당하는 경상도 방언. 내가 해 주겠다.

212) 덤불. 어수선하게 엉크러진 수풀.

213) '무찔레는'의 와음. 찔레나무는. 접두사(接頭辭)로 '무'가 붙은 것은 찔레꽃이 흰색이기 때문일 것으로 추측됨.

214) '가시가 촘촘 하여도 곱기만 하지' 정도의 뜻임. 찔레나무는 가시가 있음. 여기서는 '(아들이 아니라) 딸이라도 (아들보다도) 더 예쁘기만 하다'는 뜻으로 이해하는 것이 옳을듯함.

215) '우물 안에'의 잘못인듯함. 동해안(東海岸) 세습무(世襲巫) 집단의 문서에는 이 단어가 '우물 안에'라고 되어 있음(김태곤, 『한국무가집 4』, 서울, 집문당, 1980. p. 54).

216) '옥여씨'의 와음. 동해안(東海岸) 세습무(世襲巫) 집단의 문서에는 이 단어가 '옥여씨'라고 되어 있음(위의 책, 같은 면). 아마도 '옥여씨'는, 경상도 해안지방에서 바닷물 속에 잠겨 있는 바위 섬을 '여'라고 하는 것으로 보아, '물속에 잠긴 구슬'이라는 뜻일 것으로 보임.

217) 청태. 푸른 빛의 이끼.

새복[218] 바람 찬바람에//사초 롱(紗燭籠)[219]에
댕기[220]끝에 준주[眞珠][221]//같이도 곱기도 하구나.
둥두기 둥둥둥

<말로>
관중 가운데 어느 할머니: (큰소리로)잘한다~.

<창(唱)으로>
巫女: 둥기둥둥 내딸이야.
잽이: 두둥~ 둥둥
巫女: 너를 무엇을 너를 줄꼬?
노리 노리[222]//꾀꼬리 당참외[223]//창칼[224]을 질러 너를 줄까?
잽이: 너를 줄까?
巫女: 천수 만수(千壽萬壽)[225]라 수아 판주[226]라

<말로>
잽이: 좋다.

<창(唱)으로>
巫女: 각각 정기사[霍香正氣散][227]//오화당(五花糖)[228] 주려

---

218) 새복. '새벽'에 해당하는 경상도 방언.
219) 사초롱. 사(紗)를 겉에 바른 초롱[燭籠]. 엷은 비단을 겉에 바른 초롱.
220) 댕기. 여자의 길게 땋은 머리 끝에 드리는 헝겊이나 끈. 흔히는 자주빛이나 검은 빛의 것을 쓰나 상제인 경우는 흰 것을 씀.
221) 준주. '진주(眞珠)'의 와음.
222) 노릇 노릇한. 노란 색깔을 띤.
223) 꾀꼬리 당참외. 노란 참외. '꾀꼬리'가 관형어로 사용된 것은 참외의 색깔이 노랗기 때문임. '당참외'는 '당(唐)참외'여서인지 아니면 '단참외'의 와음인지는 불분명함.
224) 창칼. 반찬을 만들 때 사용하는 작은 칼. 찬칼.
225) 천년(千年) 만년(萬年)을 삶. 오래 삶.
226) 수아판주. '수아주[水禾紬]'의 와음. '수아주'는 '수화주(水禾紬)'와 같은 말로 품질이 좋은 비단의 한 가지.
227) 각각정기사. '곽향정기산(霍香正氣散)'의 와음. 한방(漢方)에서 사용하는 탕약(湯藥)의

둥둥둥 내딸이야.

잽이: 둥둥둥아 내딸이야.

巫女: 북해(北海) 흑룡(黑龍)이//여의줄[如意珠를] 물고
자룡 강[229]으로 넘노난듯

잽이: 아~디야

巫女: 당산[丹山][230] 봉학[鳳凰][231]이 죽실(竹實)[232]을 물고
오동(梧桐)[233] 숲으로 넘노난듯

<말로>

잽이: 좋고~.

<창(唱)으로>

巫女: 두~두 두~두 둥둥둥//어허~허 어기둥둥
두리둥둥 둥둥 내딸이야.

이름. 향기가 많은 정기산(正氣散)의 하나임. '정기산(正氣散)'은 위장(胃腸)을 범한 외감(外感)을 다스리는 탕약으로 곽향정기산(霍香正氣散)·불환금정기산(不換金正氣散) 등이 있음.

228) 오화당. 오색(五色)으로 물들여 만든 중국(中國) 사탕.

229) '채운(彩雲) 간(間)'의 와음. 여러 가지 빛깔로 아롱진 고운 구름.

230) 당산. '단산(丹山)'의 와음. '단산'은 '단혈지산(丹穴之山)'의 준말. 중국의 전설에서 봉황이 산다고 하는, 붉은 구멍이 난 산. 『산해경(山海經)』에 '丹山之穴其上多金玉丹水出焉 而南流注於渤海 有鳥焉其狀如雞 五彩文明曰鳳凰'이라고 하였다고 함.

231) 봉학. '봉황(鳳凰)'의 와음. '봉황(鳳凰)'은 상상상(想像上)의 상서(祥瑞)로운 새. 몸은 닭의 머리, 뱀의 목, 제비의 턱, 거북의 등, 물고기의 꼬리 모양을 하고, 키는 6척(六尺) 가량이며, 몸과 날개에는 오색(五色)의 빛이 찬란하고, 오음(五音)의 소리를 낸다고 함. 오동(梧桐)나무에 깃들이고 대의 열매[竹實]를 먹으며 예천(醴泉)의 물을 마심. 성천자(聖天子)가 나타나려고 하면 이 새가 나타나는데 뭇짐승들이 따라 모인다고 함. 수컷을 '봉(鳳)', 암컷을 '황(凰)'이라고 함. 용·거북·기린과 함께 사령(四靈)을 이루는데 중국(中國) 고대(古代)의 전설(傳說)에 많이 등장함.

232) 죽실. 대나무 열매. 봉황(鳳凰)이 먹는다고 하는 먹이임. 위의 주)를 참조할 것.

233) 오동. 오동나무. 오동과(科)에 속하는 낙엽 활엽 교목. 줄기 높이 10m 가량이고 잎은 난형이며 잎 뒤에 갈색의 짧은 털이 밀생함. 목재(木材)는 장농·나막신·상자·악기(樂器) 등을 만드는데 쓰이며 정원수(庭園樹)로도 심음. 여기서 언급된 것은 봉황(鳳凰)이 깃들이는 나무이기 때문인데 이에 관해서는 위의 위의 주)를 참조할 것.

잽이: 둥둥둥아 내딸이야.

<말로>
巫女: 응아꼉 응아꼉~ 응아꿍[234)]

[무녀는 입을 오무리고 혀를 이용하여 입속에서 '뚝뚝'하는 소리를 낸다. 무녀의 굿에 매료된 관중 몇 사람이 박수(拍手)를 친다. 다른 관중들도 일제히 박수를 친다]

<말로>
관중 가운데 어느 아저씨: 박수(拍手)좀 치소//박수(拍手)~.

[아저씨의 선도(先導)로 관중들은 일제히 박수를 치면서 환호성을 지른다]

<말로>
巫女: 야가[235)]
관중들: (여기저기서)잘한다~.
巫女: (앞쪽에 앉아서 특히 열광적인 성원을 보내는 할머니를 향하여)할매 점심도 굶었는데//마 박수(拍手)칠 기운(氣運) 있나?
관중 가운데 어느 아저씨: 박수 칩시다 박수.

[관중들은 무녀를 향하여 유쾌하게 웃으면서 다시 일제히 박수(拍手)를 친다]

<말로>
巫女: 이러는데
관중 가운데 어느 할머니: 잘~한다.
巫女: 심봉사(沈奉事)가//나낄 나낄[236)] 어루는데

---

234) 응아꿍. 아이를 어르면서 내는 무의미한 소리를 의성(擬聲)한 것. 주로 아이를 두 손으로 안고는 아이를 빤히 바라다보면서 어머니가 고개를 크게 움직이면서 이런 소리를 내게 되면 아이가 까르르 웃게 됨.

235) 야가. '이 아이가'에 해당하는 경상도 방언. 무녀가 구연을 계속하려고 첫머리를 이어나간 것임. 그러나 이내 관중들의 열띤 환호 때문에 다시 중단하지 않을 수가 없었음.

　　언나[237]//아기 발을 얼굴에다 문때면서느[238]

잽이: 야

巫女: 야가 애가[外家][239]를 닮었나?

　　왜요래[240] 얼굴이나 쫍나~[241] 쫍나~ 이랜다.

잽이: 그렇지요.

巫女: 곽씨부인(郭氏夫人)이 들오다보이[242]//아를[243] 꺼꾸로 끌안았구나.

　　아 머리는 이쪽 저드랑쪽으로[244] 오고

　　아 발은 심봉사 얼굴에 댄다.

잽이: 야

巫女: 대고//이래 어 문더대며[245]

[무녀는 아기의 발을 손으로 쥐고 그 발바닥을 얼굴에 문지르는 시늉을 한다]

<말로>

巫女: 나낄 나낄 이래디마는[246]

　　야가[247] 너무 얼굴이도 너무 쫍아졌다 쫍아졌다 이랜다.

잽이: 그렇지요.

巫女: 곽씨부인(郭氏夫人)이 들오다보니//아를[248] 까꿀로[249] 끌안았구나.

잽이: 야

---

236) 나낄나낄. 아이를 어를 때 내는 무의미한 소리의 의성(擬聲)임.
237) 언나. '어린 아이'에 해당하는 경상도 방언.
238) '문지르면서'에 해당하는 경상도 방언.
239) 애가. '외가(外家)'에 해당하는 경상도 방언.
240) '왜 이렇게'에 해당하는 경상도 방언.
241) 쫍나. '좁나'에 해당하는 경상도 방언. '쫍다'는 '좁다'에 해당하는 경상도 방언.
242) '들어오다가 보니까'에 해당하는 경상도 방언.
243) 아를. '아이를'에 해당하는 경상도 방언.
244) 저드랑쪽으로. '겨드랑이 쪽으로'에 해당하는 경상도 방언.
245) 문더대며. '문지르면서'에 해당하는 경상도 방언.
246) '이러더니만'에 해당하는 경상도 방언. 이렇게 하더니만.
247) 야가. '이 아이가'에 해당하는 경상도 방언.
248) 아를. '아이를'에 해당하는 경상도 방언.
249) 까꿀로. '꺼꾸로'에 해당하는 경상도 방언.

巫女: 아기 젖믹인다 하여 곱게//그런말도[250] 안하고
가정[家長]그게[251] 열녀(烈女)겉은 분인[夫人][252]이라
곱게 받어서 아기젖을 믹에놓고[253]
가마 생각하이[254] 삼일(三日)만에
삼[255]을 삼뿔[256] 풀고 초칠(初七)[257] 아이[258] 되었는데
옛날에는 얼매나[259] 살기가 어렵었노?[260]
바아품[261] 팔고 질쌈품 팔고 빨래품 팔고
잽이: 야
巫女: 바느질품 안팔머 베짜는거
질쌈품 아이팔머[262] 어데가 벌이 할데없고
시방(時方)으느[263] 옷도좋고 밥도좋고 길도좋고 살기도 좋지마는
잽이: 야
巫女: 옛날에는 그렇게//험(險)한 시대(時代)를 넘기고 살었구나.

---

250) '아기를 꺼꾸로 안았다는 말'을 의미함.
251) '가장(家長)에게'에 해당하는 경상도 방언. '-그게'는 고어(古語) '-그에'로 '누구누구의 편에. 누구누구의 쪽에'의 뜻임.
252) '부인(夫人)'의 잘못임. 문맥상으로 보면 '부인'이라고 구연할 수도 있고 '분'이라고도 구연할 수도 있는 자리인데 여기서 무녀는 이 두 가지를 섞어서 구연하고 만 것으로 볼 수 있음.
253) '먹여 놓고. 먹여 두고'에 해당하는 경상도 방언.
254) '가만히 생각하니'에 해당하는 경상도 방언.
255) 삼. 태아(胎兒)를 싼 막(膜)과 태반(胎盤).
256) 삼뿔. '삼불'에 해당하는 경상도 방언. 해산(解産) 뒤에 태(胎)를 사르는 불. 아이를 낳고 나서 그 태를 처리하는 민속(民俗)에는 여러 가지 방법이 있음. 깨끗한 짚에다 잘 싸서 깊은 물에다 버리는 방법도 있고 땅에다 묻는 방법도 있고 불에다 태워버리는 방법도 있는데 '삼불'은 태워버릴 때 쓰는 방법임.
257) 초칠. 초칠일(初七日). 첫이레. 아이를 낳은 날부터 계산하여 칠일째 되는 날, 혹은 그날 삼신할미에게 드리는 의식(儀式).
258) '아니'에 해당하는 경상도 방언.
259) 얼매나. '얼마나'에 해당하는 경상도 방언.
260) '어려웠나?'에 해당하는 경상도 방언.
261) 바아품. '방아품'에 해당하는 경상도 방언. 방아를 찧어주는 품팔이.
262) '아니 팔면. 팔지 않으면'에 해당하는 경상도 방언.
263) 시방으느. '시방(時方)은'에 해당하는 경상도 방언. 오늘날에는. 현재는.

이럴적에//곽씨부인이 가마~ 생각하니
도저[264] 살길이 바이[265]없다.

잽이: 야

巫女: 그래서 곽씨부인(郭氏夫人)이 생각하니
내가 일나서[266] 꿈적거려야[267]//안명[眼盲]하는 가정[家長] 공경하고
저자식 입히고 먹일 생각을 하이//누워있지 못하고
삼일(三日)[268] 삼뿔 풀고 초칠(初七)안에//오만[269]품을 다파는데
질쌈품 팔고 빨래품 팔고//바아[270]방죽[271] 품을파니

<창(唱)으로>

巫女: 산후별증(産後別症)[272]이 나는구나~.
불쌍하는 곽씨부인(郭氏夫人)요~//바늘겉은 몸에 태산(泰山)겉은
병(病)이 들기로 시작하니~ 식음(食飮)을 전폐(全廢)하고~
호흡(呼吸)이 점점 높아지니~ 심봉사(沈奉事)느~
젙에[273] 앉었다가 눈으느 보지 못하고

<말로>

잽이: 그렇지요.

<창(唱)으로>

巫女: 숨소리가 높아지니 마누라 마누라~//말을 허소 말을 허소

---

264) '도저히'에 해당하는 경상도 방언.
265) 바이. '전혀'에 해당하는 고어(古語).
266) '(자리에서) 일어나서'에 해당하는 경상도 방언.
267) 꿈적거려야. '꿈직여야'에 해당하는 경상도 방언. 움직여야. 여기서는 '조금이라도 일을 해서 돈을 벌어야'의 뜻임.
268) 출산(出産)한지 삼일(三日)만에.
269) 오만. '온갖'에 해당하는 경상도 방언.
270) '방아'에 해당하는 경상도 방언. 방아를 찧는 일.
271) '방적(紡績)'에 해당하는 경상도 방언. 베를 짜는 일.
272) 산후별증. 해산(解産)한 뒤에 일어나는 여러 가지의 병(病) 증세(症勢).
273) '곁에'에 해당하는 경상도 방언. 옆에.

귀신(鬼神)에 준병(病)인지 삼신 지왕님네 탈일런지~
말을 허소 마누~라요~
잽이: 아~디야
巫女: 이래하니 곽씨부인은~//재기[自己][274] 병(病)든 생각하니~

<말로>
巫女: 살지는 못할줄 아고//가군(家君)의[275] 손목을 덥썩 잡더니
온만[276] 하소연을 다하는구나.

<창(唱)으로>
巫女: 여보시오~ 서방님요~//우리 서로 만낼적에
구간(苟艱)한[277] 살림살이 만내가주고~
남촌 북촌(南村北村) 댕기면[278] 품을 받아~
돈을 모아가주고 살라꼬~
식은밥은 내가 먹고~ 뜨신밥은~[279]

<말로>
잽이: 그렇지요.

<창(唱)으로>
巫女: 서방님 디리고~//반찬(飯饌)도더[280] 여저껀[281] 구완했더니~

<말로>
잽이: 어~이

---

274) '자기(自己)'에 해당하는 경상도 방언.
275) 가군의. '가군(家君)'은 남에게 대하여 자기 아버지나 남편을 일컫는 말. 여기서는 남편을 말한 것임.
276) 온만. '온갖'에 해당하는 경상도 방언. 대개는 '오만'이라고 발음함.
277) 구간한. 구차하고 어려운.
278) '다니며. 다니면서'에 해당하는 경상도 방언.
279) 뜨신 밥은. '따뜻한 밥은'에 해당하는 경상도 방언.
280) '맛있는 것은 서방님을 드리고' 정도의 말이 뒤에 생략된 것으로 이해할 수 있음.
281) 여저껀. '여지껏'에 해당하는 경상도 방언. 지금껏. 지금까지.

<창(唱)으로>

巫女: 인제는 천명(天命)이 이뿐인지//아무래도 못살기 되니
내죽는거는 원통(寃痛) 찮애도[282]//서방님 신세(身勢)~
어린 저자식으로~ 버리고 갈라니~
앞이 잦어[283] 못가 겠네~.
서방님요 서방님요~
내찌던[284] 옥지황[玉指環][285]으느~ 이자식이 죽지않고 잘커거들랑~
너검마[286] 찌던 옥지황[玉指環] 반자[287]라 하고~
날본듯이[288] 손에 찌와주고~[289]
나라에 상납돈[290] 끈을맺어 꽃부짐[291] 달아 꽃주매이[292] 지어
돐날에 채울라꼬[293] 함(函)속에 들었으니
앉어서 더풀더풀 더푸거들랑[294]

<말로>

잽이: 그렇지요.

---

282) '원통(寃痛)하지 아니하여도'에 해당하는 경상도 방언.
283) 앞이 잦어. '(눈물이) 앞을 가려 아무 것도 보이지 않게 되어' 정도의 뜻임.
284) 내찌던. '내가 끼던'에 해당하는 경상도 방언. '찌다'는 '끼다'에 해당하는 경상도 방언.
285) 옥지황. '옥지환(玉指環)'의 와음. 옥(玉)가락지. 옥(玉)으로 만든 가락지.
286) 너검마. '너의 엄마'에 해당하는 경상도 방언. 문맥상으로는 '너의 엄마가' 내지는 '너의 엄마의'의 뜻임.
287) '반지'의 잘못임.
288) 나를 본듯이.
289) '(반지를 손가락에) 끼워 주고'에 해당하는 경상도 방언.
290) 상납돈. 상납전(上納錢). 나라에 조세로 바치는 돈.
291) 꽃부짐. 문맥상으로 보면 '꽃무늬를 수놓은 주머니의 끈'일 것으로 보임.
292) 꽃주매이. '꽃주머니'에 해당하는 경상도 방언. 꽃을 수(繡)놓은 주머니.
293) '(돐날에 옷고름에) 채우려고'에 해당하는 경상도 방언. (돐날에 아이의 옷고름에) 채워 주려고.
294) 더푸거들랑. '뒤집거든'에 해당하는 경상도 방언. '아이가 자라서 혼자서 몸을 뒤집게 되거든'의 뜻임.

<창(唱)으로>
巫女: 날본듯이 옷고름에 채워주고~
저건네~//진어사댁 관복(官服) 한벌//학(鶴)놓다가[295] 못해 놨으니
내죽기 전(前)에 남우[296] 중(重)한 의복(衣服)

<말로>
잽이: 그렇죠.

<창(唱)으로>
巫女: 보내 주시고~
서방임요 서방임요~ 저건네[297] 김동지댁(金同知宅)
돈서른냥 맽견거[298] 찾어다가
초상비(初喪費)래도 보태씨시고[299] 도장[300]에
화로(火爐)에 해부양식[301] 두었더니
못해먹고 돌아가니야//양식쌀이나 보태하고~
서방임요 이자식이 천명(天命)으로//죽지않고 살거들랑
지발로[302] 걷거들랑//손을 붙잡고 내무덤을 물어 찾어와서
내무딤 앞에 우뚝 시워놓고~[303]
야야 이게 너의엄마 미[墓]라꼬[304]//모친(母親)의 무덤이라꼬~
역력(歷歷)히 가르체[305] 모녀 간(母女間)에//상봉(相逢) 시기~ 주오~

---

295) '관복(官服)에 학(鶴)을 수(繡) 놓아 가다가'의 뜻임.
296) 남우. '남의. 타인(他人)의'에 해당하는 경상도 방언.
297) '저 건너에'에 해당하는 경상도 방언.
298) '맡긴 것'에 해당하는 경상도 방언.
299) '보태어 쓰시고'에 해당하는 경상도 방언. 보태어 사용하시고.
300) 도장. 도장방. 여자들이 거처하는 방. 경상도 지방에서는 흔히 고방(庫房)을 '도장'이라고 함.
301) 해부양식. '해복(解復) 양식'의 와음. '해복(解復)'은 '해산(解産)'과 같은 말. 따라서 '해복(解復) 양식'은 해산(解産) 후 먹으려고 미리 준비하여 둔 양식.
302) 지발로. '저의 발[足]로. 자신의 발[足]로'에 해당하는 경상도 방언.
303) 시워놓고. '세워 놓고'에 해당하는 경상도 방언. 세워 두고. 세우고.
304) 미라꼬. '뫼라고'에 해당하는 경상도 방언. 무덤이라고. 산소라고.
305) 가르체. '가르쳐. 가르쳐서'에 해당하는 경상도 방언.

잽이: 아~ 어~

巫女: 서방임요//내죽은 뒤에 기안[飢寒][306]을 못잊어[307]
흰바가치[308] 옆에찌고[309] 지평막대[310] 걷어차고~
이집 저집 밥달라 소리~//내귀에 들리는 겉고~
서방임요~//더듬 더듬 다니다가
구령[311]에 떨어져서 곽씨부인(郭氏夫人) 부르는 소리~
내눈으로 보는 겉고
앞이잦어[312] 우얐고[313] 뒤가잦어[314] 우얐고?

[무녀는 도저히 슬픔을 참을 수 없는지 울면서 구연을 계속한다]

<창(唱)으로>
巫女: 내죽었다꼬~//통곡(痛哭)하야~ 귀중(貴重)한몸

<말로>
巫女: 상(傷)치 마시고
잽이: 그렇죠.

<창(唱)으로>
巫女: 천만북조[千萬伏奏][315] 하옵시고~[316]

---

306) 기안. '기한(飢寒)'의 와음. 추위와 배고픔. 춥고 배고픈 것.
307) '못이겨'의 잘못임.
308) 흰바가치. '하얀 바가지'에 해당하는 경상도 방언. '바가치'는 '바가지'에 해당하는 경상도 방언.
309) 옆에 찌고. '옆에 끼고'에 해당하는 경상도 방언.
310) 지평막대. '지팡막대'에 해당하는 경상도 방언. 지팡이.
311) 구령. '구렁'의 와음. 움푹 패어 들어간 땅. 깊이 빠진 곳.
312) '눈물이 눈앞을 가려 눈이 흐릿하여져서'의 뜻임.
313) 우얐고? '어떻게 할까?'에 해당하는 경상도 방언.
314) 앞의 '앞이 잦어'에 짝을 맞춘 표현임.
315) 천만북조. '천만복주(千萬伏奏)'의 와음. '천만 번(千萬番)을 엎드려 빎'. 곧 간절히 빈다는 말.
316) '(천만복주(千萬伏奏)) 하옵니다'라고 해야 문맥상으로는 바른 자리임.

서방임요//어예든지~//이자슥[子息] 데리고~
고상[苦生][317] 시럽드래도~[318]//살어~ 가시요~ 하고
잽이: 어~허
巫女: 할말은 많지마는 잡았던 손길

<말로>
巫女: 뿌리치고
잽이: 그렇지요.
巫女: 숨이 가빠 몬하오니[319]
어린 심청(沈淸)이를 땅거더니마는[320]

<창(唱)으로>
巫女: 머리를 씨담으며[321]

<말로>
잽이: 잘한다.

<창(唱)으로>
巫女: 손으로~[322]

[테이프 뒤집음. T19-1-B로. 테이프를 뒤집는 과정에서 몇 음보 정도의 누락이 생겼음]

<창(唱)으로>
巫女: 나거나~[323]

---

317) 고상. '고생(苦生)'에 해당하는 경상도 방언.
318) '(고생)스럽더라도'에 해당하는 경상도 방언. '-시럽다'는 '-스럽다'에 해당하는 경상도 방언.
319) 몬하오니. '못하오니'에 해당하는 경상도 방언.
320) '당기더니만'에 해당하는 경상도 방언. 아이를 끌어당겨 안았다는 말임.
321) 씨담으며. '쓰다듬으며'에 해당하는 경상도 방언.
322) '(심청이의 손을) 만지면서' 정도의 내용이 테이프를 뒤집는 과정에서 누락 되었음.

잽이: 아~디야

巫女: 내가 더좀~ 살거나~//니나저이~[324] 내죽으이

잽이: 아~디야

巫女: 생사 간(生死間)에 무삼[325] 지[罪]고?[326]

심천아

내젖 망중[亡終][327] 마즈막[328]으로 많이 묵어라.[329]

잽이: 아~디야 더~디야

巫女: 인지~[330] 이젖 먹으면//언제 내젖을 또먹으리?

잽이: 아~디야

巫女: 젖으로 물레~[331] 빨리면서

널하아[332] 황천(黃泉) 가는 몸이//눈물 겨워서 못가겠네.

잽이: 아~디야

巫女: 앞이잦어[333] 어이갈고 뒤가잦어 어이갈고?

갈길~이 막연(漠然)하고

잽이: 아~디야

巫女: 심천아 심천아 부디부디 잘커서//아버지 인데[334] 효성(孝誠)하고~

이웃집 인데 착하게 잘하고//부디 부디~ 잘커거라.

잽이: 아~디야 더~디야

---

323) 테이프를 뒤집는 과정에서 몇 음보의 누락이 있었음. 누락된 내용은 '네가 조금 먼저 (나거나)'였음.

324) '네가 나자'에 해당하는 경상도 방언. 네가 태어나자 말자.

325) '무슨'에 해당하는 경상도 방언. 고어(古語) '므슴'에서 온 말임.

326) 지고? '죄(罪)고?'에 해당하는 경상도 방언. 죄인가?

327) 망중. '망종(亡終)'의 와음. '죽기 전에 마지막으로'의 뜻임.

328) 마즈막. '마지막'에 해당하는 경상도 방언.

329) 묵어라. '먹어라'에 해당하는 경상도 방언.

330) 인지. '이제'에 해당하는 경상도 방언. '지금. 여기서'의 뜻임.

331) '젖을 (입에) 물려. 젖을 (입에다) 물려서'에 해당하는 경상도 방언.

332) 널하아. '너로 하여. 너 때문에'에 해당하는 경상도 방언.

333) '(눈물이 앞을 가려) 눈앞이 캄캄해져서' 정도의 뜻임.

334) '아버지에게. 아버지께'에 해당하는 경상도 방언. '-인데'는 '-에게'에 해당하는 경상도 방언.

巫女: 심청이 젖을 물리 더니마는
배딱질[335] 두시번[二三回]에//숨이 덜꺽 떨어져
잽이: 아~디야
巫女: 이시상[336] 사람이 아니로 구나//저시상 사람이 되었네.

<말로>
잽이: 좋다//그렇지요.

<창(唱)으로>
巫女: 심봉사(沈奉事)는 죽은줄을 모리고
여보시오 마누라//병든다꼬 다죽나~ 그런 일은 없나니라.
잽이: 아~디야
巫女: 약국(藥局)에 가서 약(藥)지 올터이[337]
그런 일은 없나니라.[338]
잽이: 아~디야
巫女: 지평 막대[339] 더듬더듬 약국(藥局)에 문영하야[340]
책자로[341] 훨훨 냄기디마는[342]//아이구 약(藥)을 두~ 첩[343] 지어주며
이거묵고[344] 덜하거들랑 한번 더오고
이거묵고 덜안하거들랑 다시 오지마소.

---

335) 배딱질. 아마도 '딸국질'의 잘못이거나 그에 해당하는 방언인듯함. 신재효본(申在孝本) 판소리사설『심청가』에서는 '딸국질'이라고 하였음.
336) 이 시상. '이 세상(世上)'에 해당하는 경상도 방언. '시상'은 '세상'에 해당하는 경상도 방언.
337) '약(藥)을 지어서 올테니'에 해당하는 경상도 방언.
338) 제보자의 실수였음. 이 행(行)은 여기 들어갈 내용이 아님. 이미 바로 위에서 나왔음.
339) 지평막대. '지팡 막대'에 해당하는 경상도 방언. 지팡이.
340) 문맥상으로 보면 '문병(問病)하여' 정도의 와음일 것으로 보임. '병(病)에 대해서 물으니'의 뜻임. 아니면 '문의(問議)하여' 정도의 와음으로 볼 수도 있겠음.
341) '책장을'에 해당하는 경상도 방언.
342) 냄기디마는. '(책장을) 넘기더니만'에 해당하는 경상도 방언. 의원(醫員)이 그렇게 했다는 말임.
343) '두어첩. 두서너 첩'에 해당하는 경상도 방언.
344) '이것을 먹고'에 해당하는 경상도 방언. '묵다'는 '먹다'에 해당하는 경상도 방언.

잽이: 아~디야

巫女: 부처줄로[345] 훨훨해서 북포수건(北布手巾)[346] 짜여들고[347]

방문(房門)을 열고 마누라 마누라

약(藥)~ 지왔소[348] 일어나 약잡수.

잽이: 아~디야

巫女: 머리끝이 찌뿟하이며[349] 무서운 즈[症]이든다.[350]

약그륵으를 절에 놓고[351]//마누라를 더듬 더듬 만져본다.

잽이: 아~디야

巫女: 입에다가 손을대니~ 찬바람이 솔~솔나고

가심[352]을 흔드니 발끈 하더니//다흔드니[353]

그제야 죽은줄 알고//머리도 쾅쾅 가심도 땅땅아

두발 동동 구르면서//마누라 갔구나 마누라요

나는 나는 나지마는

잽이: 아~디야

巫女: 불쌍한 저자식으로//누젖미겨[354] 키운단 말이요?

여보시요 마누라 어데로 갔나?

염라 국(閻羅國)이~ 얼마나 좋아서

이자식(子息)으로 버리고 당신혼자 가시나요?

---

345) 부처줄로. '부채질을'에 해당하는 경상도 방언. 약(藥)을 달이느라고 불을 피우고 그 불에다 부채질을 하였다는 말임.

346) 북포수건. 함경도(咸鏡道) 지방에서 나는 베로 만든 약보자기. 탕약을 거르거나 짜는 데에 쓰는 함경도 지방에서 생산된 베헝겊. '북포(北布)'는 함경도 지방에서 나는 베. 함경도(咸鏡道) 지방에서 생산되는 베는 올이 굵고 베가 얼금얼금 하기 때문에 약수건(藥手巾)이나 시신(屍身)을 염습(殮襲)하는 데에 적합한 것으로 알려져 있음.

347) '(약수건(藥手巾)에다 약을) 짜서 들고'의 뜻임.

348) '지어 왔소'에 해당하는 경상도 방언.

349) '(머리끝이) 쭈뼛하며'에 해당하는 경상도 방언.

350) '무서움증(症)이 든다'에 해당하는 경상도 방언. 무서운 감이 든다.

351) '곁에다 (내려) 놓고'에 해당하는 경상도 방언.

352) 가심. '가슴'에 해당하는 경상도 방언.

353) 문맥상으로 보면 '(들었던 것을 놓으니) 그대로 쓰러진다' 정도의 뜻임.

354) 누젖미겨. '누구의 젖을 먹여'에 해당하는 경상도 방언.

잽이: 아~디요

巫女: 같이 갑시다 같이 갑시다~
　　내가 당신~ 대신(代身)에 죽고//내가~ 죽고서

잽이: 아~디야

巫女: 당신이 살며는 저자식(子息)을 키울터인데
　　나는 누젖미게[355] 키워 내며//누옷 입혜[356] 키워~[357]

잽이: 아~디야

巫女: 마누라 마누라 죽을줄로 알았시며느
　　약(藥)지로~[358] 아니가고

<말로>

잽이: 좋다.

<창(唱)으로>

巫女: 마누라 절에~ 앉어서~
　　극락 시게[極樂世界][359] 가시 라꼬//염불(念佛)이나 할거로[360]

잽이: 아~디야 디~야

巫女: 약(藥)이 모두다 원수(怨讐)로 구나.//한분[361] 가면
　　마누라요 일가친척(一家親戚) 하나도 없는데
　　누를 믿고 산단 말이요?

<말로>

잽이: 좋다.

---

355) 누젖미게. '누구의 젖을 먹여'에 해당하는 경상도 방언.
356) 누옷입혜. '누구의 옷을 입혀'에 해당하는 경상도 방언. 문맥상으로는 '누가 만든 옷을 입혀'의 뜻.
357) '낼까' 정도의 말이 뒤에 생략된 것으로 이해됨.
358) '약(藥)을 지으러'에 해당하는 경상도 방언.
359) 극락시게. '극락세계(極樂世界)'에 해당하는 경상도 방언.
360) '(~하기보다는 차라리) ~을 할 걸'에 해당하는 경상도 방언.
361) 한 분. '한 번'에 해당하는 경상도 방언.

<창(唱)으로 >
巫女: 마누라 마누라요
잽이: 아~디요

<말로>
巫女: 이렇게 대상통곡[大聲痛哭] 우는데
잽이: 예

[무녀는 목이 몹시 마른듯 앞에 앉은 잽이들을 향하여 물을 청한다]

<말로>
巫女: 나 물좀 다오 야아[362]

[앞에 앉아 있던 할머니 한 분이 주전자의 물을 대접에다 부어서 무녀에게 건네 준다. 무녀는 들고 있던 손수건으로 눈물을 닦은 후 물을 받아 마신다]

<말로>
巫女: 이때 심봉사(沈奉事)[363]

도화동(桃花洞) 남녀노소(男女老少) 여러 보살(菩薩)님처럼 이렇게 딸깍[364] 모두터니마는[365]

행실(行實)도 음전하고[366]//예절 모절[禮儀凡節][367]도 착한 부인(夫人)이라//죽고나니 불쌍하다마는

심봉사(沈奉事)도 심봉사니거니와[368]

어린 심청(沈淸)이 저거를 누젖미게 키운단 말이고?

---

362) 야아. '애야'에 해당하는 경상도 방언.
363) 제보자의 실수였음. '도화동 남녀노소'로 바로 이어져야 할 자리이기 때문에 바로 뒤에서 바로잡은 것임.
364) 문맥상으로 '한 번에. 금새. 모두' 정도의 뜻임.
365) 모두터니마는. '모이더니만'에 해당하는 경상도 방언. '모둫다'는 '모으다' 혹은 '모이게 하다'에 해당하는 경상도 방언.
366) 음전하고. 말이나 행동이 곱고 점잖고.
367) 예절모절. '예의범절(禮儀凡節)'의 와음.
368) '심봉사이거니와'에 해당하는 경상도 방언. 심봉사지만.

잽이: 그렇지요.

[무녀는 목이 몹시 아픈듯 턱 아랫 부분을 손으로 꾹꾹 눌러 본다]

<말로>
옆에 앉아 있던 다른 巫女: (무녀를 향하여)되겠나?[369)]
巫女: 놔도라 놔도라.[370)]
옆에 앉아 있던 다른 巫女: 내가 좀[371)]
잽이 가운데 한 사람: 교대를 해라.
巫女: 내가 가안도[江原道][372)]서 굿을 한 너덧 군데 하고났디[373)]
목이 깍~ 잼깄심니더.[374)]
세상 천지(世上天地)에
도화동 남녀노소(男女老少)가 딸깍 모아 아까와라 할때
잽이: 그렇죠.
巫女: 우리가 저래 구간(苟艱)한 살림살이에 초상비(初喪費)나 모도 돈으로[375)]//옛날 엽전시대(葉錢時代)
두돈씩 모아서 초상비(初喪費)나 대줍시다.
일출월출[376)]//말이 떨어져 초상비(初喪費)를 대는데

---

369) 되겄나? '되겠느냐?'에 해당하는 경상도 방언. 목이 아파서 구연(口演)을 계속할 수 있겠느냐는 뜻으로 물은 것임.
370) '그냥 두어라'에 해당하는 경상도 방언. 계속할 수 있다는 말이었음.
371) '할까요?' 정도의 말이 뒤에 생략된 것임.
372) 가안도. '강원도(江原道)'에 해당하는 경상도 방언.
373) '하고 났더니. 했더니'에 해당하는 경상도 방언.
374) '내가 강원도에서 이미 한 너덧 군데를 돌면서 굿을 하고 났더니 목이 몹시 쉬었습니다'라는 말임. 무녀가 자신의 목이 쉬어서 구연이 매끄럽지 못한 점에 대해서 관중들에게 양해를 구한 것임.
375) 내용상으로 보아 '모아 장례를 치릅시다' 정도의 말이 뒤에 생략된 것으로 이해됨.
376) 일출월출. '여출일구(如出一口)'의 와음. 여러 사람들이 한결 같이 말하여. 흔히 사용하는 단어로는 '이구동성(異口同聲)으로'가 있음. '여출일구(如出一口)'라는 이 단어가 이 무녀(巫女)에게는 기억하기에 힘든 말이었기 때문에 음절수(音節數)가 같고 발음(發音)도 유사한 점이 있는 '일출월출'이라는, 자신이 잘 알고 있는 단어로 대체되어 기억된 결과임.

부잣집 초상(初喪)이 따라갈수 없더라.
얼매나 잘지내는지//곽(槨)으느 금곽(金槨)을 사고
이렇게 채려서 동네서 모도 운정[運柩]하는데[377]
채진밭[378]에 내아놓고//발원제[發靷祭][379] 지내
영결종결[永訣終天][380] 하직이야 발원제지[381]를 지내는데
이동네가 돈이 넉넉하시며는
발원제[發靷祭] 지낼돈도 받으러가야 되지마느[382]

[이때 동네 꼬마들이 나와서 왁자지껄하게 떠들자 잽이 가운데 한 사람이 큰소리로 꼬마들을 꾸짖어 쫓아 보낸다]

<말로>
잽이: (큰소리로 아이들을 향하여)야
巫女: 돈도 넉넉치 못하니[383]

[잽이의 꾸중에도 불구하고 아이들이 계속 떠들자 옆쪽에 앉아있던 다른 무녀(巫女)가 아이들을 꾸짖는다]

<말로>
옆에 앉아 있던 다른 巫女: (아이들을 향하여 큰소리로)야

---

377) 운정하는데. '운구(運柩)하는데' 정도의 뜻으로 볼 수 있음. '운구(運柩)'는 시체를 넣은 관(棺)을 운반하는 일.
378) '채전(菜田) 밭'에 해당하는 경상도 방언. '채전(菜田)'은 채소밭. 남새밭. '채전(菜田)' 그 자체로도 '밭'이라는 의미가 이미 들어가 있으나 경상도 지방에서는 흔히 '채전밭' 혹은 '채진밭'이라고 말함.
379) '발인제(發靷祭)'의 와음. 상여가 집을 떠나기 직전에 상여 앞에서 지내는 제(祭). 대개는 바로 집앞에서 지내게 됨.
380) '영결종천(永訣終天)'의 와음. 죽어서 영원히 이별함.
381) '발인제(發靷祭)'에 해당하는 경상도 방언. 상여가 집에서 떠날 때 상여 앞에서 지내는 제사.
382) '현재 굿을 하고 있는 이 마을이 만약 부유한 마을이라면 발인제(發靷祭) 지낼 준비를 해야 한다는 명목으로 돈을 걷으러 나가야 하겠지만'의 뜻임.
383) '그것은 그만 두니 그렇게 아시고' 정도의 말이 뒤에 생략된 것으로 이해됨.

巫女: (아이들을 꾸짖는 다른 무녀(巫女)를 향하여)놔도라[384]
아들[385] 장난하기 좋아 그런다//놔도라
이러는데//상도[386]치레 거동보소
심봉사(沈奉事) 귀덕어머이//심처[沈淸]이 맽겨놓고[387]

잽이: 야

巫女: 곽씨부인(郭氏夫人) 웃다임[388]도 일곱매끼[389] 아랫다임도 일곱매끼 열니매끼[390] 꼭꼭묶어 소병산때 두러[391] 채려[392]놓으니

잽이: 그렇지요.

巫女: 행상치리[393] 찬란하더라.

잽이: 야

<창(唱)으로>

巫女: 행상(行喪)~ 치리를 둘러 봅시다.

---

384) '놓아 두어라. 그냥 두어라'에 해당하는 경상도 방언. 아이들이 떠들게 그냥 두라는 말임.

385) '아이들'에 해당하는 경상도 방언.

386) 상도. '상두'의 와음. '상두'는 '상여(喪輿)'의 속어(俗語). 그래서 상여를 메는 사람들을 '상두꾼'이라고 부름.

387) 심봉사가 귀덕 어미에게 심청이를 맡겨 놓고. '맽기다'는 '맡기다'에 해당하는 경상도 방언.

388) 웃다임. '윗대님'에 해당하는 경상도 방언. '다임'은 '대님'에 해당하는 경상도 방언. 원래 '대님'은 바지를 입은 뒤에, 그 가랑이의 끝쪽을 접어서 가든하게 발목을 졸라 매는 끈. 남자(男子)가 한복(韓服) 바지를 입을 때에는 이 대님을 치게 되어 있음. 그러나 여기서의 '다임'은 바지의 대님을 말한 것이 아니고 사람이 죽었을 때 그 시신(屍身)을 염습(殮襲)할 때 묶는 끈을 말한 것임. 시신을 염습할 때에는 매듭을 일곱 군데 나게 묶는 것이 일반적인 민속(民俗)임.

389) 일곱매끼. '일곱 줄. 일곱 가닥'의 뜻임. '매끼'는 흔히 줄여서 '매'라고도 하는데, 섬이나 곡식뭇 같은 것을 묶는 데에 사용하는 새끼줄 등의 줄을 말함. 여기서는 시신(屍身)을 염습(殮襲)하는 염포(殮布)의 가닥 수를 말한 것임.

390) 열니매끼. '열네 매끼'에 해당하는 경상도 방언.

391) 소병산때 두러. '소방상(小方牀) 대틀 위에'의 와음. '소방상(小方牀)'은 좁은 곳에서 쓰는 상여(喪輿).

392) '차려'에 해당하는 경상도 방언.

393) 행상치리. '행상(行喪) 치레'에 해당하는 경상도 방언. 상여(喪輿)에 한 장식. '행상(行喪)'은 '상여(喪輿)'.

행상(行喪) 치레를 둘러 봅시다.
청포~ 장(青布帳)[394]으라
백공단(白貢緞)이로다[395] 남궁단[396] 수(繡)를 둘렀는데
남공단(藍貢緞)에다가 큰부연[397] 늘이코[398]
어무점[399]으로 달았는데~
동(東)에느 청봉(青鳳)이로다~//남(南)에론 적봉(赤鳳)이요

잽이: 아~디야

巫女: 서(西)에느 홍갈[400] 백봉(白鳳)//북(北)에는가 흑봉(黑鳳)이라.

잽이: 아~디야 더~디야

巫女: 백대기[401]들은 사재기[使者旗][402] 세울적에
일정[403] 월정[404] 감정[405] 사재[使者]//지정[406] 사재를 시워놓고[407]

---

394) 청포장. 푸른색 천으로 만든 휘장. 푸른색 장막.

395) '백공단으로. 백공단으로다가'의 잘못임. 흰색 공단(貢緞)으로. '공단(貢緞)'은 두껍고 무늬가 없는 비단.

396) 남궁단. '남공단(藍貢緞)'의 와음. 남색 공단(貢緞).

397) 큰부연. '큰 풍경(風磬)'의 와음으로 보임. '풍경'은 원래 처마 끝에 다는 경쇠를 말하는 것이나 상여(喪輿)의 사방(四方) 끝에도 장식으로 다는데 여기서는 후자(後者)를 말한 것임. 종(鍾)모양으로 만들고 그 속에 쇳조각으로 붕어 모양을 만들어 달아서 바람이 부는대로 흔들리어 소리가 나게 되어 있음.

398) '늘이고'에 해당하는 경상도 방언. 여기서는 '길게 이어져 나오게 하고'의 뜻임.

399) 어무점. 상여(喪輿)의 사방을 장식한 풍경(風磬)에 매달린 붕어 모양의 쇠붙이를 말한 것으로 보임.

400) 제보자의 실수였음. '백봉(白鳳)'이라고 해야 할 자리였기 때문에 바로 뒤에서 바로잡은 것임.

401) 백대기. 미상임.

402) 사재기. 저승 사자(使者)를 상징하는 깃발.

403) 일정. '일직'의 와음. 일직사자. 저승 차사 가운데 하나임.

404) 월정. '월직'의 와음. 월직사자. 위와 같음.

405) 감정. '감재직부'의 와음으로 볼 수도 있겠고 '강림'의 와음으로 보는 것도 가능하겠음. 저승사자의 이름임. 무가(巫歌) 자료를 보면 저승사자는 언제나 세 사람이 나오는 것으로 되어 있고 그들의 이름은 일반적으로 '일직사자·월직사자·감재직부'가 아니면 '일직사자·월직사자·강림도령'임.

406) 앞에 있는 '감정 사재'와 합하여 '감재직부'의 와음으로 볼 수도 있겠고 '강림'의 와음으로 보는 것도 가능하겠음.

407) '세워 놓고. 세워 두고'에 해당하는 경상도 방언.

잽이: 아~디야

巫女: 채진 밭에 내어놓고

심봉사(沈奉事)는//제복(祭服)을 얻어 입고

발원 제지[發靷祭][408]를 다지낸다.

잽이: 아~디야

巫女: 영결 종친[永訣終天][409] 하직이야

행사[410] 뒤채을[411] 검채 잡고[412]

잽이: 아~디요

巫女: 마누라 마누라 아주 가나?//인제 가며는 언제 오나?

잽이: 아~디야

巫女: 꽃이 피면 올라는가?[413]//잎이 피며는 올라는가?

잽이: 아~디야

巫女: 같이 가세 같이 가세//마누라 따라//같이 갑시다.

우리 서이[414] 같이 가세

잽이: 아~디야 더~디야

巫女: 시방(時方) 시월[歲月][415]에는 사람이 죽으면

영구 차(靈柩車)에 실고 가지마는//옛날에는 큰틀[416]로 미고[417]

소뱅산[418]아 대틀우구[419]

---

408) 발원제지. '발인제(發靷祭)'에 해당하는 경상도 방언. 상여가 집에서 떠날 때 상여 앞에서 지내는 제사.

409) 영결종친. '영결종천(永訣終天)'의 와음. 죽어서 영원히 이별함.

410) 행사. '행상(行喪)'의 와음. '행상(行喪)'은 '상여(喪輿)'를 다르게 이르는 말.

411) '뒷채를'의 와음. 상여(喪輿)의 뒤쪽 채를.

412) 검채 잡고. '거머잡고. 움켜잡고'에 해당하는 경상도 방언.

413) '오려는가?'에 해당하는 경상도 방언.

414) '셋이'에 해당하는 경상도 방언. 내용상으로 '셋'은 심봉사 자신과 부인 그리고 심청이를 함께 말한 것임.

415) 시월. '세월(歲月)'에 해당하는 경상도 방언.

416) 큰틀. '상여(喪輿)'를 말한 것임.

417) 미고. '메고'에 해당하는 경상도 방언.

418) 소뱅산. '소방상(小方牀)'의 와음. 험한 길이나 좁은 곳에서 쓰는 작은 상여(喪輿).

419) 대틀우구. '대틀 위에'에 해당하는 경상도 방언.

잽이: 아~디야

巫女: 육기 장칸[420] 지끈매고//행상(行喪) 운영을[421] 하는구나.

<말로>

잽이: 좋다.

<창(唱)으로>

巫女: 요랑[搖鈴][422] 소리//땅그랑 땅땅//땅그랑 땅땅

너~너 너널럴럴 넘차 너하오[423]

잽이: 어~어~어~어

[잽이들은 일제히 악기를 흐드러지게 연주한다<소요시간: 7초>]

<창(唱)으로>

巫女: 서른 시밍[三十三名][424] 상디군[425]아

<말로>

잽이: 좋다.

<창(唱)으로>

巫女: 서른 두밍[426] 유대꾼[427]아

---

420) 육기장칸. '육기장한(肉氣壯漢)'의 와음. 살이 찌고 허위대가 크고 힘이 세찬 사내. '육기(肉氣)'는 '몸의 살찐 상태', '장한(壯漢)'은 '허위대가 크고 힘이 세찬 사내'를 이르는 말.

421) '상여(喪輿)로 운구(運柩)를' 정도의 뜻임.

422) 요랑. '요령(搖鈴)'에 해당하는 경상도 방언. 불가(佛家)에서 법요(法要)를 행할 때 흔드는 솔발보다 좀 작은 기구. 여기서의 '요랑'은 상여가 나갈 때 앞소리꾼이 상여 앞에서 흔들며 박자를 맞추는 데에 사용하는 악기로서의 '요랑'을 말한 것임.

423) 경상도 지방의 상여(喪輿)소리의 후렴구임.

424) '서른 세 명'에 해당하는 경상도 방언. 그러나 사실은 상두꾼은 일반적으로 열두 명임.

425) 상디군. '상두꾼'에 해당하는 경상도 방언. 상여를 메는 사람. 일반적으로 열두 사람이 양쪽에 각각 여섯씩 나누어 메게 되어 있음.

426) '서른 두 명'에 해당하는 경상도 방언.

427) 유대(留待)꾼. '옛날 포도청(捕盜廳)에 딸려 상여(喪輿)를 메든 인부(人夫)'를 이르는 말.

잽이: 아~디야 디야

巫女: 갈지자(之字) 걸음으로 발을 맞차랑[428]
요랑 소리~ 조심 하라.

잽이: 아~디야

巫女: 땅그랑 땅땅//땅그랑 땅땅
너~럴 너럴널럴//너와리 넘자 너와어[429]

잽이: 너아리 넘차 너와어

[잽이들은 일제히 악기를 흐드러지게 연주한다<소요시간: 8초>]

<창(唱)으로>
巫女: 동풍(東風)~이 불며는

<말로>
잽이: 아

<창(唱)으로>
巫女: 서(西)~로 가구요

잽이: 디야디야

巫女: 남풍(南風)~이 불며는//동(東)~으로[430] 가구요

<말로>
잽이: 하 얼씨구

<창(唱)으로>
巫女: 북풍(北風) 하는[431] 찬바람 소리
눈물이 앞을 가레[432]//나못 가겠네.

---

428) 발을 맞추어라. 걸음을 맞추어라.
429) 역시 경상도 지방의 상여소리의 후렴임.
430) 문맥상으로 보면 '북(北)으로'의 잘못임.
431) '하늘'의 잘못임. '하늘'이라고 발음하려고 했던 것이나 말이 잘못 나온 것임.

<말로>
잽이: 좋다~.

<창(唱)으로>
巫女: 땡그랑 땅땅//땡그랑 땅땅

<말로>
관중 가운데 어느 할머니: 잘하고~.

[관중들은 일제히 무녀를 향해서 박수를 친다]

<창(唱)으로>
巫女: 어~ 어~ 어~//어와리 넘차 너와어~
잽이: 어와리 넘차 너와어~

[무녀는 도저히 울음을 참을 수 없는지 손에 들고 있는 손수건으로 연신 눈물을 찍어낸다. 잽이들은 일제히 악기를 흐드러지게 연주한다<소요시간: 7초>]

<창(唱)으로>
巫女: 여보~신네요[433] 엄마네요

<말로>
잽이: 좋고~.

<창(唱)으로>
巫女: 여보시네요 형님네들
잽이: 어야디야
巫女: 당신네도 죽으면 이길로 가지요
나도 죽으면 이길로 가지요.
잽이: 디야디야

432) '(앞을) 가려'에 해당하는 경상도 방언.
433) '여보시요'를 이렇게 구연한 것임.

巫女: 첫날 질캉[434] 죽음 질캉

<말로>
잽이: 어이

<창(唱)으로>
巫女: 대신(代身) 갈사람 그누군고?
잽이: 어야디야
巫女: 대신(代身)만 가두루[435] 마련만 하믄
백발 노인(白髮老人)들이 대신(代身)가고
잽이: 어야디야
巫女: 남남이 만낼[436] 그임들은

<말로>
잽이: 허이

<창(唱)으로>
巫女: 일찌기 이별(離別)은 안하지요.
잽이: 어야디야
巫女: 임을 잃어 버리고//혼자 적적(寂寂)한 빈방 안에
잽이: 어야디야
巫女: 새끼들은 주룽주룽[437] 달레[438]//밥달라 물달라 저소리
잽이: 어야디야
巫女: 죽을라 해도//새끼들 때문이야//죽지는~ 못하구야

---

434) 첫날 질캉. '첫날 길과'에 해당하는 경상도 방언. 결혼 첫날의 길과.
435) '가도록'에 해당하는 경상도 방언. 갈 수 있도록.
436) 문맥상으로 보면 '만난'이라고 해야 맞을 자리임. '(남남으로서) 만난'의 뜻.
437) '주렁주렁'에 해당하는 경상도 방언.
438) '달려'에 해당하는 경상도 방언. 매달려.

<말로>
잽이: 그렇지요.

<창(唱)으로>
巫女: 시집~ 가라고 졸라 쳐도[439]//새끼들 불쌍해 못가겠고
잽이: 디야디야
巫女: 공부(工夫)시게 놓으면 날생각 하리요?
알뜰히 허리끈을 졸라매고//알뜰히 벌~어//공부 시게 놓니
어리실 때는[440]//엄마 찾어서//이집 저집 다니더니

<말로>
관중 가운데 어느 할머니: 잘한다~.

<창(唱)으로>
巫女: 머리가 굵어[441]//짝지워 놓으니야
저거[442] 각시방에 먼저 가네.
공부(工夫) 시게 놓으니 객지 타향(客地他鄕)에
직장(職場)따라어 다가뿔고[443]
잽이: 디야디야
巫女: 손지[孫子]꺼진[444] 다데리고 가니야
어두 컴컴 빈방 안에

<말로>
관중 가운데 어느 할머니: 좋다~.

[관중들은 무녀를 향해서 박수를 친다]

---

439) '몹시 졸라도'에 해당하는 경상도 방언.
440) '어렸을 때에는'에 해당하는 경상도 방언.
441) 성장(成長)하여. 자라서.
442) '저의'에 해당하는 경상도 방언.
443) 다가뿔고. '다 가버리고'에 해당하는 경상도 방언.
444) 손지꺼진. '손자(孫子)까지'에 해당하는 경상도 방언.

<창(唱)으로>
巫女: 몸이 아프니
누가앙[445] 아나 배가 고파 누웠으니//누가~ 아나?

<말로>
잽이: 그렇지요.

<창(唱)으로>
巫女: 엄마랑아//죽는다 해도 기비[446] 더디가서[447] 몬오는데
잽이: 디야디야
巫女: 왜 늙었나 왜 늙었나//요다지 백발(白髮)이 왜 늙었나?
잽이: 디야디야
巫女: 꽃다운 청춘(靑春)은 다넘어 가고
남은 청춘(靑春)은 누굴 믿어
잽이: 디야디야
巫女: 늙고 보니~ 설구나~//너무도 설어 못살겠네.
잽이: 디야
巫女: 땅그랑 땅땅//땅그랑 땅땅
너너러~ 너러허~//어가리 넘차 너와어
잽이: 어와리 넘차 너와어

[잽이들은 일제히 악기를 흐드러지게 연주한다<소요시간: 7초>]

<창(唱)으로>
巫女: 북망[448] 산천(北邙山川)아 말물어 보자

445) '누가'를 이렇게 구연한 것임.
446) 기비. '기별. 소식'에 해당하는 경상도 방언. 흔히 경상도 지방에서는 '기별. 기빌' 등으로 발음함.
447) '더디게 가서'에 해당하는 경상도 방언. 늦게 가서.
448) 북망. 북망산(北邙山). 중국(中國) 하남성(河南省) 낙양(洛陽)에 있는 자그마한 산. 낙양(洛陽)이 한(漢)나라 이후의 역대 왕조의 도읍(都邑)이 되었던 곳이기 때문에 이곳

임죽어 우던이[449] 몇몇 이냐?

그임 죽은 무덤이 없었 더라면//임과 이별(離別)은 안할거로[450]

잽이: 어야디야

巫女: 연분(緣分) 되이[451]

극락(極樂)이 머다더니[452]//대문(大門) 밖이 극락(極樂)이고

<말로>

잽이: 좋구나~.

<창(唱)으로>

巫女: 황천수(黃泉水)[453]가 멀다~더니//이물 강[454]이 황천수(黃泉水)다.

잽이: 아디야

巫女: 북망 산천(北邙山川)이 멀다더니//저건네 저산이 북망(北邙)이라.

잽이: 디야디야

巫女: 한분[455] 가며는 몬오는[456] 길

언제 다시~ 온단 말이냐?

임무덤을~ 찾어 가서

<말로>

잽이: 하이

에 제왕(帝王)·귀인(貴人)·명사(名士) 등의 무덤이 많이 자리잡게 되었음. 따라서 후대에 묘지(墓地)를 가리키는 대명사처럼 사용되게 되었고 '북망산천(北邙山川)'은 '묘지가 있는 곳' 혹은 '사람이 죽어서 가게 되는 곳'으로 인식되게 된 것임.

449) 울던 사람이.

450) '안할 것을'에 해당하는 경상도 방언.

451) '연분(緣分)이 되니'에 해당하는 경상도 방언. 인연(因緣)이 닿으니. 여기서는 '죽을 때가 되니'의 뜻임.

452) '멀다더니'에 해당하는 경상도 방언. 멀다고 하더니. 멀다고들 말하더니.

453) 황천수. 이승과 저승의 경계에 있다는 강(江). 신화(神話) 속에서 보면 흔히 이승과 저승의 경계는 큰 물로 설정되어 있음.

454) 이물 강. 앞의 강. 앞에 있는 강.

455) '한 번'에 해당하는 경상도 방언.

456) '못오는'에 해당하는 경상도 방언.

<창(唱)으로>
巫女: 임아 임아 우리 님아
나는 나는//서러 못살겠네 언제나//언제나 만내 갈꼬?[457)]
잽이: 디야 디야
巫女: 아무리~ 불러도

<말로 >
잽이: 어이

<창(唱)으로>
巫女: 대답 한마디도 왜못하나?

<말로>
관중 가운데 어느 할머니: (박수를 치면서 무녀를 향하여)잘~한다.
巫女: (옆에 앉아 있는 다른 무녀를 향하여)야야 나 물좀 다오.//물 있나?
관중 가운데 어느 할머니: 참말 잘한다.

[관중들은 일제히 박수를 치면서 이구동성(異口同聲)으로 '잘한다'를 연발한다. 무녀는 손수건으로 눈물을 닦고는 건네주는 물을 받아 한 모금 마신다. 구연이 잠시 중단된다. 무녀의 구연이 중단되자 여기저기서 관중들이 이야기를 하느라고 장내(場內)가 잠시 소란스러워진다<소요시간: 18초>]

<말로>
巫女: 건너 안산(案山)[458)]을 돌아들어
패철(佩鐵)[459)]로 놓고//명산(名山)을 잡아
간자고향[460)] 미[墓][461)]를 씨고[462)]//봉분(封墳)[463)]을 다올려 놓고

---

457) '만나 갈까?'에 해당하는 경상도 방언. '가서 만날까?'의 뜻임.
458) 안산. 집터나 묏자리 맞은편에 있는 산. 청룡(青龍)·백호(白虎)·주산(主山)과 함께 풍수학상(風水學上)의 네 요소의 하나이며 여러 산이 중첩하여 있을 때에는 내안산(內案山)·외안산(外案山)으로 구별함.
459) 패철. 지관(地官)들이 몸에 지니고 다니는 나침판. 혹은 지관(地官)들이 나침판을 지니고 다니는 일. 다른 말로는 흔히 '쇠'라고도 함.

심봉사(沈奉事)가 사십(四十)이 넘어 눈이 어듭다[464] 보니
젊었을때 속에
학식(學識)이 풍분[豊富]하야[465] 축문(祝文)을 지어 이르는데[466]

잽이: 그렇죠.

<창(唱)으로>

巫女: 차호(嗟乎)[467] 부인(夫人)~

<말로>

잽이: 그렇지요.

[이때 관중 가운데 한 할머니가 앞으로 나와 무녀에게 돈을 주면서 축원을 해달라고 요청한다]

<말로>

巫女: (할머니를 향하여)예//꺴다가[468] 축원(祝願)해 드리지요.
축원(祝願)도 많지마는//한살씩부텀 팔십(八十)까지 냄기주시면[469]

---

460) 간자고향. 묘자리를 쓸 때의 방향을 지칭하는 용어. 앞의 명산(名山)이라는 단어와 연결시켜 생각하면 아마도 '자좌오향(子坐午向)'의 와음일 것임. '자좌오향(子坐午向)'은 자방(子方: 시계의 열두시 방향이니 곧 정북(正北)쪽임)을 등지고 오방(午方: 시계의 여섯시 방향이니 곧 정남(正南)쪽임)을 향한 방향 곧 정남향(正南向)이 되며 일반적으로 풍수지리설(風水地理說)에서 명당(明堂)의 조건 가운데 중요한 하나로 치는 것임.

461) 미. '묘(墓)'에 해당하는 경상도 방언. 산소.

462) 써고. '(뫼를) 쓰고'에 해당하는 경상도 방언. (무덤을) 만들고.

463) 봉분. 무덤을 만들 때에 흙을 돋우어서 둥그렇게 만든 부분.

464) 어듭다. '어둡다'에 해당하는 경상도 방언. (눈이) 멀다.

465) '풍부(豊富)하여'의 와음.

466) 이르는데. '읽는데'에 해당하는 경상도 방언.

467) 차호. '슬프다'에 해당하는 한문투(漢文套)의 감탄사.

468) 꺴다가. '조금 있다가'에 해당하는 경상도 방언. 흔히 '쪼깨 있다가'라고 발음하게 되는데 이것을 빨리 발음한 것임.

469) '넘겨 주는'에 해당하는 경상도 방언. 동해안(東海岸) 무가(巫歌)의 축원문(祝願文) 가운데 나이를 한 살부터 팔십(八十)까지 전부 언급하면서 하는 축원문이 있는데 그 축원문을 지칭한 것임.

그축원이 다받는[470] 축원임더.

<창(唱)으로>
巫女: 차호(嗟乎) 부인~//요차~ 요~소~ 행연이요[471]
해난 간지 옹옹[472]이라.
기빈연 지해로[473]//해녀[474] 홀련 몰이 혼귀[475]로다.
주가포에[酒果脯醯][476] 많이 잡숫코 돌아가오.
축문(祝文)을 다일런[477] 후에

[이때 장내(場內)가 상당히 소란스럽다]

<창(唱)으로>
巫女: 심봉사~

<말로>
잽이: 그렇지요.

[장내(場內)가 너무 소란스러워서 구연에 어려움을 느낀 무녀가 구연(口演)을 잠시 중단한다<소요시간: 5초>]

---

470) 다받는. '누구에게나 다 효력이 미치는'의 뜻임. 이 경우의 '받다'는 '약발이 받다'라고 했을 때의 '받다'에 해당함.

471) '요차(邀此) 요조숙녀혜(窈窕淑女兮)여'의 와음. '이 요조숙녀(窈窕淑女)를 맞았도다'의 뜻이니 곧 요조숙녀인 곽씨부인을 아내로 맞았다는 말임.

472) '태명안지옹옹(迨鳴雁之嗈嗈)'의 와음. 결혼의 시기를 말함. <시경(詩經)>에 '옹옹명안욱일시단(嗈嗈鳴雁旭日始旦) 사녀귀처태빙미반(士女歸妻迨冰未泮)'이란 구절이 있음.

473) '기백년지해로(期百年之偕老)'의 와음. 백년해로(百年偕老)를 기약함.

474) '혜(兮)여' 와음. 이 어절(語節)은 원래는 앞의 행(行)의 끝에 연결되어 있던 것임.

475) '홀연몰혜혼귀(忽然沒兮魂歸)'의 와음. 갑자기 죽어 혼(魂)으로 돌아감.

476) 주가포에. '주과포혜(酒果脯醯)'의 와음. 술과 과일과 마른 고기와 식혜 따위로 간략하게 차린 제물(祭物).

477) '다 읽은'에 해당하는 경상도 방언.

<말로>
巫女: (앞에 앉아 있는 다른 무녀를 향하여)뭐라하나?[478]
앞에 앉아 있던 다른 巫女: (무녀를 향하여)할매들 조용하랍니더.
巫女: 심봉사(沈奉事)[479] 할매들요 조용하랍니더.

[장내(場內)가 다시 조용해진다. 무녀가 굿판의 분위기를 잡아가는 이 기법이 매우 묘(妙)하다는듯이 한 할머니가 잠깐 유쾌하게 웃는다. 장내 분위기가 안정을 되찾자 무녀는 다시 구연을 시작한다]

<말로>
巫女: 축문(祝文)을 다일런 후로//심봉사가 봉구로[480] 더듬더듬 만진다.
잽이: 그렇지요.
巫女: 더듬더듬 만짐서[481] 울기를 시작하는데

<창(唱)으로>
巫女: 마누라요//마누라요

<말로>
잽이: 그렇지요.

<창(唱)으로>
巫女: 당신은~ 편(便)하기
잽이: 아~디요
巫女: 이산천(山川)을 초목(草木)을 벗삼고[482]//뒤견이~[483] 벗이 되어
잽이: 아~디야

---

478) '심봉사가 지금 무어라고 하고 있느냐?'는 뜻임. 이렇게 하여 '심봉사가 지금 시끄럽다고 한다'는 답(答)을 이끌어내어 관중들의 분위기를 안정 시키기 위한 기교(技巧)임.
479) 문맥상으로는 뒤에 주격조사(主格助詞)가 생략된 것임. '심봉사가 말하기를'이라는 뜻임.
480) 제보자의 잘못임. '봉분(封墳)을'이라고 하려고 했던 것이 말이 잘못 나온 것임.
481) 만짐서. '만지면서'에 해당하는 경상도 방언.
482) 벗을 삼고. 친구로 삼고.
483) 뒤견이. '두견이'에 해당하는 경상도 방언. 두견새.

巫女: 야월 공산(夜月空山) 밝은 달으로//회답가[和答歌][484]를 하건마는
마누라요 마누라요~//나는 집에 가면//눌과~[485] 말을 할까?
마누라~//가시는 곧으는[486]//얼매나~[487] 살기 좋아서
저자식을 버리고 나를 버리고
당신 혼자 가신단 말이요?
잽이: 아~디야
巫女: 얼매나 짝두[488]를 만지면
우두둑 두둑 바람결에 날리며
흑두[489] 지어[490] 내다 버리며

<말로>
관중 가운데 어느 할머니: 좋다~.

<창(唱)으로>
巫女: 마누라요~//마누라요 너무도~ 무정(無情) 하오
잽이: 아~디야 더~디야
巫女: 심봉사(沈奉事) 엎드레에[491]//우는걸 보더니 마는
길가는 행각[行客][492]들이//너무도 서러워서
길을 못가고 울고 섰네.
잽이: 아~디야 더~디야
巫女: 도화동(桃花洞) 남녀노소(男女老少)들이 심봉사 허리를 안고

---

484) 회답가. '화답가(和答歌)'의 와음. 화답하여 부르는 노래. '화답(和答)'은 시(詩)나 노래에 응하여 대답함.
485) 눌과. '누구와'에 해당하는 경상도 방언.
486) 곧으는. '곳은'에 해당하는 경상도 방언.
487) 얼매나. '얼마나'에 해당하는 경상도 방언.
488) 짝두. 상제(喪制)가 사용하게 되어 있는 대나무로 된 짧은 지팡이. 경상도 지방에서는 흔히 '짝지'라고 말함.
489) '흙도'에 해당하는 경상도 방언.
490) '(손에) 쥐어'에 해당하는 경상도 방언.
491) '엎드려'에 해당하는 경상도 방언.
492) 행각. '행객(行客)'의 와음. 길가는 나그네들.

마오 마오
그리 마오 죽은 마누래[493]//생각 말고
산자식(子息) 생각해 집으로 갑시다.

[이때 관중 가운데 할머니 몇 분이 앞으로 나와서 무녀의 가슴띠에다 지폐를 꽂아준다]

<말로>
巫女: (돈을 꽂아주는 할머니들을 향하여)할무니 고맙십니다
여게 모도 돈걸어 주신 보살(菩薩)님네들
엄마들이나 형님네들이나//내가 축원(祝願)을 알뜰히 살뜰히 내가
심청(沈淸)이 넋에
이바다 임당수[印塘水] 깊은물에 씻고간듯이 내가
살(煞)을 막아 드리지요.
줄데 없어 나를 주며//씰데 없어 나를 주겠소?
이러는데//심봉사(沈奉事) 그질로[494]//일어나 서더니마는
어두운 눈으로//마누라 무덤을 드러다[495]보며
여보 마누라//나는 가오//잘있시오.
여보게 마누라 대답이나 좀 하게.

[무녀는 울음이 북받쳐서 울먹거리며 구연을 계속한다]

<창(唱)으로>
巫女: 그전(前)에는 간다 하모~
대답하고 나와 손을 붙잡고~
내길을 인도(引導) 하는데
오늘은 대답 한마디도 무정(無情)하게

493) 마누래. '마누라'에 해당하는 경상도 방언.
494) 그질로. '그 길로'에 해당하는 경상도 방언. 바로 그 김에.
495) '들여다'에 해당하는 경상도 방언.

<말로>

巫女: 없구랴~.

잽이: 야

巫女: 심봉사 눈물을 짓고 집으로 돌아와야//해는 너웃너웃[496] 다 졌다.
도화동(桃花洞) 남녀노소(男女老少)들 고맙다꼬 백배치사(百拜致辭)[497]
한 연후(然後)로
우두커니 팔짐찌고[498] 앉았더라이[499]
귀덕어머이 심처[沈淸]이로 안아다가

잽이: 그렇지요.

巫女: 심봉사(沈奉事)요 심처[沈淸]이 받으시오 하니
심처[沈淸]이를 받고나니//안나던 눈물이 비오듯이 쏟아지는구나.

잽이: 야

巫女: 어쩌다 해는 져서 저물아졌다.
날이 밝어야 더듬거리고 나가서 아기 젖을 믹일텐데
그날밤에 밤새도록 어떻게 울던지//줄금줄금[500] 우는구나.

<창(唱)으로>

巫女: 심처[沈淸]이는 오지랎[501]이 얼정거레도~[502]
엄마 젖주나 하고 입을 벌리고~

[무녀는 슬픔을 도저히 억제할 수 없는듯 연신 손수건으로 눈물을 찍어 내면서 반쯤은 울음 섞인 목소리로 구연을 계속한다]

---

496) '뉘엿뉘엿'에 해당하는 경상도 방언. '뉘엿뉘엿'은 해가 이내 지려는 모양.
497) 수없이 절을 하며 감사를 드림.
498) 팔찜찌고. '팔짱 끼고'에 해당하는 경상도 방언.
499) '앉아 있으려니'에 해당하는 경상도 방언.
500) 줄금줄금. '질금질금'에 해당하는 경상도 방언. 눈물을 조금씩 흘렸다가 그치다가 하면서 우는 모양. 찔끔찔끔.
501) 오지랎. 웃옷이나 웃도리에 입는 겉옷의 앞자락.
502) '얼쩡거려도'에 해당하는 경상도 방언. '무언가가 옷 앞자락 부분에서 움직이기만 하면'의 뜻임.

<창(唱)으로>
巫女: 심봉사~ 손을 여[503] 빨리도[504] 울고~
심천아 우지마라 우지마라~
니도 칠안에[505] 엄마가 죽으니야~
섧어서 우느냐 배가고파 울겠지
심천아 심천아~//니팔자(八字)가 오죽 좋으모
칠[七日]안에 엄마 잃고 젖못먹고~
하도 하도//달개도[506] 안달개지고 줄금줄금 우니야

<말로>
잽이: 그렇죠.

<창(唱)으로>
巫女: 정지문[507]을 탁여더니[508]

<말로>
巫女: 여보 마누라
잽이: 허이
巫女: 정제서[509] 뭐하나?//일좀 고만하고 이애기 젖한분 주게그려.

<창(唱)으로 >
巫女: 아문[510] 대답도 없고~
정지문에 문지박[511]에 엎디려

---

503) '넣어. 넣어서'에 해당하는 경상도 방언.
504) 빨리도. '빨려도'에 해당하는 경상도 방언. 빨게 하여도.
505) '칠일(七日) 안에'를 빨리 발음한 것임. 이레 안에.
506) 달개도. '(우는 아이를) 달래도'에 해당하는 경상도 방언. '달개다'는 '울거나 칭얼대는 아이를 달래다'에 해당하는 경상도 방언.
507) 정지문. '부엌문(門)'에 해당하는 경상도 방언. '정지'는 '부엌'에 해당하는 경상도 방언.
508) '탁 소리가 나게 왈칵 열더니'에 해당하는 경상도 방언.
509) 정제서. '정지에서'의 준말. '부엌에서'에 해당하는 경상도 방언.
510) '아무'에 해당하는 경상도 방언.

마누라 마누라~//그전(前)에는~//마누라 내목소리 나모~
내절에 가까이 와서 나의 영접(迎接)을

<말로>
巫女: 하더니마는
잽이: 그렇죠.
巫女: 오늘은 정제도[512] 없고 어데로 갔나?//적막(寂寞)하구나.

<창(唱)으로>
巫女: 막연(漠然)하다~ 심청(沈淸)아 우지마라~
니가 울면 내눈에 피가 난다 우지마라~.
잽이: 어~
巫女: 이리 대고[513] 우다가//심천아 우지말아 너검마~[514]
염라국(閻羅國)으로 시집갔다 우지마라 우지마라~.
북향(北向)으로 날아가는 외기러기 소리
끼국 끼국 나니 기럭아~
너도 임을잃고 혼자 임찾어 가나~?
날과 같이~//임을 부르고 찾는구나~.

<말로>
잽이: 아//그렇지요.

<창(唱)으로>
巫女: 이리 우더니마느~//동살[515]이 희번하는[516]줄 몰랐더니~

---

511) '문지방'의 와음. 문(門)에서 두 문설주 밑에 가로 댄 나무.
512) '정지에도'를 빨리 발음한 것임. '부엌에도'에 해당하는 경상도 방언.
513) 이리 대고. '이렇게 마구'에 해당하는 경상도 방언. '대고'는 '함부로. 마구. 쉬지 않고'에 해당하는 경상도 방언.
514) '너의 엄마'에 해당하는 경상도 방언.
515) 동살. 창짝 등에 가로 지른 살. 여기서는 '동산(東山)'의 잘못으로 보아도 별 지장이 없겠음.
516) '희번한'에 해당하는 경상도 방언. '희번하다'는 '동이 트며 허연 광선(光線)이 조금

우물에 뚜레소리517)가 장그랑 난다.
아기를 뚜데기518)싸 한짝 손에

<말로>

巫女: 아기 끌안고//한짝손에 막대519) 들고 더듬더듬 찾어가
우물가에 오시는 부인//누댁(宅)인지는520) 모르오나 밤새도록 젖을 굶고 우지 못하고 기진맥진(氣盡脈盡) 되었으니
젖한모금만 멕이521) 주시오.

<창(唱)으로>

巫女: 나는 엊그저께 시집을와//젖이 없사오니
요집에 가모 아기가 있십니다.//그삽쩍끝꺼징522) 데리다 주니

<말로>

巫女: 여보시오 부인요//누댁(宅)인지는 모르오나
눈이 어두버523) 보지는 못하나

<창(唱)으로>

巫女: 곽씨부인(郭氏夫人) 마누라 인심을 생각하나

비치어서 번하다'의 뜻.

517) 뚜레소리. 두레박으로 물을 긷는 소리. '뚜레'는 '두레박'에 해당하는 경상도 방언. 흔히는 '터레박. 터리박. 타리박'이라고 발음함.

518) 뚜데기. '아기 포대기'에 해당하는 경상도 방언. 아이를 업을 때에 사용하는 넓고 긴 두툼한 천. 양쪽 상단(上端)에 긴 끈이 달려 있음. 아이를 등에 업은 후 천으로 업은 사람의 몸통과 아이를 함께 감싼 후 끈으로 다시 그 위를 묶어서 아이를 따뜻하게도 하고 손을 놓아도 아이가 흘러내리지 않게 함. 흔히는 '두디' 혹은 '두디기'라고도 발음함.

519) 막대. '지팡이'를 말한 것임.

520) '누구 댁(宅)인지는'에 해당하는 경상도 방언. 누구의 아내인지는.

521) '먹여'에 해당하는 경상도 방언.

522) '그 삽짝끝까지'에 해당하는 경상도 방언. '삽짝'은 '사립짝'. '사립짝'은 잡목(雜木)의 가지로 엮어서 만든, 시골집의 대문(大門)에 해당하는 문(門). 흔히는 '삽짝문. 삽쩍문'이라고 발음함.

523) 어두버. '어두워'에 해당하는 경상도 방언. 흔히는 '어드버'라고도 발음함.

불고자[不具者][524] 나를 생각 하나~
불쌍한 이자식 젖굶고 우지도[525] 못하오니
귀동자(貴童子) 믹이다가[526]

<말로>
巫女: 젖 남었거들랑
잽이: 허이

<창(唱)으로>
巫女: 한모금만 적선(積善)하옵소서 하니
그부인이 얼른 불때다 쫓아 나와서//아기를 받아드더니마는
젖을 마이 믹이주고 심봉사(沈奉事)임요
내리[527]도 오고 모레도 옵소사//천만복추[千萬伏奏][528] 하옵소사.[529]
잽이: 아흐

<말로>
잽이: 아
巫女: 심봉사 젓을 마~이 믹에[530]가지고//댕길때게[531]
젖얻어 믹일때 어데로 가나하믄
시내 갱빈[532]에 빨래씩는[533] 부인들 찾어간다.
잽이: 아

524) 불고자. '불구자(不具者)'에 해당하는 경상도 방언.
525) 우지도. '울지도'에 해당하는 경상도 방언.
526) 믹이다가. '먹이다가'에 해당하는 경상도 방언.
527) 내리. '내일(來日)'에 해당하는 경상도 방언.
528) 천만복추. '천만복주(千萬伏奏)'의 와음. 천만(千萬) 번(番)을 엎드려 사룀. 간절히 빎.
529) 문맥상으로는 '하옵니다'의 잘못임. 그래야 '간절히 빕니다'로 되어 문맥의 흐름이 자연스러움.
530) '먹여'에 해당하는 경상도 방언.
531) 댕길때게. '다닐 때에'에 해당하는 경상도 방언.
532) 갱빈. '물가' 혹은 '물가의 모래밭'에 해당하는 경상도 방언.
533) 빨래 씩는. '빨래 씻는'에 해당하는 경상도 방언. '씩다'는 '씻다'에 해당하는 경상도 방언.

<창(唱)으로>

巫女: 부인들로~ 찾어간다

잽이: 아~디야

巫女: 부인들요//빨래 씻기는~ 바뿌지마는[534)]
　　애 젖조끔만 멕여주오.

잽이: 아~디요

巫女: 젖있는 부인은~ 좇어 나와서
　　젖을 마이 믹에 주고

잽이: 아~디여

巫女: 오뉴 월(五六月)에~ 복닥 더우[535)]에
　　서숙밭[536)] 매는데 찾어 가서

잽이: 아~디야

巫女: 밭매기도 어렵지마는 이애기 젖좀주오.
　　심봉사(沈奉事)[537)]//젖을 준당~아//그적세는[538)] 젖을~

잽이: 아~디야

巫女: 젖을 주메[539)] 믹에 준다.
　　아기 배를 만져 본다.

<말로>

잽이: 좋다.

---

534) '바쁘지만'에 해당하는 경상도 방언. '바뿌다'는 '바쁘다'에 해당하는 경상도 방언.

535) 복닥더우. '찌는듯한 무더위'에 해당하는 경상도 방언. 어원적(語原的)으로는 '복(伏)더위에. 삼복(三伏)더위에'의 와음으로 볼 수도 있겠고, 아니면 '끓는듯한 더위에. 몰아치는 더위에' 정도의 뜻으로 이해할 수도 있겠음. '더우'는 '더위'에 해당하는 경상도 방언.

536) 서숙밭. 조밭. '서숙'은 '조[粟]'를 가리키는 경상도 방언.

537) 제보자의 실수였음. 이 행(行)은 없어야 할 내용임.

538) 그적세는. '그때에야. 그때에는'에 해당하는 경상도 방언.

539) '(젖을) 주며'에 해당하는 경상도 방언.

<창(唱)으로>

巫女: 우리 아기 배불렀다.

일상[日常]에 일년(一年) 삼백//육십 날[三百六十日]로

이만치 부르며는 백만장재[百萬長者]가 부럽겠나?

천은(天銀)[540] 구바닥[舊畓][541]이 부럽겠나?

어서 어서 자러 나서

잽이: 아~디야

巫女: 너예동네[542] 부인들 인공[恩功][543]을 갚아라.

인공으로~ 갚어 내라.

아기 젖을 믹에서 눕혀 놓고

전대[544]를 짓는다 동냥을 한다.

잽이: 아~디야

巫女: 암죽[545] 동냥을 하는구나.

<말루>

巫女: 여봅소//어는 댁(宅)이든지 자식(子息) 안키우는 집이 있나?

잽이: 야

巫女: 집집마담[546] 자식 다키운다.

에미없는 자슥[子息] 키우는 할머이도 있고

또 아부지 없는 자슥[子息] 키우는//엄마도 있다.

잽이: 예

巫女: 이런데 자슥[子息] 키우는데

심봉사(沈奉事)[547] 심처[沈淸]이매로[548] 이래 되지는 말아야 되는데

---

540) 천은. 품질이 매우 좋은 은(銀).

541) 구바닥. '구답(舊畓)'의 와음. 전부터 있던 논.

542) '너희 동네'에 해당하는 경상도 방언.

543) '은공(恩功)'의 와음.

544) 전대. 여기서는 '동냥할 때에 사용하는 자루. 동냥 자루'를 말한 것임.

545) 암죽. 어린 아이에게 먹이는 묽은 죽. 곡식이나 밤 등의 가루를 밥물에 타서 끓인 것으로 어머니의 젖이 충분하지 못할 때 이것으로 대신하게 됨.

546) '집집마다'에 해당하는 경상도 방언. 흔히는 '집집마당'이라고 발음함.

심봉사 북포(北布)[549]를 끊어
견대(肩帶)[550]를 짊어지고 암죽동냥을 댕기는데
가가문전(家家門前) 집집마담 다댕기니//후(厚)하신 댁(宅)에는
옛날에 전부(全部) 서식[551]이고 보리쌀이고 강냉이[552]고
오만[553] 잡밥이 많다.

잽이: 야

巫女: 이렇지마는//어떤집에//부잣집에[554] 쌀 한대[升][555]도 주고
석석[556] 좁쌀도 한대씩 주고
옛날에 설타[屑糖][557]이나 있나?//우유(牛乳)나 있나?
심봉사가//가는[558] 맷돌이나 있나?

잽이: 하

巫女: 누이[559] 어두워 가지도[560] 못하니//그거로[561] 암죽을 끼리서[562]

---

547) 제보자의 실수로 볼 수 있음. '심청(沈淸)이'로 바로 이어져야 할 자리였기 때문에 바로 뒤에서 바로잡은 것임.

548) '심청이처럼'에 해당하는 경상도 방언. '-매로' 혹은 '-매이로'는 '-처럼'에 해당하는 경상도 방언.

549) 북포. 함경도 지방에서 나는 베. 함경도(咸鏡道) 지방에서 생산되는 베는 올이 굵고 베가 얼금얼금 하기 때문에 약수건(藥手巾)이나 시신(屍身)을 염습(殮襲)하는 데에 적합한 것으로 알려져 있음.

550) 견대. '전대(纏帶)'와 같은 말. 헝겊으로 길게 자루를 만들어 양쪽은 터놓고 중간을 막아 양쪽 터진 곳으로부터 물건을 넣고 허리에 차기도 하고 어깨에 메기도 하는 자루.

551) 서식. '서숙'의 와음. '서숙'은 '조[粟]'에 해당하는 경상도 방언.

552) 강냉이. '옥수수'에 해당하는 경상도 방언.

553) 오만. '온갖. 별별' 등에 해당하는 경상도 방언.

554) 문맥상으로는 '부잣집에서는'이라고 해야 맞는 자리임.

555) '쌀 한 되[升]'에 해당하는 경상도 방언. '되[升]'를 경상도 지방에서는 '대'라고 발음함.

556) 제보자의 실수였음. '서숙'이라고 하려던 것이 발음이 잘못된 것임. 따라서 바로 뒤에서 '좁쌀'이라고 해서 바로잡은 것임.

557) '설탕(屑糖)'에 해당하는 경상도 방언.

558) '곡식을 갈아서 가루로 만들'의 뜻임.

559) '눈이'에 해당하는 경상도 방언.

560) '(곡식을 가루로 만들기 위하여 맷돌에다) 갈지도'에 해당하는 경상도 방언.

561) '그것으로'에 해당하는 경상도 방언.

심봉사가//심처[沈淸]이 입에다 펴였는데[563]

잽이: 예

巫女: 눈이 어두워놓이 입으로 더듬어 가주고 펴여니

죽이 흘러서 온~택밑에[564]//온옷에 다흐르고

잽이: 야

巫女: 이렇게 믹일적에//내가 보살님 전(前)에 암죽동냥으러 가지마는[565]

(가슴띠에 꽂혀 있는 돈을 가리키면서)여게[566] 돈을 다 대시니[567]

꾒다가[568] 용왕국(龍王國)굿 제사(祭祀) 지낼때[569]나

그때나 모도 곤신[勸善][570] 하시옵시면

잽이: 그렇지.

巫女: 요왕[龍王]님전에 임당수[印塘水] 깊은물에

자식(子息)들 모도 액(厄)을 씻거[571] 준답니다.

이러는데

암죽을 끓여믹에 세월(歲月)이 여루[如流]하다 다섯살이 딱되니까

얼매나 아버지인데 효도(孝道)가 지극(至極)한 효성(孝誠)인지

아버지 손을 붙잡고 골목골목 질[572]을 알가주고[573]

---

562) '끓여서'에 해당하는 경상도 방언. '끼리다'는 '끓이다'에 해당하는 경상도 방언.

563) '퍼 넣는데'에 해당하는 경상도 방언. 떠서 넣는데.

564) '온 턱 밑에'에 해당하는 경상도 방언. '택'은 '턱'에 해당하는 경상도 방언.

565) 원래 굿을 하는대로 하면 이 대목에서 심청이의 암죽값을 받는다는 명목으로 관중들로부터 돈을 걷어야 하지만, 오늘은 그렇게는 하지 않겠다는 뜻에서 한 말임.

566) '여기에'에 해당하는 경상도 방언.

567) '돈을 마련하여 주었으니'에 해당하는 경상도 방언. 이 경우의 '대다'는 '장사 밑천을 대다'의 경우와 같은 용례의 '대다'임.

568) '조금 있다가'에 해당하는 경상도 방언. 흔히 '쪼깨 있다가'라고 발음하게 되는데 이것을 빨리 발음한 것임.

569) 이 뒤에 심청이가 인당수(印塘水)에 뛰어들기 직전에 용왕(龍王)에게 제(祭)를 지내는 장면(場面)을 말한 것임.

570) 곤신. '권선(勸善)'의 와음. 불가(佛家)에서 선심(善心)있는 사람에게 보시(布施)를 청하는 일.

571) '씻어'에 해당하는 경상도 방언.

572) 질. '길'에 해당하는 경상도 방언.

573) 알가주고. '아르켜 주고. 알려 주고'에 해당하는 경상도 방언. 흔히는 '알카 주고'라

잽이: 야

巫女: 요런 도라이[574] 좀 있는데 이수[575]가 멀아비니[576]

다섯살 먹은기[577] 쪼만한[578] 돌을 들어다가 아부지[579] 다리를 놓는구나.

다리를 놔주머//아부지요 요 건네띠시오[580] 요 건네띠시오

요렇게 알가주고

잽이: 야

巫女: 일곱살이 딱되니 엄동설한풍(嚴冬雪寒風)이라

[테이프 바꿈. T19-2-A로]

[이때 몇몇 마을 할머니들이 새로 굿판 안으로 들어서고, 이 할머니들을 아는 할머니들이 서로 인사를 주고 받느라고 다시 장내(場內)가 어수선해진다. 무녀는 굿당의 분위기가 아무래도 신경이 쓰이는지 다시 구연을 잠시 중단했다가 이내 계속한다]

<말로>

巫女: 모도 이럴때 모도 실컷 만내서[581]//모도 얘기 해야 되지

여거서[582] 굿하고 삼년(三年) 있다가[583] 언제 만내능교?

시컷시컷[584] 얘기하소.

고도 발음함.

574) '도랑이'에 해당하는 경상도 방언.

575) 이수. '이수(里數)'인듯함. '이수(里數)'는 '거리를 이(里)의 단위로 측정한 수(數)'를 말하는 것이나 여기서는 단순히 '거리(距離)'라는 뜻으로만 쓴 것으로 이해됨.

576) '멀어 보이니'에 해당하는 경상도 방언.

577) '먹은 것이'에 해당하는 경상도 방언. (다섯 살) 먹는 아이가.

578) 쪼만한. '자그마한. 조그만'에 해당하는 경상도 방언.

579) 아부지. '아버지'에 해당하는 경상도 방언.

580) '건너 뛰세요'에 해당하는 경상도 방언. 뛰어 건느세요.

581) '만나서'에 해당하는 경상도 방언.

582) '여기서'에 해당하는 경상도 방언.

583) 이 일산동(日山洞)의 별신굿은 한 해 걸러 하기 때문에 실제로는 만이년(滿二年)마다 하는 셈이고 따라서 우리식(式) 계산법으로는 삼년(三年)마다 하는 것이 됨.

잽이: 야

[얼마간의 시간이 흐르자 장내(場內)가 어느 정도 안정을 되찾는다<소요시간: 4초>. 무녀는 다시 구연을 계속한다]

<말로>

巫女: 일곱살이 딱되니 엄동 설한풍(嚴冬雪寒風)에
설(雪)[585]//산(山)에 눈은 깔리고//먼산에 해비치고
골짝골짝 연기나고 제비절[鳥飛絶][586]은 끊어질때
도화동(桃花洞)서 많이 얻어묵으이[587] 미안해서 무량촌을 건네가는데
아부지요 아부지요
온아칙보텀[588] 소인(小人)이 밥빌러 가겠심더 하니
안된다//내손목을 붙잡고 같이가자.
니 밥얻어온걸 내가 묵고살아 무엇하겠나?
너인데 효도(孝道)받아 무엇하겠나?
아부지요//자식(子息)인데 효도(孝道) 받는건 당연한 일이고
아부지요 자식이 부모(父母)인데
효도하는[589] 정대(正大)한 일이라 하오니//허락(許諾)을 하오소사.

잽이: 예

巫女: 옛날에 말못하는 까마우[590]도

---

584) '실컷실컷'에 해당하는 경상도 방언.

585) 제보자의 실수였음. '산에 눈은 깔리고'로 이어져야 할 자리였기 때문에 바로 뒤에서 바로잡았음.

586) 제비절. '조비절(鳥飛絶)'의 와음. 실상 이 구절은 당송팔대가(唐宋八大家)의 한 사람인 유종원(柳宗元: 773년~819년)의 시 '강설(江雪)'을 암인(暗引)한 것인데 그 시는 다음과 같음.
천산조비절(千山鳥飛絶) 만경인종멸(萬經人蹤滅)
고주사립옹(孤舟蓑笠翁) 독조한강설(獨釣寒江雪)

587) '얻어 먹으니'에 해당하는 경상도 방언.

588) 온아칙보텀. '오늘 아침부터'에 해당하는 경상도 방언. '온아칙'은 '오늘 아침', '-보텀'은 '-부터'에 각각 해당하는 경상도 방언.

589) 문맥상으로 뒤에 '것은' 정도의 말이 누락된 것임.

골잎[空林][591] 저문날에 반포(反哺)[592]할줄 알건마는
나도 오늘부텀 아부지 공경(恭敬)하는기 소원(所願)이 올시다
그렇다면 너마음대로 하여라.

잽이: 예

巫女: 심처[沈淸]이 옷갈아 입는게 너무도 불쌍하다.
옛날에는 베옷이고 미영옷[593]도//미영옷도 없은가[594] 보더라.

<창(唱)으로>

巫女: 심[595]만 붙~은[596] 베적삼

잽이: 어이~차

巫女: 날[597]만 붙은 베속옷에//아릿 대님[598] 지끈매고~
이때야//흰바가지 옆에 찌고[599]
도화동서 무랑촌을 건네가니야 바람은 지동쳐[600]

잽이: 이~이야

巫女: 눈갈기[601] 휘몰아 친다.//비맞은 초록제비같이 모텅걸음[602]

---

590) 까마우. '까마귀'에 해당하는 경상도 방언.
591) 골잎. '공림(空林)'의 와음. 빈 숲.
592) 반포(反哺). 까마귀 새끼가 자란 후에 늙은 어미에게 먹이를 물어다 주는 것을 이르는 말. 따라서 까마귀를 일명(一名) '반포조(反哺鳥)'라고 하며, 이러한 효성(孝誠)을 '반포지효(反哺之孝)'라고 함.
593) 미영옷. '무명옷'에 해당하는 경상도 방언. 무명베로 만든 옷. '무명베'는 면화(棉花)의 솜을 자아 만든 실로 짠 베. '미영'은 '무명'에 해당하는 경상도 방언.
594) '없었든가'의 뜻임.
595) 심. 천의 가장자리에 약간 두껍게 된 부분. 그러나 이 단어는 사실은 '씨'의 와음이었음.
596) '씨만 붙은'의 와음. '심만 붙은 베적삼'과 '날만 붙은 베속옷'이 짝이 되는 표현이므로 '날만 붙은'의 짝인 '심만 붙은'은, '날'과 '씨'가 대응 되어야 하므로 '씨만 붙은'의 와음이라는 것을 알 수 있음. '씨'는 피륙의 가로로 건너 짠 실.
597) 날. 날줄. 경선(經線).
598) 아릿 대님. '아래 대님'의 와음. 다리 아래에 매는 대님. '대님'은 바지를 입은 뒤에, 그 가랑이의 끝쪽을 접어서 가든하게 발목을 졸라매는 끈. 남자(男子)가 한복(韓服) 바지를 입을 때에는 이 대님을 치게 되어 있음.
599) '끼고'에 해당하는 경상도 방언.
600) 지동쳐. 지동(地動)을 치면서. '땅을 움직이면서' 정도의 뜻일 것으로 이해됨.
601) '눈 조각이'에 해당하는 경상도 방언.

잽이: 이~이야

巫女: 외나무 다리를 건네 갈라니야

바람에 싸여서~ 못가겠네.

잽이: 이~이야

巫女: 심처[沈淸]이 다리끝에 서가주고

바람 잘때로~[603] 기다 린다.

잽이: 이~이야

<말로>

巫女: 심천이//얼매나 바람이 휘몰아치이[604] 외나무 다리로 건네갈수 있나?

잽이: 야

巫女: 바람 잘때꺼정 기다리이//발도 시럽고[605] 손도 시럽고

두손을 홀홀불며[606] 손에다 여코[607] 입에다 불며[608]

엄마야 찾으며 우는 모양//차마 목전(目前)에 못볼레라.

<창(唱)으로>

巫女: 엄마요~ 엄마요~//손시러버[609] 내죽겠네 발시러워 내죽겠네.

엄마 가시는 곧은[610] 얼매나 좋아

내가 이만침 커도//한번 올줄을 모르시오~?

우리 친구들으는~//엄마인데 사랑받고~//귀염받고 사더거마느~[611]

엄마 손시러워 내죽겠네~.//해도 났다가 우는걸 보고~

잽이: 이~이야

---

602) 바람이나 눈비 때문에 바로 걷지 못하고 몸을 모로 세워 걷는 걸음.
603) 바람이 멎을 때를.
604) 문맥상으로는 '몰아치는지'가 맞을 자리임.
605) 시럽고. '시리고'에 해당하는 경상도 방언.
606) '호호 불며'의 와음.
607) '넣고'에 해당하는 경상도 방언.
608) '양손을 모아 입에다 대고 입김을 호호 불었다'는 말임.
609) 손 시러버. '손이 시려'에 해당하는 경상도 방언.
610) '곳은'에 해당하는 경상도 방언.
611) '살더니만. 살더니'에 해당하는 경상도 방언.

巫女: 보기 싫어서 구름 속으로 들어가고
심처[沈淸]이 울다가 보니야//바람이 몰아쳐~
짐승의 새끼가 덤풀[612] 밑으로 모텅걸음 치는구나.

<말로>
巫女: 이김승아[613] 이김승아//니도 칠[七日]안에 엄마로 잃었나?
잽이: 야
巫女: 날과같이[614] 비맞은 초록제비같이//모텅걸음을 치는구나.
니팔자(八字)나 내팔자나 둘의 팔자가 똑같구나.
이래 울다가 보니//바램[615]이 고요 잠잠하야[616]//무랑촌을 건네갔다.
잽이: 예
巫女: 밥달라 실픈[617] 소리
밥잡숫다가 남었거덜랑 한술만 보태시모[618]
우리 아부지 디리오리다.
심천아 심천아//니가 발[足]도[619]
옛날엔 짚시기백이[620] 더있나?
관중 가운데 어느 할머니: 맞다.
巫女: 니가참 발도 다얼고 손도 다얼었시이 부엌에 불좀 쪼고[621]
뜨신국에[622] 어안[禦寒]하고[623] 가거라.

612) 덤풀. '덤불'에 해당하는 경상도 방언. 어수선하게 엉크러진 수풀.
613) '이 짐승아'에 해당하는 경상도 방언.
614) '나와 같이. 나처럼'에 해당하는 경상도 방언.
615) 바램. '바람'에 해당하는 경상도 방언.
616) '잠잠하여'에 해당하는 경상도 방언. 잠잠하여져서.
617) 실픈. '슬픈'에 해당하는 경상도 방언. '실프다'는 '슬프다'에 해당하는 경상도 방언.
618) '보태시면'에 해당하는 경상도 방언. 보태어 주시면.
619) 제보자의 실수였음. 세 행(行) 뒤에 나올 구절이 앞서 나온 것임.
620) 짚시기백이. '짚신밖에'에 해당하는 경상도 방언. '짚시기' 혹은 '짚세기'는 '짚신'에, '백이' 혹은 '빽이'는 '밖에'에 각각 해당하는 경상도 방언.
621) '쪼이고'에 해당하는 경상도 방언.
622) 뜨신 국에. '따뜻한 국에. 따뜻한 국물에'에 해당하는 경상도 방언.
623) 어안하고. '어한(禦寒)하고'의 와음. 추위를 잠시 녹이고. 추위를 잠시 막고.

아부지 모시고 같이 먹겠십니다 어서보태 주옵소사.
누가 밥을 안주겠나?//밥을 이래 얻어가주고
어떤 때는 늦게가가주고 밥으로
한[624] 그륵반(半)쯤[625] 얻어가주고 가는데
싸리문[626]을 열고 들어가 아부지요 많이 기달렸섰지요?
여러집을 다이다보이[627] 자인적[自然的][628] 늦었십니더
심청이 소리 나디[629]//궁둥이 불뚝 일어나며[630] 두손을 덥썩 쥐더니만
대상통곡[大聲痛哭]을 우는구나.

<창(唱)으로>
巫女: 심청아 심천아//너검마[631]가 니를 공(功)딜여 놓을적에
밥얻어라꼬 공(功)딜였나~?

[무녀는 도저히 슬픔을 참을 수 없다는듯이 연신 손수건으로 눈물을 찍어낸다. 사설도 울먹이는 소리 때문에 알아듣기에 상당히 불편할 정도이다]

<창(唱)으로>
巫女: 심천아 손도 마이얼고 발도 시럽구나~
화로(火爐)에 불쪼어라~.[632]
심천이는 아부지 가슴에 얼굴을 대고~ 느께울고[633]

---

624) 한. '약(約). 대강'에 해당하는 경상도 방언.
625) '한 그릇과 반 정도'에 해당하는 경상도 방언. 경상도 방언에서는 도량형기의 앞에 붙는 관형어가 '한[一]'일 경우에는 그것을 생략하는 경향이 있음. 예컨대 '한 말 가웃'은 그냥 '말 가웃'이라고 하고 '한 자 두 치'는 그냥 '자 두 치'라고 함.
626) '사립문'의 잘못임.
627) '다니다 보니'에 해당하는 경상도 방언.
628) 자인적. '자연적(自然的)'에 해당하는 경상도 방언.
629) '심청아! 하고 부르는 소리가 나더니'라는 뜻임. 부른 주체(主體)는 심봉사였음. '나디'는 '나더니'에 해당하는 경상도 방언.
630) '엉덩이를 갑자기 일으키더니'에 해당하는 경상도 방언.
631) 너검마. '너의 엄마'에 해당하는 경상도 방언.
632) '불을 쪼여라'에 해당하는 경상도 방언.
633) '흐느껴 울고'에 해당하는 경상도 방언.

아부지 아부지요 이래 섧게울므는
엄마가 살아 오시겠소 아부지요 아부지요~
우지 마시고~//식사(食事)나~ 드세요~.
아부지 밥은 마이담고//한술[634]이 남았으니야
지밥식게[635]는 접시로 엎어놓고~//그우에다[636] 한술로 담았구나~.

<말로>
巫女: 심청(沈淸)이 물뜨러 나간새에//순갈로 찔러보이
밥식게[637] 접시가 엎여있고[638]//밥으느 한술백이 안댐겨[639] 있다.
잽이: 야
巫女: 그 밥식기로 들고

<창(唱)으로>
巫女: 심천아~//젖배도 마이 굶은 자식이
얻어완[640] 밥이래도~
니배를 못채우고 식기(食器) 밑에다 접시를 깔고~
우에다가 밥을 담고~//요걸 먹고 살아 남나~
잽이: 이~이야

<말로>
관중 가운데 어느 할머니: 잘한다.
巫女: 아부지요//이만해도 마이 먹십니다.
이렇게 아부지 공경(恭敬)을 하는데
시월[歲月][641]이 여루[如流]하다.[642]

---

634) 한 숟가락.
635) '저의 밥식기(食器)'에 해당하는 경상도 방언. (심청이) 자신의 밥그릇.
636) '그 위에다'에 해당하는 경상도 방언.
637) '밥식기에'에 해당하는 경상도 방언.
638) '엎어져 있고'에 해당하는 경상도 방언.
639) '안담겨'에 해당하는 경상도 방언. '댐기다'는 '담기다'에 해당하는 경상도 방언.
640) '얻어온. 얻어서 온'에 해당하는 경상도 방언.

십오세(十五歲) 열다섯살이 딱 되었구나.

<창(唱)으로>

巫女: 열다섯살이 딱되 놓으니야

<말로>

巫女: 인제는 아부지 공경(恭敬)한다.

온갖 품을팔아//아부지 공경 다하고 질삼도 삼고//베도 짜주고

홍사[643] 대사(大事) 가가주고 온갖

떡도 빚어주고 채소(菜蔬)도 쳐주고

잽이: 야

巫女: 원산지복[圓衫祭服][644]도 잘만져[645]내고 저검마[646]를 닮어서

예절모절[禮儀凡節]이가 부전자전(父傳子傳)[647]이다.

어떡허래[648] 이렇게 모도참 그거하는지[649]

[이때 관중 가운데 할머니 한 사람이 앞으로 나와서 무녀의 가슴띠에다 돈을 꽂아준다]

<말로>

巫女: (할머니를 향하여)고맙십니다.

---

641) 시월. '세월(歲月)'에 해당하는 경상도 방언.

642) 여루하다. '여류(如流)하다'의 와음. 흐르는 물과 같다.

643) 홍사. '흉사(凶事)'의 와음. 남의 초상난 집에.

644) 원산지복. '원삼제복(圓衫祭服)'의 와음. 원삼(圓衫)과 제복(祭服). '원삼(圓衫)'은 부녀자의 예복(禮服)의 한 가지. 연두빛 길에 자주색 깃을 달고 색동을 달아서 지음. 전통 혼례(傳統婚禮)에서의 신부(新婦)의 차림이 이 옷에 족두리를 쓴 차림임. '제복(祭服)'은 제향(祭享) 때에 입는 예복(禮服).

645) 여기서의 '만지다'는 '(솜씨 있게) 만들다' 정도의 의미로 이해됨.

646) '저의 어머니'에 해당하는 경상도 방언.

647) 여기서의 '부전자전(父傳子傳)'이라는 말은 엄밀히 말하면 문맥상으로는 맞는 말이 못됨. 이 경우에는 '모전여전(母傳女傳)'이 맞는 자리임.

648) '어찌나'에 해당하는 경상도 방언. 흔히는 '어떠커럼'이라고 발음함.

649) 내용상으로는 '남의 칭찬을 받을 만큼 착하고 잘 하는지' 정도의 말이 들어가야 할 자리이나 무녀가 그 연결이 쉽지 않아서 더듬거린 것임.

예절모절[禮儀凡節]이 부전자전(父傳子傳)이라 엄마를 닮아 일수[650] 조차 손버릿[651]조차 여무다.[652]

이렇게 온갖품을 팔아서

<창(唱)으로>

巫女: 안명[眼盲]하는～[653] 아부지 공경(恭敬)

전제 서친[前代先親][654] 봉천[奉祀] 하시고～[655]//이렇거로[656] 지낼 적에

오늘날～//온갖 품을팔아～ 아버지～ 공경할때

잽이: 아～디야

巫女: 동네 사람이～ 출천지(出天之) 효녀(孝女)라꼬

소문(所聞)이～ 많이 나고～

잽이: 아～디야

巫女: 장승상(張丞相)～ 사부인(査夫人)[657]이

도화동(桃花洞)이[658] 그소문(所聞)을 듣고

출천지(出天之) 효자(孝子)로세.

---

650) 일수. 일을 하는 길수. 일을 하는 방법.

651) 손버릿. '손버릇'에 해당하는 경상도 방언. 흔히 '손버릇'이라는 단어는 좋지 못한 뜻으로 사용되게 되나 여기서는 '(일을 하는 뛰어난) 솜씨'라는 좋은 뜻으로 사용된 것임.

652) 여무다. '야무지다'에 해당하는 경상도 방언. 경상도 지방에서는 흔히 손재주가 뛰어나거나 살림을 빈틈없이 꾸려나가는 아낙네에게 '손끝이 야물다' 혹은 '손끝이 여물다'라는 표현을 사용함.

653) '안맹(眼盲)한'에 해당하는 경상도 방언. 눈이 어두운. 눈이 먼.

654) '전대선친(前代先親)'의 와음. 여기서는 단순히 '조상(祖上)님들'이라는 뜻으로 사용된 것임.

655) '봉사(奉祀)하고'의 잘못임. 동해안(東海岸) 세습무(世襲巫)들은 '봉사(奉祀;제사를 지내는 일)'를 대개 '봉천'이라고 말함.

656) '이렇게'에 해당하는 경상도 방언.

657) '사부인(査夫人)'은 사돈댁(査頓宅)에 대한 존칭(尊稱)으로 사용하는 단어이나 여기서는 단순히 '부인(夫人)'을 존칭하는 의미로만 사용된 것임. 따라서 엄밀하게 말하면 잘못 사용된 단어임.

658) 문맥상으로 모아 '도화동(桃花洞)의'의 잘못임.

잽이: 아~디야

巫女: 심소자[沈小姐]~ 부르러 올라간다.

<말로>

잽이: 허이

<창(唱)으로>

巫女: 이때여 심소자[沈小姐]

잽이: 아~디야

巫女: 시비(侍婢)가 와서 심소자[沈小姐] 불러온다.[659]

<말로>

관중 가운데 어느 할머니: 잘한다~.

<창(唱)으로>

巫女: 아버님 전(前)에 여쭙는다

잽이: 아~디야

巫女: 아부지요 아부지요//장승상 부인댁에
　　소인(小人)을 오라하니[660] 가겠 나이다.

<말로>

잽이: 허이

<창(唱)으로>

巫女: 오냐 오냐 대수(大數)[661]로다.
　　장승상(張丞相)~ 사부인으느

잽이: 아~디야

巫女: 일급 부인[662]이다.//조심하여 다녀 오너라.

---

659) '(장승상 부인의) 시비(侍婢)가 심소저(沈小姐)를 부르러 온다'의 뜻임.

660) 문맥상으로 보면 '줄 일(품팔이를 맡길 일)이 있어서 오라고 하니' 정도의 뜻임.

661) 대수. 크게 좋은 운수(運數).

<말로>
잽이: 그렇지.

<창(唱)으로>
巫女: 밥을 채래[663]//바구니에 올려놓고
소인(小人)이 더디오거든//이긴지[664]를 드세요.
시비(侍婢)를 따러~ 건네간다.

<말로>
잽이: 어이

<창(唱)으로>
巫女: 장승상(張丞相)~ 사부인으는//집치장도 장(壯)히[665] 좋다.
잽이: 아~디야
巫女: 담치장도 장(壯)히 좋네.
담장 안에야//화초(花草)를 심아서
십리(十里) 만침[666] 행기[香氣][667]가 나고

<말로>
잽이: 그렇지.

<창(唱)으로>
巫女: 담장 뺚이[668] 오죽(烏竹)[669]을 심아서

---

662) '일국지재상부인(一國之宰相夫人)'의 와음. 한 나라의 재상(宰相)의 부인.
663) '차려'에 해당하는 경상도 방언. '채리다'는 '차리다'에 해당하는 경상도 방언.
664) 이 긴지. '이 진지'에 해당하는 경상도 방언. '진지'는 '밥'의 높임말.
665) 장히. 매우.
666) '십리(十里)만큼'에 해당하는 경상도 방언. '-만침. -만치'는 '-만큼'에 해당하는 경상도 방언.
667) 행기. '향기(香氣)'에 해당하는 경상도 방언.
668) '밖에'에 해당하는 경상도 방언.
669) 오죽. 대[竹]과에 속하는 대나무의 일종. 줄기의 색깔이 처음에는 녹색(綠色)이나 다음 해부터는 검은색으로 변하기 때문에 이런 이름이 붙게 되었음. 율곡(栗谷) 이이

열녀(烈女) 과거(寡居)[670]로 지켜간다.

잽이: 아~디야

巫女: 집으로~ 들어가니야//장승산 사부인으는

버선 발로야 우루루 쫓아나와

<말로>

잽이: 어 허이

<창(唱)으로>

巫女: 심소저(沈小姐) 손으로 덥썩잡고

들어 가자 들어 가자//내방으로이 들어 가자.

잽이: 아~디야

巫女: 방안에다 앉차[671] 놓으니

물찬 제비같고//꽃본 나부겉고~[672]//지하(地下)[673] 사램이

<말로>

巫女: 아이로다.

<창(唱)으로>

잽이: 아~디야

巫女: 천상(天上) 사람이 불명[分明]하구나.

<말로>

巫女: 아무리 살패도[674]

(李珥)의 외가(外家)에 이 대나무가 있기 때문에 강릉(江陵)의 오죽헌(烏竹軒)이 특히 유명함.

670) 과거. 과부(寡婦)로 살아 감.

671) '앉혀'에 해당하는 경상도 방언.

672) 나부 겉고. '나비 같고'에 해당하는 경상도 방언. '나부'는 '나비'에 해당하는 경상도 방언.

673) 지하. 여기서는 '인간세계(人間世界). 속세(俗世)'의 뜻으로 사용된 것임.

674) '살펴도'에 해당하는 경상도 방언.

관중 가운데 어느 할머니: 잘한다~.

<창(唱)으로>
잽이: 아~디야

<말로>
관중 가운데 어느 할머니: 잘한다.

<창(唱)으로>
잽이: 잘한다 잘한다.

<말로>
巫女: 아무리 살패도
　　천상(天上)사람이 불명[分明]하지 지하(地下)사람이 아이로다.[675)]
잽이: 좋다.
巫女: 이때//장승상 사부인이 보이
　　너무도 너무도 아름답고 예뻐서//양딸[養女]로 삼을라고 하는구나.
　　심소저(沈小姐)야 심소저(沈小姐)야//니 내말을 들어라.

<창(唱)으로>
巫女: 나는 양반(兩班)의 후례[676)]로서
　　시하[膝下][677)]에 말벗이[678)] 하나도 없고
　　동지 섣달~//긴긴 밤에//보는 거는 고문(古文)이고
잽이: 아~디야
巫女: 대하는 것으는 촛불이라.
　　니가 내의//양딸로 들어오이면

---

675) '아니로다'에 해당하는 경상도 방언.
676) 후례. '후예(後裔)'의 와음.
677) 시하. 문맥상으로 보아 '슬하(膝下)'의 와음이라고 보는 것이 더 옳겠음. 만약 본문과 같이 '시하(侍下)'라고 하면 '어른(부모님이나 조부모님을 말함)을 모시고 있으면서도'로 해석할 수밖에 없는데 아무래도 문맥상 어색하다고 하지 않을 수 없음.
678) 말벗이. '말벗이'에 해당하는 경상도 방언. 이야기를 할 벗이. 말상대(相對)가.

여공(女功)[679]도 성십[成習]하고[680]//학식(學識)도 공부하야
말년(末年) 재미를 보잿더니 마는
잽이: 아~디야
巫女: 너의 뜻이[681] 어떠하냐?
심천이 깜짝 놀래며느

<말로>
巫女: 허는 말이가

<창(唱)으로>
잽이: 아~디야

<말로>
巫女: 칠[七日]안에 모친(母親) 죽고
모친 말씀허니 반갑기는 한(限)이 없이나
집으로[682] 떠나서는 안되오니//그런분부 거두옵소서 하니
오냐 오냐//내가 말을 잘못했다.
출천지(出天之) 효녀(孝女)를 몰라보고
내가 망녕끼[妄靈氣]가 있시이[683] 용서(容恕)하여라.
이때 그러믄 너와나와 이래 내였으니[684]//내집에 안오더래도[685]
잽이: 야
巫女: 나를 친엄마 삼아[686]//삼고 왔다갔다 의논(議論)이나 하자.

---

679) 여자들이 하는 길쌈질.
680) 성십하고. '성습(成習)하고'의 와음. '성습(成習)하다'는 원래는 '버릇이 되다'는 뜻이나 여기서는 '익히다'의 뜻임.
681) 뜻이. '뜻이'에 해당하는 경상도 방언.
682) '집을'에 해당하는 경상도 방언.
683) '있으니'에 해당하는 경상도 방언.
684) 문맥상으로는 '이미 모녀(母女)라는 말을 내었으니. 모녀간(母女間)이라는 말이 이미 화제가 되었으니' 정도의 뜻임.
685) 내용상으로는 '나의 집에 들어와서 같이 살지는 않더라도'의 뜻임.
686) 제보자의 실수였음. '삼고'로 바로 이어져야 할 자리였기 때문에 바로 뒤에서 바로잡

그렇다면 천만복추[千萬伏奏][687] 하오리다.
쌀과 돈과 많~이 줘가지고
시비(侍婢)를 이케[688] 보낼때 이때 심봉사(沈奉事)는
딸이 안들어 오니
해가 다지고 먼데절[寺] 새북[689][鐘]소리는//날저문 줄을 짐작하고
새만 푸르륵 날아도 내딸 너오느냐?//바람만 불어도 내딸 너오느냐?
문(門)소리만 덜컥나도 내딸 너오느냐?
이렇게 하고 지낼적에//심봉사가
작은방문(房門) 펄쩍열고 지팽막대[690] 들고//딸찾어 나간다.

잽이: 아

<창(唱)으로>

巫女: 먼데 절[寺]~ 새북[鐘] 소리//날저문 줄을 짐작 하고

잽이: 아~디야

巫女: 새만 푸르륵 날아도 심천이 너오느냐?
문소리 덜컹 나도 심천이 너오느냥?[691]
더듬 더듬 더듬 더듬
내딸 심천이야 어느 놈이~//주워서 양딸[養女]을 삼았나?
그렇지도[692] 아니라//못된 광풍(狂風)에 붙잡혀~서
욕을 보니라꼬[693] 몬오느냐?[694]

잽이: 아~디야 더~디야

았음.

687) 천만복추. '천만복주(千萬伏奏)'의 와음. '천만 번(千萬番)을 엎드려 빎'. 곧 간절히 빈다는 말.

688) 이케. '(시비(侍婢)에게 그 돈과 쌀을) 이게 해서'의 뜻임.

689) '쇠북'에 해당하는 경상도 방언. '종(鐘)'의 훈(訓)이 '쇠북'임.

690) 지팡 막대. '지팡이'에 해당하는 경상도 방언.

691) '너 오느냐?'를 이렇게 구연한 것임.

692) '그런 것도' 정도의 잘못이라고 보는 것이 옳겠음.

693) '보느라고'에 해당하는 경상도 방언.

694) '못오느냐'에 해당하는 경상도 방언.

巫女: 더듬 더듬//더듬 더듬//나가다가 심천아~
심천아~ 심천아//적막 공산(寂寞空山) 이별(離別) 이야
잽이: 아~아
巫女: 더듬 더듬 나가다가//개천 물우에 풍덩
잽이: 아~디야

<말로>
巫女: 어푸 어푸 날살리소//어푸 어푸 날살리소
거게 누가 날살릴 사람 없소?
물소리 살살 나는데//키우로[695] 물이 훌쩍훌쩍 넘어가고
물으느 얼매나[696] 먹는지 전신(全身)이 물우게[697] 덮친다.[698]
갓으로[699] 나온다는기 점점 깊은데로 드간다.[700]
이때 누가 살리겠노 몽은사(夢恩寺) 하주[化主]시님[701]이
권신문[勸善文][702]을 모시고 마실[703]에 시주댁(施主宅)에 시주동냥 갔다가//절찾어 올라가는 길이라.

<창(唱)으로>
巫女: 중하나 올러가//중아 중아~ 중아 중아~

---

695) 키우로. '키 위로. 머리 위로'에 해당하는 경상도 방언.
696) 얼매나. '얼마나'에 해당하는 경상도 방언.
697) 물우게. '물 위에'에 해당하는 경상도 방언.
698) '전신(全身)이 물에 덮힌다'라는 말이니, 곧 '심봉사의 몸이 물에 완전히 잠기게 되었다'는 말임. '우게'는 '위에'에 해당하는 경상도 방언.
699) 갓으로. '가로. (물의) 가로. 천변(川邊)으로'에 해당하는 경상도 방언. 흔히는 '갓에로'라고 발음함.
700) 드간다. '들어간다'에 해당하는 경상도 방언.
701) 하주시님. '화주(化主)스님'에 해당하는 경상도 방언. 화주승(化主僧). 집집으로 다니면서 결연(結緣)의 법(法)을 설(說)하고 시주(施主) 물품(物品)을 얻어 절의 양식을 이어대는 스님.
702) 권신문. '권선문(勸善文)'의 와음. 불가(佛家)에서 권선(勸善)하는 글발. 여기서는 '권선(勸善)의 내용을 기록한 문서(文書)'라는 뜻임. '권선(勸善)'은 불가(佛家)에서 선심(善心) 있는 사람에게 보시(布施)를 청하는 일.
703) 마실. '마을'에 해당하는 경상도 방언.

중하나 올러 가오.

잽이: 아~디야 아~디여

巫女: 절[寺]찾어 올러 간다//중찾어~ 올러 간다.

잽이: 아~디야

巫女: 흔들 거리고 올라간다//흔들 거리고 올라간다.

잽이: 아~디야

巫女: 고깔은 무엇이요?
한자 한치[一尺一寸] 홑꼬깔에 두자 두치[二尺二寸] 접꼬깔[704)]

잽이: 아~디야

巫女: 열대자[十五尺] 홑장삼(長衫)에//서른 대자[三十五尺]는 접장삼(長衫)에
백팔 염주(百八念珠) 목에 걸고//시나 단주(短珠)[705)] 팔에 걸고

잽이: 아~디야

巫女: 양유의복 수건은[706)] 철쭉장[707)] 둘러짚고

잽이: 아~디야

<말로>

관중 가운데 어느 할머니: 잘~한다.

<창(唱)으로>

巫女: 석가산[708)] 봄바람에//녹양산[709)] 비탈길에

---

704) 접꼬깔. '겹고깔'에 해당하는 경상도 방언. 겹으로 만든 고깔에. '고깔'은 배접한 베 조각으로 세모지게 접고 맞추어서 쓰는 스님들의 모자의 한 가지. 주로 상좌(上佐)들이 쓰게 됨.

705) 시나 단주. '세낱 단주(短珠)'의 와음. 세 낱으로 된 단주(短珠). '시나'는 '셋'에 해당하는 경상도 방언. '단주'는 짧은 염주(念珠). 쉰네 개 이하의 구슬을 꿰어 만든 염주를 말함.

706) 제보자의 실수였음. '양유의복 수건은'은 없어야 할 자리임. '철쭉장'으로 바로 이어져야 할 자리였기 때문에 바로 뒤에서 바로잡은 것임.

707) 철쭉장. '구절죽장(九節竹杖)'의 와음. 마디가 아홉 개 있는 스님의 대지팡이.

708) 석가산. '석양사로(夕陽斜路)'의 와음. 저녁 햇살 빗긴 길. 동해안(東海岸) 세습무(世襲巫) 집단의 다른 무녀들은 흔히 '석양사'라고 구연하는 단어임.

709) 앞의 '석가산'에 운(韻)을 맞춘 것임. 동해안(東海岸) 세습무(世襲巫) 집단의 다른 무

잽이: 아~디야
巫女: 흔들 흔들//흔들 흔들

[잽이들은 일제히 악기를 흐드러지게 연주한다<소요시간: 16초>]

<창(唱)으로>
잽이: 아~디야
巫女: 절찾어[710] 올러
먼산으는 암암(暗暗)[711] 하고//야산(夜山)은 잔잔 하고
잽이: 아~디야
巫女: 물소리 처량 하다.
염불(念佛) 하고 올라간다//염불(念佛) 하고 올라간다.
잽이: 아~디야
巫女: 이동네 안과태평(安過泰平)//소원 성취(所願成就)루 염불(念佛)
잽이: 아~디야
巫女: 여기 오신 보살님네도 소원 성취로 염불
잽이: 아~디야
巫女: 자식(子息)들 부여자[婦女子]들//소원 성취(所願成就) 되오시고
부모님께 효도(孝道)하고//동기간(同氣間)에 우애(友愛) 하야
잽이: 아~디야
巫女: 일가(一家)집에 화목(和睦)하야//소원성취(所願成就)로 비~난데
잽이: 아~디야
巫女: 악초 무명원[惡趣無名願]
잽이: 아~디야
巫女: 무타 락토원아[無墮惡道願]

녀들은 대개 '낙양사' 내지는 '낙양산'이라고 구연하는 단어임.
710) 제보자의 실수였음. 여기에 들어갈 내용이 아님.
711) 암암. 어두운 모양.

<말로>
잽이: 좋다

<창(唱)으로>
巫女: 도진 금생원[同眞金色願]
잽이: 아~디야
巫女: 형문 무차원[形貌無差願]
잽이: 아~디야
巫女: 성체 숙명원[成就宿命願]
잽이: 아~디야
巫女: 생획 청령원[生獲天眼願]

[잽이들은 일제히 악기를 흐드러지게 계속 연주한다. 그리고 장고잽이는 '아~디야'를 반복하지만 무녀는 이 경(經)의 중간 부분이 생각나지 않는지[712] 얼마간을 구연을 중단하고 가만히 있다. 그러다가 한참이 지난후 중간 부분부터 다시 생각이 난듯 구연을 계속한다<소요시간: 31초>]

<창(唱)으로>
巫女: 함계 복처원[咸階補處願]
잽이: 아~디야
巫女: 신공 타방원(晨供他方願)
잽이: 아~디야
巫女: 소수 만족원(所須滿足願) 선봉 임지원[善入本智願]
잽이: 아~디야
巫女: 나라 열녀원[那羅延力願] 장엄 무량원(莊嚴無量願)
잽이: 아~디야
巫女: 보수실치월에[寶樹悉知願] 승재재번[獲勝辯才願] 대변 무변원(大辯無邊願)

---

712) 구연에서 빠진 부분은 구체적으로는 '생획천이원(生獲天耳願)'부터 '구족묘상원(具足妙相願)'까지의 열다섯 구절이었음.

잽이: 아~디야

巫女: 국정 보존원[國淨普照願]

잽이: 아~디야

巫女: 무량 승별아[無量勝音願] 무광 안라원[蒙光安樂願]

잽이: 아~디야

巫女: 성취 총지원(成就摠持願)

잽이: 아~디야

巫女: 연이 여치원[永離女身願] 무명지아[聞名至果願]

잽이: 아~디야

巫女: 천리 경계원[天人敬禮願] 수염 수연원[須衣隨念願]

잽이: 아~디야

巫女: 자생 심정원(纔生心淨願) 수현 불찰원(樹現佛刹願)

잽이: 아~디야

巫女: 무지 계오원[無諸根缺願] 현지 등지원[現證等持願]

잽이: 아~디야

巫女: 무생 호기원[聞生豪貴願] 구족 선근원(具足善根願) 공불 정도원[供佛堅固願]~
욕훈 자문원[欲聞自聞願] 보래 무퇴원[菩提無退願]
현일 부귀원[現獲忍地願][713]

잽이: 아~디야

巫女: 먼산은 암암(暗暗) 하고//야산(夜山)으느 잔잔 한데

잽이: 아~디야

巫女: 물소리 처량 하구나.

잽이: 아~디야

巫女: 어떠한 사람이//개천 물우에 빠져서
거우[714] 죽기가 되었네.

---

713) '악처 무명원[惡趣無名願]'부터 여기까지는 불경(佛經)인 장엄염불(莊嚴念佛) 가운데 나오는 선념(先念) 중 '미타인행사십팔원(彌陀忍行四十八願)'의 일부임.

714) '거의'에 해당하는 경상도 방언.

잽이: 아~디야
巫女: 저스님 급(急)한 마음
잽이: 아~디야
巫女: 장삼(長衫)을 훨훨 벗어서//되는대로 던지고
잽이: 아~디야
巫女: 꼬깔을 훨훨 벗는다.
행랑[715] 재님[716] 바지 가랑이
아득거득 말어서[717]//자검[718]에 딱붙이고
잽이: 아~디야
巫女: 징검 징검 징검 징검
잽이: 아~디야
巫女: 징검 징검 징검 징검
징검 징검 들어가서//심봉사 가는 허리

<말로>
巫女: 어깨 두리며[719]

[잽이들은 일제히 악기를 흐드러지게 연주한다. 이때 동네 할머니들과 아주머니들이 팥죽을 쑤어 와서 관중들에게 나누어 준다. 관중들이 팥죽을 받느라고 장내(場內)

715) 행랑. '행전(行纏)'의 와음. 바지·고의를 입을 때 정강이에 꿰어서 무릎 아래에 매는 물건. 옹구바지가 되지 아니하고 가든하게 하고자 발회목에서 장딴지까지 바지 위에 눌러 치는 것으로, 번듯한 헝겊으로 소맷부리처럼 만들고 위쪽에 끈 둘을 달아서 졸라매게 되어 있음.

716) 재님. '대님'에 해당하는 경상도 방언. 바지를 입은 뒤에 그 가랑이의 끝쪽을 접어서 가든하게 발목을 졸라매는 끈. 헝겊으로 접은 것, 실로 짠 것 등이 있음. 문맥상으로 보아 이 행(行)의 뒤에는 '벗는다' 내지는 '끄른다' 정도의 서술어가 누락된 것임.

717) '말아서'에 해당하는 경상도 방언. 둘둘 말아서.

718) 자검. '자개미'의 와음. '자개미'는 불두덩 옆, 아랫배와 허벅다리 사이에 오목하게 들어간 자리.

719) '어깨에 번쩍 둘러 메고' 정도의 뜻임. 아니면 '어깨두리'를 한 단어로 보고 '어깨'로 해석할 수도 있겠으나 그렇게 되면 뒤에 서술어가 하나 생략된 것으로 보아야 하겠음.

가 상당히 어수선해진다. 동네 아주머니들은 조사자 일행에게도 팥죽 사발을 하나씩 준다]

<말로>
팥죽을 가지고 온 동네 할머니: 저~ 고짜보텅[720]
巫女: (죽을 나누어 주고 있는 아주머니들을 향하여)죽 잡술도안[721] 내가 쪼꼼[722] 쉬께.
죽을 나누어 주던 아주머니: (무녀를 향하여)야 좀 쉬소.

[무녀는 관중들이 팥죽을 먹고 요기를 하는 동안 마이크를 떠나서 잽이의 옆에 앉아서 잠깐 목을 쉰다. 관중들이 죽을 먹느라고 잠시 장내(場內)가 어수선해진다]

<말로>
죽을 나누어 주던 할머니: (관중들을 향하여)빠진 사람 있능교?[723] 빠진 사람 있는가 함 물어보자.

[아직 죽을 받지 못한 관중들은 죽을 나누어 주고 있는 아주머니와 할머니들을 향하여 손을 흔든다]

<말로>
죽을 나누어 주던 할머니: 빠진 사람 있능교?//빠진 사람?
관중 가운데 어느 할머니: 여게[724] 한명(名) 있다 여.
죽을 나누어 주던 할머니: 여 또 빠졌다.[725] 이 무신[726] 일고?[727]//빠졌단다.//(손을 들고 있는 할머니 한 사람

720) 고짜보텅. '그쪽부터'에 해당하는 경상도 방언. 할머니가 팥죽을 나누어주고 있는 동네 아주머니에게 그쪽부터 나누어 주라고 지시한 말임.
721) '(-할) 동안'에 해당하는 경상도 방언.
722) '조금'에 해당하는 경상도 방언.
723) 아직 죽을 받지 못한 사람이 있느냐고 물은 것임.
724) '여기에'에 해당하는 경상도 방언.
725) '빠졌단다'에 해당하는 경상도 방언.
726) 무신. '무슨'에 해당하는 경상도 방언.

을 가리키면서)여도 빠진 사람인갑다.[728]

[동네 아주머니와 할머니들은 앉아서 잠시 쉬고 있는 무녀와 잽이들에게도 팥죽을 가져다 준다. 무녀와 잽이들도 팥죽을 한 그릇씩 먹는다. 장내(場內)는 상당히 어수선하다. 관중들이 대부분 팥죽을 다 먹을 때쯤 해서는 무녀와 잽이들도 팥죽을 다 먹었다. 팥죽을 먹은 무녀가 이내 자리에서 일어나 다시 구연을 계속할 준비를 한다]

<말로>
팥죽 그릇을 치우던 어느 아주머니: (무녀를 향하여)좀더 쉬소
좀더 먹고 하소//쉬소.

[아주머니의 권유에 무녀는 잠깐 소리 내어 웃고는 바로 마이크 앞으로 나와서 구연을 계속한다]

<말로>
巫女: 할머니들 이거 잡숫고 오래 오래 사시세~이.[729]
배고픈데 여적껏[730] 구경하는데 무당(巫堂)들 시주(施主)주고
만발고양[萬鉢供養][731] 못하시고
속으느 배가 고파도 집이멀어 가지도 못하고
무당들 굿하는거 볼라고 여 앉어계시는 것도
극락세계(極樂世界) 갈//그 도(道)를 다~ 닦었으니
만발고양[萬鉢供養] 다잡숫고 만수무강(萬壽無疆) 하시고

---

727) 이 행(行)은 '이것이 무슨 일이냐?'에 해당하는 경상도 방언. 이게 어떻게 된 일이냐? 어떻게 해서 아직 죽을 받지 못한 사람이 있느냐는 뜻임.
728) '여기도 빠진 사람인가 싶다. 여기도 빠진 사람인가 보다'에 해당하는 경상도 방언. '-갑다'는 '-싶다' 혹은 '-보다'라는, 추측의 의미를 가지는 경상도 방언.
729) '사십시요'에 해당하는 경상도 방언.
730) 여적껏. '여지껏'에 해당하는 경상도 방언. 이제까지. 지금까지. 흔히는 '이적지. 이적기'라고도 발음함.
731) 만발고양. '만발공양(萬鉢供養)'에 해당하는 경상도 방언. 바리때에 밥을 수북수북 담아 대중에게 베푸는 공양(供養). 그러나 여기서는 단순히 '식사(食事)'라는 뜻으로 사용된 것임.

오래오래 사시다가 자는잠에 열반(涅槃)[732]해
부처님 제자(弟子)나 되도로[733] 하옵소사.

[관중들은 일제히 무녀를 향하여 큰 박수를 보낸다]

<말로>

巫女: 이시상[世上]에나[734]//진병[長病]에는 소자[孝子]가 없심니더.[735]
한달만 앓아 누우머 자식(子息)들 다~싫어 하니
그저//며칠 앓다가//자식들 불라[736] 보고싶은 자식 다만나고
부모(父母)님께 불효막대(不孝莫大)한 자식이 효도(孝道)를 하야
효도를 받고[737]
자식(子息)에 하는일로 부모(父母)가 억지로 못하는 일이라.
지[738] 천품(天稟)을 타고나야 되고
부처님 공덕(功德)으로 다~ 소자[孝子][739]를 맹글어야[740] 되고 이러니
어야든지 자슥[子息]들 때문에 속썩고 사는
모도 보살(菩薩)님도 많은줄 압니다.
나오이 남보기는 멀쩡해도[741] 속으로는 다 속상(傷)하는 일 많으니까

732) 열반. 입적(入寂). 원래 불교(佛敎) 용어에서 온 말이나 현재는 '죽음'을 가리키는 뜻으로 사용되는 경우가 흔함.
733) '되도록'에 해당하는 경상도 방언.
734) '이 세상에는'에 해당하는 경상도 방언.
735) 속담(俗談)임. 흔히 '장병(長病)에 효자(孝子) 없다'고 함. 오래 병석(病席)에 누워계신 부모를 모시기가 그만큼 어렵다는 말임.
736) '불러서'에 해당하는 경상도 방언.
737) '평소에는 불효막심(不孝莫甚)했던 자식들이라고 할지라도 마지막으로라도 효도(孝道) 할 기회를 주고, 그래서 (돌아가시는 분 입장에서는) 자식들의 효도를 받아 보고'라는 뜻임.
738) '제가(3인칭 인칭대명사). 스스로가'에 해당하는 경상도 방언.
739) 소자. '효자(孝子)'에 해당하는 경상도 방언.
740) '만들어야'에 해당하는 경상도 방언. '맹글다'는 '만들다'에 해당하는 경상도 방언.
741) '밖에 나와 돌아다닐 때, 남들이 보기에는, 멀쩡한 것 같아도. 밖에 나와 돌아다니는 것을 남들이 볼 적에는, 자식 때문에 아무 속 상(傷)하는 일이 없는 것처럼 보여도' 정도의 뜻임.

어야든지[742] 만발고양[萬鉢供養] 인제 든든하게 하고나이[743]
내마음도 든든하고 내마음도 후련하니더.[744]
심천이[745] 심봉사(沈奉事) 물에 빠져
몽은사 하주시님이 건져놓고//왈왈왈왈 떨적에[746]
봉사(奉事)중에 심봉사라 하니 특히나 더생각했다.
물만 물론하고[747]//집에꺼징[748] 모세다[749] 주고
젖은옷을 빼끼고[750] 마른옷을 갈아입히니
몽은사(夢恩寺) 하주시님 하는 말씸[751]이
우리절에 부처님이 영검[靈驗][752]이 대단하기로
고양미[供養米][753] 삼백석(三百石) 불전(佛前)에 시주하믄
저런눈은 문제없이 뜨련마는
심봉사 물에빠져 물먹고 애쓰던 정국[形局][754]을 생각하이 기가차다.
몽은사 하주시님요
고양미[供養米] 삼백석(三百石) 내가 시주(施主)할테이
내눈을 떠서 천지만물(天地萬物)로 좀 보도록 해주시오.
집[755] 가사(家事)를 보이[756] 쌀 서말[三斗]도 없고 한말[一斗]도 없다.

---

742) '그렇게 생각하시고 마음을 편하게 가지시고' 정도의 말이 뒤에 생략된 것으로 볼 수 있음.
743) '하고 나니'에 해당하는 경상도 방언.
744) '후련합니다'에 해당하는 경상도 방언.
745) 제보자의 실수였음. '심봉사(沈奉事)'로 이어져야 할 자리이기 때문에 바로 다음에서 바로잡았음.
746) '(추위 때문에 몸을) 와들와들 떨 적에'의 뜻임.
747) 문맥상으로 보면 '물에서 건져 주었을뿐만 아니라'의 뜻임.
748) '집에까지'에 해당하는 경상도 방언.
749) 모세다. '모셔다'에 해당하는 경상도 방언.
750) '벗기고'에 해당하는 경상도 방언.
751) 말씸. '말씀'에 해당하는 경상도 방언.
752) 영검. '영험(靈驗)'에 해당하는 경상도 방언. 사람의 기원(祈願)에 대한 신불(神佛)의 영묘(靈妙)한 감응(感應).
753) 고양미. '공양미(供養米)'에 해당하는 경상도 방언. 공양을 올리는데 필요한 쌀. '공양(供養)'은 부처님께 음식을 올리는 일을 일컫는 불교용어.
754) 정국. '형국(形局)'에 해당하는 경상도 방언. 모양. 형편. 꼴.

그래서 몽은사 하주시님이 하도 같잖애[757] 웃으니

만약에 권신문[勸善文]에 안올리면 나는//내목숨을 떨구디래도 절단이 날테니[758] 어서 권신문[勸善文]에 올리시오.

심봉사(沈奉事)요//부처님을 속이믄 방죽[759]밑에 눈어둔[760] 먹구리[761]가 됩니다.

걱정 하지말고 올리라하이 올렸다.

그때 심청이가 들와보이 젖은옷이 있고 마른옷이가[762]

갈아입고 마루에 젖은옷이 있으니

깜짝 놀래며 아버지요//어쩐 일인지 몰다[763]

심봉사 화가 잔뜩나가[764] 딸보고 말하겠나.

아무말도 안하이 심처[沈淸]이 훌쩍훌쩍 우니

딸 우는기 안타까워서//심천아 너알일이 아이다.[765]

나는 아버님을 믿고 사는데 아부지요

소인(小人) 모리는[766]일이 어디 있시모[767] 말씀합소서.

---

755) 제보자의 실수였음. '가사(家事)를'로 바로 이어져야 할 자리였기 때문에 바로 뒤에서 바로잡은 것임.

756) 집안의 살림살이 형편을 보니.

757) 같잖애. '같잖아'에 해당하는 경상도 방언. '같잖다'는 '그럴싸 하나 실상은 그렇지 못하다'의 뜻이나, 경상도 지방에서는 '너무도 어이가 없어 상대(相對)할 가치도 없다' 정도의 뜻으로 사용되는 것이 보통임.

758) 절단이 날테니. '결단(決斷)이 날테니'에 해당하는 경상도 방언. '절단 나다'가 경상도 지방에서 사용되는 용례를 보면 '모든 것이 다 엉망이 되다. 완전히 망(亡)하다' 정도의 뜻으로 사용되고 있음.

759) 방죽. 물을 막기 위하여 쌓은 둑. 방축(防築).

760) '눈이 어두운'에 해당하는 경상도 방언. 눈이 먼.

761) 먹구리. '먹구렁이'에 해당하는 경상도 방언. 뱀과(科)에 속하는 구렁이. 몸길이 90cm 가량, 등은 황갈색을 띤 감람색에 흑갈색 가로 무늬가 있고 배의 각 비늘에는 세 쌍의 검은 무늬가 있음. 동양(東洋) 각지(各地)에 분포함. 누룩뱀. 오사(烏蛇). 오초사. 흑화사.

762) '옷이'에 해당하는 경상도 방언. '-가'는 이중(二重)으로 붙은 주격조사(主格助詞)임.

763) '모르겠다'에 해당하는 경상도 방언.

764) '(화가) 잔뜩 나서'에 해당하는 경상도 방언.

765) '아니다'에 해당하는 경상도 방언.

766) '모르는'에 해당하는 경상도 방언.

그라이라[768] 너가//해가 하도져도[769] 안오기 때문에 너찾아 나가다가
개천물에로 빠져서 거우[770] 죽게 되연거로[771]
몽은사 하주시님이 나를 건져줘 살렸는데
이 물색없고[772] 멋없는[773] 놈이//쌀 한말[一斗]도 없는 놈이가
몽은사 하주시님 전(前)에 고양미[供養米] 삼백석(三百石)을 시주(施主)한다 했으니//이 일을 어떡하노?
부처님을 쐭이믄[774] 눈어둔 방축(防築)밑에 먹구리가 또 된단다.
심처[沈淸]이 깜짝놀래도 아부지인데 놀랜티를 안하고[775] 아부지요
하늘이 무너져도 솟아날데가[776] 있으이[777] 걱정하지 마옵소서.
황토(黃土)흙을 모아가주고
이개가주고[778] 칠성단(七星壇)[779]을 모아놓고[780] 건구[781]를 떠와놓고
석달열흘 백일(百日)로//도우 물[782]을 여다놓고[783]

---

767) '있으며'에 해당하는 경상도 방언. 뒤에 '그러니 그런 말씀 마시고 사실대로' 정도의 말이 생략된 것으로 이해할 수 있음.

768) 그라이라. '그게 아니라' 정도의 뜻을 가지는 경상도식 발어사(發語詞)임.

769) '하도 해가 져도'가 구연과정에서 도치(倒置)된 것임.

770) 거우. '거의'에 해당하는 경상도 방언.

771) '된 것을'에 해당하는 경상도 방언.

772) 물색없고. '물색 없다'는 '언행(言行)이 조리에 닿지 아니하다'의 뜻.

773) 멋없는. '멋도 모르는'의 뜻임.

774) '속이면'에 해당하는 경상도 방언. '쐭이다' 혹은 '쇡이다'는 '속이다'에 해당하는 경상도 방언.

775) '놀란 티를 아니하고'에 해당하는 경상도 방언. 놀란 기미를 보이지 아니하고.

776) 솟아날 곳이. 정확한 속담(俗談)대로라면 '솟아날 구멍이'라고 해야 할 자리임.

777) '있으니'에 해당하는 경상도 방언.

778) 이개가주고. '으깨어서'에 해당하는 경상도 방언. '이개다'는 '흙벽을 쌓거나 흙벽돌 등을 찍기 위해서 황토(黃土)에다 짚 등을 썰어 넣고 물을 부은 후 발로 밟거나 손으로 짓눌러서 으깨는 동작'을 말하는 경상도 방언.

779) 칠성단. 칠성(七星: 七元星君)을 모신 제단(祭壇).

780) 만들어 놓고.

781) 건구. '금줄'의 와음. '금줄'은 '인줄'이라고도 하는 것으로 제(祭)를 지낼 때에 부정(不淨)을 꺼리어 사람이 함부로 드나들지 못하도록 쳐놓는 줄. 왼새끼를 쓰게 되는데 이것은 왼쪽이 곧 동(東)쪽이고 동(東)쪽은 귀신(鬼神)을 쫓는 방위로 인식되기 때문으로 이해됨.

782) 도우물. '동이의 물' 혹은 '동이에 물'에 해당하는 경상도 방언. 여기서는 후자에 더

<창(唱)으로>

巫女: 비나이다//비나이다//하느님전 비나니여
백구청청[白鷗蒼蒼] 맑은 하날[784]에

잽이: 아~디야

巫女: 단다이[785] 구워[786] 보시고
칠성(七星) 님이나//여러~ 존신(尊神)[787]들이나

잽이: 아~디야

巫女: 사해(四海)~ 부처님이나//단단히~ 굽어~ 살펴

잽이: 아~디야

巫女: 우리 고양미[供養米] 삼백석(三百石)이 생기도로 해주시면
우리 부친(父親)~
불쌍 하는 우리 부친~도

잽이: 아~디야

巫女: 만물(萬物)로 보도로~[788] 해주소사.
여러 존신(尊神) 전(前)에 비나니다.
석달 열흘 빌고 나니야//암뽀도 좋고 날좋주신[789]
석달 열흘 빌고 나니야

잽이: 아~디야

巫女: 남경선(南京船) 선인(船人)들이//도화동(桃花洞)을 들어서
사람을 파시요//몸에 핏기 없고[790]

가까움. '도우'는 '동이'에 해당하는 경상도 방언.

783) 여다 놓고. '(머리에) 이고 와서 가져다 놓고'에 해당하는 경상도 방언.

784) 하날. '하늘'에 해당하는 경상도 방언. 여기서는 '모든 것을 환히 굽어 보시는 밝은 하늘께서' 정도의 뜻임.

785) '단단히'에 해당하는 경상도 방언.

786) '굽어'에 해당하는 경상도 방언.

787) 존신. '존경하는 신(神)들' 혹은 '귀(貴)한 신(神)들' 정도의 뜻으로 볼 수 있겠음.

788) '보도록'에 해당하는 경상도 방언.

789) 이 행(行)은 제보자의 실수였음. 없어야 할 내용임. 그래서 다음 행(行)에서 바로잡은 것임.

790) '아직 생리(生理)를 한 경험이 없는'의 뜻.

십오세(十五歲) 열다섯살 파라꼬[791] 하는구나.
귀득 어머이 그말 듣고//심천아 심천아
우물가에 왔는데[792] 너거서이[793] 한동갭[同甲]이제?[794]
열다섯살 먹은//사람을 사러 왔으니야
모두다 각별루~[795] 조심 하여라.

잽이: 아~디야

巫女: 임당수[印塘水]~ 깊은 물에//제수(祭需)를 하고~ 장사 한단다.
사다가도[796] 빌일[797]도 다봤다.

잽이: 아~디야

巫女: 심천이 그게 아니구나~[798] 고양미[供養米] 삼백석(三百石)
못귀 하니[799]
귀덕 어머이 불러//말내지 마라꼬[800] 단단히 부탁하고

잽이: 아~디야

巫女: 서인[船人]들을 만나두로//해돌라꼬[801] 하더니만은
서인[船人]들요 소승[小生][802]이

---

791) '팔라고'에 해당하는 경상도 방언.
792) 내용상으로 보면 우물가에 온 주체(主體)는 심청이가 되어야 자연스러움.
793) '너희 셋이. 너희들 세 사람이'에 해당하는 경상도 방언. 내용상으로 보면 이 마을에서는 너희 세 사람이(작품 속에서 심청이 이외에 다른 두 사람의 이름은 직접 언급되지 않았음) 금년에 열다섯 살로 그 사람들이 사려는 대상에 해당한다는 뜻임.
794) '동갑(同甲)이지?'에 해당하는 경상도 방언. 경상도 지방에서는 '동갑(同甲)'을 보통 '한동갑'이라고 말함. '동갑(同甲)'은 '나이가 같은 사람. 같은 해에 태어난 사람' 혹은 '사람의 나이가 같음'을 일컫는 말.
795) '각별(各別)히'에 해당하는 경상도 방언. 특별히. 특히.
796) '살다가도'에 해당하는 경상도 방언.
797) '별 일'에 해당하는 경상도 방언. 별 이상한 일.
798) 심청이는 그것을 단순하게 생각하지 않았다는 말임.
799) '못구하니'에 해당하는 경상도 방언.
800) '말라고'에 해당하는 경상도 방언.
801) '해 달라고. 하여 달라고'에 해당하는 경상도 방언.
802) '소생(小生)'의 와음. '소생(小生)'은 자기를 낮추어 일컫는 말.

<말로>
巫女: 가오리다.

<창(唱)으로>
巫女: 소인(小人)이 갈터이니
더도싫고 덜도 싫으니 고양미[供養米] 삼백석(三百石)
몽은사 하주시님//절[寺]으로~ 실어 보내고
잽이: 아~디야
巫女: 내가 죽을날으느 내월(來月) 십오일(十五日)로
정(定)합니다 단단히 부탁하니
잽이: 아~디야
巫女: 서인[船人]들이 출천지 효녀(出天之孝女)[803]로다.
영자[領座][804]

<말로>
巫女: 영감님요

<창(唱)으로>
巫女: 저~ 심천[沈淸]이//소문(所聞)을 들어 보니
구간(苟艱) 하게 산다 하니
논 서마지기 사서 동네에 맬겨주면[805]//양식(糧食)으로 하도록 하시고
돈~ 서른냥(兩)으는//벤똔[806]을 늘라서[807]//용돈을 장만하고
북포(北布)[808] 갈포(葛布)[809]와//동절(冬節)의 의복(衣服)과

---

803) 출천지효녀. 하늘이 낸 효녀.
804) 영자. '영좌(領座)'에 해당하는 경상도 방언. 한 부락이나 단체(團體)의 우두머리가 되는 사람. 여기서는 선인(船人)들이 자신들의 우두머리를 지칭한 것임.
805) '맡겨 주면'에 해당하는 경상도 방언.
806) 벤똔. '변돈'에 해당하는 경상도 방언. 변리를 무는 돈. 여기서는 '이자(利子)를 받는 돈'이라는 뜻임.
807) '늘려서'에 해당하는 경상도 방언.
808) 북포. 함경도 지방에서 나는 베. 함경도(咸鏡道) 지방에서 생산되는 베는 올이 굵고 베가 얼금얼금 하기 때문에 약수건(藥手巾)이나 시신(屍身)을 염습(殮襲)하는 데에

하절(夏節) 의복(衣服)으로 점지 합시다.

잽이: 아~디야

巫女: 스물 네명[二十四名] 절군[810]들이~

잽이: 아~디야

巫女: 한입[一口]같이[811] 의논(議論)이 되었다~.

<말로>

巫女: 이때 심천[沈淸]이는 그래 부탁하고 집에 아부지인데[812]
아부지 마음이래도 위로하고 마음이래도 안심(安心)시킬라꼬

잽이: 야

巫女: 아부지요 고양미[供養米] 삼백석(三百石) 귀[求]했어요.[813]
야야 어데서 니가 귀[求]했노?
장승상(張丞相) 사부인댁에서//나를 양딸[養女]로 들오면은
여공(女功)[814]도 성십[成習]하고[815] 학식(學識)도 공부하야 말년(末年) 재미 보자 하오니

잽이: 야

巫女: 소인(小人)이 양딸로 드가기로[816] 하고 고양미[供養米] 삼백석(三百石) 으로//몽은사 하주시님 절[寺]을 올리고
야 그거참 잘됐다 잘됐어.

적합한 것으로 알려져 있음.

809) 갈포. 칡의 섬유(纖維)로 짠 베.

810) 절군. '결군'에 해당하는 경상도 방언. '결군'은 본래 '곁에서 남의 일을 거들어 도와주는 사람'이라는 뜻이나 경상도 해안지방에서는 일반 선원(船員)을 지칭하는 말로 사용됨. 어원적(語源的)으로 보면 '곁군'의 구개음화(口蓋音化) 및 단모음화(單母音化) 현상으로 이해됨.

811) 한입같이. 한 사람이 말하는 것처럼. 만장일치(滿場一致)로.

812) '아버지에게'에 해당하는 경상도 방언. '-인데'는 '-에게'에 해당하는 경상도 방언.

813) '구(求)했어요'에 해당하는 경상도 방언.

814) 여공. 여자들이 하는 길쌈질.

815) 성십하고. '성습(成習)하고'의 와음. '성습(成習)하다'는 원래는 '버릇이 되다'는 뜻이나 여기서는 '익히다'의 뜻임.

816) 드가기로. '들어 가기로'에 해당하는 경상도 방언.

만약에 그래 내가 눈떨어지믄 너인데 왔다갔다 하고 오죽 좋겠나?
그참 잘됐다 잘됐어//이렇게 심봉사 좋아라꼬 할때
하루 이틀 지내고 난즉슨은[817]
내가 죽고나믄 울아부지[818] 춘추의복(春秋衣服)을 누가 장만하며
내가 살아실적에 아부지 동절의복(冬節衣服)
춘추의복(春秋衣服)을 내가 다장만해놓고 가야되고
심봉사(沈奉事) 저가부지[819] 옷으로 다짓는데
동절의복(冬節衣服)은 솜을뜨고 하절의복(夏節衣服)에 수(繡)를놓고
개씨버선[820] 행장[行纏][821] 홍치[822]
염나[823] 호품[號牌]꺼징[824] 쌈지꺼징[825] 다 지어놓고
헌망건(網巾)[826] 헌갓 삐껴내고[827] 새망건(網巾) 새갓 사다걸고

---

817) '난즉'에 해당하는 경상도 방언. 나니. 나니까.
818) 울아부지. '우리 아버지'에 해당하는 경상도 방언.
819) 저가부지. '저의 아버지'에 해당하는 경상도 방언.
820) 개씨버선. '외씨버선'의 잘못임. 볼이 조붓하고 갸름하여 신으면 맵시가 있는 버선.
821) 행장. '행전(行纏)'의 와음. 바지·고의를 입을 때 정강이에 꿰어서 무릎 아래에 매는 물건. 옷구비지기 되지 아니하고 가든하게 하고자 발회목에서 장딴지까지 바지 위에 눌러 치는 것으로, 번듯한 헝겊으로 소맷부리처럼 만들고 위쪽에 끈 둘을 달아서 졸라매게 되어 있음.
822) 홍치. '줌치'의 와음. '줌치'는 '주머니'에 해당하는 경상도 방언.
823) 염나. '염낭'의 와음. 두루주머니. 아가리에 잔주름을 잡고 끝 두 개를 양쪽에 꿰어서 여닫게 되어 있는 주머니로 '협낭(夾囊)'이라고도 함.
824) 호품꺼징. '호패(號牌)까지'의 와음. 옛날의 제도(制度)와 관련된 것임. '호패(號牌)'는 열여섯 살 이상 되는 남자가 차는 길쭉한 패(牌). 앞면(面)에 성(姓)·이름·나이·난해의 간지(干支)를 새기고, 뒷면(面)에는 해당 관아(官衙)의 낙인(烙印)이 찍혔음. 신분에 따라 아패(牙牌)·각패(角牌)·황양목패(黃楊木牌)·대방목패(大方木牌)·소방목패(小方木牌) 등의 구별이 있음. 오늘날의 주민등록증(住民登錄證)과 상응하는 것이라고 이해하면 거의 틀림이 없을 것임. '-꺼징'는 '-까지'에 해당하는 경상도 방언.
825) 쌈지꺼징. '쌈지까지'에 해당하는 경상도 방언. '쌈지'는 담배 또는 부시 등을 담는 주머니. 종이·헝겊·가죽 등으로 만들고 그 속에 사라지를 덧넣기도 함. '-꺼징'은 '-까지'에 해당하는 경상도 방언.
826) 헌망건. '망건(網巾)'은 상투 있는 사람이 머리가 흩어지지 않도록 말총 등으로 그물처럼 만들어 머리에 두르는 물건.
827) '벗겨 내고'에 해당하는 경상도 방언.

갑사(甲紗)[828]를 끊어 끈을달아//그 머 거던[829] 절에다[830] 걸어놓고
이래 다 정돈해 놓고 날으는[831] 차차 오는데[832]
깨진 사발로 붙이겠나 쏟아진 물을 다시 담겠나?[833]
이렇게 내리[834]모레겉이[835] 임당수[印塘水] 깊은물로 떠나가는데
심천[沈淸]이 허는말이//아부지요 아부지요
오늘이 어무이//묘(墓)에좀 갔다 오리다.
이자슥[子息]아//나이 열다섯살 먹으니//너의 친구들이 보고
엄마야꼬 찾으니 니도 부러워서 엄마를 찾는구나.
심봉사(沈奉事)도 눈물로 지면서로[836]
묘(墓)에 찾어가거든 우지마고[837] 오너라.
아부지요 안울고 오지요.

<창(唱)으로>

巫女: 심천[沈淸]이 그무덤을 찾아가더니만은
두손을 합장(合掌)하고~ 엄마야 부르며//엄마야 엄마야~
나는 내리[838] 모레 내월(來月) 십오일(十五日)날
임당수[印塘水]로 죽으러 가니
엄마에게 낳고 기르기해[839] 엄마를 만내겠나~[840] 아~ 아~ 아~

---

828) 갑사. 품질이 좋은 사(紗). 품질이 좋은 엷은 비단.
829) '걸던'에 해당하는 경상도 방언.
830) '자리에다'의 잘못임. 항상 걸어두던 자리에다.
831) '날은'에 해당하는 경상도 방언. 날짜는. '(선인(船人)들과 약속한) 날짜는'의 뜻임.
832) '다가오는데'의 뜻임.
833) 돌이킬 수 없는 일이라는 뜻을 가지고 있는 속담(俗談)들임. 같은 뜻을 가지는 속담(俗談)에 '쏘아 놓은 살' 등이 더 있음.
834) 내리. '내일(來日)'에 해당하는 경상도 방언.
835) '모레는'에 해당하는 경상도 방언. 이 경우의 '-겉이'는 경상도 방언에서 '-는. -만 되면'의 뜻으로 사용됨.
836) '(눈물을) 지으면서'에 해당하는 경상도 방언. (눈물을) 흘리면서.
837) '울지 말고'에 해당하는 경상도 방언.
838) '내일'에 해당하는 경상도 방언. 여기서의 '내리 모레'는 아주 가까운 미래를 말한 것임.
839) 문맥상으로 보면 '엄마가 일찍 죽어 엄마에게 길러지지를 못했으니 얼굴을 알 수 없어, 만약 저승에서 엄마를 만난다고 해도 어떻게 알 수가 있겠는가?' 정도의 의미임.

임당수[印塘水]로야 엄마를 만내겠나~
엄마가 칠안에[841] 나를두고 가니~야
엄마야꼬[842] 엄마가 나를 불안천리[不遠千里][843]하고
나를 찾어오니 엄마가 내얼굴을 아며
내가 엄마얼굴을 어떻게 아노 울엄마야~
엄마 엄마~ 아~ 아~ 아~
내월(來月) 십오일(十五日)날 내죽거들랑
아버지 눈을떠서 천지만물(天地萬物)을 보고~
어예든지~ 어진 가문(家門)에 장개가야~[844]//아들 놓고 딸놓고[845]
서친 봉지사[先親奉祭祀][846] 받드두로[847] 해주시고 엄마야~
불쌍한 울엄마야~

<말로>
잽이: 좋다.

<창(唱)으로>
巫女: 어는 시절(時節)에 만내볼꼬
오늘이 여게와서 엄마를 모시면은
다시 다시 인제는 하직이고~//다시 인제는 몬와요~.
엄마 저승 가거들랑 내죽었다 하거들랑
날찾어 와서 내이름을 심천아꼬[848] 불러주고~

---

840) '만나겠나'에 해당하는 경상도 방언. '만내다'는 '만나다'에 해당하는 경상도 방언.
841) 칠안에. 이레 안에.
842) 문맥상으로는 '엄마라고' 정도의 뜻임.
843) 불안천리. '불원천리(不遠千里)'의 와음. 천리(千里)를 멀다하지 않고. 출전(出典)은 『맹자(孟子)』임.
844) '장가 가서'에 해당하는 경상도 방언. '장개'는 '장가'에 해당하는 경상도 방언.
845) '딸 낳고'에 해당하는 경상도 방언. '아이를 낳다'를 경상도 지방에서는 '아이를 놓다'라고 발음함.
846) 서친봉지사. '선친봉제사(先親奉祭祀)'의 와음. 여기서는 '조상(祖上)의 제사(祭祀)를 받듦'의 뜻.
847) '받들도록'에 해당하는 경상도 방언.

엄마라꼬 해야 내가 엄마얼굴을 아지 얼굴로 어떻게 안단 말이요~?
예이~ 이~ 이~ 이~
이렇게 무덤앞에 엎드려 우니야
짠디[849]도 슬프다꼬 고개를 시우고[850]
꾀꼬리도 우다가 울음을 끈치고[851] 낙엽(落葉)도 고개를 숙이고~
해도 났다가 보기 싫다꼬~

<말로>
관중 가운데 어느 할머니: 잘한다~.

<창(唱)으로>
巫女: 구름속으로 들어간다~//엄마인데 하즉[下直][852]하고~
집으로 돌아와여~//그날밤에 날을 새우는데~
장승상(張丞相) 사부인 댁에서//시비(侍婢)를 보내

<말로>
巫女: 빨리 오라 했다.

<창(唱)으로>
巫女: 장승상(張丞相) 사부인 집으로~//건네 간다
건네 간~다//장승산 집으루 건네간다.
잽이: 아~디야
巫女: 심천[沈淸]아~ 심천아//니맘대로 헌단 말이냐?
잽이: 아~디야
巫女: 네가 그런일이 있으면은~//날과 같이[853] 의논(議論)하지

---

848) '심청아 하고'에 해당하는 경상도 방언.
849) 짠디. '잔디'에 해당하는 경상도 방언.
850) 문맥상으로는 '숙이고' 정도에 해당하는 것으로 보임.
851) 끈치고. '그치고'에 해당하는 경상도 방언. '근치다' 혹은 '끈치다'는 '그치다'에 해당하는 경상도 방언.
852) 하즉. '하직(下直)'에 해당하는 경상도 방언.

잽이: 아~디야

巫女: 고양미[供養米] 삼백석(三百石) 내가 줄터이니
어서 갖다 물리라 하니
일구 이언(一口二言)[854] 못합니다.
만약에 일구 이언(一口二言)하면//부처님을 쏙이고[855]
안명[眼盲]하는 아버지를 쏙이고
남우[856] 장사도 낭패(狼狽)가 지오니

잽이: 아~디야

巫女: 일구 이언(一口二言)은 못합니다.

잽이: 아~디야

巫女: 그렇~다면//잠깐 기달려라.
일등 화공(一等畵工)을 불러 화상(畵像)을 기리놔라.[857]
중(重)한 상금(賞金)을 줄터이니//화~상(畵像)을 그리라.

잽이: 아~디야

巫女: 붓을 들고 심천[沈淸]이를 보더니만은//이리 저리 기리니야[858]
심소 자[沈小姐]가//둘이~ 되었구나.

<말로>
잽이: 좋다~.

<창(唱)으로>
巫女: 이그린거 족자(簇子)삼아 붙여놓고//이사진(寫眞)이~

[테이프 뒤집음. T19-2-B로]

---

853) '나와 같이'에 해당하는 경상도 방언. 나와 함께.
854) 일구이언. 한 입으로 두 가지 말을 함. 곧 말을 이랬다 저랬다 함을 이르는 말.
855) '속이고'에 해당하는 경상도 방언.
856) 남우. '남의. 타인(他人)의'에 해당하는 경상도 방언.
857) 기리놔라. '그려 놓아라. 그려 두어라'에 해당하는 경상도 방언. '(그림을) 그리다'에 해당하는 말을 경상도 지방에서는 '기리다'라고 발음함.
858) '그리니'에 해당하는 경상도 방언.

<창(唱)으로>

巫女: 이사진(寫眞)[859]이 안부(安否)하면//너살은줄 알거라.[860]

잽이: 아~디야

巫女: 니가 임당수[印塘水]에 죽고 나면은
　　뒤강둑에~이 정자(亭子)를 모아놓고[861]

<말로>

잽이: 좋다.

<창(唱)으로>

巫女: 등(燈)들을 모아놓고 삼수상[862]

<말로>

巫女: 소대상(小大祥)으로[863]

<창(唱)으로>

잽이: 아~디야

巫女: 내가 지내 줄테이니

<말로>

巫女: 술잔이래도

잽이: 좋다~.

<창(唱)으로>

巫女: 니왔는[864] 표적(標的) 이래도 굴레다오.[865]

---

859) 문맥상으로는 '이 그림'이라고 해야 맞을 자리임.
860) 고어(古語) '알괘라'에 해당하는 말임. 따라서 '내가 알겠다'의 뜻임.
861) '만들어 놓고'의 뜻임.
862) 삼수상. 아마도 '삼년상(三年喪)'의 잘못이 아닐까 함.
863) 소대상으로. 소상(小祥)과 대상(大祥)을. '소상(小祥)'은 사람이 죽은지 한 돐만에 지내는 제사(祭祀). '대상(大祥)'은 죽은지 두 돐만에 지내는 제사.
864) '너가 온'에 해당하는 경상도 방언.

잽이: 아~디야
巫女: 심천아//생각하니//글한귀를 지어주고 간다.
잽이: 아~디야
巫女: 어머니요 문필(文筆)로 가져 오세요.
생기 사기 일몽간[866]이라//처간에 최유~ 단장[867]이라
잽이: 아~디야
巫女: 초록같는 미안[868]이라//그글로 장승상(張丞相)

<말로>
巫女: 사부인(士夫人)이 보디마는
이글은 니가 지은 글이 아이고
천상(天上)에 신선(神仙)이 지은 글이로다.
잽이: 그렇죠.
巫女: 니가 마음이시켜 가는길이 아니고[869]
용왕국(龍王國)에서 너를 불러서 가는길이니 말리지는 않겠다.
잽이: 하이
巫女: 강둑에다 등(燈)들을 매고 삼수상 소대상(小大祥)을 내 해줄테이니
술잔이래도 굴려내
니왔던[870] 표적(標的)이래도 해달라 하는구나.

---

865) '줄게 하여 다오. 줄여 다오'에 해당하는 경상도 방언. 줄어들게 하여 다오. '굴다'는 '줄어들다'에 해당하는 경상도 방언. '양식이 많이 굴었다' 등과 같은 용례로 사용됨. 여기서는 내용상으로 제사(祭祀)에 귀신이 되어왔다는 징표로 술잔의 술이라도 줄어들게 하여 나를 위로하여 달라는 말임.
866) 생기사기일몽간. '생기사귀일몽간(生寄死歸一夢間)'의 와음. 사람이 태어났다가 죽어 돌아가는 것이 한 꿈의 사이.
867) '세간최유단장처(世間最有斷腸處)'의 와음. 세상에서 가장 애끊는 것은. 사실은 이 구절의 앞에 '권정하필루산산(眷情何必淚珊珊)'이라는 구절이 있었는데 제보자는 이 구절을 구연하지 않았음.
868) '초록강남인미환(草綠江南人未還)'의 와음. 강남(江南)에는 풀이 푸른데 사람은 돌아오지 않네.
869) '너의 마음이 시켜서 가는 길이 아니고'의 뜻임. 곧 '네가 스스로 원해서 가게 된 것이 아니라'의 뜻.

그적새나[871]//심천[沈淸]이 엄마하고 둘이
시영모[收養母][872]지마는//장승상(張丞相) 엄마하고 붙잡고
아버지 좀 돌봐달라꼬 부탁하고//집으로 떠나가니
아부지인데 쫓아가서//아부지요
고양미[供養米] 삼백석(三百石) 귀[求]했읍니다.
야야 어디서 귀[求]했나?
장승상(張丞相) 사부인이 날데려 가기로 하고 줄라컵니다.[873]
참 잘됐다 하고[874]
그날밤에 자는데//촛불로 켜놓고 토시[875]를 짓는데
울아부지 토시로 한커리[876] 더지놓고[877] 가야지 하는데
촛불이 기울어지며 닭이꼬꼬 운다.

<창(唱)으로>
巫女: 닭아 닭아~ 우지 말어라
니가 울면 날이 샌다//날이 새면 내죽는다.
잽이: 아~디야
巫女: 이때여 심청이는//아부지 자는데 절에[878] 가서
아부지 손으로 검치 쥐며~[879]//아버지요 아버지요
오늘밤만 모시오면//언제 언제 모시겠노?

---

870) '너가 왔던'에 해당하는 경상도 방언.
871) '그때에야'에 해당하는 경상도 방언.
872) 시영모. '수양모(收養母)'에 해당하는 경상도 방언. 자기를 데려다가 친자식같이 길러준 어머니. 수양 어머니.
873) '주려고 합니다'에 해당하는 경상도 방언.
874) 제보자의 실수였음. '아부지인데'부터 여기까지의 다섯 행(行)은 여기에 놓일 자리가 아님. 없어야 할 내용임.
875) 토시. 팔뚝에 끼는 방한(防寒) 제구. 저고리 소매 비슷하게 생겼는데 한쪽 끝은 좁고 다른 한쪽 끝은 넓게 되어 있음.
876) 한커리. '한 켤레'에 해당하는 경상도 방언. '커리'는 '켤레'에 해당하는 경상도 방언.
877) '더 지어 놓고'에 해당하는 경상도 방언.
878) 절에. '곁에'에 해당하는 경상도 방언.
879) '거머 쥐며'에 해당하는 경상도 방언.

잽이: 아~디야

巫女: 어서 어서 눈을 떠서//만물(萬物)~을 보옵 소서.

잽이: 아~디야

巫女: 불쌍한 울아부지//나를 이만침[880] 키워놓고
　　만사(萬事)로~ 아이질라[881] 하더니//내조차 마저 가면은

잽이: 아~디야

巫女: 동살[882]이 희번하니[883] 남경(南京)장사 서인[船人]들이
　　삽작거리[884] 웅기중기[885] 다모였네//서인[船人]들요 서인[船人]들요

잽이: 아~디야

巫女: 울아부지 알면 난리가 납니다.

<말로>

잽이: 그렇죠.

<창(唱)으로>

巫女: 마즈막[886] 으로//조반(朝飯)이나 지어올리고 갈터이니//쪼금만 기다리요.

잽이: 아~디야

巫女: 한숨으로 불을때고 눈물로 밥을지어

잽이: 아~디야

巫女: 반찬을 채래서[887]

잽이: 아~디야

---

880) '이만큼'에 해당하는 경상도 방언.

881) '아니 잊으려. 잊지 않으려'에 해당하는 경상도 방언.

882) 동살. 창짝 등에 가로 지른 살. 여기서는 '동산(東山)'의 잘못으로 보아도 별 지장이 없겠음.

883) 희번하니. 동이 트며 허연 광선이 조금 비치어서 번하니.

884) 삽작거리. 삽짝거리. '삽짝거리'는 '삽짝'에 해당하는 경상도 방언. '삽짝'은 '사립짝'으로 잡목(雜木)의 가지로 엮어서 만든 시골집의 대문에 해당하는 문(門). 경상도 지방에서는 대개 이 문이 있는 부근을 '삽짝거리'라고 말함.

885) '옹기종기'보다 큰 말. 옹기종기.

886) 마즈막. '마지막'에 해당하는 경상도 방언.

887) '차려서'에 해당하는 경상도 방언.

巫女: 아부지요 아부지요 조반(朝飯) 잡소.[888]
　　야야 왜이렇게 일찍 일어났나?
　　누집에[889] 지사[祭祀][890] 지냈나?
잽이: 아~디야
巫女: 이거는 도라지고 이거는 나물이고
　　이거는 자반(佐飯)[891]이고 이거는 쌈이고
　　반찬이 매우도 찬란 하구나~.
　　아버지 디릴라꼬[892]//소인(小人)이

<말로>
巫女: 모았어요.

<창(唱)으로>
巫女: 기특 하~다 기특 하다.
잽이: 아~디야
巫女: 너먹을줄 모르고 애비 줄라꼬
　　이렇거로[893] 모았나?//애비카[894]

<말로>
巫女: 같이먹자.

<창(唱)으로>
巫女: 심천[沈淸]이는~//우니라꼬~ 음성(音聲)이 변(變)한다.

---

888) '조반(朝飯) 잡수시요'에 해당하는 경상도 방언. '잡수시요'라는 말을 경상도 지방에서는 흔히 '잡소'라고 발음함.
889) '누구의 집에. 어느 집에'에 해당하는 경상도 방언.
890) 지사. '제사(祭祀)'에 해당하는 경상도 방언.
891) 자반. 생선을 소금에 절인 반찬. 경상도 해안지방에서는 소금을 약간 쳐서 구운 생선을 대개 '자반(佐飯)'이라고 부름.
892) '드리려고'에 해당하는 경상도 방언.
893) '이렇게'에 해당하는 경상도 방언. 흔히는 '이렇거럼. 요렇거럼'이라고 발음함.
894) '아버지랑'에 해당하는 경상도 방언. 아버지와 함께. 흔히는 '애비캉'이라고 발음함.

잽이: 아~디야
巫女: 심천아 심천아 니가

<말로>
巫女: 감기가 들렀나?[895]

<창(唱)으로>
巫女: 음성(音聲)이 많이 변했다.
잽이: 아~디야
巫女: 귀중(貴重)한 몸으로 조심 하여라.
이때여 심천[沈淸]이는 그말 듣고
아버지 상(床)을 내이놓고[896]//사당방(祠堂房)[897]을 들어간다.
옷갈아 입고 사당방을 들어
잽이: 아~디야
巫女: 사당문(祠堂門)을 열으니
잽이: 아~디야
巫女: 촛불로 갖춰놓고 절을 하더니
선대 서친[先代先親][898] 할아부지 할무이요
잽이: 아~디야
巫女: 그밑에 내려와서//불쌍 하는~[899] 울엄마야
나는 임당수[印塘水]로 갑니다.
잽이: 아~디야
巫女: 아버지 눈을떠야 이 사당방(祠堂房)에
불을 켜고 제사(祭祀)를 올릴텐데
잽이: 아~아

---

895) '걸렸느냐?'에 해당하는 경상도 방언.
896) '내어 놓고'에 해당하는 경상도 방언.
897) 사당방. '사당(祠堂)'은 신주(神主)를 모셔 놓은 집.
898) 여기서는 단순히 '조상(祖上)'이라는 뜻으로 사용된 것임.
899) '불쌍한'에 해당하는 경상도 방언.

巫女: 어진 가문(家門)에//가시거들랑 아들놓고 딸놓고
잽이: 아~디야
巫女: 이사당(祠堂)에 불을켜[900]//켜도로 점지하고 사당방//문(門)으로 붙잡고

<말로>
巫女: 불쌍한 울아부지

<창(唱)으로>
잽이: 아~디야
巫女: 조상(祖上)님네도 무심(無心) 하시지.
잽이: 아~디야
巫女: 엄마 일찌기 떠나가고//내조차 마저 가고나면
잽이: 아~디야
巫女: 아부지는 누구그게[901] 의지(依支)하고 사나~ 아~ 아~
잽이: 아~디야
巫女: 조상(祖上)님네 복(福)도 가득이요//부디 편안히 잘사소.
잽이: 아~디야
巫女: 절을하고 문을닫고 나오더니만은

<말로>
잽이: 아 자[902]

<창(唱)으로>
巫女: 그적시에는[903] 그이이[904]//아버지인데 안알릴수 없어

---

900) 제보자의 실수였음. '켜도록'이라는 말이 바로 이어져야 할 자리였기 때문에 뒤에서 바로잡은 것임.
901) '누구에게'에 해당하는 경상도 방언. '-그게'는 고어(古語) '-그에'로 '누구누구의 편에. 누구누구의 쪽에'의 뜻임.
902) 단순한 감탄사였음.
903) '그제야. 그때에야 비로소'에 해당하는 경상도 방언. 흔히는 '그적세는. 그적사' 등으로도 발음함.
904) 그이이. '기어이'에 해당하는 경상도 방언.

잽이: 아~디야

巫女: 아버지요 아버지요

<말로>

巫女: 하더니만은

<창(唱)으로>

巫女: 기절(氣絶)을 하고~ 우는구나//심천[沈淸]아 심천아
오야 오야 심천아//온아직[905]에 반찬이 좋더니 뭘먹고

<말로>

巫女: 얹혔나?[906]

<창(唱)으로>

잽이: 아~디야

巫女: 소금좀 먹어라~[907] 심천아
어느 놈이 소경의//딸이라꼬 헌단[險談][908]을 하더냐?

잽이: 아~디야

巫女: 답답다[909] 말을해라 심천아
아부지요 아부지요 여적껏[910] 쏙인거느[911]
죄(罪)가 많지만은 아부지요
고양미[供養米] 삼백석(三百石)을 누가 줄까?

잽이: 아~디야

---

905) '오늘 아침'에 해당하는 경상도 방언.

906) 얹혔나? '(음식을 잘못 먹어 속이) 체했나?'에 해당하는 경상도 방언.

907) 음식을 먹고 체했을 때에는, 민간요법(民間療法)으로, 소금을 먹여서 음식을 토(吐)하게 하는 방법이 사용되고 있음.

908) 헌단. '험담(險談)'에 해당하는 경상도 방언.

909) 답답다. '답답하다'에 해당하는 경상도 방언.

910) '여지껏'에 해당하는 경상도 방언. 이제까지. 지금까지. 흔히는 '이적지. 이적기'라고도 발음함.

911) '속인 것은'에 해당하는 경상도 방언.

巫女: 임당수[印塘水] 깊은 물에//몸이 팔려 갑니다.

잽이: 아~디야

巫女: 허허 이기~[912] 웬일 이냐?//이기 천하(天下)~ 무슨 말이냐?

잽이: 아~디야

巫女: 에미 죽고~ 품안에 안고댕기며[913]
동냥 젓을 얻어 먹이고

잽이: 아~디야

巫女: 만사(萬事)로 다잊었더니 애비뜯은[914] 묻도않고[915]
너맘 대로 한단 말이냐?

잽이: 아~디야

巫女: 너이놈 서인[船人] 들아//에~기 천하(天下) 도둑놈들

잽이: 아~디야

巫女: 내딸 소문(所聞)을 못들었나?
어린 딸을 꼬이 묵어서[916]//임당수[印塘水] 제수(祭需)하고
너놈들이 잘될소냐 도화동(桃花洞) 남녀노소(男女老少)
저놈들을 그냥두나//저놈들을 그냥두나?

잽이: 아~디야

巫女: 심천[沈淸]이 손못대라꼬[917]
내맘에 시키서 가는길[918]//아무도 허우[919] 마옵소사.

---

912) '이것이'에 해당하는 경상도 방언.
913) '안고 다니며'에 해당하는 경상도 방언.
914) '아비의 뜻은'에 해당하는 경상도 방언.
915) '묻지도 않고'에 해당하는 경상도 방언. 물어 보지도 아니하고.
916) '꼬여서'에 해당하는 경상도 방언.
917) '심청이가 (도화동 사람들이 선인(船人)들에게) 위해(危害)를 가하지 못하게 하느라고' 정도의 뜻임.
918) '(심청이가 말하기를) 내 스스로의 마음이 시켜서 가게 된 것이니. 곧 자의(自意)에 의한 판단이니' 정도의 뜻임.
919) 허우. '위해(危害)'에 해당하는 경상도 방언. 해꼬지. 일반적으로는 '행우' 혹은 '행오'라고 발음함.

<말로>
잽이: 그렇지.

<창(唱)으로>
巫女: 이렇게 하더니마는//심천[沈淸]이 옷갈아 입네.
난봉산[920] 흩은 머리는

<말로>
잽이: 아~ 좋다.

<창(唱)으로>
巫女: 귀밑에 늘어지고
눈물이 흘러//오시랖[921]이 다젖는다.
잽이: 아~디야
巫女: 걸리는[922] 처매짝으랑[923] 거덩거덩[924] 걷어안꼬
이진사댁(李進士宅) 적은[925] 아가
작년 오월(昨年五月) 단오(端午) 날에
잽이: 아~디야

<말로>
관중 가운데 어느 할머니: 좋~다.

<창(唱)으로>
巫女: 앵두(櫻桃)[926] 따고 노던 정(情)으로[927]

---

920) 난봉산. '봉두난발(蓬頭亂髮)'의 와음. 쑥대강이 같이 흐트러진 머리털.
921) 오시랖. '오지랖'에 해당하는 경상도 방언. 웃옷이나 웃도리에 입는 겉옷의 앞자락.
922) '걸기적거리는'에 해당하는 경상도 방언. 발에 걸려 귀찮은.
923) 처매짝으랑. '치마짝은. 치마는'에 해당하는 경상도 방언.
924) '거듬거듬'에 해당하는 경상도 방언. 대강대강 거두는 모양.
925) '작은'의 잘못임. '첫째가 아닌'의 뜻임.
926) 앵두. 앵두나무의 열매. '앵두나무'는 앵도과(科)에 속하는 낙엽 활엽 관목. 높이 1~3m이고 잎은 도란형 또는 타원형임. 4월에 도색(桃色) 또는 백색(白色) 꽃이 한둘

네가 그정(情)으로 잊었겠나?
김동지댁(金同知宅) 큰아가~//청학 백학(青鶴白鶴) 비갯모[928]에
학(鶴)놓던 정(情)으로 잊었겠나?
너아부지가 우리 부친(父親)이요

<말로>
잽이: 그렇지요.

<창(唱)으로>
巫女: 우리 부친(父親)이 너가부지[929]며
잽이: 아~디야
巫女: 종종 와서 안부(安否)로 물어보며
백세(百歲)를 사다가 저승으로 들어오면
너거들[930] 안부(安否)로 물어 보꾸마.[931]
잽이: 아~디야
巫女: 부디 부디 존중(尊重) 해서[932]
잽이: 아~디야
巫女: 이렇게 하더니 마는//한자죽[933] 걷더니 마는
아부지~ 돈없다고 해도//부자(富者) 죽으모 그뿐이요~

씩 액생(腋生)하고 핵과(核果)는 다장질(多漿質)이며 구형이고 6월에 홍색으로 익음. 인가 부근에 심는데, 강원도를 제외한 한국 각지 및 일본·만주 등지에 분포함. 정원수로 가꾸고 과실은 식용(食用)함.

927) '놀던 정(情)을'에 해당하는 경상도 방언.

928) 비갯모. '베갯모'에 해당하는 경상도 방언. '베갯모'는 베개의 양끝에 대는 꾸밈새. 조그마한 널조각에 수(繡)를 놓은 헝겊으로 덮어 끼우는데 네모진 것과 둥근 것이 있음.

929) 너가부지. '너의 아버지'에 해당하는 경상도 방언.

930) '너희들'에 해당하는 경상도 방언.

931) '물어 보마'에 해당하는 경상도 방언.

932) '잘 좀 돌보아 다오' 정도의 말이 뒤에 생략된 것으로 이해됨.

933) 한자죽. '한 발자국'에 해당하는 경상도 방언. 흔히는 '한 재죽'이라고도 발음함.

<말로>
잽이: 좋다.

<창(唱)으로>
巫女: 아버지～//심천[沈淸]아～ 같이 가자

<말로>
잽이: 아 좋다.

<창(唱)으로>
巫女: 날데리고 같이 가자//못가지야 못가지
잽이: 아～디야
巫女: 날버리고～ 어데로 가느냐?
그모습을 보니야～ 눈물이 날려서//바람 길이[934] 날려간다.
잽이: 아～디야
巫女: 송이 송이 꽃송이[935]가 되는구나.
서인[船人]～ 뒤로 따러 간다.
뱃장[936] 에다가 철판[937]을 달디마는[938]//어기여차 뫁감어라[939]
어기여차 뫁감어라 범피중유[泛彼中流][940] ;떠나간～다.
막막한[941] 창해중(滄海中)에//팡팡[942]하는 물결 이랑아

934) '바람결에'의 와음.
935) '눈물'을 비유한 것임.
936) 뱃장. '뱃전'의 잘못임. 배[舟]의 좌우쪽 가장자리. '뱃장'은 뜻이 전혀 다른 말임.
937) 철판. '조판'의 와음. 사람이 오르내릴 수 있도록 배와 육지를 연결하는 좁다란 널판지. '좌판'이라고도 하고 경상도 해안지방에서는 '짠판'이라고도 부름.
938) '달더니만'에 해당하는 경상도 방언. '철판을 달았다'는 말은 문맥상으로 보아 육지(陸地)와 배를 연결하여 사람이 다닐 수 있게 놓았던 좁다란 널판지로 된 다리를 거두었다는 말임.
939) '닻을 감아라'에 해당하는 경상도 방언. '뫁'은 '닻'에 해당하는 경상도 방언.
940) 범피중유. 심청이가 인당수로 가기 위해 배를 타고 떠나는 대목으로 판소리 『심청가(沈淸歌)』 가운데에서 가장 널리 알려진 대목 가운데 하나임.
941) '막막한'으로도 말이 안되는 것은 아니나 문맥상으로는 '망망(茫茫)한'이 훨씬 어울림. '망망(茫茫)한'은 '끝없이 넓고 멀어 아득한'의 뜻임. 신재효본(申在孝本) 『심청가

백빈주(白蘋洲)943) 갈마기944)는 옥유안[紅蓼岸]945)으로 날아들고
잽이: 아~디야
巫女: 상강(湘江)946)에 기러기는 뱅새947)로 떨어진다.948)

<말로>
관중 가운데 어느 할머니: 좋다~.

<창(唱)으로 >
巫女: 요란(嘹喨)하는 남은소리//어적(漁笛)있건 하건마는949)

』에서도 '망망한'이라고 하였음.
942) 뱃전에 부딪치는 거센 파도의 소리를 의성(擬聲)한 것임.
943) 백빈주. 흰꽃 피는 평초(萍草) 가득한 강가의 삼각주(三角洲).
944) 갈마기. '갈매기'의 와음.
945) 옥유안. '홍요안(紅蓼岸)'의 와음. 단풍이 들어 붉은 대만 남은 여뀌꽃 핀 언덕. '여뀌'는 마디풀과(科)에 속하는 일년초(一年草). 줄기는 높이 60cm 가량이고 홍갈색을 띠며, 잎은 호생(互生)하고 유병(有柄)의 피침형(披針形)임. 초상 탁엽은 짧은 원통형(圓筒形)이고 막질(膜質)임. 6~9월에 백색(白色)의 꽃이 수상 화서(穗狀花序)로 줄기 끝과 가지 끝에 정생(頂生)함. 과실은 수과(瘦果)임. 거의 전국에 야생함. 잎줄기는 짓이겨 물에 풀어서 고기를 잡고, 잎은 맛이 매우므로 조미료(調味料)로 쓰임.
946) 상강. 중국(中國)의 호남성(湖南省)에 있는 강(江)의 이름. 흔히 '상수(湘水)'라고 함. 광동성(廣東省)의 계림 부근에서 발원(發源)하여 북(北)으로 흘러 호남성에 들어가 형주(衡州)·상담(湘潭)·장사(長沙) 등의 옆을 지나 동정호(洞庭湖)에 이름. 이비(二妃)가 이 강(江)에 빠져 죽었으며 굴원(屈原)이 고기 배속에 장사(葬事) 지냈다고 알려져 있는 곳도 바로 이 강(江)임. 주위의 경관이 아름다와 예로부터 소상팔경(瀟湘八景)으로 널리 알려져 있음. 이 단어에 대하여 신재효본(申在孝本) 『심청가』에서는 '삼상(三湘)'이라고 하였음. 따라서 여기서의 '상강'은 '삼상(三湘)'의 와음으로 볼 수도 있을 것임. '삼상(三湘)'은 이상(灕湘), 소상(瀟湘), 증상(烝湘)의 셋. 이상(灕湘)은 이수(灕水)와 상수(湘水)를 합한 것. 소상(瀟湘)은 소수(瀟水)와 상수(湘水)를 합한 것. 증상(烝湘)은 증수(烝水)와 상수(湘水)를 합한 것임.
947) 뱅새. '평사(平沙)'의 와음. 평평한 모래밭.
948) 이 행(行)은 결국 '평평한 모래밭에 내려앉는 기러기'를 표현한 것임. 따라서 소상팔경(瀟湘八景) 가운데 하나인 '평사낙안(平沙落雁)'을 말한 것이 됨. 『열녀춘향수절가(烈女春香守節歌)』에서 이몽룡(李夢龍)의 과거시험(科擧試驗) 답안지의 글씨를 묘사한 부분에 '용사비등(龍蛇飛騰)하고 평사낙안(平沙落雁)이라'라고 한 표현이 있음.
949) '요란하는'은 '요량한'의 와음. 요량한은 소리가 맑고 낭랑함. '어적(漁笛)이언마는'의 와음. 어적(漁笛)인듯 하건마는. '어적(漁笛)'은 고깃배에서 들려오는 피리소리. 이

곡중인의 불견[曲終人不見][950]에//수목[數峯][951]만 푸르렀다.[952]

잽이: 아~디야

巫女: 애내 선공 만고수[欸乃聲中萬古愁][953]는//나를 두고 이름 인가[954]

장사(長沙)[955]로 건네가니//가애부[賈太傅][956]는 어데 가고

굴삼려(屈三閭)[957] 어복충혼(魚腹忠魂)[958]은//어데로 가셨는고?

부분을 신재효본(申在孝本) 『심청가』에서는 '요란(搖亂)한 물결 소리 어적(漁笛)이 섞였더니'라고 하였음.

950) '곡종인불견(曲終人不見)'의 와음. '노래소리 그치자 사람은 간 곳 없고'의 뜻임. 전기(錢起)의 「상령고비시(湘靈鼓琵詩)」의 '곡종인불견(曲終人不見) 강상수봉청(江上數峯青)'에서 온 구절임. 전기(錢起)가 동정호(洞庭湖) 가를 거닐다가 들려오는 노래소리를 듣고 지었다고 함.

951) '수봉(數峰)'의 와음. '몇 개의 봉우리만'의 뜻임. 위의 주)를 참조할 것.

952) '강상수봉청(江上數峯青)'을 풀어서 읊은 것임. 원시(原詩)는 '강위에는 몇 개의 봉우리만 푸르렀다'의 뜻. 위의 위의 주)를 참조할 것.

953) '애내성중만고수(欸乃聲中萬古愁)'의 와음. 노질하는 소리 속에 만고(萬古)의 근심이 들어있다는 말. 주자(朱子)의 「무이구곡시(武夷九曲詩)」에 '오곡산고운기심(五曲山高雲起心) 장시연우암평림(長時烟雨暗平林) 임간유객무인지(林間有客無人知) 애내성중만고심(欸乃聲中萬古心)'이라는 것이 있다고 함.

954) 말하는 것인가? 말함인가?

955) 장사. 중국(中國) 호남성(湖南省)의 주도(州都). 중국 한(漢)나라 무제(武帝) 때의 가의(賈誼)가 억울하게 귀양 갔던 곳으로 유명함.

956) 가애부. '가태부(賈太傅)'의 와음. 이름은 가의(賈誼: B.C.200년~168년). 중국 서한(西漢)의 학자. 정치가. 낙양(洛陽) 사람. 23세에 박사가 되고 문제(文帝)에게 상주하여 유학(儒學)과 오행설(五行說)에 기초한 신제도(新制度)의 시행을 역설하여 제후(諸侯)를 분봉(分封)하고 그 세력을 깎았음. 후에 무제(武帝)의 미움을 받아 억울하게 장사(長沙)로 귀양 갔는데 이것이 억울한 귀양의 대명사(代名詞)처럼 널리 알려져 더욱 유명함. 송주석은 유배가사(流配歌辭) 「북관곡(北關曲)」에서 자신의 할아버지 송시열(宋時烈)의 귀양이 억울하다고 하면서 이를 '장사(長沙) 천일애(天日涯)에 가태부(賈太傅) 넋일런가 조주(潮州) 팔천리(八千里)에 한이부(韓吏部) 넋일런가'라고 읊고 있음.

957) 굴삼려. '굴원(屈原)'을 말함. 삼려대부(三閭大夫)의 벼슬을 지냈기 때문에 '굴삼려(屈三閭)'라고 불림. 중국 전국시대(戰國時代) 초(楚)나라의 시인(詩人). 회왕(懷王) 경양왕(頃襄王)을 섬겨서 벼슬을 했고 모략에 빠져서 한때는 방랑생활을 하다가 멱라수(汨羅水)에 빠져 죽었음. 작품은 모두가 울분의 감정에 넘쳐 고대문학(古代文學) 중 드물게 보는 서정성(抒情性)을 띠고 있음. 초사(楚辭)에 수록된 25편 중 '이소(離騷)', '천문(天問)', '구장(九章)'이 남아 있음.

958) 어복충혼. 고기 배 속의 충혼(忠魂). 굴원(屈原)이 멱라수(汨羅水)에 빠져서 고기밥이

잽이: 아~디야

巫女: 멱나수(汨羅水)[959]로 건네가니아[960]

삼산 반태이[三山半落][961] 청천외(青天外)[962]요

이소 중분[二水中分][963]은 백말이[白鷺洲][964]라.

소산강[瀟湘江][965]으로 들어가니아//무심(無心)하는 잔내비[966]는

자식(子息) 찾는 실픈[967]소리야//전객 수인[遷客騷人][968]은 몇몇인고?[969]

잽이: 아~디야

巫女: 한곧을[970] 당도(當到)하니야//풍랑(風浪)이 일어나더니

되었기 때문에 이 일을 흔히 '(상강(湘江)의) 고기 뱃속에 장사(葬事) 지냈다'고 말함. 출전(出典)은 사마천(司馬遷)의 『사기(史記)』 굴원전(屈原傳).

959) 멱나수. 굴원(屈原)이 빠져 죽은 물 이름임. 위의 주)를 참조할 것.

960) 이 부분의 뒤에 대개의 판소리 『심청가』의 사설 범피중류 대목에 있는 내용 중의 상당 부분이 누락되었음.

961) 삼산반태이. '삼산반락(三山半落)'의 와음. '삼산(三山)'은 중국의 양자강(楊子江) 가까이에 있는 세 개의 산(山).

962) 청천외. 푸른 하늘 밖이요. 앞의 구절과 연결하여 해석하면 '삼산(三山)은 푸른 하늘 밖으로 반쯤 떨어지고'의 뜻임. 이백(李白)의 유명한 시(詩)인 '등금릉봉황대(登金陵鳳凰臺)'의 경련(頸聯)에 나오는 구절임.

삼산반락청천외(三山半落青天外)
이수중분백로주(二水中分白鷺洲)
총위장안능폐일(總爲長安能蔽日)
장안불견사인수(長安不見使人愁)

963) 이소중분. '이수중분(二水中分)'의 와음.

964) 백말이. '백로주(白鷺洲)'의 와음. 앞의 구절과 연결하여 해석하면 '이수(二水)는 백로주(白鷺洲)에서 가운데가 나뉘어짐'의 뜻임. 이백(李白)의 '등금릉봉황대(登金陵鳳凰臺)'에 나온 구절임. 위의 위의 주)를 참조할 것.

965) 소산강. '소상강(瀟湘江)'의 와음. 중국(中國) 호남성(湖南省) 동정호(洞庭湖)의 남쪽에 있는 소수(瀟水)와 상수(湘水)의 총칭. 근처에 명승(名勝)이 많아 예로부터 '소상팔경(瀟湘八景)'으로 유명함. '눈은 소상강 물결같네'라는 표현은 우리 고전문학(古典文學) 작품에 널리 나타나는 공식적(公式的) 표현임.

966) 잔내비. '잔나비'에 해당하는 경상도 방언. '원숭이'를 다르게 이르는 말.

967) '슬픈'에 해당하는 경상도 방언.

968) 전객수인. '천객소인(遷客騷人)'의 와음. '천객(遷客)'은 귀양가는 사람. '소인(騷人)'은 시인 묵객(詩人墨客)을 말함. 『고문진보(古文眞寶)』에 실려있는 범희문(范希文)의 「악양루기(岳陽樓記)」에 '천객소인(遷客騷人) 다회우차(多會于此)'라는 구절이 있음.

969) 여기까지가 판소리 사설 『심청가』 가운데 나오는 '범피중류(泛彼中流)' 대목임.

물결이 일어나더니 어떠한 사람이//현관[971]으로 숙예 씨고[972]

잽이: 아~디야

巫女: 좌상[973]을 걸어앉어[974] 이렇기 나오더니만은

저기가는 심소저(沈小姐)야 니나를[975] 모르리다.[976]

나는[977] 본래(本來)//이강(江)에 떨어져서

가지가지 아롱지고 잎잎이 흔(痕)하니라.[978]

멀유한[979] 길에 조심하여 다녀오너라.

심천[沈淸]이 생각하니야//희안[稀罕]하고[980] 괴이(怪異)하다.

내죽을 증조[徵兆]로다[981] 귀신(鬼神)아

잽이: 아~디야

巫女: 한곧으로 당도(當到)하니야 어떠한 사람이

가죽으로 몸을 싸고//두눈으로 볼끈 감고

저기가는 심소자[沈小姐]야 니나를[982] 모르리라

---

970) '한 곳을'에 해당하는 경상도 방언.

971) 현관. 아마도 '현관(玄冠)'인듯함. 검은색 모자. 아니면 '선관(仙冠)'이었을 것으로 보임.

972) '숙여쓰고'에 해당하는 경상도 방언. 앞쪽으로 기울여 쓰고.

973) 좌상. '자하상(紫霞裳)'의 와음. 자주색 안개 같은 치마.

974) '걷어 안고'의 와음. 사실상 '좌상을 걸어앉어'는 여기에 나올 내용이 아님. 이 구절은 '이비(二妃)'의 형용을 묘사한 내용인데 앞에 들어가지 않고 여기에 잘못 들어간 것임.

975) '너는 나를'에 해당하는 경상도 방언.

976) '모르리라'의 잘못임.

977) 여기서의 '나'는 이비(二妃)가 스스로를 지칭한 것임. '이비(二妃)'는 순(舜)임금의 아내였던 아황(娥皇)과 여영(女英) 자매(姉妹)로서 순임금이 죽자 상강(湘江)에 몸을 던져 자결(自決)하였는데 그 피가 기슭에 튀어 대나무의 껍질에 반점이 생겼기 때문에 이 대를 '소상반죽(瀟湘斑竹)'이라고 한다는 전설(傳說)이 있음.

978) '흔적이 나니라'의 뜻임. 소상반죽(瀟湘斑竹)의 유래(由來)와 관계 있는 내용임. 위의 주)를 참조할 것. 판소리사설 가운데에는 이 단어를 '원한(怨恨)이라'라고 한 본(本)들도 있음.

979) 멀유한. '먼' 정도의 뜻임.

980) 희안하고. '희한(稀罕)하고'에 해당하는 경상도 방언. '희한하다'는 '매우 드물다'의 뜻으로 아름답고 좋은 일에 대하여 흔히 사용하는 말임.

981) '징조(徵兆)로다'에 해당하는 경상도 방언.

982) '너는 나를'에 해당하는 경상도 방언. '나'는 오자서(伍子胥)를 지칭한 것임. '오자서

오(吳)[983]나라 충신(忠臣)으로서//우리 선산[聖上][984]은
유유씨[985] 간간[986]//촉노검[屬鏤劍][987]으로 목을 쳐서

잽이: 아~디야

巫女: 목을 찔러 죽은 후에
가죽을[988] 싸가지고//이물에다 던졌더니
내눈은 빼서 용문산[東門上][989]에 던졌더니
내목에[990] 가죽으는//뉘라서 뺏겨주료?[991]
멀유한 길에 조심하고
한곧을 당도(當到)하니야 저기가는 심소자[沈小姐]야
니나를 모르리라 나는 나는야
무관(武關)[992]에 삼년(三年) 있다가 고국(故國)으로 바래보니[993]

(伍子胥)'는 중국 춘추시대(春秋時代)의 초(楚)나라 사람으로 이름은 원(員). 아버지인 사(奢)와 형(兄)인 상(尙)이 초나라 평왕(平王)에게 피살 되었기 때문에 오(吳)나라로 가서 장군이 되어 초나라를 쳐서 원수를 갚았다고 함.

983) 오. 중국(中國) 춘추시대(春秋時代)의 십이열국(十二列國)의 하나. 주(周) 문왕(文王)의 백부(伯父) 태백(太伯)이 세웠다고 하는데 양자강 어귀의 지방을 영유하였으며 초(楚)를 격파하여 한때 세력을 떨쳤으나 부차(夫差) 때에 월왕(越王) 구천(勾踐)의 미인계(美人計)에 빠져 망했음.

984) '성상(聖上)'의 와음.

985) 제보자의 실수였음. '유유씨'는 '유우씨(有虞氏)'의 와음이고 '유우씨(有虞氏)'는 순(舜)임금을 말함. 따라서 이 단어는 앞의 이비(二妃)의 말 속에 있어야 할 것이었음. 정작 여기에 놓일 내용은 '백비의 참소(讒訴)를 듣고' 정도여야 했을 것임.

986) 제보자의 실수였음. 앞의 '유유씨'가 여기 놓일 자리가 아니라는 것을 무녀가 알아차렸기 때문에 심적(心的) 동요(動搖)가 일어났고 그 때문에 적당히 얼버무린 어절인 것으로 짐작됨.

987) 촉노검. '촉루검(屬鏤劍)'의 와음. 오(吳)나라 왕인 부차(夫差)가 백비의 참소(讒訴)를 받아들여 오자서(伍子胥)에게 자결하라고 내려준 칼의 이름.

988) '가죽으로'의 잘못임.

989) 용문산. '동문상(東門上)'에의 와음. 동(東)쪽 성문(城門) 위에. 오자서가 자결하면서 집안 사람에게 말하기를 자신의 눈을 동문(東門) 위에다 걸어주면 자신이 오(吳)나라가 월(越)나라 사람들의 침입에 의하여 망(亡)하는 것을 그 눈으로 보겠다고 말하였다고 함. 그의 말대로 그가 죽은지 구년(九年) 뒤에 오(吳)나라는 월(越)나라의 침입에 의하여 망(亡)하였다고 함.

990) '내 몸에'의 잘못임.

991) '벗겨 주리오'에 해당하는 경상도 방언.

미기혼[未歸魂][994]이 되었구나.

잽이: 아~디야

<말로>

관중 가운데 어느 할머니: 좋다~.

<창(唱)으로>

巫女: 원한(怨恨)을 못잊어//초혼조(楚魂鳥)[995]가 되었으니[996]
조심하여 다녀 오너라.

<말로>

잽이: 아 좋다.

<창(唱)으로>

巫女: 귀신(鬼神)으는~ 몇천년(千年) 가도//혼백(魂魄)은 남아 있고
일신(一身)은 없다 해도//혼백(魂魄)은~ 남어 있네.

<말로>

잽이: 좋다.

<창(唱)으로 >

巫女: 내죽는 사람//조심하여 다녀오라 하니야//괴이(怪異)하고 이상하다.

---

992) 무관. 지명(地名). 중국 전국시대(戰國時代)의 진(秦)나라의 남관(南關). 현재의 협서성 상현(商縣)인데 초회왕(楚懷王;望帝)이 죽은 곳임.

993) '바라보니'에 해당하는 경상도 방언.

994) 미기혼. '미귀혼(未歸魂)'의 와음. 돌아가지 못한 혼.

995) 초혼조. 두견새의 다른 이름. 주나라 말기에 촉(蜀) 지방의 제후로 스스로 황제라고 일컬은 두우, 곧 망제(望帝)는 왕위를 신하에게 빼앗기고 멀리 도망갔다가, 돌아와서 복위하려고 하였으나 뜻을 이루지 못하고 죽었는데 그 혼이 이 새가 되었다는 전설(傳說) 때문에 '초혼조(楚魂鳥)', '촉혼(蜀魂)', '망제(望帝)' 등으로 불린다고 함.

996) 이해조(李海朝)의 신소설 『강상련(江上蓮)』에 나와 있는 이 대목은 다음과 같음.
이달고도 분훈것이 진나라 속임되야 무관에 숨년잇다 고국을 바라보니 미귀혼이 되얏고나 쳔츄에 한이잇셔 초혼죠(楚魂鳥)가 되얏더니 박랑퇴셩 반겨듯고 쇽졀업난 동뎡ㅅ달에 헛츔만 추엿셰라

한곧을 당도(當到)하야~ 물에서 몇밤인가[997]
배에서 몇날인가[998] 여보시오~예
임당수[印塘水] 전으로[999] 당도(當到)하니//물결이 일어나며
돛도 부러지고 뱃머리 빙빙에
용왕국(龍王國)에 용왕제(龍王祭)가//늦따고 빨리~ 서두른대요
용왕지[龍王祭]를 지낼적에//심소자[沈小姐]는
모욕[沐浴]을 시게서[1000] 흰소복(素服)으로//갈아 입혀서
잇물에[1001] 앉혀놓고 용왕제(龍王祭)를 지내는데
잽이: 아~디야
巫女: 사공(沙工)이 황급하야//겁(怯)을 먹고~//용왕 제를 지내는 구나.

<말로>
관중 가운데 어느 할머니: 잘~한다.
관중 가운데 또 다른 할머니: 잘~한다.
巫女: 내가 굿을 해도
보살(菩薩)님네 배불리 죽이래도 잡수니//내맘이 든든~하고
아깨[1002] 굿할때는 보살임들//점심을 굶겨놓고
내가 이굿할레이[1003] 죄(罪)시렵고 심[力][1004]도 안나더이[1005]
인제 심[力]이 벌컥벌컥 납니더.
관중 가운데 어느 할머니: 좋다

---

997) 물에서 지낸 밤이 몇 밤이던가. 바다에서 지낸 밤이 몇 밤이던가? 시간(時間)의 경과(經過)를 나타낸 것임.
998) '배에서 지낸 날이 몇 날이던가'에 해당하는 경상도 방언. 역시 시간(時間)의 경과(經過)를 나타낸 것임.
999) 으름으로. 근처에.
1000) '목욕을 시켜서'에 해당하는 경상도 방언.
1001) 잇물에. '이물에'의 와음. '이물'은 배의 머리 부분.
1002) 아깨. '아까'에 해당하는 경상도 방언. 의미상으로는 '점심으로 팥죽을 먹기 전(前)'을 말함.
1003) '이 굿 하려니'에 해당하는 경상도 방언. 이 굿을 하려고 하니까.
1004) 심. '힘'에 해당하는 경상도 방언.
1005) '안나더니'에 해당하는 경상도 방언. 나지를 않더니.

[관중들은 박수를 치기도 하고 제각기 무녀에게 찬사를 보낸다. 장내(場內)가 잠시 소란스러워진다]

<말로>
巫女: 여게 굿 마치고는 어데로 가나하머
저~ 구룡포(九龍浦)[1006]너메[1007] 강사[1008]라는데 가고
또 고//거[1009] 마치고는 대구(大邱)로 가고
고 거 마치고는 또 저~ 부산(釜山)에//또 거 웅촌[1010]이라는데 거 가고
또 그담에는 고거 마치고 또//저 저 구룡포(九龍浦)로 또 드가고[1011]
그거 마치고는 가안도[江原道]로 또 드가니
목이가 전축(電蓄)이 아닌담에야[1012] 이 목이 전더나겠능교?[1013]
이런데//집에가서 이래서가[1014] 좀 해보소.
옆구리도 아프고 다리도 아프고//목구영[1015]도 아프고 죽을 지경이
시더//이런데

[관중 몇 사람들이 목이 아프다는 무녀를 격려하기라도 하는듯이 다시 박수를 보낸다]

<말로>
巫女: 심처[沈淸]이 요왕제[龍王祭]를 지내는데

1006) 구룡포. 경상북도(慶尙北道) 영일군(迎日郡) 장기 반도(半島)에 있는 항구(港口). 수산물(水産物)의 집산지로 유명한 곳임.
1007) 너메. '너머'에 해당하는 경상도 방언.
1008) 강사. 지명(地名)임.
1009) '그것'에 해당하는 경상도 방언. 의미상으로는 '거기의 굿을'의 뜻임.
1010) 웅촌. 지명(地名). 부산(釜山) 해운대(海雲臺)에 인접해 있는 부락으로 정기적으로 별신굿을 하는 곳임.
1011) '들어가고'에 해당하는 경상도 방언. 굿을 하러 간다는 말임.
1012) '아닌 다음에야'에 해당하는 경상도 방언. 아니고서야.
1013) '견뎌 나겠습니까?'에 해당하는 경상도 방언. '견디다'라는 말을 경상도 지방에서는 흔히 '전디다'라고 발음함.
1014) '이렇게 서서'에 해당하는 경상도 방언.
1015) 목구영. '목구멍'에 해당하는 경상도 방언.

용왕 장(場)거리 하되[1016)]

아깨[1017)] 내가 암죽[1018)]거리도 안얻으러 갔다.

다같은 아들네들 외국(外國)땅 건너가 배타러 가고

가에서 모도

해상어업(海上漁業)을 하면 용왕국(龍王國)을 다 믿고 댕기는데

내가 용왕 장(場)거리를 하자믄 소도 잡아야 되고

돼지도 잡아야 되고

술도 받아야 되고 채소도 해야 되고 과일도 사야되고 자리[1019)]도 사야되고

오만거[1020)] 다 사야서[1021)] 용왕제(龍王祭)를 지내는데

요왕[龍王]이 사해(四海) 요왕[龍王]뿐 아이다.

요왕[龍王] 지둥으느 사해 지둥이지마는[1022)]

그밑에 근신(近臣)[1023)]하는 용왕(龍王)님이 여럿이다.

관중 가운데 어느 할머니: 맞다.

巫女: 그용왕 이름을 다 불러줘야 된다.

이래 내가 나가거든 보살님네요

요왕 제물[龍王祭物] 채리기로[1024)] 권신[勸善][1025)]좀 하옵소사.

있다가 내가 한살부텀 시작해//팔십 일곱꺼징 딱 넘기주믄[1026)]

1016) 굿의 절차에 이 대목에서는 '용왕제(龍王祭)를 지낼 장거리를 장만한다'는 명목으로 으레 관중들에게 돈을 걷게 되어 있다는 말임.

1017) 아깨. '아까'에 해당하는 경상도 방언.

1018) 암죽. 어린 아이에게 먹이는 묽은 죽. 곡식이나 밤 등의 가루를 밥물에 타서 끓인 것으로 어머니의 젖이 충분하지 못할 때 이것으로 대신하게 됨.

1019) 자리. 제사를 지낼 때에 깔게 되어 있는 돗자리를 말한 것임.

1020) 오만거. '별별 것. 온갖 것'에 해당하는 경상도 방언.

1021) '사야만. 사야만이'에 해당하는 경상도 방언.

1022) '기둥이 되는 용왕(龍王)은 사해 용왕(四海龍王)이지만. 사해 용왕이 기둥이 되는 용왕이라고 하겠지만'의 뜻임. '지둥'은 '기둥'에 해당하는 경상도 방언.

1023) 근신. 임금 곁에서 가까이 모시는 신하(臣下).

1024) '차리게. 차릴 수 있도록'에 해당하는 경상도 방언.

1025) 권신. '권선(勸善)'의 와음. 여기서는 '무녀에게 돈을 내는 일'을 말한 것임.

1026) 이들 동해안(東海岸) 세습무(世襲巫)들의 축원문(祝願文) 가운데에는 나이 한 살부터

나는 그담에는[1027] 몰라요.[1028]

이러이까느로[1029]//내 나가거든 요왕 제물[龍王祭物] 값을

관중 가운데 어느 할머니: 내 하께.[1030]

巫女: 좀 주시오.

(옆에 앉아 있던 다른 무녀를 향하여)좀 나가 거두소.

[지금 이 거리를 진행중인 이금옥(李今玉) 무녀는 나이가 너무 많아서인지 직접 돈을 걷으러 가지 않고 다른 무녀들이 나가서 대신 걷어준다]

<창(唱)으로>

巫女: 갑시다~//올개[1031] 아들네들으느

<말로>

巫女: 무당(巫堂)들마덤[1032] 다 그랬지마는[1033]//삼재(三災)[1034]가

용띠가 삼재요 잔내비띠도 삼재고 쥐띠가 삼잰데

잔내비띠 용띠가 최고(最高)//시가지[1035] 중에 최고 나쁩니다.

팔십여세(八十餘歲)까지 한꺼번에 차례로 하는 축원문이 있는데 이것을 말한 것임.

1027) '그 다음에는'에 해당하는 경상도 방언.

1028) 자신은 그것만 끝나고 나면 다시는 이번 굿하는 동안 맡아서 하는 거리가 없고 사실상 자신에게 돈을 주는 기회는 이번이 마지막이니 그 점을 잘 고려하여 달라는 뜻이 들어 있음.

1029) '이러니까'에 해당하는 경상도 방언.

1030) 자신은 돈을 내겠다는 어느 할머니의 의사 표시였음.

1031) 올개. '올해'에 해당하는 경상도 방언.

1032) '무당들마다'에 해당하는 경상도 방언. '-마덤'은 '-마다'에 해당하는 경상도 방언.

1033) '앞에서 굿하러 나왔던 무당들마다 다 그렇게 이야기 했지만'의 뜻임.

1034) 삼재. 사람의 태어난 해의 간지(干支)에 맞추어 한 해의 운수(運數)를 점치는 방법 가운데 하나. 띠만 알면 판별이 가능하기 때문에 가장 단순한 것이라고 할 수 있고 그만큼 널리 알려져 있기 때문에 민간(民間)에서는 일차적으로 꺼리는 대상이 됨. 사유축생(巳酉丑生)은 해자축년(亥子丑年)에, 신자진생(申子辰生)은 인묘진년(寅卯辰年)에, 해묘미생(亥卯未生)은 사오미년(巳午未年)에, 인오술생(寅午戌生)은 신유술년(申酉戌年)에 각각 삼재가 들게 됨. 이 가운데에서 제일 앞에 있는 해를 '들삼재'라고 하고, 가운데 들어있는 해를 '묵삼재'라고 하며, 제일 뒤에 들어 있는 해를 '날삼재'라고 부름.

올개[今年][1036] 작년(昨年)에 들고 올개 묵어 맹년[明年][1037]에 나가지요.

삼재팔난(三災八難)[1038]이 무서우니

삼재(三災)도 삼재거니와

가다가[1039] 일곱수[1040]니 아홉수[1041]니 다모도 미어서[1042]

잽이: 그렇지요.

巫女: 다모도 그래 줍시다.

<창(唱)으로>

巫女: 오늘날~//여러 보살(菩薩)님네요~

이시주(施主)를 하여다가~ 요왕[龍王]님 전(前)에야~

동(東)에는 강영왕[1043] 남(南)에는 강애왕[1044]

서(西)에는 강덕왕[1045] 북(北)에는 강태왕[1046]

1035) 시가지. '세 가지. 셋'에 해당하는 경상도 방언.

1036) 제보자의 실수였음. '작년에'라고 해야 할 자리였기 때문에 바로 뒤에서 바로잡은 것임.

1037) 맹년. '명년(明年)'에 해당하는 경상도 방언. 내년(來年).

1038) 삼재팔난. '삼재(三災)'와 '팔난(八難)' 곧 모든 재난(災難). '삼재(三災)'에 대해서는 앞의 앞의 앞의 앞의 주)를 참조할 것. '팔난(八難)'은 여덟 가지의 재난. 곧 배고픔·목마름·추위·더위·물·불·칼·병란(兵亂)의 여덟 가지의 재난. 혹은 부처를 보지 못하고 불법(佛法)을 들을 수 없는 여덟 가지의 곤란이니 곧 지옥(地獄)·축생(畜生)·아귀(餓鬼)·장수천(長壽天)·맹롱음아(盲聾瘖瘂)·울단월(鬱單越)·세지변총(世智辨聰)·생재불전불후(生在佛前佛後).

1039) 가다가. '거기에다 덧붙여서'에 해당하는 경상도 방언.

1040) 일곱수. 나이의 끝자리 수가 칠(七)인 해에 닥치는 나쁜 운수. 민간(民間)에서는 좋지 못한 일이 이 해에 많이 생긴다고 믿어짐.

1041) 아홉수. 나이의 끝자리 수가 구(九)인 해에 닥치는 나쁜 운수(運數). 민간(民間)에서는 좋지 못한 일이 이 해에 많이 생긴다고 믿어짐.

1042) 미어서. '메워서'에 해당하는 경상도 방언. '좋지 못한 것은 좋은 것으로 다 메꾸어서' 정도의 뜻임. 아니면 '밀어서'의 잘못으로 보아 '몽땅 통틀어서'로 볼 수도 있겠음.

1043) 강영왕. '광연왕(廣蓮王)'의 와음. 사해용왕(四海龍王) 가운데 동해(東海)를 관장하는 용왕의 명칭임.

1044) 강애왕. '광리왕(廣利王)'의 와음. 당(唐)나라 천보(天寶) 십년(十年) 정월(正月)에 임금이 명하여 남해신(南海神)인 축융(祝融)을 광리왕(廣利王)으로 봉(封)하였다고 함.

자금산[1047] 요왕님아 칠금산[1048] 요왕님아
하마(下馬)[1049] 파산[破船][1050] 군신 요왕님네요
시거리[1051] 요왕님네//갈매[1052] 밭에 노던 요왕
진흙 밭에 노던 요왕//사해 수공[1053] 요왕 님으로
이렇거로[1054] 불러주며는//일산동(日山洞) 대동안에
만경창파(萬頃蒼波) 댕기는 저자손(子孫)들
대(大)나불[1055]도 막아주고 소(小)나불도 막아주고
재수(財數)도 많이주고 억수만금(億數萬金) 티를내고[1056]

1045) 강덕왕. '광덕왕(廣德王)'의 와음. 사해용왕(四海龍王) 가운데 서해(西海)를 관장하는 용왕의 명칭임.

1046) 강태왕. '광택왕(廣澤王)'의 와음. 사해용왕(四海龍王) 가운데 북해(北海)를 관장하는 용왕의 명칭임.

1047) 자금산. 특정한 산의 명칭으로 볼 수도 있으나 다른 지방 무가자료와 비교해 보았을 때에는 '황금산'의 와음이라고 보는 것이 타당할듯함. '황금산 ○○○ 청금산 ○○○'의 형태로 나타나는 무가 사설이 경기도 지방을 비롯한 다른 지방의 무가 자료에는 상당히 많이 있기 때문임.

1048) 칠금산. '청금산'의 와음. 위의 주)를 참조할 것.

1049) 하마(下馬). 원래는 말에서 내린다는 뜻이나 여기서는 '말에서 떨어진' 정도의 뜻이 더 적합하다고 보임. 원래는 '군웅거리'에 나오던 것으로 거기에서의 뜻은 '말에서 떨어져 죽어서 신(神)이 된' 정도였음.

1050) 파산. '파선(破船)'의 와음. 배가 부서짐. 원래는 '군웅거리'에 나왔던 것으로 거기에서의 뜻은 '배가 부서져서 죽어서 신이 된' 정도였음.

1051) 시거리. '야광충(夜光蟲)'에 해당하는 경상도 방언. 편모충류에 속하는 원생동물(原生動物). 항상 연안 가까이에 떠돌아 다니며 밤에는 파도(波濤) 기타의 충격(衝擊)에 의하여 빛을 내므로 동물(動物) 발광(發光)의 연구 재료로 유명함. 여기서의 '시거리 용왕님'는 '야광충을 관장하시는 용왕님' 혹은 '번쩍번쩍 빛나는 용왕님' 정도의 의미로 이해됨.

1052) 갈매. 문맥상으로 보면 지명(地名)이거나 물과 관계된 어떤 지형(地形)을 말한 것으로 보이나 더 이상은 미상임.

1053) 사해 수공. '사해(四海)에서 으뜸 가는 지위(地位)에 있는' 정도의 뜻으로 보임.

1054) '이렇게'에 해당하는 경상도 방언.

1055) 대나불. '나불'은 바다에서 이는 큰 물결을 이르는 바닷가 사람들의 용어(用語). 큰 파도(波濤).

1056) 티를 내고. '퇴를 내고'에 해당하는 경상도 방언. '퇴'는 장사를 하여 남기는 많은 이익(利益)인데, 경상도 방언에서 이 말이 사용되는 용례를 보면 '너무 많거나 잦아서 견디기 어려울 정도로 귀찮다'라는 뜻을 가지는 경우가 대부분임.

수천금(數千金)을 티를 내여//점지해 돌라꼬[1057]
귀(貴)한 방석[1058] 귀한 소석[1059]
내가 모도 나가거든//요왕[龍王]천[1060]을 바치시고
아들네 손지[孫子]들//재주 명(命)이나 마이 타가지고 가옵소사.

[잽이들은 일제히 악기를 흐드러지게 연주한다. 특히 김석출씨는 태평소(太平簫)[1061]를 입에 대고 불기 시작한다. 무녀는 관중들 사이를 돌면서 돈을 걷고는 다시 마이크 앞으로 돌아온다<소요시간: 4분8초>]

<말로>
巫女: 여봅소
잽이: 하여 봅소.
巫女: 나이 젊을때는 돈도있고 영감도있고
나이 젊을때는 영감도있고//돈도 있고
고방(庫房) 세때[1062]도 내맘대로 쥐고 왔다갔다 하고
나이 많애지이[1063] 자식(子息)들로//마카[1064] 다 맽기뿌래[1065] 놓으이[1066]
딸이와도 귀(貴)한거좀 줄래도 메늘 눈치 보이고

1057) 돌라꼬. '달라고'에 해당하는 경상도 방언.
1058) 방석. '아이'에 해당하는 경상도 방언. '방석'은 경상도 지방 무가(巫歌)에서 흔히 '아이' 혹은 '일반적인 사람'을 말할 때 쓰는 용어임. 그 구체적 용례(用例)를 보면, '아이야 방석', '생겨준 방석' 등 주로 비칭(卑稱)으로 사용되는 경우가 많음. '방성. 방생. 방석' 등으로 다양하게 발음됨.
1059) 앞의 '방석'에 운(韻)을 맞춘 것임.
1060) 요왕천. 용왕에게 바치는 재물(財物). '천'은 '재물(財物)'을 말함.
1061) 태평소. 악기(樂器)의 이름. 부는 악기의 한 가지. 흔히 '날라리'라고 부르며 일명(一名) '호적(胡笛)'이라고도 함. 나무로 만든 관(管)에 여덟 개의 구멍이 뚫리어 있고 아래 끝에는 깔때기 모양의 놋쇠를 대고 윗부리에는 갈대로 만든 혀를 끼웠는데 그 곳에 입을 대고 붊. 김석출씨는 이 태평소를 잘 부는 것으로 널리 알려져 있음.
1062) 세때. '열쇠'에 해당하는 경상도 방언.
1063) '많아지니'에 해당하는 경상도 방언.
1064) 마카. 말캉. '모두. 전부를'에 해당하는 경상도 방언.
1065) '맡겨버려'에 해당하는 경상도 방언. 맡겨.
1066) '놓으니'에 해당하는 경상도 방언.

돌아가실 때까진 권한(權限)으는 자식(子息)들한테 주지 말애야지요.[1067]
딱 거머쥐고 내자식(子息) 줄데 주고
불쌍한 딸네로 좀주고 사우[1068]네도 좀주고
아들네도좀 둘째 시째 아들도 좀주고
모도이래 골고리[1069] 줘야 되는데
주고싶어도 못주는 그심정(心情)//메늘 눈치만 자꾸 보지말고
고방(庫房)세때[1070] 겉은거 이런거는 좀 더리[1071]
인지[1072]좀 가지고 있으소.
돈도 내가 죽을때는 가주고 있어야 되고[1073]
내가 죽고나면은 돈은 다부[1074] 주더래도

[이때 관중 가운데 어느 할머니가 앞으로 나와서 시주 받은 돈을 챙기고 있는 다른 무녀에게 돈을 주면서 이야기를 한다]

<말로>
관중 가운데 어느 할머니: 나는 춤출때는 천(千)원 주고
시주비(施主費) 줄때는 백(百)원 줄란다.[1075]
巫女: 알았소//맘대로 해.
그렇게 하고 사는 이세월(歲月)인데
백(百)원도 할매들인데는 많은 돈이다.

1067) 이렇게 고방(庫房)의 열쇠로 상징되는 주부권(主婦權)을 며느리에게 넘겨주는 의식(儀式)을 민속학적(民俗學的)으로는 '안방물림'이라고 하는데 우리나라에서는 경상도 지방에 있는 풍속임.
1068) 사우. '사위'에 해당하는 경상도 방언.
1069) 골고리. '골고루'에 해당하는 경상도 방언.
1070) 고방세때. '고방의 열쇠'에 해당하는 경상도 방언.
1071) 더리. '더러'에 해당하는 경상도 방언.
1072) 인지. '이제는'에 해당하는 경상도 방언.
1073) '죽을 때까지는 내가 돈도 좀 가지고 있어야 하고'의 뜻임.
1074) 다부. '도로. 다시'에 해당하는 경상도 방언.
1075) 나와서 춤을 추게 해주면 그때는 천(千)원을 시주(施主)하겠지만 이렇게 요청하는 시주에는 백(百)원만 내어야겠다는 말임. 이 말은 대부분의 할머니들이 이 별신굿을 어떻게 인식하고 있는가 하는 것을 단적(端的)으로 보여주고 있음.

한 돈만(萬)원씩 한 오천(五千)원씩 이래 얻어가주고 오모
무당(巫堂)들 열빈[1076] 나와가 열번 주면 만(萬)원이고
백(百)원씩 주면 천(千)원인데
주다[1077] 뒤에 무당(巫堂)오면 뭐주겠노 하고
천(千)원 줄맘이야 꿀떡 겉지만은//뒷일을 생각해서 못준다.
이래는데
이돈을 이래서 주는거 줄데없어 나를주며 씰데없어 나를주나?
여기서 내가 용왕님전에
요왕[龍王] 지사[祭祀][1078]는 쪼끼따[1079] 딱지내고
지사[祭祀] 장(場)거리 하라꼬 이래 주는데
성심성의(誠心誠意)로 내가 받았지마는
내가 모든 살(煞)을 풀어야겠다.

<창(唱)으로>

巫女: 축원(祝願)아~
일산동(日山洞) 대동안에 각성(各姓) 육성(六姓)받이들
오늘날 해업(海業)이나 농업(農業)이나 공업(工業)이나 상업(商業)이나 하는 분들도 도가집[1080]이 최씨(崔氏) 명당(明堂)안에
최씨(崔氏) 터전안에 어촌계원(漁村契員)들 계장(契長)들 여러 모도다
총대(總代)[1081]들 모도다 회장(會長)들이며

1076) 열 빈. '열 번'에 해당하는 경상도 방언.
1077) '(돈을) 주다가'에 해당하는 경상도 방언.
1078) 지사. '제사(祭祀)'에 해당하는 경상도 방언.
1079) 쪼끼따. '조금 있다가'에 해당하는 경상도 방언. 잠시 후에.
1080) 도가집. '도가' 혹은 '도가집'은 원래 부락제(部落祭) 등에서 제물(祭物)을 책임 맡은 사람이나 그 집을 일컫는 말. 따라서 사실상 '제주(祭主)'와 같은 의미의 말이 됨. 이 자료의 채록이 이루어진 일산동(日山洞) 별신굿에서의 제주는 당시 쉰한 살이었던 마을 사람 최영재씨였음.
1081) 총대. 전체(全體)의 대표(代表). 여기서는 어촌계(漁村契)에서 한 지역이나 한 직능집단(職能集團)의 대표로 선정된 사람을 이르는 말. 대개의 경우 어촌계장(漁村契長)은 이 총대(總代)들의 간접선거(間接選擧)에 의하여 선출되고 이들과 계장(契長)이 협의하여 계(契)를 이끌어가고 있는 것이 상례(常例)임.

여러 노인(老人)들이 지사[1082]들이며//다모도 이래

<말로>

巫女: 왔지마는

<창(唱)으로>

巫女: 남자(男子)들도 수천명(數千名)이요
부인(婦人)들도 수천명(數千名)이요
아이 방성[1083]도 여러 수천명(數千名)인데
첫째소원(所願)은 동네안과(安過) 태평(泰平)하고
물에사고(事故) 없는것이 소원성취(所願成就)고
재수(財數)도 많이있고 여게 모도다
온갖 그물바리[1084] 온갖 배들도 다있고
망자 바리[1085]도 있고 해녀(海女) 바리도 있고
머구리[1086] 잠수(潛水)도 있고 그물 바리 낚수[1087] 바리 다모도 있는데
어예든지 다 저바다에 가더래도

[이때 관중 가운데 어느 할머니가 돈 천(千)원을 들고 앞으로 나와서 무녀에게 주면서 축원을 부탁한다]

1082) 지사(志士). '마을 유지' 정도의 뜻으로 보는 것이 옳겠음.
1083) 방성. '아이'에 해당하는 경상도 방언. '방성'은 경상도 지방 무가(巫歌)에서 흔히 '아이' 혹은 '일반적인 사람'을 말할 때 쓰는 용어임. 그 구체적 용례(用例)를 보면, '아이야 방성', '생겨준 방성' 등 주로 비칭(卑稱)으로 사용되는 경우가 많음.
1084) 그물바리. 그물을 이용하여 하는 어로작업(漁撈作業)의 방법이나 그런 방법으로 고기를 잡는 어선(漁船).
1085) 망자바리. '그물바리'를 다르게 일컫는 말. 그물을 이용해서 하는 어로작업(漁撈作業)이나 그렇게 해서 고기를 잡는 어선(漁船).
1086) 머구리. 잠수부(潛水夫). 혹은 잠수부를 이용하여 어로작업(漁撈作業)을 하는 어선(漁船). '머구리. 머거리. 모구리. 모고리'는 경상도 방언으로 잠수부를 가리키기도 하고 혹은 잠수부를 이용하여 어로작업(漁撈作業)을 하는 어선(漁船)을 지칭하기도 함.
1087) 낚수. '낚시'에 해당하는 경상도 방언.

<말로>
할머니: 우리 전하(田下)[1088] 어촌계(漁村契) 축원좀 해주라.
巫女: (할머니의 말을 잘 듣지 못한듯 할머니를 향하여)야?
할머니: 전하어촌계 잘해주라//축원(祝願)좀 잘해주라.

[무녀는 할머니의 말을 충분히 알아들었다는 뜻으로 고개를 끄덕인다]

<창(唱)으로>
巫女: 그도 밑에는가
해녀(海女)들 물에드가[1089] 작업(作業) 하더래도
그물이 앞에 걸리지 말도로 점제하고
짚은[1090]물에 들어가모 그물이 채이면은[1091] 나오지도 못하고
오늘날 이공덕(功德)을 디립니다 이발원(發願) 디립니다.
아무쩌로[1092] 하라마[1093]
소원성추[所願成就]루 불레주고[1094] 여기 오시는//여러

<말로>
巫女: 보살(菩薩)님네요

<창(唱)으로 >
巫女: 오늘날 일산동(日山洞)에 굿한단 소리듣고 모도 오셨지마는
시주(施主)도 마이 하고~//이공덕(功德)을 받아가시오~.
자식(子息)에 애중살(愛重煞) 부뷔[夫婦] 이별살(離別煞)에 재물(財物)에 손재살(損財煞)에 천중살 내중

1088) 전하. 지명(地名)임. 울산시(蔚山市) 동구(東區) 전하동(田下洞). 이곳 일산동과 바로 인접하고 있는 동(洞)임.
1089) '들어가서'에 해당하는 경상도 방언.
1090) '깊은'에 해당하는 경상도 방언. '짚다'는 '깊다'에 해당하는 경상도 방언.
1091) '깊은 물에 들어갔을 때에 그물이 몸에 감기게 되면'의 뜻임.
1092) '아무쪼록'에 해당하는 경상도 방언.
1093) '하나마'에 해당하는 경상도 방언. '아무쪼록 부족한 것이 많으나마' 정도의 뜻임.
1094) '불려 주고'에 해당하는 경상도 방언. 불어나게 하여 주고.

백호살(白虎煞)[1095] 모도 받아갈때[1096]
쥐띠 삼재(三災)는 복덕(福德)삼재 마련하고
용떡사[1097] 용띠 삼재는 생기(生氣)삼재 마련하고
잔내비 삼재(三災)는 오늘날 가서 천이[天宜]삼천[1098] 마련하고~
절명절체(絶命絶體)[1099] 삼재(三災)는 물러가고
자동차(自動車) 운수(運輸) 하더래도
구부구부 밟더래도 택시(taxi)나 찌프(jeep)
추럭(truck)이나 고속도로(高速道路)[1100]나 완행(緩行)[1101]이나 팔톤 추럭[1102]이나

<말로>
잽이: 그렇지.

<창(唱)으로>
巫女: 센넨발이[1103] 오도바이들 모도다 자전차들 아흔아홉 구배[1104] 굽이 굽이 밟더래도 사고(事故)없이 점제하고
요왕국[龍王國]에 씻거[1105] 주시고~

1095) 백호살. 그냥 '백호(白虎)'라고도 함. 흉신(兇神)의 하나로 항상 태세(太歲) 뒤 사지진(四支辰)에 있는데 민간(民間)에서는 이 방향을 건드리면 상(喪)을 당하게 된다고 해서 극히 꺼려함.
1096) '막아갈 때'의 잘못임.
1097) 제보자의 실수였음. '용띠 삼재는'으로 이어져야 할 자리였기 때문에 바로 뒤에서 바로잡았음.
1098) 천이삼전. '천의삼재(天宜三災)'의 잘못임. 말이 잘못 나온 것임. '천의(天宜)'는 생기법에 나오는 '일상생기(一上生氣) 이중천의(二中天宜)' 할 때의 '천의(天宜)'임.
1099) '절체(絶體)'는 생기법에서 '삼하절체(三下絶體)'라고 했을 때의 '절체'임.
1100) 문맥상으로는 '고속버스'라고 해야 맞을 자리임.
1101) 완행. '완행버스'를 말한 것임.
1102) 팔톤 추럭. 적재정량(積載定量)이 8ton인 트럭. '추럭'은 'truck'의 경상도식 발음.
1103) 센넨발이. '삼륜차(三輪車)'에 해당하는 경상도 방언. 지금은 거의 완전히 없어졌지만 이십 년(二十年) 정도 전(前)에만 해도 이 삼륜차(三輪車)가 중요한 근거리(近距離) 운송 수단이었음. 바퀴가 앞에는 하나만 있고 뒤에 둘이 있어서 더하면 세 개가 되기 때문에 흔히 '삼륜차'라고 불렀던 것임.
1104) 구배. '구비'에 해당하는 경상도 방언.

그도 밑에는가~//한살서버텀[1106] 액(厄)을 면(免)해갑시다.
여게오신 보살(菩薩)님네요~

잽이: 아~디야

巫女: 한살 두살 세살이라
한살부텀 나쁜액(厄)을 막아가고//두살 세살 네살

잽이: 아~디야

巫女: 네살에 드는액(厄)은 다섯살에 막아가고 다섯살에 드던액(厄)은
여섯 일곱살꺼지 막아내고 여덟살이라~
열살꺼지 막어내고 열한살 열두살 열세살 열네살에 막어가고
열다섯 열여섯 살이다 열일곱 열여덟 열아홉 살에 스무살에 막아가고
스무살에 액(厄)을 막아가고 요왕[龍王]님 전에 씻거주고[1107]
스물한살꺼짐 막아내자 스물둘 수물서이 수물너이 드던살(煞)은
수물네살에 막어주고 수물다섯 수물여섯 수물일곱 수물여덟에
드던 살(煞)으느 수물아홉이라 갓서른에 들었구나 서른에 나쁜액(厄)으로
요왕[龍王]님전 씻거내고 서른하나 서른둘 서른서이 서른너이
서른 다섯살에 드던 액(厄)으는 서른 여섯 서른일곱 서른여덟
서른아홉에 막어내고 마흔이라 마흔하나 마흔둘 마흔서이 마흔너이
마흔너이 드던 살으느 마흔 다섯꺼지 막어내고
마흔여섯 마흔일곱 마흔여덟
마흔아홉이라 육십(六十) 이로구나.[1108] 오십(五十) 이로구나. 오십이 드는 살으느
오십한살 오십두살에 드던 나쁜액(厄)은 요왕[龍王]님전 씻거

1105) 씻거. '씻어'에 해당하는 경상도 방언.

1106) '한 살에서부터'에 해당하는 경상도 방언.

1107) 씻거 주고. '(액(厄)을) 씻어 주고'에 해당하는 경상도 방언.

1108) 제보자의 실수였음. '오십(五十)이로구나'라고 해야 할 자리였기 때문에 바로 뒤에서 바로잡은 것임.

내고 오십둘 오십
서이에 오십너이 오십다섯//오십여섯 오십일곱 오십여덟
오십아홉에 드던 액(厄)을랑 오늘날 가서
아홉에 드는 액으는~ 문세[文書]로 지두[1109] 점제하고
재수(財數)를 주도로 점제 하고시라
잽이: 아~디야
巫女: 육십(六十)이로구나 육십에 들었구나 육십한살에
한갑[1110] 살[還甲煞]이로 구나
육십둘에는 진갑(進甲)[1111] 살(煞)이로다.
진갑(進甲)에 한갑[還甲]에 곱게 넘어가고
육십서이 육십너이에 드던 살(煞)으느 육십다섯 육십여섯 육십일곱 육십여덟에
드던 살(煞)으는 육십이야 아홉이야 칠십(七十)을 넴겠구나.[1112]
칠십하나 칠십둘에 드던 살(煞)은 칠십하나 칠십둘

<말로>
관중 가운데 어느 할머니: 잘한다~.

<창(唱)으로>
巫女: 칠십둘에 칠십서이 칠십너이 칠십다섯 칠십여섯에
들은 액(厄)으느 칠십일곱꺼지 막아주고 칠십일곱에

1109) '문서를 지우도록'의 뜻임. 저승에는 사람의 정명(定命)을 적은, 최판관이 관리하는, 문서(文書)가 있는데 이 문서에 기록된 정명(定命)을 지우도록 해서 더 살게 하여 달라는 말임. 이러한 내용을 담은 무속신화(巫俗神話)를 '연명형(延命型)'이라고 하는데 제주도(濟州道) 무속신화인 '사만이 본풀이'가 이 계열의 가장 대표적인 것임. 이 유형의 바탕에는 신(神)들은 모두 궁극적으로는 인간의 행복한 현세(現世)의 삶을 위해서 기여할 수 있으며 또 그렇게 해야 한다는 무속의 현세중심사상(現世中心思想)이 깔려 있는 것으로 이해됨.
1110) 한갑. '환갑(還甲)'에 해당하는 경상도 방언. 회갑(回甲). 나이 예순 한 살을 가리키는 말임.
1111) 진갑. 환갑(還甲) 다음 해의 생일(生日). 곧 예순 두 살 되는 해의 생일(生日).
1112) '넘겼구나'에 해당하는 경상도 방언. '넴기다'는 '넘기다'에 해당하는 경상도 방언.

드던 살은 칠십여덟이라

칠십아홉이라 팔십(八十)에 들었구나 팔십으로 넴게놓아 선팔십(先八十)[1113]을 넘어가니

팔십하나 팔십둘 팔십서이 팔십너이에 들었구나

팔십너이에 들은 액(厄)으는가 팔십다섯 팔십여섯 팔십일곱

팔십 여덟까지 넴기면은 선팔세[先八十][1114]로는

나쁜액(厄)으노 다면(免)해서 다풀었으니

천살(天煞)[1115]도 막아주시고 지살(地煞)[1116]도 막어주시고 오늘날

아들네들 군(軍)에간 아들네들에 일출월출[日就月將][1117]

[테이프 바꿈. T19-3-A로]

<창(唱)으로>

巫女: 고이가까 점제 하옵시고~

학교(學校)에 댕기는 아들네들 국민학교(國民學校) 중학교(中學校)

대학(大學)에 졸업(卒業)하는 아들네들 일이등(一二等)을 졸업(卒業)을

합격(合格)을 시켜주시고 눈에 눈총기 귀에 열기야

직장(職場)잡아 못간 자식(子息)들[1118] 직장 잡아 나가시고

1113) 선팔십. 상팔십(上八十). 옛날에 강태공(姜太公)은 먼저 80년 동안은 낚시질을 하며 가난하게 살았고, 나중에 80년 동안은 정승(政丞)이 되어 잘 살았는데 낚시질을 하면서 가난하게 살았던 먼저 80년을 선팔십 (先八十), 나중의 80년을 후팔십(後八十)이라고 말함.

1114) 제보자의 실수였음. '선팔십(先八十)'이라고 말하려고 했던 것인데 말이 잘못 나온 것임.

1115) 천살. 십이살(十二煞 혹은 十二殺)의 하나. '십이살(十二殺)'은 사람의 생년월일시(生年月日時)를 길성(吉星)과 살성(殺星)에 맞추어 그 길흉(吉凶)을 점치는 것으로, 겁살(劫殺)·재살(災殺)·천살(天殺)·지살(地殺)·년살(年殺)·월살(月殺)·망신살(亡身煞)·장성(將星)·반안살(攀鞍殺)·역마살(驛馬殺)·육해살(六害殺)·화개살(華蓋殺)의 열둘을 말함.

1116) 지살. 위와 같음.

1117) 일출월출. '일취월장(日就月將)'의 와음으로 보는 것이 옳겠음. 아니면 '일출월출(日出月出)'로 볼 수도 있을듯한데 이렇게 보면 문맥상으로 '나날이 다달이' 정도의 뜻으로 해석할 수 있겠으나 아무래도 약간의 무리가 따를 것으로 판단됨.

부모(父母)인데 불효(不孝)하는거는[1119]
출천지(出天之) 효녀(孝女) 마련하고 효자(孝子)를 마련하고

<말로>
잽이: 아

<창(唱)으로>
巫女: 병자(病者)들 쾌척[1120]공덕(功德)하고 아들없어 무자(無子)들
아들생남(生男) 하도록 점제시게 주시고 일출
월출[日就月將] 고이곱게 가까주시고
여러 보살(菩薩)님네요

<말로>
관중 가운데 어느 할머니: 좋다~.

<창(唱)으로>
巫女: 오늘날 가서//여게 귀겡하다가[1121] 심천[沈淸]이넋이 임당수[印塘水]
깊은 물에 액(厄)을 모다씻고
일년(一年) 열두달아 과연(過年)[1122] 열석달아 삼백육십(三百六十) 오
일(五日)날로 다지내 갈지라도
소원성추[所願成就][1123] 시게주고 여러 보살임네요
오래오래 사시다가 자는잠에 열반(涅槃)해서 나무영산해사[1124]

1118) '아직 직장(職場)을 잡아 나가지 못한 자식들'을 말한 것임.
1119) '부모에게 불효하는 자식들은'의 뜻임.
1120) 쾌척. '쾌차(快差)'의 와음. 병(病)이 완전히 나음.
1121) '구경하다가'에 해당하는 경상도 방언.
1122) 과연. 음력(陰曆)으로 '윤년(閏年)'을 말한 것임. 음력(陰曆)으로는 윤년이 삼년(三年)에 한 번씩 들고 윤년이 든 해는 한 달이 더 많아서 그 해는 열석 달이 됨.
1123) 소원성추. '소원성취(所願成就)'에 해당하는 경상도 방언.
1124) 나무영산해사. '나무(南無) 영산회상(靈山會上)'의 와음. '영산회상'은 '영산회상곡(靈山會上曲)'으로 석가여래가 설법(說法)하던 영산회(靈山會)의 불보살(佛菩薩)을 노래한 악곡. 세종대왕(世宗大王)이 지은 것인데 이 노래의 기원(起源)은 신라(新羅) 헌강왕(憲康王) 때에 신인(神人)이 바다 가운데로부터 나타나 왕도(王都)에 들어와서

불보살(佛菩薩)님전(前)에 동참(同參)하도로 비두발원[1125] 디립니다~.

[무녀는 관중들을 향하여 공손히 절을 한다. 관중들은 무녀를 향하여 박수(拍手)를 보낸다]

<말로>
관중 가운데 어느 할머니: 참 잘~한다.

[관중들은 여기저기서 무녀에게 찬사(讚辭)를 보낸다. 장고 반주가 이어지는 가운데 무녀는 무척 힘에 겨운듯 잠시 마이크에서 물러나 땀을 닦고 쉰다<소요시간: 38초>]

<말로>
巫女: 여러 보살(菩薩)님네요
관중 가운데 어느 할머니: 잘하네//참 잘하네.
巫女: 요왕[龍王]님 제사(祭祀) 지내는데
요왕지[龍王祭]를 지내야 되겠심다.[1126]

<창(唱)으로 >
巫女: 요왕 지[龍王祭]를 지냅시다//요왕 지[龍王祭]를 지냅시다.

<말로>
잽이: 야

<창(唱)으로>
巫女: 산소 머리 도꾸로[1127] 걸고
죽은소 머리다 칼을 꽂어

춤을 추고 노래를 부른 것으로부터 시작되었다고 함.

1125) 비두발원. '비두발괄'의 와음. '비두발괄'은 '비대발괄'에 해당하는 경상도 방언. '비대발괄'은 '하소연을 하면서 간절히 비는 것'을 뜻함.

1126) '되겠습니다'에 해당하는 경상도 방언.

1127) 도꾸로. '도끼를'에 해당하는 경상도 방언. '도치' 혹은 '도꾸'는 '도끼'에 해당하는 경상도 방언.

<말로>

관중 가운데 어느 할머니: 좋~다.

잽이: 허

<창(唱)으로>

巫女: 앞다리 선각(先脚)//뒷다리 휘각[後脚][1128]
휘끌림[1129] 재끌림[1130] 도매전[1131] 칼전[1132]
왕밤 대추 주과 포(酒果脯)[1133]며

1128) 휘각. '후각(後脚)'에 해당하는 경상도 방언.

1129) 휘끌림. '햇갈림'의 와음. 올해에 난 것으로 만든 제물(祭物). '햇-'은 명사 위에 붙어서 '그 해에 새로 나온'의 뜻을 가지는 접두사로 '햇곡식'이라고 했을 때의 '햇-'에 해당함. 한편 이 단어에 대하여 동해안(東海岸) 세습무(世襲巫) 집단의 문서에서는 '횟갈림'이라고 하였음(김태곤, 『한국무가집 4』, 서울, 집문당, 1980. p. 38).

1130) 재끌림. '잿갈림'의 와음. 앞의 '휘끌림'에 운(韻)을 맞춘 것임. 동해안(東海岸) 세습무(世襲巫) 집단의 문서(文書)에서는 이 단어를 '잿갈림'이라고 하였는데(김태곤, 『한국무가집 4』, 서울, 집문당, 1980. p. 38), 이 '잿갈림'이 문맥상으로 맞는 것으로 판단됨. 그렇게 되면 앞의 '햇-'에 대해서 '재-'가 되어서 '새-'와 '묵은-'의 짝이 성립되고 따라서 '잿갈림'은 '해가 묵은 재료로 만든 제물(祭物)'이라는 뜻이 될 것임.

1131) 도매전. 문맥상으로 보면 제물의 이름이거나 아니면 제물을 만드는 방법에 대한 언급으로 판단되나 더 이상은 미상임. '도매'는 '도마(식칼질할 때에 받침으로 쓰는 두꺼운 나무 토막이나 널조각)'에 해당하는 경상도 방언인 것은 틀림 없으므로, 혹 '도마처럼 널적하게 생긴 전(재료를 얇게 썰어서 밀가루를 묽게 반죽한데 넣어 묻히고 이를 기름 바른 번철 위에 지져 만든 음식)'을 말한 것이 아닐까 함. 아니면 '도마의 언저리'라는 뜻으로 볼 수밖에 없겠는데 그렇게 되면 '도마에 칼질을 하여 만든 제물(祭物)' 정도의 뜻으로 이해할 수 있을 것임. 한편 이 단어에 대하여 동해안(東海岸) 세습무(世襲巫) 집단의 문서에서는 '도메천'이라고 하였음(김태곤, 『한국무가집 4』, 서울, 집문당, 1980. p. 38).

1132) 칼전. 문맥상으로 보면 제물의 이름이거나 아니면 제물을 만드는 방법에 대한 언급으로 판단되나 더 이상은 미상임. 위와 같이 생각하면, 혹 '칼처럼 길쭉하게 생긴 전(재료를 얇게 썰어서 밀가루를 묽게 반죽한데 넣어 묻히고 이를 기름 바른 번철 위에 지져 만든 음식)'을 말한 것이 아닐까 함. 아니면 '칼의 언저리'라는 뜻으로 볼 수밖에 없겠는데 그렇게 되면 '칼질을 하여 만든 제물(祭物)' 정도의 뜻으로 이해할 수 있을 것임. 한편 이 단어에 대하여 동해안(東海岸) 세습무(世襲巫) 집단의 문서에서는 '칼천'이라고 하였음(김태곤, 『한국무가집 4』, 서울, 집문당, 1980. p. 38).

섬쌀 헐어 밥을 하고//말쌀 헐어 술을 하고

<말로>
잽이: 허 좋~다.

<창(唱)으로>
巫女: 산소 머레[1134] 도치[1135]를 걸고
　　수물 네명[二十四名][1136]들이 요왕 제지[龍王祭酒][1137]
잽이: 아~디야
巫女: 동(東)에는 강영왕[1138]님아//남(南)에 는가 강유왕[1139]아

<말로>
잽이: 좋~다.

<창(唱)으로>
巫女: 서(西)에는 강덕왕[1140]님아 북(北)에//는가 강태왕[1141]님
잽이: 아~디야
巫女: 자금산[1142] 요왕[龍王]//칠금산[1143] 요왕[龍王]

1133) 주과포. '주과포혜(酒果脯醯)'의 준말. 술, 과실, 말린 고기, 식혜. 곧 간략하게 차린 제물(祭物)을 일컫는 말.
1134) 살아 있는 소의 머리에.
1135) 도치. '도끼'에 해당하는 경상도 방언.
1136) 남경 장사 선인(船人)들의 숫자를 말한 것임.
1137) '용왕제주(龍王祭酒)'의 와음. 용왕제(龍王祭)를 지낼 때 쓰는 술.
1138) 강영왕. '광연왕(廣蓮王)'의 와음. 사해용왕(四海龍王) 가운데 동해(東海)를 관장하는 용왕의 명칭임.
1139) 강유왕. '광리왕(廣利王)'의 와음. 당(唐)나라 천보(天寶) 십년(十年) 정월(正月)에 임금이 명하여 남해신(南海神)인 축융(祝融)을 광리왕(廣利王)으로 봉(封)하였다고 함.
1140) 강덕왕. '광덕왕(廣德王)'의 와음. 사해용왕(四海龍王) 가운데 서해(西海)를 관장하는 용왕의 명칭임.
1141) 강태왕. '광택왕(廣澤王)'의 와음. 사해용왕(四海龍王) 가운데 북해(北海)를 관장하는 용왕의 명칭임.
1142) 자금산. 특정한 산의 명칭으로 볼 수도 있으나 다른 지방 무가자료와 비교해 보았을 때에는 '황금산'의 와음이라고 보는 것이 타당할듯함. '황금산 ○○○ 청금산 ○○

하마[1144] 파산[1145] 요왕[龍王] 님아

잽이: 허이싸~

巫女: 군신 요왕[龍王]//태백산(太白山) 요왕[龍王] 차성[1146] 요왕[龍王] 까치[1147] 요왕[龍王]

잽이: 아~디야

巫女: 갈매[1148] 요왕[龍王] 지덕[1149] 요왕[龍王]

시거리[1150] 요왕[龍王] 중홍[1151] 요왕[龍王]

사해(四海) 요왕[龍王]//의논(議論) 하고

출천이 호녀[出天之孝女][1152] 심소저(沈小姐)야

이~임당수[印塘水] 제수(祭需) 하고

<말로>

관중 가운데 어느 할머니: 잘~한다.

ㅇ'의 형태로 나타나는 무가 사설이 경기도 지방을 비롯한 다른 지방의 무가자료에는 상당히 많이 있기 때문임.

1143) 칠금산. '청금산'의 와음. 위의 주)를 참조할 것.

1144) 하마(下馬). 원래는 말에서 내린다는 뜻이나 여기서는 '말에서 떨어진' 정도의 뜻이 더 적합하다고 보임. 원래는 '군웅거리'에 나오던 것으로 거기에서의 뜻은 '말에서 떨어져 죽어서 신(神)이 된' 정도였음.

1145) 파산. '파선(破船)'의 와음. 배가 부서짐. 원래는 '군웅거리'에 나왔던 것으로 거기에서의 뜻은 '배가 부서져서 죽어서 신이 된' 정도였음.

1146) 차성. 문맥상으로 보면 아마도 지명(地名)일 것으로 보이나 더 이상은 미상임.

1147) 까치. '갈치'의 잘못임. 생선의 이름.

1148) 갈매. 문맥상으로 보면 지명(地名)이거나 물과 관계된 어떤 지형(地形)을 말한 것으로 보이나 더 이상은 미상임.

1149) 지덕. '진흙'의 잘못임.

1150) 시거리. '야광충(夜光蟲)'에 해당하는 경상도 방언. 편모충류에 속하는 원생동물(原生動物). 항상 연안 가까이에 떠돌아 다니며 밤에는 파도(波濤) 기타의 충격(衝擊)에 의하여 빛을 내므로 동물(動物) 발광(發光)의 연구 재료로 유명함. 여기서의 '시거리 용왕님'는 '야광충을 관장하시는 용왕님' 혹은 '번쩍번쩍 빛나는 용왕님' 정도의 의미로 이해됨.

1151) 중홍. 미상임.

1152) 출천이효녀. '출천지효녀(出天之孝子)'의 와음.

<창(唱)으로 >

巫女: 북을 두등등 울리면서//헌원씨[1153] 부름 받어

<말로>

잽이: 허이 좋다.

<창(唱)으로>

巫女: 적벽강(赤壁江)[1154] 싸움[1155]에도//이배[舟] 아니고는 안됩니다.

잽이: 어~디야

巫女: 요왕[龍王] 님요 제수(祭需)를 하면
억쉬 만금[億數萬金] 티를 내어//무사히 돌아오도록 점지 하소.
요왕 지[龍王祭]~ 지내는데

<말로>

관중 가운데 어느 할머니: 잘한다~.

[관중 가운데 몇몇 할머니들이 박수를 친다]

<창(唱)으로>

巫女: 물결이 잔잔하고//고요하기[1156] 잠들었네.
제사~를 다지내고//심소저(沈小姐)야 심소저(沈小姐)야

1153) 헌원씨. '황제(黃帝)'의 이름이 '헌원씨(軒轅氏)'임. '황제(黃帝)'는 고대(古代) 중국(中國)의 전설상(傳說上)의 왕. 복희씨(伏羲氏)·신농씨(神農氏)와 함께 삼황(三皇)이라 일컬어짐. 기원전 2,700년경 천하(天下)를 통일하여 문자(文字)·수레·배 등을 만들고, 도량형(度量衡)·역법(曆法)·음악(音樂)·잠업(蠶業) 등 많은 문물제도(文物制度)를 확립하여, 인류에게 문화 생활을 가져다 준 최초의 제왕(帝王)으로 숭앙되었음.

1154) 적벽강. 중국(中國) 호북성(湖北省) 가어현(嘉魚縣) 양자강(揚子江) 연안에 있는 강의 이름. 『삼국지(三國志)』에 나오는 적벽대전(赤壁大戰)과 소동파(蘇東坡)의 「적벽부(赤壁賦)」의 배경이 된 곳으로 널리 알려져 있음.

1155) 적벽강 싸움. 『삼국지(三國志)』에 나오는 유명한 적벽대전(赤壁大戰)을 말한 것임. 중국(中國) 삼국시대(三國時代)에 손권(孫權)과 유비(劉備)의 군사가 연합하여 제갈공명(諸葛孔明)의 연환계(連環計)와 동남풍(東南風)을 이용한 화공법(火攻法)으로 조조(曹操)의 대군(大軍)을 몰살(沒殺) 시킨 싸움.

1156) '고요하게'에 해당하는 경상도 방언.

<말로>
관중 가운데 어느 할머니: 잘~한다.

<창(唱)으로>
巫女: 임당수[印塘水]~ 제수(祭需)를 하소.
심소저(沈小姐)는//손을 붙잡고//일어나 서더니~
여보 서인[船人]들요 도화동이
어는[1157] 쪽이요? 한서인[一船人][1158]이 나오 더니만

<말로>
잽이: 아

<창(唱)으로 >
巫女: 저̣기 저쪽이 도화동인데

[무녀는 오른손을 들어 부채로 방향을 가리킨다]

<말로>
잽이: 좋다~.

<창(唱)으로>
巫女: 심소저(沈小姐)~ 거동 봐라
잽이: 아~디야

<말로>
관중 가운데 어느 할머니: 잘한다~.

[관중들은 일제히 박수를 친다]

1157) 어는. '어느'에 해당하는 경상도 방언.
1158) '한 선인(船人)'에 해당하는 경상도 방언. 선원 한 사람. 어떤 선원.

<창(唱)으로>

巫女: 두손 모아 비는 말이야
아이고 아버지요 내죽십 니다.
서인[船人] 들요 내죽은 뒤에 장사를 갔다가
억시 만금[1159] 티를 내어//요왕[龍王]님 전에 지낼직에[1160]

<말로>

잽이: 어하 좋다.

<창(唱)으로>

巫女: 도화동에 가시거든//우리 부친(父親)
안부(安否)나 물어보고 부디 편안히 잘가시오.
잽이: 아~
巫女: 서인[船人]들도 우는구나.
오늘날 심천[沈淸]이 왔다 갔다하니[1161]
잽이: 아~
巫女: 물에 풍덩 떨어지니
잽이: 아~
巫女: 뱃머리도 빙빙 돌고
서인[船人]들도 부모 형제(父母兄弟) 죽은들 이만침[1162]도 반거울까?[1163]
잽이: 아~

<말로>

관중 가운데 어느 할머니: 잘~한다.

1159) 억시만금. '억수만금(億數萬金)'의 와음.
1160) 이 행(行)은 제보자의 실수였음. '요왕님 전에 지낼직에'가 없고 바로 '도화동에'가 이어져야 할 자리였기 때문에 뒤에서 바로잡은 것임.
1161) 문맥상으로는 '왔다갔다 하다가'가 맞는 표현임. 뱃전에서 왔다갔다 하였다는 말임.
1162) '이만큼'에 해당하는 경상도 방언.
1163) 제보자의 실수였음. '슬플소냐'의 잘못이었기 때문에 바로 뒤에서 바로잡았음.

<창(唱)으로>
巫女: 이만~침도 슬플소냐 갈매기도
우는구나 뱃머~리도 우는구나//빙~빙 도는구나.

<말로>
잽이: 하

<창(唱)으로>
巫女: 서인[船人]들도 따리여[1164]//서인[船人]들마덤[1165] 우는구나.

<말로 >
잽이: 좋~고.

<창(唱)으로>
巫女: 물에 풍덩 빠지니//요왕[龍王]님에 거동봐라.
잽이: 아~디야
巫女: 용녀(龍女)들으는 좌우(左右)로 달러[1166]
좌해[座下][1167]에 모여들고
잽이: 아~디야
巫女: 용궁(龍宮) 서인[仙人]들아[1168]

<말로>
관중 가운데 어느 할머니: 좋다.

<창(唱)으로>
巫女: 좌우 층찬[左右稱讚][1169] 받는데

1164) '따라서'에 해당하는 경상도 방언.
1165) '선인(船人)들마다'에 해당하는 경상도 방언. '-마덤' 혹은 '-마당'은 '-마다'에 해당하는 경상도 방언.
1166) 문맥상으로는 '갈라'의 잘못임. '(편을) 갈라서. 편을 나누어서'의 뜻임.
1167) '좌하(座下)'의 와음. 용왕의 옥좌 아래.
1168) 문맥상으로는 '용궁(龍宮) 선인(仙人)들의'의 잘못임.

<말로>
관중 가운데 어느 할머니: 좋다.

<창(唱)으로>
巫女: 용궁(龍宮) 수리[1170]를 가주온다.[1171]
잽이: 아~디야
巫女: 뒷저이[1172] 나오는데
잽이: 아~디야
巫女: 둥두두두 두두둥 둥둥

<말로>
잽이: 아~하//좋~다.

<창(唱)으로>
巫女: 두리 둥둥 두두둥//두리두둥 내사랑아

<말로>
관중 가운데 어느 할머니: 좋다~.

<창(唱)으로>
巫女: 놉시다~ 놉시다~//절이[1173] 젊아서 놉시다.
잽이: 아~디야
巫女: 늙어~ 병들어 지면//다시 젊지는 못하리라.

1169) '좌우 칭찬(稱讚)'에 해당하는 경상도 방언. 내용상으로 보면 벌써 심청이가 용궁으로 모셔져 간 것임. '충찬'은 '칭찬'에 해당하는 경상도 방언.
1170) 수리. '수레[車]'에 해당하는 경상도 방언.
1171) 가주온다. '가져온다'에 해당하는 경상도 방언.
1172) 뒷저이. '뒷전이'에 해당하는 경상도 방언. '뒷전. 뒷전거리' 혹은 '내전'은 경기도(京畿道) 지방 무속(巫俗)에서 열두거리굿의 마지막 제차(祭次)의 이름임. 그러나 여기서는 이 맹인거리의 서사(敍事) 부분은 이미 끝나고 이제부터 이어지는 내용은 그 서사와는 관계 없는 여흥적(餘興的)인 성격의 내용이라는 것을 말한 것임.
1173) 뒤의 '젊어서'에 운(韻)을 맞춘 것임.

[무녀의 노래에 맞추어 많은 마을 할머니들이 일어나서 춤을 추기 시작한다. 춤을 추면서 할머니들은 '잘한다'나 '좋다' 등의 탄성을 지르기도 한다]

<창(唱)으로>

巫女: 놉시다 놉시다 젊아서 노자
　　한분[1174] 아차//병(病)들어 지면
　　다시 놀지는 못합니다.
　　둥~둥~ 둥두 둥둥
　　어젯날로 청춘(靑春)이더니

<말로>

춤을 추던 어느 할머니: (계속 춤을 추면서)잘한다.

<창(唱)으로 >

巫女: 이날 백발(白髮)이 돌아왔나?
잽이: 아~디야
巫女: 무정 세월(無情歲月)아 가질 말어라
　　아까분[1175] 청춘(靑春)이 다늙어 가고

<말로>

춤을 추던 어느 할머니: 잘한다~.

<창(唱)으로>

巫女: 점점 주름살으는//점점 점점 다늙는다.

<말로>

춤을 추던 어느 할머니: 잘한다~.

1174) 한 분. '한 번'에 해당하는 경상도 방언.
1175) 아까분. '아까운'에 해당하는 경상도 방언.

<창(唱)으로>
巫女: 둥두 둥두 두둥둥둥

<말로>
춤을 추던 어느 할머니: 잘한다~.

<창(唱)으로>
巫女: 둥둥두둥 두둥둥둥//어화둥둥 내사랑아

<말로>
춤을 추던 어느 할머니: (계속 춤을 추면서)좋~다.

<창(唱)으로>
巫女: 둥둥 내사랑아
잽이: 아~디야
巫女: 이리 보고 저리 보고

<말로>
춤을 추던 어느 아저씨: 잘한다~.

<창(唱)으로 >
巫女: 두두아 둥둥 두리 둥둥둥

<말로>
잽이: 좋~다.

<창(唱)으로>
巫女: 두리 둥둥 내사랑아
잽이: 내사랑아

<말로>
춤을 추던 어느 할머니: (무녀를 향하여)아이구 잘한다~

아구 잘한데~이//잘한다 잘한다.

<창(唱)으로>

巫女: 오늘이~ 일산동(日山洞)

[관중들의 춤판은 바야흐르 무르익었다. 할머니들의 흥겨운 춤은 계속된다]

<창(唱)으로>

巫女: 일산동(日山洞)에 다모여서//한번 놀고 놀아보자.

잽이: 아~디야

巫女: 놀아보자 놀아보자//한나이[1176] 젊기전에[1177] 놀아보자.
일산진(日山津)~ 굿한단다

<말로>

춤을 추던 어느 할머니: 좋다~.

<창(唱)으로 >

巫女: 굿귀경[1178] 가서 복(福)춤이나 추고

<말로>

춤을 추던 어느 할머니: (계속 춤을 추면서)좋~다.

<창(唱)으로>

巫女: 자식(子息)들 명(命)춤이나 추고보자.
둥~둥~//둥두 둥둥//둥두두둥 춤이로다.

<말로>

춤을 추던 어느 할머니: 어~이

1176) 한 나이. 한 나이라도. 나이가 한 살이라도. 경상도 지방에서는 흔히 '나이가 한 살이라도 젊어서'라는 말을 '한나나 젊어서'라고 표현함.

1177) 제보자의 실수였음. '늙기 전에'라고 하려던 것이 말이 잘못 나온 것임.

1178) 굿귀경. '굿 구경'에 해당하는 경상도 방언.

춤을 추던 또다른 할머니: 좋다~.

<창(唱)으로>
巫女: 이춤으로~ 추고~나면
잽이: 아~아~
巫女: 자식들 복춤이 되던가?

<말로>
춤을 추던 어느 할머니: 좋다~.

<창(唱)으로 >
巫女: 동네에~ 이태되두[1179)]

<말로>
춤을 추던 어느 할머니: (계속 춤을 추면서)좋~다.
춤을 추던 또다른 할머니: (계속 춤을 추면서)오이야~.[1180)]

<창(唱)으로>
巫女: 동네 방네 모든 춤은
이 복(福)춤이나 추고 가자.
잽이: 아~디야
巫女: 얼씨구나 좋네야//절씨구나 좋네.

<말로>
춤을 추던 어느 할머니: 좋다~.

1179) '이태가 되어도'에 해당하는 경상도 방언. 두 해가 되어도. 뒤에 '동네 안과태평하고' 정도의 내용이 누락된 것으로 이해됨. 이곳 일산동(日山洞)에서는 만 이년(滿二年)마다 굿을 하기 때문에 이렇게 말한 것임.
1180) '오냐'에 해당하는 경상도 방언. 무녀의 말에 동의할 수 있다는 뜻을 포함하고 있는 감탄사임.

<창(唱)으로>
巫女: 둥~둥~둥 절씨구나

<말로>
춤을 추던 어느 할머니: 좋다~.
춤을 추던 또다른 할머니: 잘한다~.

<창(唱)으로>
巫女: 이동네 굿하는데//자식(子息)들 인데 좋다는 데는

<말로>
춤을 추던 어느 할머니: 잘~하신다.

<창(唱)으로>
巫女: 안추구는 무엇을 할까?[1181)]

<말로>
춤을 추던 어느 할머니: 잘한다~.
춤을 추던 또다른 할머니: 좋~다.

<창(唱)으로>
巫女: 둥둥둥 내사랑아

<말로>
춤을 추던 어느 아저씨: 어~어

<창(唱)으로>
巫女: 얼씨구나 좋네//기화자 좋네

1181) 무녀가 자리에 그냥 앉아있는 다른 할머니들에게도 나와서 춤을 추라는 뜻으로 권유한 말임.

<말로>
춤을 추던 어느 할머니: (계속 춤을 추면서)잘한다~//싸이 싸이[1182]

<창(唱)으로>
巫女: 아니 놀지는 못하리라

<말로>
춤을 추던 어느 할머니: 잘한다~.

<창(唱)으로>
巫女: 둥~둥기 둥기//둥둥둥 둥둥둥 내사랑아
무정 세월(無情歲月)아 가지 마라
시월[歲月][1183]이~ 갈수록//얼굴에 주름살은 더지는데

<말로>
춤을 추던 어느 할머니: 잘한다~.

<창(唱)으로>
巫女: 주름살은 왜지나?

<말로>
춤을 추던 어느 할머니: 잘한다~.

<창(唱)으로>
巫女: 왜늙는가 왜늙는가?

<말로>
춤을 추던 어느 할머니: 좋다~.

1182) 흔히 남이 노래를 부를 때 신이 나면 지르는 탄성의 하나임.
1183) 시월. '세월(歲月)'에 해당하는 경상도 방언.

<창(唱)으로>

巫女: 이다지 청춘(青春)을 왜가주 가나?[1184]

늙는 것도 섧지 마는

잽이: 아~디야

<말로>

춤을 추던 어느 할머니: 좋~다.

<창(唱)으로>

巫女: 머리 시는것이[1185] 더섧구나.

잽이: 아~디야

巫女: 감탕 겉은[1186] 채진 머리[1187]

<말로>

춤을 추던 어느 할머니: 좋다~.

<창(唱)으로>

巫女: 모시 광주리[1188]가 웬말이요?

잽이: 아~디야

巫女: 샛빌[1189] 같은 밝던 눈이//반봉사(半奉事)가 웬일인가?

잽이: 아~디야

1184) '왜 가지고 가나'에 해당하는 경상도 방언.

1185) '머리가 세는 것이'에 해당하는 경상도 방언. 머리카락이 희어지는 것이.

1186) 감탕 겉은. '감탕 같은'에 해당하는 경상도 방언. '감탕'은 아주 곤죽같이 된 진흙. 여기서는 검고 윤기있는 여인의 머리카락을 말한 것임.

1187) 채진 머리. '채가 긴 머리'에 해당하는 경상도 방언. '채'는 가늘고 긴 물건의 길이를 이르는 말. 여기서의 '채'는 '머리채'로 '길게 늘어뜨린 머리카락'의 뜻. '질다'는 '길다'에 해당하는 경상도 방언.

1188) 모시 광주리. 모시를 삼아 담아 놓는 데에 쓰는 광주리. 모시는 껍질을 벗기면 하얀 색깔을 띠게 되기 때문에 머리카락이 희어진 것을 모시에다 비유한 것임.

1189) 샛빌. '샛별'에 해당하는 경상도 방언.

<말로>
춤을 추던 어느 할머니: 하~이

<창(唱)으로>
巫女: 아리텍[1190]이//코를 차니[1191]//이에~에 예산일가?[1192]

<말로>
춤을 추던 어느 할머니: 잘한다~.

<창(唱)으로>
巫女: 떡가리[1193]를 흔들라는게//쳇[1194]머리 조차 흔들어 진다.[1195]

<말로>
춤을 추던 어느 할머니: 좋~다.

<창(唱)으로>
巫女: 얼씨구나 좋네//절씨구나 좋네
복(福)춤이나 어서 추고가자.

<말로>
춤을 추던 어느 할머니: 좋~다.

1190) 아리텍. '아랫턱'에 해당하는 경상도 방언. '아리'는 '아래'에, '텍'는 '턱'에 각각 해당하는 경상도 방언.

1191) 코를 차니. 입이 삐뚤어지는 것을 말한 것임. 나이 많아지고 중풍(中風)이 걸려서 입이 돌아간 모양을 말한 것임.

1192) 예산일가? '예삿일이냐?'에 해당하는 경상도 방언. 보통일이 아니라는 말임.

1193) 떡가리. '떡가루'에 해당하는 경상도 방언. 떡을 만들기 위한 쌀가루.

1194) 쳇. 체의. '체'는 가루를 곱게 쳐내거나 액체를 받아내는 데에 사용하는 기구. 나무를 둥글게 우그려서 쳇바퀴를 만들고 쳇불을 메었음.

1195) '체머리 흔들다'는 병적(病的)으로 저절로 머리가 흔들리는 것을 말함. 일종의 중풍(中風)이나 수전증 등과 비슷한 증세를 보이게 되는데 대개 노인들에게 많이 나타남.

<창(唱)으로>
巫女: 이춤으로 추고 가면

<말로>
춤을 추던 어느 할머니: 잘논다~.

<창(唱)으로>
巫女: 자식(子息)의 영화(榮華) 꽃이로다.

<말로>
춤을 추던 어느 할머니: 좋~다.

<창(唱)으로 >
巫女: 자슥[子息]에 복(福)이 복(福)춤이지
잽이: 디~야
巫女: 놀고 놀고 놀아 보자~
　　만수 무강(萬壽無疆)을 놀아 보자.
잽이: 디~야
巫女: 둥둥둥둥 두둥둥둥//두둥둥둥 두둥둥둥//어화둥둥 내사랑아

<말로>
잽이: 아하

<창(唱)으로>
巫女: 슬프다 슬프구나~
잽이: 아~디야
巫女: 젊었을 때는 모르더니
잽이: 아~디야

<말로>
춤을 추던 어느 할머니: 좋~다.

<창(唱)으로>

巫女: 나이가 점점 먹어가니//언나[1196]들 맘카[1197] 같건마는

잽이: 아~디야

巫女: 조끄만 말만 해~도//너무도 슬퍼 못살겠네.

<말로>

춤을 추던 어느 할머니: 좋~다.

<창(唱)으로>

巫女: 얼씨구낭아 절씨구나
　　　자식이 아무리 좋다고 해도~//영감 만침~ 더좋을까

잽이: 아~디야

巫女: 영감이 아무리 좋다고 해도

잽이: 아~디야

巫女: 내효자(孝子) 만침 더좋을까
　　　둥기 둥아//둥두둥둥 둥둥둥둥 내사랑아

잽이: 아~디야

巫女: 얼씨구 좋네 절씨구 좋네~
　　　놉시다 놉시다//젊어 놀자 늙어

[이때 한참을 춤을 추느라고 지쳤는지 한 할머니가 이제 그만 춤을 추자고 무녀의 노래를 가로막는다]

<말로>

할머니: 언자[1198]//언자 고만해라.
　　　내~[1199] 돈나오라꼬[1200] 내~//얼씨구 절씨구 내~ 이래싼다.[1201]

1196) 언나. '어린 아이'에 해당하는 경상도 방언. 흔히는 '얼라' 혹은 '알라'라고 발음함.
1197) 맘카. '마음과'에 해당하는 경상도 방언.
1198) 언자. '이제'에 해당하는 경상도 방언.
1199) 내. '늘. 항상'에 해당하는 경상도 방언. 여기서는 '계속해서'의 뜻임.
1200) 문맥상으로 보면 '관중들로 하여금 자꾸 돈을 내게 만드느라고'의 뜻임.

(약간은 장난스러운 투로)얼씨구 절씨구 이래 놓으면 내[1202] 돈나 오거든
아이 그라이모[1203] 도이[1204] 어데 나오노?
돈 다 쳤거마는[1205]//무당(巫堂)이 저//무당이 뭐로보고 굿한다커노?[1206]
돈이 잘나와야 굿 잘하지.
내~ 입을 까가이[1207]//어예하면 도이 나오꼬 싶아가지고[1208]
생각만 하고[1209]
눈치만 요리조리 살살보고 내~ 얼씨구 저런다.
(무녀를 향하여)인자[1210] 굿하소[1211] 인자.

[어쩔 수 없다는듯이 무녀가 다시 마이크 앞으로 나와선다]

<말로>
巫女: (할머니가 다소 야속하다는듯한 목소리로)아이고 세사~
안그러믄 벌써 끝났제?[1212]

1201) 이래 싼다. '계속 이렇게 한다'에 해당하는 경상도 방언. '쌌는다'는 '마구 이렇게 한다'에 해당하는 경상도 방언.
1202) 여기서는 '계속해서'의 뜻임.
1203) '그렇게 하지 않으면'에 해당하는 경상도 방언.
1204) '돈이'에 해당하는 경상도 방언. 경상도 지방에서는 흔히 '돈이'를 '도이'라고 발음함.
1205) '할머니들이 이미 돈을 다 써버렸다'는 말임.
1206) '굿을 한다고 하느냐?'에 해당하는 경상도 방언.
1207) '까서'에 해당하는 경상도 방언. '입을 까다' 혹은 '조디를 까다'는 '말하다'에 해당하는 비어(卑語).
1208) '어떻게 하면 돈이 나올까 싶어서'에 해당하는 경상도 방언. 할머니가 보기에는 무녀들이 그렇게 한다는 말임.
1209) '그 생각만 한다'는 말임.
1210) '이제'에 해당하는 경상도 방언.
1211) 이 할머니는 이 심청굿이 노래나 부르고 춤이나 추고 하는 것은 아니라고 생각하는 듯함. 할머니는 심청굿의 서사적인 내용을 잘 알고 있고 그것이 중간에서 끊어진 상태이기 때문에 그것을 끝까지 다 해야만 이 거리가 끝난다는 것으로 인식하고 있었음이 분명함.
1212) '끝났지'에 해당하는 경상도 방언. 그렇게 꼭 서사적(敍事的) 줄거리를 끝까지 다

관중 가운데 어느 할머니: 나많고[1213]

巫女: 보살임네요

할머니: 잘한다꼬//그래 모도 돈 다 마이 안씨나?[1214]

巫女: 보살네들 모도//모도 팥죽을 써가지고[1215] 모도 일산동(日山洞)에
보살네들 만발공양(萬鉢供養)[1216] 하느라고//좀 시간이 늦었십니다.
이라는데//어머~이 용왕지[龍王祭]를 지내고나니
심처[沈淸]이 임당수[印塘水]에 풍덩 빠진다.
저가부지 꿈에 빘던[1217] 수레가 와서

잽이: 야

巫女: 심소자[沈小姐]를 타라는구나//항고해[1218] 못탄다니
이거를 안타시모 요왕[龍王]님인데 큰 버림[1219]을 받으니
이 수레를 타야 수륙천리(水陸千里) 요왕님인데로 간단다.
그수레를 타고 뻔개겉이[1220] 들어갔다.
뻔개겉이 들어가 요왕님인데 모도

잽이: 야

巫女: 나와서 인사를 받고 출천지 효녀(出天之孝女)
용궁따에 들오느라 마이 수고 많앴소.

잽이: 하이

하라고 할 줄 알았으면 아까 그때 그냥 계속했을 것이고 그랬더라면 지금쯤은 끝낼 수 있었으리라는 말임. 이 말로 미루어 짐작하건대 이금옥 무녀는 너무 힘도 들고 하니까 이 거리를 이 정도에서 적당히 끝내고 싶었던 생각도 전혀 없었던 것은 아니었던 것으로 판단됨.

1213) '나이가 많고'에 해당하는 경상도 방언.

1214) '쓰지 않느냐?'에 해당하는 경상도 방언.

1215) '쑤어서'에 해당하는 경상도 방언.

1216) 만발공양. 본래는 바리때에 밥을 수북수북 담아서 대중(大衆)에게 베푸는 공양을 의미하는 불교(佛敎) 용어(用語)였으나 여기서는 단순히 '식사'라는 뜻으로 사용된 것임.

1217) '보였던'에 해당하는 경상도 방언.

1218) '황공(惶恐)해서'에 해당하는 경상도 방언. 황송(惶悚)해서. 높은 자리에 눌리어 두려워서.

1219) '벌(罰)'의 잘못임.

1220) 뻔개겉이. '번개 같이'에 해당하는 경상도 방언.

巫女: 요왕국 들어가서 얼매나 있었나?//삼년(三年)을 있었다.

잽이: 야~따[1221]

巫女: 열다섯에 들어가 열여덟살꺼짐 있었는데
용왕국에 오만[1222] 음슥[飮食]과 오만 구경 다하고

잽이: 허이

巫女: 삼년만에는 저검마[1223]가
내리오는 소리가 나는데 엄만줄은[1224] 모리지요.

잽이: 허이

巫女: 엄만줄은 모리고 있는데
하늘에[1225] 아홉선재[1226] 춤을 추고 뒤에 열선재 춤을 추고
학(鶴)을타고 내리는데 용왕님도 모도 구경할때

잽이: 그렇지요.

巫女: 심소자[沈小姐]도 고게를[1227] 타//밀어 구경하니[1228]
곽씨부인이 내리오면서는

잽이: 야

巫女: 손을 드디마는[1229] 심소자야꼬 부른다.

<창(唱)으로>

巫女: 심소자[沈小姐]~야 심소자//니가 나를 모르리라.
칠안에[1230] 놔두고 갔던 너검마[1231]다.

1221) 감탄사임. 대개 '참으로 대단하다. 참으로 훌륭하다' 정도의 의미를 가지는 경상도 식 표현임.
1222) 오만. '온갖'에 해당하는 경상도 방언.
1223) 저검마. '저의 엄마'에 해당하는 경상도 방언.
1224) 엄마인 줄은. 어머니라는 사실은.
1225) 문맥상으로 보면 '뒤에'와 짝이 되어야 할 자리이기 때문에 '앞에'의 잘못이었다는 것을 알 수 있음.
1226) 아홉 선재. 아홉 선자(仙子)가. '선자(仙子)'는 신선(神仙).
1227) '그 기회(機會)를'을 빨리 발음한 것임.
1228) '함께 끼어들어서 구경하니. 덩달아서 구경하니'에 해당하는 경상도 방언.
1229) '들더니만'에 해당하는 경상도 방언.
1230) 이레 안에.

이리 오너라 이리 오너라.
잽이: 아~디야
巫女: 심청이 깜짝놀라 엄마인데 와르르 달라들어
엄마 가슴속에 손이들어 간다.

<말로>
잽이: 허이

<창(唱)으로>
巫女: 엄마요 엄마요 이제부터는
나란[1232] 죽어 명부(冥府)[1233] 가다가
인제 오시었소 모녀 간(母女間)에//만내서 울면서
심천아~//너의 부친//많이 늙었지 심천아

<말로>
잽이: 참 잘~한다.

<창(唱)으로>
巫女: 귀득 어머니 잘있느냐?
심처이 등으로 뚜다리면서[1234]
칠안에 두고~ 왔더마는
이마침 종갰구나[1235] 내딸이야.
잽이: 내딸이야.
巫女: 용왕국서 업어 보자//내안아 보자.

1231) '너의 엄마'에 해당하는 경상도 방언.
1232) '나는'에 해당하는 경상도 방언.
1233) 명부. 명계(冥界)의 법정(法廷). 저승의 법정(法廷). 사람이 죽은 뒤에 심판을 받는다는 곳.
1234) '두드리면서'에 해당하는 경상도 방언.
1235) 종갰구나. '잘 못먹어서 충분히 자라지를 못했구나' 정도의 뜻에 해당하는 경상도 방언. 흔히는 '종쳤다'라고 말함.

안고 댕기며 손을 붙잡고

잽이: 아~디여

巫女: 사방으로 구경 시기고[1236)]

열흘 도안에[1237)] 같이 놀다가

잽이: 아~디야

巫女: 인지는[1238)] 떠나는데

<말로>

관중 가운데 어느 할머니: 아이구 잘한데~이.

<창(唱)으로>

巫女: 심천아~//심천아~//인지 나는

<말로>

巫女: 올라가야 되겠다.

잽이: 야

[무녀는 상당히 힘이 드는듯 호흡도 상당히 가쁜 상태이다.[1239)] 이때 잽이들의 옆에 앉아있던 김유선(金有善) 무녀가 일어나서 무가를 구연 중인 이금옥(李今玉) 무녀에게 다가와서는 낮은 목소리로 잠깐 이야기를 하고는 자리로 돌아가지 않고 마이크 옆에 자리를 잡고 선다[1240)]]

<말로>

김유선 巫女: (낮은 목소리로 이금옥 무녀를 향하여)황성잔채[1241)] 마 덤

1236) '시키고'에 해당하는 경상도 방언.

1237) '열흘 동안에'에 해당하는 경상도 방언.

1238) '이제는'에 해당하는 경상도 방언.

1239) 바로 앞의 '올라가야 되겠다'라는 구절도 사실은 창(唱)으로 해야 할 부분이지만 무녀가 너무 숨이 가빠서 결국은 창(唱)으로 하지 못하고 말로 하고 만 것으로 판단됨.

1240) 이금옥(李今玉) 무녀가 나이는 많고 굿은 너무 길고 어려운 거리라서 매우 힘들어 하자 그것이 안스러워서 자신이 조금이라도 대신하고 쉴 시간을 주고자 하는 의도였음.

1241) 황성잔채. '황성잔치'에 해당하는 경상도 방언. 심청굿 가운데 나오는 '황성에서의

성[1242]하소.[1243]

巫女: 그래 어머이들이 모도//인제 심청전으는 얼마 안하믄 되고[1244] 한번 춤[1245]//이때 춤못추믄 못춥니더.

김유선 巫女: 야

巫女: 우리 동세[1246]가 노래도 잘하이//동세 날 디다[1247]고 나왔시이 저뒤에 춤 안춘분들//복춤 추고 드가소 복춤//치로[1248] 나오소.

<창(唱)으로>

巫女: 경사(慶事)가 났네//경사가 났네//둥둥둥 경사로다.

잽이: 아~디야

<말로>

관중 가운데 어느 할머니: 좋다~.

<창(唱)으로>

巫女: 얼시구 좋구나 기화자 좋네
아니 놀지를 못하리라.

맹인잔치' 대목을 말한 것임. '잔채'는 '잔치'에 해당하는 경상도 방언.

1242) 덤성덤성. 대강대강.

1243) 이금옥 무녀가 너무 세세히 굿을 진행한다고 생각한 김유선 무녀가 굿을 대강대강 진행해서 빨리 끝을 내도록 하라는 의미에서 한 말임. 이 행(行)은 구체적으로는 세 가지 해석이 가능할 것으로 보임. 즉 황성 잔치 대목 자체를 대강대강 하라는 뜻으로 이해할 수도 있고, 아니면 지금 대목을 대강대강 구연해서 어서 황성 잔치 대목으로 넘어가라는 뜻으로도 이해할 수도 있으며 그 두 가지를 동시에 의미하는 것으로 이해할 수도 있겠음.

1244) '조금만 더 하면 끝이 나고'의 뜻임.

1245) 제보자의 실수로 볼 수 있음. '이때 춤 못추믄'으로 이어질 자리였기 때문에 뒤에서 바로잡은 것으로 볼 수도 있고, 아니면 '추십시요' 정도의 말이 뒤에 생략된 것으로 볼 수도 있음.

1246) 동세. '동서(同壻)'에 해당하는 경상도 방언. 구체적으로는 김유선(金有善) 무녀를 말함. 김유선(金有善) 무녀는 이금옥(李今玉) 무녀의 시동생인 김석출(金石出)씨의 부인이니 두 사람은 동서(同壻) 사이임.

1247) 디다. '힘들다'에 해당하는 경상도 방언. 흔히는 '대다'라고도 발음함.

1248) 치로. '추러'에 해당하는 경상도 방언. '춤치다'는 '춤추다'에 해당하는 경상도 방언.

[이금옥 무녀는 마이크에서 잠시 물러서고 옆에 서있던 김유선(金有善) 무녀가 마이크를 넘겨받아 노래를 이어가기 시작한다]

<창(唱)으로>
김유선 巫女: 아니~//아니 노진 못하리라.

<말로>
잽이: 아~하

<창(唱)으로>
김유선 巫女: 백구(白鷗)야~ 나질 말어라//너를 잡으러 아니간다.

[김유선(金有善) 무녀의 노래가 시작되자 기다렸다는듯이 할머니들이 앞으로 나와 덩실덩실 춤을 추기 시작한다. 너무 많은 할머니들이 나왔기 때문에 마이크 주위가 비좁을 지경이다]

<말로>
춤을 추던 어느 할머니: 좋다~.

<창(唱)으로>
김유선 巫女: 성상(聖上)이 바렸음에[1249]//너를 좇아 여기왔나?
잽이: 아~하
김유선 巫女: 나물을 먹고//물을 마시고 팔을 베고 누웠으니
잽이: 아~하
김유선 巫女: 대장부 살림살이가//요만하며는 넉넉하리.
잽이: 아~하
김유선 巫女: 일천 간장[一寸肝腸][1250]

1249) '버렸음에'에 해당하는 경상도 방언. 버렸기 때문에.
1250) '일촌간장(一寸肝腸)'의 와음. '백구(白鷗)야'부터 여기까지는 단가 '강상풍월(江上風月)'에 들어있는 가사(歌詞)의 일부와 비슷한데 그 부분의 구체적인 가사는 다음과 같음.
백구(白鷗)야 날지 마라 너 잡을 내 아니다 성상(聖上)이 버리시니 너를 좇아 예

잽이: 아~ 아~

[이때 노래를 하고 있는 김유선 무녀에게 어서 굿을 진행하라는 어떤 신호가 본부석에서 떨어진 모양이다. 김유선 무녀가 하던 노래를 중단하고 관중들에게 잠깐 양해를 구한다]

<말로>

김유선 巫女: 심청전[1251]//이 모도 요

요왕제[龍王祭][1252] 하기가 바뿌답니더 그러이

여러 보살임네 들은것도 많고 어데가 들을거도[1253] 많고 이러이[1254]

심청전 얼렁[1255] 끝내고 요왕제를 하라하이

이래 마 이래 경사(慶事)로 나도로 이래 경사로 놉니더.

<창(唱)으로>

김유선 巫女: 둥~둥 두//둥두 내사랑아

잽이: 아~하

김유선 巫女: 경사로 구나 경사로 구나

심청이 아버지 만나//눈을 떠서 경사로다.

<말로>

잽이: 좋다~.

왔노라 강상(江上)에 터를 닦아 구목위소(構木爲巢)한 연후에 나물 먹고 물 마시고 팔을 베고 누웠으니 대장부(大丈夫) 살림살이 이만하면 넉넉할까 일촌간장(一寸肝腸) 맺힌 설움 부모님 생각뿐이로다(이창배 편저, 『가요집성(歌謠集成)』, 홍인문화사, 1987, pp. 206~207).

1251) 제보자의 실수였음. '이 모도 요'로 바로 이어져야 할 자리였기 때문에 바로 뒤에서 바로잡은 것임.

1252) 요왕제. 다음 거리인 「용왕거리」를 말한 것임.

1253) 문맥상으로 보면 '들을 곳도. 들을 기회도' 정도의 뜻임.

1254) '이러니. 이러하니'에 해당하는 경상도 방언.

1255) 얼렁. '얼른'에 해당하는 경상도 방언.

<창(唱)으로>
김유선 巫女: 이때 저때 어는[1256] 땐가?
　　정모년[丁卯年] 해우년에//일산지[日山津] 대동 안에
　　우별신(右別神) 좌별신(左別神)//오늘 디리는데

<말로>
춤을 추던 어느 할머니: 잘한다~.

<창(唱)으로>
김유선 巫女: 심천이 아버지 눈뜨는 날이라.

<말로>
잽이: 아~하
춤을 추던 어느 할머니: 잘한다~.

<창(唱)으로>
김유선 巫女: 얼시구나~ 좋네

<말로>
김유선 巫女: (관중들을 향하여)모도다 일나[1257] 춤추지 않고 뭐하능교?
　　앉어서 추능교?

[김유선 무녀의 권유에 자리에 앉아있던 할머니들 가운데 몇 분이 더 춤판으로 나와서 춤을 추기 시작한다]

<창(唱)으로>
김유선 巫女: 아니 노진 못하리라.
잽이: 아~하

1256) 어는. '어느'에 해당하는 경상도 방언.
1257) '일어나'에 해당하는 경상도 방언.

<말로>
춤을 추던 어느 할머니: 좋다~.

<창(唱)으로>
김유선 巫女: 아니 노진 못하리라.
잽이: 아~하
김유선 巫女: 무정 세월(無情歲月)이 여루[如流]하여
　　가던 봄들으느 오건마는
잽이: 아~하
김유선 巫女: 우리 인생들은 늙어지믄//다시 젊지도 못하리라.
잽이: 아~하
김유선 巫女: 한번 아차 죽어져도

<말로>
잽이: 좋~다.

<창(唱)으로>
김유선 巫女: 다시 오지도 못하리라.

<말로>
잽이: 아~ 좋~다.

<창(唱)으로>
김유선 巫女: 더늙기 전에 놀아 봅시다
　　요만한 요세상 놀아보자.
　　아차 한번 실수(失手)가 되면
　　어는 시절(時節)에 놀아보꼬

[자리에 앉아있던 할머니들 가운데 몇 분이 다시 앞으로 나와 춤판에 합류한다]

<말로>
춤을 추던 어느 할머니: 좋다~.

<창(唱)으로>
김유선 巫女: 얼시구나~//좋네 아니 노진 못하리라.

<말로>
잽이: 좋~다.

<창(唱)으로>
김유선 巫女: 아니 노진 못하리라.

<말로>
잽이: 좋~다.

<창(唱)으로>
김유선 巫女: 명년(明年) 삼월(三月)이 되며는 오신다더니
명년도 한(限)이 없고

<말로>
잽이: 좋~다.

<창(唱)으로>
巫女: 삼월(三月)도~ 무궁(無窮)하다.
푸른 버들 붉은 단풍은//빛이 변하기 몇번인가?

<말로>
춤을 추던 어느 아주머니: (춤을 추면서 무녀를 향하여)이럴때 좀 잘봐 주소.

<창(唱)으로>
김유선 巫女: 장미화(薔薇花)가 붉었으니//피고 지기가 몇차렌가?

<말로>
춤을 추던 어느 할머니: 좋다~.

<창(唱)으로>
김유선 巫女: 원앙침(鴛鴦枕)으로 홀로나 비고[1258]
꿈속이라도 임볼 줄을 알았더니
이리 궁글고[1259]//저리 궁글어도
짝이없는 밤만 새와 간다.[1260]
잽이: 아~아~
巫女: 얼시구나~ 지화자 좋네//아니 노지는 못하리라.
춤을 추던 어느 할머니: (무녀의 노래에 맞추어)아니 노진 못하리라.

<말로>
잽이: 좋~다.

<창(唱)으로>
김유선 巫女: 바람 앞에 휘나니가[1261]//풀속에 우난 김승
수수입이[1262] 몇기 마디며[1263]//관기[關係][1264] 할바이[1265] 없건마느
요요 별으는[1266]//간절히 한데//소래[1267] 소래가 수수입이라.[1268]

1258) 비고. '(머리에) 베고'에 해당하는 경상도 방언.
1259) 궁글고. '뒹굴고'에 해당하는 경상도 방언.
1260) '새워 간다'에 해당하는 경상도 방언.
1261) '지는 잎과'의 와음. 떨어지는 나뭇잎과.
1262) '무심(無心)히'의 와음.
1263) '듣게 되면'의 와음.
1264) 관기. '관계(關係)'에 해당하는 경상도 방언. 상관.
1265) '할 바가. 할 일이'에 해당하는 경상도 방언.
1266) '유유별한(悠悠別恨)'의 와음. 끝없는 이별(離別)의 한(恨).
1267) '소리'에 해당하는 경상도 방언.
1268) '수심(愁心)이라'의 와음. '바람 앞에'부터 여기까지는 잡가(雜歌)인 '추풍감별곡(秋風感別曲)'에 이와 같은 가사가 있음. '바람압헤지는닙과 풀속에 우는즘싱 무심히 듯게되면 관계홀바업것만은 유유별한간졀흔디 소릐소릐수셩이라'라고 되어 있음(『한국잡가전집 1』, 서울, 계명문화사, p. 6).

평상[平生]에 좋은거는 꾹이네꽁꽁[1269]
생전(生前)에 좋은거는 닐~니리

<말로>
춤을 추던 어느 할머니: 잘~한다.

<창(唱)으로>
김유선 巫女: 피리 젓대[1270]를 어디다 두고
사장고[1271] 복판에 덩더꿍

<말로>
춤을 추던 어느 할머니: 좋~다.

<창(唱)으로>
김유선 巫女: 얼시구나~ 어~

<말로>
춤을 추던 어느 할머니: 잘 봐주소 야

<창(唱)으로>
김유선 巫女: 아니 노진 못하리라.

<말로>
춤을 추던 어느 할머니: 좋다~.

<창(唱)으로>
김유선 巫女: 길도[吉州][1272] 명천[1273] 북북장사[1274]//하루랐다[1275] 길떠나자.

1269) 악기 소리인 여음(餘音)을 의성(擬聲)한 것임.
1270) '저[笛]'의 속어(俗語). 특히 '대금'을 가리키는 경우가 많음.
1271) '새[新] 장고'의 잘못임.
1272) 길도. '길주(吉州)'의 와음. 지명(地名). 함경북도(咸鏡北道)에 속한 군(郡)의 이름. 북은 무산군(茂山郡)과 경성군(鏡城郡), 동은 명천군(明川郡), 남은 바다와 성진군

<말로>
춤을 추던 어느 아저씨: 좋다~.

<창(唱)으로>
김유선 巫女: 거기 어드메 정(情)갈기냐?[1276)]
사람 잡는 임이 로다.

<말로>
춤을 추던 어느 할머니: 좋~다.

<창(唱)으로>
김유선 巫女: 얼시구나 지화자 좋네//아니 노진 못하리.
아니 노진 못하리로다.

<말로>
춤을 추던 어느 아저씨: 좋다~.

<창(唱)으로>
김유선 巫女: 행선아기노[1277)] 찬바람에//울고~가는 저기러가[1278)]

(城津郡), 서는 함경남도(咸鏡南道)의 단천군(端川郡)과 갑산군(甲山郡)에 접함. 주요 산물은 쌀·콩·보리·조·피·수수 등이며 명승고적으로는 보현사·남대계·두류산 등이 있음.

1273) 명천. 지명(地名). 함경북도(咸鏡北道)에 속한 군(郡)의 이름. 동남은 바다, 서는 길주군(吉州郡), 북은 경성군(鏡城郡)과 접함. 주요 산물은 쌀·보리·콩 등의 농산물과 임산·공산·축산·수산 등임. 명승고적으로는 칠보사·쌍계사·송덕사 등이 있음.

1274) 북북장사. '북포(北布)장사'의 와음. '북포(北布)'는 함경북도(咸鏡北道)에서 나는 베. 잡가(雜歌)인 '비단타령'에 '길주명천(吉州明川) 세북포(細北布) 회령종성(會寧終聲) 산북포(山北布)'라는 구절이 있음(이창배 편저, 『가요집성(歌謠集成)』, 홍인문화사, 1987, p. 107).

1275) '해 돋았다'의 잘못임.

1276) 어디에서 정(情)을 갈기냐? 어디에서 정(情) 둔 사람을 바꾸기냐? '어드메'는 '어디' 혹은 '어디에'에 해당하는 경상도 방언인데 원래는 고어(古語)에서 온 말임.

1277) '북풍한설(北風寒雪)'의 와음.

1278) '저 기러기야'에 해당하는 경상도 방언. 소무(蘇武)가 연금되다시피 하고 있을 때 큰 기러기의 다리에다 편지를 써서 묶어 보내어 고향의 가족에게 소식을 전했다고 함.

<말로>
춤을 추던 어느 할머니: 잘~한다.

<창(唱)으로>
김유선 巫女: 농무(濃霧)[1279] 낙화[落霞][1280] 없앤다더니
북방(北方) 소식이 왜저러 하리?

<말로>
춤을 추던 어느 할머니: 좋다~.

<창(唱)으로>
김유선 巫女: 지금에 내기를 하면
임의 생부[1281]를 전해주자.
얼시구나 좋구려//지화자 좋네//아니 노지는 못하리라.

<말로>
잽이: 허이

<창(唱)으로>
김유선 巫女: 아니 노지는 못하리라.

<말로>
잽이: 좋다.

<창(唱)으로>
巫女: 동자(童子)야 먹갈어라//임의 그기다가[1282] 편지 씨자.

따라서 기러기는 '소식을 전하는 존재'로 인식되게 된 것임.
1279) 농무. 짙은 안개.
1280) 낙화. '낙하(落霞)'의 와음. 낮게 드리운 저녁놀.
1281) '안부(安否)'의 잘못임.
1282) '임에게다가'에 해당하는 경상도 방언. '-그기'는 '-그게'와 같은 뜻으로 사용되는 경상도 방언. '-그게'는 고어(古語) '-그에'로 '누구누구의 편에. 누구누구의 쪽에'의 뜻임.

한자[一字] 씨고 눈물을 짓고//두자[二字] 씨고는 한숨이라.

<말로>
잽이: 허

<창(唱)으로>
김유선 巫女: 한숨은 흘러 동남풍(東南風)이 되고
눈물은 흘러 한강(漢江)이라.

<말로>
춤을 추던 어느 할머니: 좋다~.

<창(唱)으로>
김유선 巫女: 얼시구나~ 지화자 좋네//아니 노지는 못하리라.
아니 노진 못하리라.

<말로>
춤을 추던 어느 할머니: 좋다~.
잽이: 아~하

<창(唱)으로>
巫女: 화라 춘성[1283]아 만학은 방창[1284]
때는 좋다 벗님네야.
산천 경개(山川景槪)를 구경을 가니
죽장 망하[1285] 단포자[1286]로
천리 강산(千里江山)을 들어 가니

1283) 화라춘성. '화란춘성(花爛春城)'의 와음. 잡가(雜歌)인 '유산가(遊山歌)'의 첫머리임. 글자 그대로의 풀이는 '봄 성(城)에는 꽃이 찬란하고'임.
1284) 만학은 방창. '만화방창(萬化方暢)'의 와음. 글자 그대로의 뜻은 '따뜻한 봄날에 만물이 피어나 자람'임.
1285) 죽장망하. '죽장망혜(竹杖芒鞋)'의 와음. 대지팡이 짚고 짚신 신고.
1286) 단포자. '단표자(單瓢子)'의 와음. 단 하나의 표주박.

<말로>
춤을 추던 어느 할머니: 좋다~.

<창(唱)으로>
巫女: 폭포(瀑布)도 장(壯)히 좋구나
여산(廬山)[1287] 경치(景致)가 여기 로다.[1288]
얼시구나 지화자 좋네//아니 노지는 못하리라.
아니 노진 못하리라.
그임이 날마다 하면
나는 죽어서 제비 되어
님사는 초마[1289] 끝에다
집을 짓고서 내살라네.

<말로>
춤을 추던 어느 할머니: 좋다~.

<창(唱)으로>
김유선 巫女: 살다가 살다가//못살게 되면
임과 함께는 내갈란다.

<말로>
춤을 추던 어느 할머니: 좋~다.

<창(唱)으로>
김유선 巫女: 얼시구나 좋구나//지화자 좋네
아니 노진 못하리라.

1287) 여산. 경치가 아름답기로 유명한 중국(中國)의 산(山). 특히 여산폭포(廬山瀑布)가 유명한데 여기서도 '여산폭포(廬山瀑布)'라는 뜻으로 썼음. 이백(李白)의 '망여산폭포(望廬山瀑布)'라는 시가 있고 정철(鄭澈)의 가사(歌辭) '관동별곡(關東別曲)'에도 이 폭포에 대한 구절이 있음.
1288) '화란춘성아'부터 여기까지는 잡가(雜歌)인 '유산가(遊山歌)'의 한 대목임.
1289) 초마. '처마'에 해당하는 경상도 방언.

[이때 춤을 추던 어느 아저씨가 지폐(紙幣) 한 장을 꺼내어 김유선 무녀의 손에다 쥐어준다]

<말로>
김유선 巫女: 어머~이 감사합니다.

[이때 잠시 쉬고 있던 이금옥(李今玉) 무녀가 다시 마이크 앞으로 나와서고 김유선 무녀는 옆으로 비켜선다]

<말로>
이금옥 巫女: 춤추라 하이 얼매나[1290] 잘추는지

[그러나 아무래도 신명이 남은듯 할머니 한 분이 옆에 서있는 할머니의 팔을 끌어다가 억지로 다시 마이크 앞에 세운다]

<말로>
할머니: 여 여 이사람//이 노래 한마디 하라 카이소.[1291]
이금옥 巫女: 우리 동세[同壻] 죽이겠다.
관중 가운데 어느 할머니: 그것도 좋은 일이다//그것도 좋은 일이다.
관중 가운데 다른 할머니: (노래 요청을 받은 할머니를 향하여)한마디 해라.
노래 요청을 받은 할머니: 뭘 이래 쌌능교?
옆에 있던 어느 할머니: 숨쫌 씨거로[1292]//숨쫌 쉬거로 한마디마 해라.
노래 요청을 받은 할머니: 내가 뭐로 하능교?
옆에 있던 할머니: 그래 아무끼나.[1293]
또 다른 할머니: 부르는 곡은 자유곡(自由曲)인께.
노래 요청을 받은 할머니: (잽이를 향하여)아저씨요.
옆에 있던 할머니: 아무끼나 아무끼나 해라.

1290) 얼매나. '얼마나'에 해당하는 경상도 방언.
1291) '하라고 하십시요'에 해당하는 경상도 방언.
1292) '숨 좀 쉬게'에 해당하는 경상도 방언. 숨을 좀 돌릴 수 있도록. 무녀가 잠시 숨을 돌릴 시간도 줄겸 대신 노래를 한 번 하라는 말임.
1293) 아무끼나. '아무 것이나'에 해당하는 경상도 방언.

[그러나 노래 요청을 받은 할머니는 아무래도 엄두가 나지 않는다는듯이 우두커니 서서 빙그레 웃기만 한다]

<말로>
또 다른 할머니: 웃지마고 한분 해라//아무끼나 해라.
노래 요청을 받은 할머니: (잽이를 향하여)아저씨요

[그러나 잽이는 아무 반응을 보이지 않는다. 그는 아무래도 이렇게 자꾸 굿의 진행이 지연되는 것이 상당히 불만스러운 표정이다]

<말로>
옆에 있던 할머니: 또 칸다.[1294)]
또 다른 할머니: 야 죽은사람 원(願)도 들어준단다.
노래 요청을 받은 할머니: 봐라//군지렁 군지렁[1295)] 안하나?[1296)]
　　저거 할머이[1297)] 쫓아내고 한다꼬.[1298)]//(잽이를 향하여)아저씨요.
옆의 할머니: 개안타.[1299)]
또다른 할머니: 할마이 쫓아내고 소리하라꼬
　　우리 언니로 데리고 나왔더이 그란다.
옆의 할머니: 개안타 고만.

1294) '또 저렇게 한다'에 해당하는 경상도 방언. '자꾸만 괜히 그런다' 정도의 뜻을 가지게 됨.

1295) 군지렁 군지렁. '구시렁 구시렁'에 해당하는 경상도 방언. 마음에 불만스러워 무어라고 꿉씹어 자꾸 중얼거리는 모양을 표현하는 의태어(擬態語).

1296) 시간은 자꾸 늦어만 가고 관중들에 의해서 굿의 진행이 또 방해를 받게되자 악기 반주를 하고 있던 젊은 잽이 한 사람이 관중들에게 무어라고 잠깐 불만을 토로(吐露)했는데 이것을 들은 할머니가 거기에 대해서 언급한 것임.

1297) '저의 할머니'에 해당하는 경상도 방언. 여기서의 '저'는 바로 위의 주)에서 불만을 토로한 그 젊은 잽이를 말하는 것이고 '저거 할머이'는 이 심청굿을 담당하였던 이금옥(李今玉) 무녀를 말한 것임. 이금옥 무녀가 제일 고령(高齡)이었기 때문에 '할머이'라고 지칭한 것임.

1298) 굿을 진행하고 있는 이금옥(李今玉) 무녀를 쫓아내고 마을 사람들이 노래를 하겠다고 하는 데에 대해서 저 젊은 잽이가 불만스러워 한다는 말임.

1299) 개안타. '괜찮다'에 해당하는 경상도 방언.

노래 요청을 받은 할머니: (잽이를 향하여)골올리지 마소.[1300]
　　와그리 썽을[1301] 내능교?
옆에 있던 할머니: 지랄한다.
이금옥 巫女: 골때리 하지말고[1302] 한분[1303]
옆에 있던 할머니: 성내지 말고 해라.
노래 요청을 받은 할머니: (관중들을 향하여)얄궂인거[1304] 한마디 하끼요?[1305]
옆에 있던 할머니: 그래 그래 그래.

<창(唱)으로>
노래 요청을 받은 할머니: 아니~//아니 소지는[1306] 못하리라.

<말로>
관중 가운데 어느 아저씨: 좋다~.
또 다른 아저씨: 좋다~.

<창(唱)으로>
노래 요청을 받은 할머니: 아니 노지는 못할레라.

<말로>
옆의 할머니: 되댔다//되댔다 대대[1307]
또 다른 할머니: (옆의 할머니의 간섭에 못마땅하다는 말투로)지랄하지 말고.
잽이: 아하

1300) '화를 내지 마십시요'에 해당하는 경상도 방언.
1301) '성을'에 해당하는 경상도 방언. 화를.
1302) '머리 아파 하지 말고'의 뜻임. 너무 불만스럽게 생각하지 말고.
1303) '한 번'에 해당하는 경상도 방언. 뒤에 '노래하도록 해줘라' 정도의 말이 생략된 것으로 이해할 수 있음.
1304) '별로 신통하지 못한 노래'라는 뜻임.
1305) '할까요?'에 해당하는 경상도 방언.
1306) '쓰지는'의 잘못임.
1307) '덜 닿았다'에 해당하는 경상도 방언. 노래를 부르는 할머니의 입이 마이크에서 거리가 너무 떨어졌다는 말임.

[할머니는 마이크 앞으로 더 바짝 다가선다]

<창(唱)으로>
할머니: 백구(白鷗)야 깡충 나지 마라//너를 잡으로 내안간다.
　　성산[聖上]이 바렸으매//너를 좇아서 내왔노라.

<말로>
관중 가운데 어느 할머니: 잘하고~.
관중 가운데 또다른 할머니: 잘한다~.

<창(唱)으로>
할머니: 나물 먹고 물마시고//팔을 베고 누웠으니

<말로>
관중 가운데 어느 할머니: 좋다~.

<창(唱)으로>
할머니: 대장부(大丈夫) 살림살이가 요만하며는 만족한데
　　일천 간장[一寸肝腸][1308] 맺힌 설음
　　어머님 생각 뿐이로다.[1309]
　　생각하고 또생각하니 끄칠[1310]날이 전히[1311] 없네.

1308) 일천간장. '일촌간장(一寸肝腸)'의 와음. '창자 마디마디'의 뜻.
1309) '백구(白鷗)야'부터 여기까지는 단가 '강상풍월(江上風月)'에 들어있는 가사(歌詞)의 일부와 비슷한데 그 부분의 구체적인 가사는 다음과 같음.

> 백구(白鷗)야 날지 마라 너 잡을 내 아니다 성상(聖上)이 버리시니 너를 좇아 예 왔노라 강상(江上)에 터를 닦아 구목위소(構木爲巢)한 연후에 나물 먹고 물 마시고 팔을 베고 누웠으니 대장부(大丈夫) 살림살이 이만하면 넉넉할까 일촌간장(一寸肝腸) 맺힌 설움 부모님 생각뿐이로다(이창배 편저, 『가요집성(歌謠集成)』, 홍인문화사, 1987, pp. 206~207).

1310) '그칠'에 해당하는 경상도 방언. 흔히는 '근칠' 혹은 '끈칠'이라고 발음함.
1311) '전혀'에 해당하는 경상도 방언.

<말로>
관중 가운데 어느 할머니: 좋다~.

<창(唱)으로>
할머니: 아니 노지는 못할레라.

<말로>
관중 가운데 어느 할머니: 얼씨고~.

<창(唱)으로>
할머니: 아니 노지는 못할레라.

[할머니는 아무래도 노래가 마음대로 진행되지 않는다는듯이 노래를 끝낸다]

<말로>
노래를 부른 할머니: (잽이를 향하여)이해 하시소.
잽이: 예~ 잘~합니다.
노래를 부른 할머니: 전(前)에는//젊을적에는
저~ 이리 질거리[1312]에 가모//휘파람도 불어 쌌티마는[1313]
이마이[1314] 늙어지니까네 소용없네요.

[할머니들은 일제히 웃음을 터뜨린다]

<말로>
노래를 부른 할머니: 내가래[1315] 내머레[1316]

1312) '길거리'에 해당하는 경상도 방언.
1313) 남자들이 관심을 표하느라고 더러 자신을 향해서 휘파람을 불기도 했다는 말임. '쌌타'는 '마구. 심하게. 더러. 종종 어떻게어떻게 하다'에 해당하는 경상도 방언.
1314) '이만큼'에 해당하는 경상도 방언.
1315) 할머니의 실수였음. '머리에'라고 하려고 했던 자리였기 때문에 바로 뒤에서 바로 잡았음.
1316) '나의 머리에'에 해당하는 경상도 방언.

巫女: 잘~함더 잘~해.

노래를 부른 할머니: 내머레 털나고[1317] 오늘 이런데 서가[1318] 한거는[1319] 첨임다.[1320]//용서하고 이해하소.

관중 가운데 어느 할머니: 잘~한다.

[노래를 부른 할머니는 자리로 돌아가 앉는다. 다른 할머니들도 대부분 자리로 돌아가 앉은 상태다. 마이크 옆에 서있던 이금옥(李今玉) 무녀가 다시 마이크 앞으로 나와 구연을 계속한다]

<창(唱)으로>

이금옥 巫女: 이때 요왕국[龍王國]에서 저엄마를 만내고 열흘도안[1321]에 노다가

잽이: 아~

巫女: 심소자[沈小姐]야 심소자야 내가 너를 데리고//더 있시시모 좋겠다.
내가 시간(時間)이 어두우모[1322] 상제(上帝)그게[1323] 득죄(得罪)하야
어더로[1324] 지[罪]가[1325] 많아 어도로[1326]
갈지로 모르니 오늘날로 이별(離別)이라 하더니
어머니 이기[1327] 웬일이시요?//일생주[一生中]에[1328] 나를[1329]

1317) '내가 태어난 이후로'의 뜻임.
1318) '서서'에 해당하는 경상도 방언.
1319) '노래를 한 것은'의 뜻임. 노래를 한 경우는.
1320) 첨임다. '처음입니다'에 해당하는 경상도 방언.
1321) '열흘 동안'에 해당하는 경상도 방언.
1322) '어두우면'에 해당하는 경상도 방언. 여기서는 '늦으면'의 뜻임.
1323) 상제그게. '상제(上帝)에게'에 해당하는 경상도 방언. '상제(上帝)'는 '옥황상제(玉皇上帝)'를 말함. '-그게'는 고어(古語) '-그에'로 '누구누구의 편에. 누구누구의 쪽에'의 뜻임.
1324) 제보자의 실수였음. '죄가 많아 어디로'라고 해야 할 자리였기 때문에 바로 뒤에서 바로잡은 것임. '어더로'는 '어디로'에 해당하는 경상도 방언.
1325) 지가. '죄(罪)가'에 해당하는 경상도 방언.
1326) '어디로'에 해당하는 경상도 방언.
1327) '이게'에 해당하는 경상도 방언. 이것이.
1328) '일생중(一生中)에' 해당하는 경상도 방언.

일팽상[一平生][1330]에 모실줄 알았더니
또 이별말이 웬말이요 하더니마는
무정(無情)없이 사정(私情)없이 무지개를 땅그더니[1331]
고마[1332] 하늘로 올라가셨다.
올라가셨는데//올라가시디이마는[1333]

[무녀는 고개를 돌려 제물대(祭物臺) 옆에 걸어놓은 용선(龍船)[1334]을 부채로 가리킨다]

<말로>
巫女: 저복판에 연화(蓮花)봉[1335]이
저기[1336] 심청이 환상[還生]하는[1337] 꽃이다.
오귀[1338]로 하나 뭣을 하나[1339]
저꽃을 해놔야 혼백(魂魄)이 들앉는다고 합니다.

1329) 이 행(行)은 제보자의 실수였음. 없어야 할 행(行)이고 앞 행이 다음 행으로 바로 연결되어야 맞을 자리임.
1330) '일평생(一平生)'에 해당하는 경상도 방언. 흔히는 '일핑상' 혹은 '일팽생'이라고도 발음함.
1331) '당기더니'에 해당하는 경상도 방언.
1332) 고마. '그만'에 해당하는 경상도 방언.
1333) '올라가시더니만'에 해당하는 경상도 방언.
1334) 용선. 동해안(東海岸) 세습무(世襲巫) 집단이 굿을 할 때 사용하는 종이로 만든 배. 이것을 달아놓고 굿을 하는데 마을사람들이 이 종이배에다 돈을 넣고 빌기도 함.
1335) 연화봉. 저 가운데에 있는 연꽃 봉오리. 용선(龍船) 가운데 장식으로 놓은 종이로 만든 연꽃을 말한 것임.
1336) '저것이'에 해당하는 경상도 방언.
1337) '환생(還生)하는'에 해당하는 경상도 방언.
1338) 오귀. 오구굿. 망자(亡者)의 영혼(靈魂)을 저승세계의 좋은 곳으로 천도하기 위하여 하는 굿. 일명(一名) '망자(亡者)굿' 혹은 '사령제(死靈祭)'라고 함. 서사무가(敍事巫歌)로 널리 알려진 '바리공주'는 거의 전국적인 분포를 보이는 이 오구굿 무가이며 이 동해안(東海岸) 세습무(世襲巫)의 오구굿에서도 '바리데기'라는 이름으로 불리어짐. 무형문화재(無形文化財)로 지정되어 있는 전라남도(全羅南道) 진도(珍島)의 '씻김굿'도 이 오구굿의 한 형태임.
1339) '오구굿을 할 때에나 다른 굿을 할 때에나'의 뜻임.

잽이: 하[1340)]

巫女: 연화봉 속에다 저검마[1341)]를 이 용왕국을 보내가주고[1342)] 심소자를 여게다 여어서[1343)]

그서인[船人]들 장사 해가져오는 그날로

그 물에다 띄우고 용녀(龍女)[1344)]들이 옹우[1345)]하고 있으라 하는구나

그때 용녀들이 옹우[擁衛]로 하고 있으이

만경창파(萬頃蒼波) 서인[船人]들으는 장사를 해가 수천금(數千金) 수만금(數萬金)을

뱃자[1346)]에다 실고 큰기를 꼽고 질새[1347)]가 없어

옛날에 목선(木船)배라//시방(時方) 기계배는 빨리나 가지.

옛날에 목선배는 질새를 만내야//바람을 만내야[1348)]

배를 지고는[1349)] 바램[1350)]이 없어 노를 젓고온다.

<창(唱)으로>

巫女: 어기여차 차차//어기여차 차차

에야 디야 노를 저어라.

1340) 무녀의 말이 맞다는 뜻에서 잽이가 발한 일종의 감탄사임.

1341) 저검마. '저(3인칭 인칭대명사임)의 어머니'에 해당하는 경상도 방언.

1342) '저검마를'부터 여기까지는 제보자의 실수였음. 없어야 할 자리임.

1343) '여기에다 넣어서'에 해당하는 경상도 방언. '여기'는 문맥상으로 연꽃 봉오리를 말한 것임.

1344) 용녀. 용궁(龍宮)의 시녀(侍女).

1345) 옹우. '옹위(擁衛)'의 와음. 부축하여 좌우로 호위함.

1346) 뱃자. '뱃장'에 해당하는 경상도 방언. '뱃장'은 배의 중앙 부분에 짐을 실을 수 있도록 마련한 칸이나 배 중앙의 널찍한 부분을 바닷가 사람들이 일컫는 말.

1347) 질새. 배질이 가능하게 해 주는 샛바람[東風]. 경상도 지방의 바닷가에서 배가 바람을 만나 기세좋게 제 방향으로 나아가는 것을 '배질' 혹은 '배질한다'라고 말함.

1348) '배질을 한다' 정도의 말이 뒤에 생략된 것으로 이해할 수 있음.

1349) 제보자의 실수였음. 문맥상으로는 '돛을 내리고'라고 해야 할 자리이나 이 '돛' 대신에 '배'라고 잘못 말한 것임. 아니면 '돛을 만드는 베(돛은 베로 만듦)'를 그냥 '배'라고 잘못 발음하였을 가능성도 배제할 수 없음. '지고'는 '내리고'에 해당하는 말임.

1350) 바램. '바람'에 해당하는 경상도 방언.

<말로>
잽이: 어~허

<창(唱)으로>
巫女: 앞바람도 숙이 불고[1351]//뒷바람도 작이 불어[1352]
　　질새가 없어 노를 저라.
　　우리 고향(故鄕)을 언제 가나?

<말로>
관중 가운데 어느 할머니: 좋~다.

<창(唱)으로>
巫女: 어기여차 차차//어기여차 차차
　　에야 디야 놀지어라.[1353]
잽이: 아~디여
巫女: 저게 저꽃이 웬꽃이냐?

<말로>
잽이: 얼~씨고.

<창(唱)으로>
巫女: 심청이 빠지던 그자린데
잽이: 아~디여
巫女: 심청이 혼백(魂魄)이 떴는가~?
　　용국(龍國)에 꽃이 분명 하는가?
　　꽃도~ 꽃도//이상도 하다.
　　그절을야[1354] 당도(當到) 하니

1351) '숙여서 불고'에 해당하는 경상도 방언. 많이 불지를 않는다는 말임.
1352) '적게 불어'에 해당하는 경상도 방언.
1353) '노를 저어라'에 해당하는 경상도 방언.
1354) '그 곁으로'에 해당하는 경상도 방언.

잽이: 아~디여

巫女: 하늘에 핸관1355)이 학(鶴)을 타고
　　서인[船人]들아 말들어라.

잽이: 아~디여

巫女: 그꽃 보구서 포악 마라.1356)

잽이: 아~디야

巫女: 논구덩이 던져 강하수(江河水)냐?
　　천상(天上)에 내라1357) 천상화(天上花)냐?
　　그꽃 보고서 현악1358)하면

<말로>

잽이: 하이

<창(唱)으로>

巫女: 천베락을1359) 때릴거라//이물1360) 에다 건져 실어

<말로>

관중 가운데 어느 할머니: 좋다~.

<창(唱)으로>

巫女: 청포장(靑布帳)1361)으로 덮어 씌워
　　질새가~ 없던 배가//그꽃을 꺾어 뱃장1362)에 실으니

잽이: 아~디야

1355) 핸관. '선관(仙官)'의 와음.
1356) 난폭하게 굴지 말아라.
1357) '천상(天上)에서 내려와서'에 해당하는 경상도 방언.
1358) 현악. '해악(害惡)'의 잘못으로 보는 것이 옳겠음.
1359) '하늘에서 벼락을'에 해당하는 경상도 방언.
1360) 이물. 뱃머리. '이물'은 '선수(船首)'에 해당하는 말.
1361) 청포장. 푸른 천으로 만든 장막(帳幕).
1362) 뱃장. 배의 중앙 부분에 짐을 실을 수 있도록 마련한 칸이나 배 중앙의 널찍한 부분을 바닷가 사람들이 일컫는 말.

巫女: 질새가 난다//질새가 난다.

갓[邊]에다가[1363] 배를 몰러[1364]

잽이: 아~디여

巫女: 갓에다 배를 띄워 놓고

송(宋)나라 왕(王)님전에 진상(進上)을 한다.

송나라 왕님은//왕비(王妃)를 죽고[1365] 갖인[1366] 꽃을 귀경 하지요.[1367]

<말로>

잽이: 하~아

巫女: 여봅소

잽이: 하이 봅소

巫女: 자[場]이 파장(罷場) 됐는지

할머이들이 한잔 잡솨놓이[1368] 얼그리~ 해놓으이까[1369]

잽이: 하

巫女: 모도

[이때 마을의 아주머니들이 다시 팥죽을 쑤어 와서 아까 팥죽을 먹지 못한 사람들에게 나누어준다. 관중들이 팥죽을 받아 먹느라고 떠드는 바람에 장내(場內)가 상당히 소란해진다]

[테이프 뒤집음. T19-3-B로]

<말로>

巫女: 너무 좋다//저 연꽃속에

잡담(雜談) 고사(姑捨)하고[1370]

1363) 갓에다가. '가[邊]에다가'에 해당하는 경상도 방언. 물가에다가.
1364) '몰아'의 잘못임.
1365) '왕비(王妃)가 죽고' 아니면 '왕비(王妃)를 죽이고'라고 해야 문맥상 맞는 자리임.
1366) '갖은'에 해당하는 경상도 방언.
1367) '구경하지요'에 해당하는 경상도 방언.
1368) '잡수어 놓으니'에 해당하는 경상도 방언.
1369) '(술이) 얼큰하니까'에 해당하는 경상도 방언. 술이 얼큰하게 취하니까.

<말로>
巫女: 십팔세(十八歲) 처녀(處女)가[1371] 꽃이 오그라지는데[1372]
송(宋)나라 왕(王)이 초단속[1373]을 살펴보니//인끼[1374]가 나는구나.
그담에[1375]

[관중들이 팥죽을 받느라고 떠드는 바람에 무녀는 구연에 상당한 어려움을 겪는다]

<말로>
관중 가운데 어느 할머니: (팥죽을 나누어주는 아주머니를 향하여)여 여
巫女: 여러 묵음서[1376] 소인[宋人]에 모도[1377]//왕비(王妃)를 삼아놓니

[관중들이 여기저기서 팥죽을 달라고 하고 팥죽을 나누어주는 아주머니들은 분주히 움직인다. 장내(場內)는 대단히 어수선하다]

<말로>
잽이: 하
巫女: 하이구 정시[精神] 없어.[1378]

1370) '잡담(雜談) 고사(姑捨)하고'는 무가(巫歌)의 사설이 아님. 관중들이 너무 떠들기 때문에 좀 조용히 하여 달라는 뜻에서 무녀가 관중들에게 한 말임.
1371) '십팔세(十八歲)'부터 여기까지는 제보자의 실수였음. 이 부분은 없고 바로 '꽃이'로 이어져야 할 자리였기 때문에 바로 뒤에서 바로잡은 것임.
1372) '(꽃이) 오므라지는데'에 해당하는 경상도 방언. '오그라지다'는 '오므라지다'에 해당하는 경상도 방언. '오므라지다'는 '물건의 가장자리 끝이 한군데로 향하여 모이다'의 뜻.
1373) '꽃안 속'의 잘못임. 말이 잘못 나온 것임.
1374) 인끼. '인기척'에 해당하는 경상도 방언.
1375) '그 다음에'에 해당하는 경상도 방언.
1376) '먹으면서'에 해당하는 경상도 방언.
1377) 이 행(行)은 관중들을 향해서 하는 말과 무가(巫歌)의 사설(辭說)이 뒤섞여서 나온 것임. 사실상으로는 '여러 할머니들 팥죽을 먹으면서 들으시요'라는 관중을 향한 무녀의 개인적인 말과, '(심청이를) 송(宋)나라 사람들의 (왕비로 삼으니)'라는 무가(巫歌)의 사설(辭說)이 한꺼번에 뒤섞여 나온 것이었음.
1378) '정신 없어'에 해당하는 경상도 방언. 무녀가 관중들이 너무 떠든다고 해서 한 말임. 그리고 동시에 바로 위의 두 행(行)에서 자신이 자신의 말과 무가(巫歌)의 사

왕비를 삼아놓니//왕비눈에 눈물이 빌날이 없구나.
그대는 어찌하여 눈물이 그리 빌날이 없는고 하니
소경잔치 석달열흘만 지내돌라[1379] 한다.

잽이: (관중들을 향하여)아 그 참.[1380]

巫女: 석달열흘 지내놓니
각처(各處) 각면(各面)에//여러 뭇봉사가 다올로더라.[1381]
심봉사도 올라간다 뺑덕에미를 앞에 세우고//더듬더듬 올라가서

잽이: 아

巫女: 가다가 보니//주막(酒幕)집에 들어 뺑덕에미 잃어뻐리고

잽이: 하

巫女: 혼자 떠듬거리고 올라가다가

잽이: 아

巫女: 안씨매인[安氏盲人]이 부르는구나.
안씨매인 집을 들어가서
그날밤에 안씨(安氏)카[1382] 두 부배[夫婦]가 됐다.

잽이: 하이

巫女: 안씨매인[安氏盲人] 단수[1383]를 치는데[1384]
황성(皇城)에 불이붙어 화근[1385]이 중천[衝天]하고[1386]
별[星]따가 간다꼬[1387]//재개[1388] 몸을뻬겨[1389] 가죽을 매어[1390]비고[1391]

설을 뒤섞어서 말한 것을 변명하는 것이기도 함.

1379) '지내 달라고'에 해당하는 경상도 방언.
1380) 관중들이 너무 떠든다고 잽이가 불평을 한 것임.
1381) '다 올라 오더라'에 해당하는 경상도 방언.
1382) '안씨(安氏)와'에 해당하는 경상도 방언.
1383) 단수. '단시점(斷時占)'을 일컫는 말. '점을 치다'라는 말을 '단수 치다'라고 말함.
1384) 이 행(行)은 사실상 제보자의 실수였음. 문맥상으로 보면 '그날밤에 심봉사가 꿈을 꾸니'라고 하는 내용이 나와야 할 자리임.
1385) '화염(火炎)'의 잘못임. 아니면 발음상으로만 보면 '화광(火光)'의 와음으로 볼 수도 있겠음.
1386) '충천(衝天)하고'의 와음. 하늘을 찌르고.
1387) '별[星]을 따 간다고'에 해당하는 경상도 방언.
1388) '자기의'에 해당하는 경상도 방언. 자신의. 심봉사 자신을 말한 것임.

잽이: 하이

巫女: 이렇게 낙업[落葉][1392]이 구근[歸根]하니[1393] 근구생신[根舊生新][1394] 이라.//이런 꿈을 꾸고나니

안씨매인[安氏盲人]카 두 부배[夫婦]를 삼아가지고

잽이: 아

巫女: 그런꿈을 꾸어

황성(皇城)에 올라가모 출천지효녀(出天之孝女)를 죽였다 하야

나는 응당 올라가모 내몸에 가죽을 뻿겨서 북을 미어비니[1395]

나는 올라가모 인지 죽을테.[1396]

안씨매인[安氏盲人]이 단수를 잘쳤다.

잽이: 그렇지.

巫女: 황성(皇城)에 불이붙어 화근[火炎]이 중천[衝天]하이

당신이 눈을 번쩍떠 천지만물(天地萬物)을 볼것이고

낙업[落葉]이 구근[歸根]하니 근구생신[根舊生新]에 귀(貴)한딸을 만냄서[1397]//귀한 사램을 만내겠소.

그즉새는[1398] 심봉사

1389) '벗겨'에 해당하는 경상도 방언.

1390) 목적어인 '북을'이 생략된 것임. 가죽을 펼쳐 북통에 묶는 과정을 '북[鼓]을 맨다' 라고 말함.

1391) '보이고'에 해당하는 경상도 방언. 이 행(行) 전체는 중간에 제보자의 실수가 있었기 때문에 문맥이 이상하게 되고 말았음. 원래 문맥상의 흐름이라면 '(심봉사의 꿈에) 자신의 몸의 가죽을 벗겨서 북을 매어 보이고'라고 해야 할 자리였음. 그리고 이 실수는 사실상 앞에서 '안씨매인 단수를 치는데'라는 부분이 자신의 실수였음을 구연 도중에 알아차린 무녀가 그것 때문에 심리적 동요를 일으켜서 생긴 실수였던 것으로 이해됨.

1392) '낙엽(落葉)'에 해당하는 경상도 방언.

1393) '귀근(歸根)하니'의 와음. 잎이 떨어져 뿌리를 덮음.

1394) 근구생신. '묵은 뿌리에서 새잎이 나다'의 뜻.

1395) '매어 보이니'에 해당하는 경상도 방언. (북을) 만드는 모양으로 보이니. (북을) 만드는 모양으로 꿈에 나타나니.

1396) ''이라'하고 심봉사가 꿈 이야기를 하니' 정도의 말이 뒤에 생략된 것으로 이해됨.

1397) '만나서'의 잘못임. 아니면 '만나면서'에 해당하는 경상도 방언으로 볼 수도 있겠음.

1398) '그때에야'에 해당하는 경상도 방언.

안씨매인[安氏盲人]인데 그날밤에 맺인정(情)을 놔두고

잽이: 하

巫女: 황성(皇城)을 올라가보니//석달열흘 백일(百日)이 다찼는데
그단에는[1399]//여러 뭇봉사들 다왔는데 심학규는 안왔거덩.
심청이는 저가부지[1400]가 안오이[1401] 기가차다.

<창(唱)으로>

巫女: 와병(臥病)에 인사절(人事絶)[1402]하니//병(病)이들어 몬오나?
춘수(春水) 만사택(滿四澤)[1403]하니//물이 깊어 몬오나?
하운(夏雲)이 다기봉[多奇峰][1404]하니//골이 깊어 몬오나?
설산(雪山)에 산두백(山頭白)[1405]하니//눈이 맥혀[1406] 몬오나?
청춘작별 호환[靑春作伴好還鄕][1407]한데//북을떨어 오실라나?[1408]

1399) '그 동안에. 그 동안에는'에 해당하는 경상도 방언.

1400) '저의 아버지'에 해당하는 경상도 방언.

1401) '안 오니까'에 해당하는 경상도 방언. 오지 않으니까. 오지 않아서.

1402) 와병에 인사절. 병(病)들어 누웠기 때문에 인사(人事)를 끊음. 병(病)들어 누웠기 때문에 다른 사람과 내왕(來往)하지를 않음.

1403) 춘수만사택. 중국 동진(東晉)의 화가(畵家)이자 시인(詩人)이었다고 알려져 있는 고개지(顧愷之: 344년~406년)의 시 '사시음(四時吟)'에 나오는 구절임.

춘수만사택(春水滿四澤) 하운다기봉(夏雲多奇峰)
추월양명휘(秋月揚明輝) 동령수고송(冬嶺秀孤松)

1404) 하운이 다기봉. '하운다기봉(夏雲多奇峰)'의 와음. 위의 주)를 참조할 것.

1405) 설산에 산두백. 눈이 내려 산꼭대기가 하얗게 됨.

1406) '막혀'에 해당하는 경상도 방언. '맥히다'는 '막히다'에 해당하는 경상도 방언.

1407) 청춘작별호환. '청춘작반호환향(靑春作伴好還鄕)'의 와음. 푸른 봄을 짝하여 고향으로 돌아가는 것이 좋음. 두보(杜甫)의 시(詩)에 '백수방가수종주(白首放歌須縱酒) 청춘작반호환향(靑春作伴好還鄕)'이라는 구절이 있음.

1408) '와병에'부터 여기까지는 잡가인 '엮음수심가'에 이와 비슷한 가사가 있는데 그 부분은 다음과 같음.

님이 가실제 오시마 ᄒᆞ시더니 어이그리 못오시드냐 츈슈는 믄ᄉᆞ턱ᄒᆞ니 물이깁허 못오시냐 하운은 다긔봉ᄒᆞ니 산이놉하 못오드냐 낭즁에 무일젼ᄒᆞ니 로슈가 업셔서 못오드냐 싀문에 문견폐ᄒᆞ니 쥬졔가 남루ᄒᆞ여 못오드냐 일모 창산원ᄒᆞ니 놀이져무러 못오드냐 와병에 인ᄉᆞ졀ᄒᆞ니 병이ᄂᆞ서 못오드냐 로즁에 로무궁ᄒᆞ니 길이 멀어 못오드야 산외에 산부진ᄒᆞ니 산이 만하서 못오시드야(띄어쓰기 필자. 『한국

잽이: 아~디여
巫女: 이리 울다가 왕비(王妃)가 되놓니[1409]

<말로>
巫女: 내다 보지는[1410]

<창(唱)으로>
巫女: 거리에[1411] 한매인[一盲人]이 들오는구나.
저거리에 들오는데
저매인[盲人] 주소성명(住所姓名)을 알와라.[1412]
들어 가니야
나는 살기로 황주(黃州) 도화동(桃花洞) 사는데
심학규 올시다~//뜻밖에 중이와서
무남독녀(無男獨女) 딸으로 임당수[印塘水]에 죽이고~
이래도 눈못뜨고 댕깁니다 어서바삐 죽여 주옵소사.
이때에 심천이//우루룩 달라들며 아버지요 아버지요
여즉껏[1413] 눈못떴소 임당수 갔던 심천이 왔십니다
그래도~//오늘날~ 저검마[1414] 하늘에 옥진부인이라
오색(五色)안개 약물[藥水]로 내랐는데[1415]
여러 뭇봉사가//여게도 퍼뜩 저게도 퍼뜩
퍼뜩 퍼뜩 퍼뜩 퍼뜩 퍼뜩 퍼뜩//눈을 뜨더니마는
황봉사(黃奉事)는 눈을 못떴다 뺑덕에미 훔치간 죄(罪)로.

잡가전집 1』, 서울, 계명문화사, p. 464).
1409) '왕비의 신분이다 보니'의 뜻임.
1410) 뒤에 '못하고'가 탈락한 것임.
1411) '걸인(乞人)의' 잘못이라고 보는 것이 옳겠음. 걸인(乞人)인. 걸인 행색을 한.
1412) '아뢰어라'에 해당하는 경상도 방언. 알게 하여라. 알려라.
1413) 여즉껏. '여지껏'에 해당하는 경상도 방언. 아직까지. 흔히는 '이직지' 혹은 '이즉지'라고 발음함.
1414) 저검마. '저의 어머니'에 해당하는 경상도 방언.
1415) '내리게 하는데'에 해당하는 경상도 방언.

빵덕에미 천베락[1416]을 때려 없애뻐리고
이때 심봉사도//눈이 퍼쩍 떨어지니 천지 만물(天地萬物)을 보고
심천이를~//오늘날 그나라 송(宋)나라 왕들이[1417]
음슥[飮食][1418]을 배삐하고[1419] 경사를 이룬다.
심천아 심천아//어디 보자 어디 보자.
목소리난 구면(舊面)이요//얼굴으는 초면(初面)이로다.[1420]
내딸 심천아//내딸 심천아//이덕(德) 저덕(德)이 뉘덕이냐?
몽은사(夢恩寺) 화주시님 덕이 로~구나.
심천아 심천아 도화동(桃花洞)에//젖믹여 주던 사람
후(厚)한 상급(賞給)을 다주고
저검마[1421] 무덤에다 왕비모(王妃母)의 무덤이라꼬
비문(碑文)에 글을써 시워 놓고[1422]
온갖[1423] 귀덕어머이 불러 상급(賞給)주고
이진사댁(李進士宅) 적은아기 큰아기불러 상급(賞給)주고
장승상(張丞相)//사부인 불러서 귀(貴)한 은공(恩功)
글을 진거로[1424] 생기사기//일몽간[1425]이다 처간에 최유야
단장처는[1426] 디리 익칭금[1427] 내여놓고

1416) 하늘의 벼락.
1417) '송나라 사람들이'의 잘못임.
1418) 음슥. '음식(飮食)'에 해당하는 경상도 방언. 흔히는 '임슥'이라고 발음함.
1419) '바삐하고'에 해당하는 경상도 방언.
1420) 심봉사가 장님이었기 때문에 심청이의 얼굴을 보는 것은 이때가 처음이라는 말임.
1421) '저의 어머니'에 해당하는 경상도 방언.
1422) '세워 놓고'에 해당하는 경상도 방언.
1423) 제보자의 실수였음. 없어야 할 단어임.
1424) '지은 것을'에 해당하는 경상도 방언.
1425) '생기사귀일몽간(生寄死歸一夢間)'의 와음. 사람이 태어났다가 죽어 돌아가는 것이 한 꿈의 사이.
1426) '세간최유단장처(世間最有斷腸處)'의 와음. 세상에서 가장 애끊는 것은. 사실은 이 구절의 앞에 '권정하필루산산(眷情何必淚珊珊)'이라는 구절이 있었는데 제보자는 이 구절을 구연하지 않았음.
1427) 제보자의 실수라고 보는 것이 옳겠음. 앞에서는 '초록같은 미안이라'라고 구연했던 자리인데 이 구절이 잘 이어지지를 않았던 것임.

이럭커로[1428] 지냈는데 심봉사가//경사를 이룬는다.[1429]

<말로>

巫女: 여봅소

잽이: 하 봅소.

巫女: 눈떨어지고 다떨어졌는데
안씨매인[安氏盲人]은 그자리서 그날밤에 잤는것이
아들로 가지놓이[1430] 칠십(七十)에 심봉사 생남(生男)하기 되고

잽이: 예

巫女: 안씨매인[安氏盲人]도 눈떨어지고
동네 들왔던 사람 다 불러다놓고 하는데
똑 다 경사로 이루는데 이렇기 이룬다.

<창(唱)으로>

巫女: 경사가 났네//경사가 났네
우리 나라에 경사로다.

잽이: 아~디여

巫女: 여보시요 말들어 보소
아들 놓기로[1431] 심씨지[1432] 말고
출천지 효녀(出天之孝女)//딸을 낳서
이런 효도(孝道)를 지키 보소.

<말로>

잽이: 아하

1428) '이렇게'에 해당하는 경상도 방언.
1429) '이룬다'에 해당하는 경상도 방언.
1430) '(아이를) 배니'에 해당하는 경상도 방언. 경상도 지방에서는 '아이를 임신하는 것'을 '아이 가졌다'라고 말함. 임신(姙娠)을 하니.
1431) '낳기를'에 해당하는 경상도 방언.
1432) '힘쓰지'에 해당하는 경상도 방언. '심'은 '힘'에 해당하는 경상도 방언.

<창(唱)으로>

巫女: 여보시요 엄마들//아들이 좋다꼬 해도

불효자(不孝子)~며는 무엇 하나?

처마 끝에 떨어진 물은//지자리[1433] 꼭대기 떨어지고[1434]

잽이: 얼씨~구

巫女: 효자(孝子) 속에는 효자가 나고

충신(忠臣) 속에는 충신 나고

열녀(烈女) 속에는//열녀가 나고

불효자(不孝子) 속에는 불효자가 난다.

죽은 소자[孝子][1435]는 많이 있어도

살은[1436] 소자[孝子]는 드무니라.

죽어서 잘채려 놓며는//안꼬 가나 지고 가나?

<말로>

잽이: 허이

<창(唱)으로>

巫女: 살았일 적에 술한잔이래도

맘편하게 하는기 효자(孝子)로다.

둥둥어 효자(孝子)로다//이런 경사(慶事)가 또있느냐~?

** 여기까지로 사실상 심청굿의 사설 부분은 끝난 셈임. 다음에 이어지는 부분은 맹인놀이와 이 거리의 마무리에 해당하는 부분임. 이 거리가 이 놀이로 바로 끝나지를 않고 뒤에 또다시 무녀의 굿이 잠깐 진행되었기 때문에 이 놀이 부분은 무가의 사설 부분과 구분하기로 함 **

1433) '제자리'에 해당하는 경상도 방언.

1434) 이 두 행(行)은, 모든 일은 그 근본 이치(理致)에서 벗어나지 않는다는 뜻으로 다음에 이어지는 내용들과 같은 의미를 가짐.

1435) '효자(孝子)'에 해당하는 경상도 방언.

1436) '산[生]'에 해당하는 경상도 방언. 살아 있는.

≪맹인(盲人)놀이≫

[이 맹인놀이는 다른 지방의 무가에서도 볼 수 있는 놀이이나, 다른 지방 무의(巫儀)에서는 이 심청굿이 없기 때문에 굿의 끝부분에 가서 거의 독립적으로 이루어지는 놀이인데 대해서 이곳 동해안에서는 심청굿의 뒤에 바로 이어진다는 점이 다르다. 여기서는 마을단위의 별신굿이기 때문에 주로 마을의 길흉화복(吉凶禍福)을 점쳐 본다는 제의적(祭儀的) 의미가 있는데 다른 부분에서보다도 잽이의 개입이 두드러진다는 것이 특징이다. 그러나 잽이가 전적(全的)으로 이 놀이를 주도하는 것은 아니며 무녀와 잽이가 대사를 주고 받으면서 진행하는 형태를 취한다. 점을 치는 대목에서는 무녀가 장님의 역할을 맡아서 점을 친다]

<말로>

巫女: 여봅소[1437)]

잽이: 하이 봅쇼.

巫女: 황봉사(黃奉事)는 노내리[1438)] 깽빈[1439)]에 내리오며

눈깔이[1440)] 몬뜨고//빽덕이네 훔치간 죄로

잽이: 하

巫女: 여는[1441)] 봉사는 다떴는데 눈깔이 몬뜨고 더듬더듬 오는데

1437) 여기서부터는 다른 지방의 무가(巫歌)에서 '맹인놀이'라고 하는 놀이에 해당하는 부분임. 이 놀이는 다른 지방의 굿에서도 마을의 모든 액운(厄運)을 깨끗이 씻어가는 절차라는 제의적(祭儀的)인 의미를 가지나 그 제의적 성격은 매우 약하고 상대적으로 재담(才談)이 많이 섞이는 성격을 가짐. 다른 지방과 마찬가지로 동해안(東海岸) 별신굿에서도 이 거리의 끝에는 점을 쳐서 동네의 액운을 막아주는 절차가 끼어 있는데 이것은 장님들이 점을 하는 사람이 많다는 사실과도 어느 정도의 연관성을 가지는 것으로 짐작됨.

1438) '노(魯)나라'의 와음.

1439) 깽빈. 강변(江邊)의 방언. 바닷가나 혹은 바닷가에 있는 모래밭을 가리키는 경상도 방언. 흔히는 '갱빈'이라고 발음함.

1440) 눈깔이. '눈'의 비어(卑語).

1441) 여는. '다른'에 해당하는 경상도 방언. 고어(古語)의 '녀느'에서 온 말임.

내가 여거[1442] 오니까 큰강(江)이 있구나.

잽이: 야 앞에 강이 있소.

巫女: 강(江)이 있는데 내가 강을 건니야 되겄구나.[1443]

잽이: 야 봉사가 강을 건니와야 된다.

巫女: 강을 건니는 데는//여게//이강을 건니는데
까꾸로[1444] 시면[1445] 발목이 치고[1446] 옳게 시모[1447] 눈섭이 친다며?

잽이: 강이 아주 짚은데~[1448]
봉사가 바리[1449] 서모[1450] 발목에 물이 치고
꺼꾸로 서모 바로 눈섭에 치는데
강이 아주 짚으고//조수로 하는데[1451]
봉사가 아흔아홉까지 빠져 죽았는데
오번에 봉사 빠져죽으모 백(百)바리[1452] 채안다 캅니다.[1453]

巫女: 아이구 답답아라//내가 빠져죽으모 백바리 채운다꼬?

잽이: 예 예.

巫女: 그러지 말고 한분 건니봅시다.

잽이: 조심있게 단디이[1454] 딱.

巫女: 그런데

잽이: 정신 조심 채리가 건니 보소.

1442) 여거. '여기에'에 해당하는 경상도 방언.
1443) '건너야 되겠구나'에 해당하는 경상도 방언.
1444) 까꾸로. '꺼꾸로'에 해당하는 경상도 방언.
1445) '서면[立]'에 해당하는 경상도 방언.
1446) '발목까지 물이 차고'에 해당하는 경상도 방언. '(물이) 치다'는 '(물이 어느 위치까지) 차다'의 뜻임.
1447) '바로 서면'에 해당하는 경상도 방언.
1448) '깊은데'에 해당하는 경상도 방언. '짚다'는 '깊다'에 해당하는 경상도 방언.
1449) '바로'에 해당하는 경상도 방언. 똑바로.
1450) '서면'에 해당하는 경상도 방언.
1451) '물이 들고 난다'는 말임.
1452) 백 바리. '백(百) 마리'에 해당하는 경상도 방언. '백(百) 사람'을 비속하게 말한 것임.
1453) '채운다고 합니다'에 해당하는 경상도 방언.
1454) 단디이. '단단히' 혹은 '매우 조심스럽게'에 해당하는 경상도 방언.

巫女: 자 내가 건넌다//자 떵꾸 싸고[1455]

[잽이들은 일제히 악기를 연주하고 무녀는 땅바닥에 주저앉아서 몇 번이나 한 발을 쳐들었다 내렸다 하면서 조심스럽게 강을 건너가는 시늉을 한다. 그러다가 낙담한 표정을 지으면서 자리에서 일어나 다시 마이크 앞에 선다 <소요시간: 34초>]

<창(唱)으로>
巫女: 아이고
　　여 월천(越川)꾼[1456]도 사야 되겠고
잽이: 야
巫女: 아무래도 내가 까꾸로 서이까네[1457]
　　발이 시이[1458] 발목에 채이는기 맞네.
잽이: 맞지요?
巫女: 내가 빠져죽으까이[1459] 겁이나서 못건니는데
　　월천(越川)꾼도 샀고//다 샀다.
잽이: 야 야
巫女: 이런데//마 재담(才談) 고만하고 저 저 저
　　내가 물을건너 단수로 쳐주야[1460] 되겠다.
　　자

[잽이들은 일제히 악기를 연주하고 무녀는 훌쩍 뛰어 강을 건너왔다는 시늉을 한다 <소요시간: 10초>]

<말로>
잽이: (무녀를 향하여)야 용케 잘 건네왔네//잘 건네왔네다.[1461]

1455) 이 행(行)은 무녀가 잽이들에게 악기를 울리라는 뜻에서 한 말임.
1456) 월천꾼. 강(江)을 건네줄 삯군.
1457) '서니까'에 해당하는 경상도 방언.
1458) '시리니'에 해당하는 경상도 방언.
1459) '빠져 죽을까 봐서'에 해당하는 경상도 방언.
1460) 점(占)을 쳐주어야. '단수치다'는 '점(占)을 치다'의 뜻.
1461) '건너 왔습니다'에 해당하는 경상도 방언.

(관중들을 향하여)자 요 봉사한테 점하로[1462] 오소.
동네 요게 봉사한테 점하로//단수치로 오소.

[잽이 가운데 한 사람이 제주(祭主)집의 할머니를 부른다]

<말로>
잽이: (제주집의 할머니를 향하여)할매요//그 상(床)[1463]들고 오소 상(床).

[제주(祭主)집의 할머니가 자그마한 밥상을 들어다가 마이크 근처에 놓는다. 무녀는 눈을 감은채 그 점상 앞에 앉는다. 무녀는 점을 하려고 자리에 앉았지만 술이 취한 몇몇 할머니들은 앞으로 나와서 노래를 부르면서 춤을 추는 등 분위기는 상당히 어수선하다]

<말로>
잽이: (본부석을 향하여)물 한그륵[1464]
물 한그륵//물 한그륵 물 한그륵//물 한그륵 가오소.

[제주(祭主)집의 할머니가 사발에다 물 한 그릇을 떠다가 가져다 준다. 잽이가 그 물사발을 받아 점상(占床) 위에다 놓는다. 제주(祭主)를 비롯하여 마을 임원 가운데 몇 사람이 점상을 중심으로 둘러선다]

<말로>
巫女: 여 누가 저//대설사람[1465] 하나 나오소.

1462) '점(占)하러'에 해당하는 경상도 방언. 점을 치러.
1463) '점상'을 말한 것임. 점을 치기 위해서 사용하는 상(床). 이 맹인거리의 뒤에는 맹인(盲人)이 마을의 길흉(吉凶)을 점치는 장면이 있기 때문에 마을 임원들은 미리 그때에 사용할 상을 준비하여 제물대(祭物臺) 옆에다 놓아두었는데 잽이는 제주(祭主)집의 할머니에게 그 상을 가지고 오라고 한 것임.
1464) 점상 위에는 정화수(井華水) 한 사발을 놓게 되어 있기 때문에 본부석에다 그 정화수를 가져다 달라고 잽이가 요청한 것임.
1465) 대설 사람. 대를 세울 사람. 점을 할 때 대[神竿]를 잡을 마을사람을 요청한 것임.

[마을에서는 이미 대를 잡을 사람이 미리 정해져 있었던듯 할머니 한 분이 앞으로 나선다]

<말로>
잽이: 할매 앉으소//할매 할매 앉으이소.

[할머니는 무녀와 약간 떨어진 곳에 자리를 잡고 앉는다. 점상(占床)을 중심으로 빙 둘러선 마을 사람들을 잽이가 자리에 앉힌다]

<말로>
잽이: (주위에 서있는 마을 사람들을 향하여)할매 앉으이소
할배도 앉으소//앉아서 구경하이소//할배 앉으이소.

[점상(占床) 주위에 있던 마을 사람들은 점상을 중심으로 둥글게 자리잡고 앉는다. 이때 한편에서는 어촌계장(漁村契長)이 곧 용왕거리를 시작하겠다고 마을 사람들에게 광고방송(廣告放送)을 한다]

<말로>
漁村契長: (마이크에다 대고)동민(洞民) 여러분에게 안내말씀 드리겠습니다.
지금 용왕굿을 시작하겠사오니
어민(漁民) 여러분은 방송을 듣는즉시 굿당으로 나와주시기 바랍니다.[1466]
거듭 동민 여러분에게 안내말씀 드리겠습니다.
어민 여러분들은 방송을 듣는즉시
지금곧 굿당으로 나와주시기 바랍니다.
巫女: (자리에 앉은채 본부석을 향하여)얼렁 오소[1467]//안오나?[1468]
잽이: 옵니다 옵니다.

1466) 용왕거리에는 어업(漁業)과 관계된 모든 마을 사람들이 참여하는 것이 관례이기 때문에 이런 광고방송(廣告放送)을 한 것임.
1467) 어서 점괘를 받으러 오라는 말임.
1468) 마을 사람 가운데 점괘를 받을 사람이 안오느냐고 옆에 있는 잽이에게 물은 것임. 지금 무녀는 장님으로 눈을 감고 있는 상태이기 때문에 주위에다 물은 것임.

[이때 잽이 가운데 한 사람인 제갈태오씨가 마이크 앞으로 나서서 마을사람들에게 광고방송(廣告放送)을 한다]

<말로>

제갈태오씨: (마이크에다 대고)아[1469)]

지금 저 이//봉사굿[1470)]을 끝마치고//인자 봉사 점을 합니다.

봉사 점을 하고난 뒤에는//에~//저 요왕굿을 하게 됩니다.

이 요왕굿이라는 것은//다 아시겠지요 마는도[1471)]

어민(漁民)의 굿이기 때문에//배에 종사하시는 분들은

한사람도 빠짐없이 참석 하시고요

또 이 물이끼[1472)]하는 부인네들[1473)]//잠수부(潛水夫) 아줌마들도 한 사람도 빠짐없이//다 참석해 주기 바랍니다.

요 봉사 동네점이 끝난 뒤에는//이제 요왕굿을 시작하겠습니다.

그렇게 짐작하시소.

[관중들이 몹시 떠드는 가운데 무녀는 제주(祭主)를 점상 앞에다 앉히고 점을 한다. 제주(祭主)와 마을사람들은 무녀의 말에 귀를 기울이고 무녀는 점괘(占卦)를 제주에게 말해 준다. 제주는 나쁘다는 부분에 대해서는 그러면 어떻게 하면 액땜이 되겠느냐고 무녀에게 되묻기도 한다. 마을 일에 관한 점괘를 제주가 다 전달받은 후 주위에 있던 몇몇 관심있는 사람들이 개인적으로 가족이나 자신의 운수(運數)에 대해서 무녀에게 점을 해 본다. 마을 임원들과 몇몇 사람들을 제외하고는 점에 대해서는 관심이 전혀 없는듯 여기저기서 이야기를 하느라고 굿당안은 어수선하기 이를 데 없고 따라서 낮은 목소리로 제주(祭主)에게 일러주는 무녀의 말은 잘 들리지를 않는다]

1469) 마이크의 이상 유무(異常有無)를 점검해 본 것임.

1470) 봉사굿. '맹인거리'를 의미한 것임.

1471) '아시겠지만'에 해당하는 경상도 방언.

1472) 물이끼. 물질. 해녀(海女)가 자맥질로 어패류(魚浿類)나 해초(海草)를 채취(採取)하는 일을 이르는 말. 다른 말로는 '물애끼'라고도 함.

1473) 의미상으로는 '해녀(海女)들'을 말한 것임.

<말로>
잽이: (관중들을 향하여)자 조용하세요 조용.
巫女: 아~따 거게[1474] 앤가이[1475] 떠든다.

[한참을 눈을 감고 무슨 주문 같은 것을 입으로 중얼거리던 무녀가 드디어 점괘를 말하기 시작한다]

<말로>
巫女: 유월(六月) 초싱[初旬][1476]
祭主: (옆에 서있는 마을 사람에게)적으소 적으소//쫌 적어시소.[1477]
巫女: 유월 중신[中旬][1478]
잽이: (마이크에다 대고 관중들을 향하여)그앞에 쫌 조용합시다//조용합시다.

[그러나 마을에서는 점괘를 받아적을 준비를 미처 갖추지 못했던 모양이다]

<말로>
어느 할머니: (본부석을 향하여)공책 하나 가오소.

[옆에 있던 어느 할머니가 손에 들고 있던 종이를 마을 아저씨에게 준다]

<말로>
할머니: (아저씨에게 종이를 주면서)조오[1479]

[아저씨는 종이를 받아 기록할 준비를 한다]

1474) '거기에'에 해당하는 경상도 방언.
1475) 앤가이. '어지간히'에 해당하는 경상도 방언.
1476) 초싱. '초승[初旬]'에 해당하는 경상도 방언. '초승'은 음력(陰曆)으로 그 달 첫머리의 며칠 동안을 일컫는 말. 이때에 뜨는 달이 초승달임.
1477) 무녀가 말하는 점괘를 기록하여 달라는 부탁이었음.
1478) 중신. '중순(中旬)'에 해당하는 경상도 방언.
1479) 조오. '종이'에 해당하는 경상도 방언. '여기 종이가 있다. 여기에 적어라' 정도의 말이 뒤에 생략된 것으로 볼 수 있음.

<말로>
祭主: (아저씨를 향하여)단디[1480] 적어소.
아저씨: (무녀를 향하여)시월(十月)요?
巫女: 시월(十月) 그믐적끄로[1481]//동짓달 그믐적끄로

[아저씨는 무녀의 말을 정성드려 기록한다]

<말로>
아저씨: (무녀의 말을 확인하느라고 혼잣말처럼)시월 그믐//동짓달 그믐
巫女: 섣달 보름 다//이월(二月) 그믐께
아저씨: 이월(二月)요?
巫女: 응 이월
아저씨: 시월 동짓달 그담에[1482] 이월
巫女: 응
祭主: (기록하는 아저씨를 향하여 확인을 시켜주느라고)이월(二月) 그믐
巫女: 그라고 유월(六月)
아저씨: 응
巫女: 칠월(七月)에
祭主: (작은 목소리로)유월 칠월
巫女: 유월 칠월에는 어린애들 땜에[1483] 또 놀래겠고[1484]
그담에 또 객지(客地)서 완[1485] 사람에
이 밖에서 놀래디래도 이동네 원망을 못합니데이.[1486]

1480) 단디. '단단히'에 해당하는 경상도 방언. 빠짐없이. 정확하게.
1481) '(시월(十月)) 그믐경에'에 해당하는 경상도 방언.
1482) '그 다음에'에 해당하는 경상도 방언.
1483) '때문에'에 해당하는 경상도 방언.
1484) '놀라겠고'에 해당하는 경상도 방언. '놀랄 일이 마을에 생기겠고'의 뜻임.
1485) '온'에 해당하는 경상도 방언.
1486) 이 두 행(行)은 이 마을 사람이 아닌 다른 곳에서 온 사람이 이곳에서 사고(事故)를 만난다는 말임. 이곳 일산동(日山洞)은 마을 앞에서부터 백사장(白沙場)이 길게 이어져 있는 유명한 해수욕장임. 따라서 여기서 말하는 '객지(客地)에서 온 사람'은

이러하니까[1487]//끼다[1488] 거리[1489]를 멕이더래도[1490]
이거는 누[1491] 원망(怨望)도 몬합니다.//저거[1492] 운(運)에 따라서
물견[物件][1493]에 너무 탐(貪)내다가 그렇게 됐시니까[1494]
그리 되니까//끼다 거리 멕일적에
도가집[1495]이 짚 한단//밥 한그륵 딱 채리놓고[1496]//그래 무래주모[1497]
그 또 그래 나갈거고

祭主: 예

옆에 있던 어느 아저씨: (기록하고 있는 아저씨를 향하여)거리 멕일때[1498]

巫女: 요 육따서[1499] 애가//한살 두살 세살 네살 다살[1500]
다섯살짜리가 그러니께 여섯 일곱 여덟
아홉살짜리가 동네모도 놀랠짓 한다는 그거는
밥 한그륵 갖다놓고//요왕지[龍王祭] 지낼때 쌀한말 떠다놓고

'피서객(避暑客)'을 의미하는 것으로 이해됨.

1487) '이런 좋지 못할 일이 생길 운수가 있으니까'의 뜻임.

1488) 끼다. '쪼깨 있다가'를 빨리 발음한 것임. '조금 있다가'에 해당하는 경상도 방언. 흔히는 '쪼깼다'라고 발음함.

1489) 거리. 동해안(東海岸) 별신굿 마지막 제차(祭次)의 이름임. 흔히 '거리굿' 혹은 '대거리'라고 불리며 무녀가 아니라 잽이에 의해서 진행된다는 특징이 있음. 거리 객신(客神)이나 잡귀(雜鬼)들을 풀어 먹이는 거리이기 때문에 이런 이름이 붙게 된 것임.

1490) '먹이더라도'에 해당하는 경상도 방언. '잡귀(雜鬼)들을 풀어먹일 때에'의 뜻임.

1491) '누구'에 해당하는 경상도 방언. 여기서는 '다른 사람'의 뜻임.

1492) '저희의'에 해당하는 경상도 방언.

1493) 물견. '물건(物件)'에 해당하는 경상도 방언.

1494) '되었으니까'에 해당하는 경상도 방언.

1495) 도가집. '도가' 혹은 '도가집'은 원래 부락제(部落祭) 등에서 제물(祭物)을 책임 맡은 사람이나 그 집을 일컫는 말. 따라서 사실상 '제주(祭主)'와 같은 의미의 말이 됨. 이 자료의 채록이 이루어진 일산동(日山洞) 별신굿에서의 제주는 당시 쉰한 살이었던 마을 사람 최영재씨였음.

1496) '차려 놓고'에 해당하는 경상도 방언.

1497) '물려 주면'에 해당하는 경상도 방언. 잡귀(雜鬼)를 쫓아내는 일을 흔히 '잡귀(雜鬼) 물린다'라고 말함.

1498) 나중에 거리를 먹일 때에 그렇게 하라는 말이라고 기록하는 사람에게 지적해 준 것임.

1499) 육따서. 육땅에서. '육지(陸地)에서. 뭍에서'에 해당하는 경상도 방언.

1500) '다섯 살'에 해당하는 경상도 방언.

여다 쌀한말 우에다가//밥 세접시 갖다놓고
또 동네돈으로 한 삼만(三萬)원 갖다놓고
그래 액맥이[1501]로 잘해 주시소.
그래주모 동네 재수있고 그는[1502] 안그러이까네.[1503]
객지(客地)사람 땜에 혼지름[1504]이 나는거는
그거는 동네 굿을 잘못핸 것도 아이고[1505]//아무것도 아이고
지[1506] 운(運)에 따라서 욕심내다가 그렇게 됐시이
거리 멕일때 그리해주모 아무일 없십니다.//아무일 없고

祭主: (무녀를 향하여)아까 도이 얼매?[1507]

옆에 있던 어느 할머니와 아저씨: (동시에)삼만(三萬)원.

巫女: (제주를 향하여)삼만원 놓고 쌀한말 놓고
그 액맥이 할때 짚 한단 놓고//밥 시[三]접시 떠가지고 거게 놓고
발우에다[1508] 놓고

祭主: (옆에서 종이에다 기록하는 아저씨에게)쌀 한되
돈 삼만(三萬)원하고 쌀 한되.

巫女: (제주의 말을 정정하여 약간 강한 어조로)쌀 한말[1509]
요왕[龍王] 요왕상[龍王床] 채릴때

옆에 있던 어느 할머니: (무녀의 말을 정정하여)거리 믹일때[1510]

1501) 액맥이. '액(厄)막이'에 해당하는 경상도 방언. 앞으로 닥칠 액(厄)을 미리 막는 것.
1502) 그것은. 내용상으로는 '아이 때문에 동네가 놀랄 일은'의 뜻임.
1503) '그렇지 않으니까'에 해당하는 경상도 방언. '그 액운(厄運)은 피해 갈 수 있으니까'의 뜻임.
1504) 혼지름. '혼쭐' 정도의 뜻임.
1505) '아니고'에 해당하는 경상도 방언.
1506) '자신의'에 해당하는 경상도 방언.
1507) 아까 돈을 얼마 가져다 놓으면 된다고 했느냐고 제주(祭主)가 다시 확인을 한 것임. '얼매'는 '얼마'에 해당하는 경상도 방언.
1508) '발[簾] 위에다'에 해당하는 경상도 방언. '발[簾]'은 가늘게 쪼갠 대오리나 갈대 같은 것을 엮어 만든 물건. 무엇을 가리거나 널어서 말릴 때에 사용함. 여기서는 얇게 펼쳐놓은 '짚 한 단'을 말한 것임.
1509) 쌀이 '한 되'가 아니라 '한 말'이라고 고쳐준 것임.
1510) 용왕상(龍王床)을 차릴 때가 아니라 거리굿을 할 때 그렇게 하라고 무녀가 아까 말

[무녀는 할머니가 정정(訂正)한 말이 맞다는 뜻으로 더이상 아무 말도 하지 않는다. 제주가 거리 먹일 때 하는 것이 맞느냐고 재차 확인을 한다]

<말로>

祭主: 거리 믹일때?

巫女: (자신의 말을 정정하여)거리 믹일때 그리 해주모[1511)]

祭主: 거리 믹일때 돈 삼만(三萬)원하고 쌀 한말?

巫女: 야//그라고[1512)] 밥 시접시[1513)]

祭主: 접시밥 세접시

巫女: 밥 시접시 쌀 한말

옆에 있던 어느 할머니: 돈을 단디 갈차주소.[1514)]

巫女: 삼만(三萬)원.

어느 아저씨: 제주(祭主)?[1515)]

옆에 있던 잽이: 동네서 내//동네서 내

옆에 있던 어느 할머니: 제주(祭主)집을 적어가 보내요.[1516)]

巫女: (할머니의 말을 바로잡아 주느라고 단호한 어조로)동네서.

기록하던 아저씨: (무녀를 향하여)접시밥 몇그륵잉교?

巫女: 시접시.

옆에 있던 제주(祭主)집의 할머니: 제주(祭主)집에 하라꼬?

옆에 있던 할머니: 제주(祭主)집이 안하능교?[1517)]

巫女: 아니요//동네서 해야 됩니다//동네서.

할머니: (알았다는듯이 옆에서 기록하는 아저씨에게)동네서.

했다는 뜻임.

1511) '됩니다' 정도의 말이 뒤에 생략된 것임.

1512) '그리고'에 해당하는 경상도 방언.

1513) 시접시. '세 접시'에 해당하는 경상도 방언.

1514) '돈이 얼마 필요하다고 했는지 명확히 가르쳐 주십시요'에 해당하는 경상도 방언. '단디'는 '단단히. 명확하게'에, '갈차주소'는 '가르쳐 주십시요'에 각각 해당하는 경상도 방언.

1515) 그 돈과 쌀은 제주(祭主)가 개인적으로 내어야 하는 것이냐고 무녀에게 물은 것임.

1516) 제주(祭主)집의 이름으로 내게 하면 되지 않느냐는 의견을 말한 것임.

1517) 으레껏 제주(祭主)집에서 내게 되어 있지 않느냐는 말임.

巫女: 동네서 해가주고 제주(祭主)집으로[1518] 하라꼬 모도.
할머니: 그렁께[1519] 동네서 돈을 내가[1520]//제주(祭主)집을.[1521]
제주(祭主)집의 할머니: (잔뜩 걱정스러운 목소리로)며느리가 아프이 어야꼬?[1522]
祭主: 그라모 그거는 내가 할 모야이니까.[1523]
옆에 있던 할머니: (제주(祭主)집의 할머니를 향하여)일라만 주소.[1524]
巫女: 그러고//
祭主: 제주가 몬하모[1525] 되는가?
巫女: 그러고//그러고 어촌계(漁村契)에서는//그거 하는데[1526]
구시월(九十月)달에//의식(意識)찮은[1527] 인재수(人災數)[1528]
싱강이[1529] 된다꼬 조심하라 그러고
관재(官災)[1530]에 걸리는 수(數)가 있어//그쪽으서는 안좋아.[1531]
옆에 있던 아저씨: (무녀를 향하여)지금[1532]//저~ 아까 말씀 드렸지요

1518) 의미상으로는 '돈이나 쌀 등은 동네에서 부담하고 밥을 짓는다든지 하는 일들은 제주집에서 맡아서 하라'는 말이었음.
1519) '그러니까'에 해당하는 경상도 방언.
1520) '내어서'에 해당하는 경상도 방언.
1521) 돈은 동네에서 내더라도 명목상으로는 제주(祭主)가 내는 것으로 하라는 말 아니냐는 뜻임.
1522) '어떻게 하나?'에 해당하는 경상도 방언.
1523) '할 모양이니까'에 해당하는 경상도 방언. 할 작정이니까. '내가 알아서 할테니까 염려 마시라'는 뜻임.
1524) '일러만 주십시요'에 해당하는 경상도 방언. 사정이 그러면 제주(祭主)에게 무엇무엇을 어떻게 하라고 이야기만 하여 주면 되지 않겠느냐는 뜻임.
1525) '못하면'에 해당하는 경상도 방언. 하지 않으면.
1526) '기억하여 두어야 할 일이 또 있는데' 정도의 말을 얼버무린 것임.
1527) 전혀 생각지도 않았던. 뜻밖의.
1528) 인재수. 사람이 재난(災難)을 당하는 운수(運數).
1529) 싱강이. '실랑이'에 해당하는 경상도 방언. 흔히는 '실갱이'라고도 발음함. 실랑이질. '실랑이질'은 원래 '남을 못 견디게 굴어 시달리는 일'이라는 뜻이나 경상도 지방에서 사용하는 용례를 보면 '서로 내가 옳으니 네가 옳으니 하면서 가볍게 붙들고 다투는 일' 정도의 뜻임.
1530) 관재. 관청(官廳)에서 재난(災難)을 당하는 운수(運數). 일반적으로는 '관재수(官災數)'라고 함.
1531) 관청(官廳)과 관계된 일은 운수(運數)가 좋지 못하다는 말임.
1532) 아저씨의 실수였음. 말이 잘못 나온 것임.

현재 앞으로 앓고 있는사람 세분이 있는데[1533)]
그분에 대해서 그 단수를 쫌[1534)]
巫女: 거게 대해서는
아저씨: 아무 뜻이[1535)] 없십니까?[1536)]
巫女: 하나는 좀 그거해도[1537)]//두분은 갑니다[1538)]
(단호한 어조로)갑니다//절대로 갑니다.
아주 가는벼[病]이[1539)] 하마[1540)] 들었구마.
아저씨: (무녀를 향하여)한분은 개안는데[1541)]//두분은 좋지 않은?[1542)]
巫女: 두분다 불상(不祥)하다.[1543)]
아저씨: 알겄습니다.

[아저씨는 물을 것은 다 물었다는듯이 점상에서 물러난다. 점상 옆에 앉아있던 제주(祭主)집의 할머니가 점상(占床) 앞으로 바짝 다가 앉는다]

<말로>
제주(祭主)집의 할머니: (무녀를 향하여)자부(子婦)[1544)] 올개[1545)] 마흔여서

1533) 지금 현재 마을에서 병중(病中)에 있는 사람이 셋이 있다는 말임. 이 부분은 이야기를 하는 아저씨가 마음이 급했는지 이야기를 조리 없이 한 것임. 정확한 뜻은 '현재 마을에 앓고 있는 사람이 셋이 있는데 그들이 앞으로 어떻게 되겠는지 점괘를 말해 달라'는 것이었음.
1534) '쳐 주십시요' 정도의 말이 뒤에 생략된 것임. '단수를 치다'는 '점(占)을 치다'와 같은 말임.
1535) '뜻이'에 해당하는 경상도 방언.
1536) '없습니까?'에 해당하는 경상도 방언. 이 행(行)은 '아무런 점괘(占卦)도 나오지 않느냐?'는 뜻임. 좀더 구체적으로 말하면 무슨 특별한 액(厄)이 씌웠다든지 한 것은 아니냐는 말임.
1537) '어느 정도 괜찮아지겠지만' 정도의 뜻임.
1538) 점괘(占卦)에 의하면 두 사람은 죽을 것이라는 말임.
1539) '가는 병(病)이'에 해당하는 경상도 방언. 죽을 병이. 어쩔 수 없는 병이.
1540) 하마. '이미. 벌써'에 해당하는 경상도 방언.
1541) 한 사람은 괜찮다는 말이냐는 뜻임. '개안타'는 '괜찮다'에 해당하는 경상도 방언.
1542) '점괘(占卦)가 나온단 말이지요?' 정도의 말이 뒤에 생략된 것임.
1543) 불상하다. 상(祥)스럽지 못하다. 좋지 못하다. 아니면 '불쌍하다'를 이렇게 발음했을 가능성도 있음.

인데[1546] 한분 봐주소.
巫女: 도가집[1547]이 다 또 그렇나?//도가집이 좋지.

[무녀는 잠깐 점괘를 뽑아본다]

<말로>
巫女: 벼[病]은 병[病]인데//마 할수 없십니다.[1548]
옆에 있던 어느 아저씨: 그런데//그게 아이고
여게 굿마친 후에//그 배선주(船主)들 말이지요
그라는데[1549]//나이 몇살난 선주는?
巫女: 배선주(船主)들 그날 그달로//그달로
아저씨: 야
巫女: 그달로 삼일간(三日間)

[뒤에 이어진 한 행(行) 정도의 말이 녹음상태가 극히 불량하여 채록 불능임]

<말로>
아저씨: 이사람만 인자 예방(豫防)하모[1550] 인자
巫女: 야//이사람 예방(豫防)하모[1551]//그래[1552] 딱 하시소
내시긴대로[1553] 하소.

1544) 자부. '며느리'를 다르게 일컫는 말.
1545) 올개. '올해'에 해당하는 경상도 방언. 금년에.
1546) '마흔 여섯인데'에 해당하는 경상도 방언. 마흔 여섯 살인데.
1547) 도가집. '도가' 혹은 '도가집'은 원래 부락제(部落祭) 등에서 제물(祭物)을 책임 맡은 사람이나 그 집을 일컫는 말. 따라서 사실상 '제주(祭主)'와 같은 의미의 말이 됨. 이 자료의 채록이 이루어진 일산동(日山洞) 별신굿에서의 제주는 당시 쉰한 살이었던 마을 사람 최영재씨였음.
1548) 그런 정도로 견딜만 할 것이라는 뜻임.
1549) '그런데'에 해당하는 경상도 방언.
1550) '예방(豫防)을 하면'에 해당하는 경상도 방언. 여기서는 '액운(厄運)이 닥칠 것을 미리 막아주면. 액막음을 하면'의 뜻임.
1551) '괜찮습니다' 정도의 말이 뒤에 생략된 것임.
1552) '(내가 아까 일러준대로) 그렇게'에 해당하는 경상도 방언.

밥 시접시 딱 우에//쌀우에 얹어놓고
소금 한접시 얹어놓고//그렇게 잘해 주이소.
그라모 괜찮십니다//괜찮고
짚 한단 내놓고 훌 씰어삐리고[1554]

아저씨: 예

옆에 있던 할머니: 거리 먹일때 그라라카나?[1555]

巫女: 야//거리 먹일때//그래주모 아~무일 없십니다.

[무녀는 옆에 놓인 쌀그릇을 제주(祭主)집의 할머니에게 내민다]

<말로>

巫女: (제주집의 할머니에게)이거 한분 맞차 보소.

[제주(祭主)집의 할머니가 쌀을 몇 알 집어서 점상(占床) 위에다 올려놓고는 둘씩 짝을 맞추어 본다]

<말로>

제주(祭主)집의 할머니: 하나가 남네.[1556]

巫女: 일철로 이한수 삼식신 사정패 오귀방 육합식 칠천기[1557]
칠천 귀신(鬼神)이 따랐으니 풀어줘야돼.

1553) '내가 시킨대로'에 해당하는 경상도 방언. '시기다'는 '시키다'에 해당하는 경상도 방언.

1554) 씰어삐리고. '쓸어 버리고'에 해당하는 경상도 방언. '액운(厄運)을 다 쓸어내어 버리다. 액운(厄運)을 다 소멸(消滅)시켜 버리다'라는 말임. 액막이에 썼던 짚단은 액막이가 끝나고 나면 그 짚단을 빗자루 삼아 액운을 바깥쪽으로 쓸어내어 버리는 동작에 사용하게 되는데 이 동작을 말한 것임.

1555) '그렇게 하라고 하느냐?'에 해당하는 경상도 방언.

1556) 제주집의 할머니가 집은 쌀의 갯수가 홀수였던 것임.

1557) '일철로'부터 여기까지는 민속(民俗)에서 말하는 구궁(九宮)의 일부임. 방소(方所)를 볼 때에 낙서(洛書: 옛날 중국 하(夏)나라의 우(禹) 임금이 치수(治水)를 할 때 낙수(洛水)에서 나온 신령스러운 거북의 등에 있었다고 하는 마흔 다섯 개의 점과 글씨)의 숫자에 천록(天祿), 안손(眼損), 식신(食神), 징파(徵破), 귀(鬼), 합식(合食), 진귀(進鬼), 관인(官印), 퇴식(退食)의 이름을 붙인 것.

칠천 구신[鬼神][1558]이 따라서 풀어줘야돼.
그러이까//이거는 동네 잘못이 아이고
무당(巫堂)도 잘못이 아이고 지 운(運)에[1559]
물견[物件]에 너무 탐(貪)내다가 그랬시니까 그것만[1560] 아시소.

[무녀는 점상(占床)을 밀어놓고 자리에서 일어선다]

<말로>
巫女: (잽이들을 향하여)자~ 약물치러 가자//여게
잽이: 예
巫女: 복채(卜債)[1561]도 안놓고 막 이리하나?
어느 할머니: 놓고 할라쿠이까네.[1562]
다른 할머니: 놓고 해라.[1563]
또다른 할머니: 나 다음에 해라.

[그러나 무녀는 아무래도 굿을 빨리 마쳐야겠다고 판단한듯 할머니들이 요구하는 점을 쳐주지 않고 자리에서 일어난다]

<말로>
巫女: 이따 눈 떨어지거덩 다[1564]
(잽이들을 향하여)자~ 약물치러 가자.
잽이: 예//갑시다.

1558) '귀신(鬼神)'에 해당하는 경상도 방언.
1559) '자신의 운명(運命)에'에 해당하는 경상도 방언.
1560) '그렇게만' 정도의 뜻임.
1561) 점을 쳐준 값으로 내는 돈.
1562) '놓고 하려고 하니까'에 해당하는 경상도 방언. 자신은 복채(卜債)를 내고 점을 해 볼 셈으로 옆에서 기다렸는데 무녀가 도무지 그럴 기회를 주지 않았다는 말임.
1563) 무녀에게, 복채(卜債)를 받고 그 할머니의 점을 좀 해주라는 말임.
1564) '점을 쳐 드리겠습니다' 정도의 말이 뒤에 생략된 것임.

[무녀는 미리 준비되어 있던 플라스틱 바가지를 들고는 다시 마이크 앞에 선다. 무녀가 서둘러 점을 끝내는 바람에 미처 점을 치지 못한 할머니들 몇 분이 아무래도 서운하다는 표정으로 점상 앞에 그대로 앉아 있다]

<창(唱)으로>
巫女: 병해～1565)온수(溫水)1566) 바람싹고1567) 눈싹는데//약물 치로1568) 가자.
해운대(海雲臺)1569)온수(溫水) 바람싹고 눈싹는데
잽이: 약물 치로 가자.
巫女: 동래(東萊)1570)온천(溫泉) 바람싹고 눈싹는데
잽이: 약물 치로 가자.

[무녀는 허리를 굽혀 바가지로 물을 뜨는 시늉을 한다]

<말로>
巫女: 자 물 떴시다.1571)
자～//눈뜬다 눈눈

[무녀는 그 물을 눈에 찍어 바르는 시늉을 한다]

<말로>
잽이: 야 야

1565) 병해. 문맥상으로 보면 온천(溫泉)이 있는 지명(地名)인 것으로 보이나 구체적으로 어디를 말한 것인지는 미상임.
1566) 온수. '온천수(溫泉水)'를 말한 것임.
1567) '바람 삭고'에 해당하는 경상도 방언. '삭다'는 '(눈에 선 핏발 등의 병의 증세가) 없어지다'의 뜻. '바람'은 '바람눈'으로 눈이 아리고 시리어 눈물이 자꾸 나는 '안질(眼疾)'을 말한 것임.
1568) '치러'에 해당하는 경상도 방언.
1569) 해운대. 지명(地名)임. 해수욕장(海水浴場)으로 유명한 부산(釜山)의 해운대(海雲臺)를 말한 것임.
1570) 동래. 지명(地名)임. 온천(溫泉)으로 유명한 부산(釜山)의 동래(東萊)를 말한 것임.
1571) '(물을 바가지에) 떴습니다'에 해당하는 경상도 방언.

[잽이는 장고를 빠른 장단으로 두드리면서 무어라고 입으로 중얼거린다]

<말로>

잽이: 자~ 봉사는//와 왼쪽눈이 깜짝커는 커모[1572)]
깜은눈 쫌 덜깜아 있고//성한 눈은//뜬눈은 마 날아댕기며[1573)] 잘 나락[1574)] 까무거라꼬[1575)]//잘 뜨라[1576)] 빌었십니다.

巫女: 이동네 삼년(三年)도리로 또 눈뜨고 가야
고기 알기[1577)]도 잘보고

잽이: 아 예 예 예

巫女: 온갖배들 모도 납부[1578)]들//잠수(潛水)[1579)]들 눈병 막아주지.

잽이: 맞십니다 그래야지요.

巫女: 눈깜고 어데 댕기모 허득거리는데[1580)]

잽이: 그래가 봉사 눈뜨고 성헌눈[1581)] 딱 되고나모 곡숙[穀食] 다 까무삐고[1582)]

巫女: (잽이를 향하여)원 저런 몬썰놈[1583)]

잽이: 동네도 팬[便]코//여게 어업하는데 눈도 밝어야 좋답니다.

[무녀는 다시 한 번 바가지의 물을 눈에 찍어 바르는 시늉을 한다. 잽이는 장고를 빠른 장단으로 치면서 무어라고 중얼거린다]

1572) '왼쪽 눈을 깜짝거리느냐 하면'에 해당하는 경상도 방언.
1573) '날아다니며'에 해당하는 경상도 방언.
1574) '벼[禾]'에 해당하는 경상도 방언.
1575) '까 먹으라고'에 해당하는 경상도 방언.
1576) '(눈을) 뜨라고'에 해당하는 경상도 방언.
1577) 알기[卵旗]. 알이 되는 기. 가장 바탕이 되는 기. 바다에 그물이나 주낙을 놓을 때 제일 먼저 세우게 되는 기준이 되는 깃발. 나중에 그물이나 주낙을 걷을 때 이 깃발을 찾아 거기서부터 거두어 가야 순조로운 작업이 가능하기 때문에 어로작업(漁撈作業)에서 이 깃발을 발견하는 것은 대단히 중요한 일 가운데에 하나임.
1578) '어부(漁夫)'의 잘못임. 순간적으로 말이 잘못 나온 것임.
1579) 잠수. '해녀(海女)'와 '잠수부(潛水夫)'를 말한 것임.
1580) '허둥거리는데'에 해당하는 경상도 방언.
1581) '성한 눈'에 해당하는 경상도 방언.
1582) '곡식을 다 까먹어 버리고'에 해당하는 경상도 방언.
1583) '몹쓸 놈'에 해당하는 경상도 방언.

<말로>
巫女: 아이고 내 눈뜬다.

[무녀는 눈을 번쩍 뜨고는 눈이 부시다는 시늉을 하면서 주위를 빙 둘러본다]

** 여기까지가 맹인(盲人)놀이에 해당하는 내용임. 다음에 이어지는 내용은 맹인놀이가 아니고 무녀가 행(行)한 굿의 마무리 부분에 해당함 **

[맹인놀이를 끝내고 눈을 뜬 시늉을 한 무녀는 이내 수비를 물릴 준비를 한다]

<창(唱)으로>
巫女: 수부[1584]야

[무녀는 제물대(祭物臺)로 가서 술 한 잔을 제물대 옆에 붓는다. 잽이 한 사람이 마이크에다 대고 용왕굿이 곧 진행되니 선주(船主)들은 어서 굿당으로 나오라는 광고방송(廣告放送)을 한다. 무녀는 다시 마이크 앞으로 돌아와선다 <소요시간: 28초>]

<창(唱)으로>
巫女: 오늘날 장승상 부인
몽은사~ 시님도 왔거들랑
많이 잡숫고 갑시서.[1585]

<말로>
巫女: 보살임네요//이 빠짝 마른땅에
집에 있시모 요이부자리[1586]나 자부동[1587]이나 깔고 앉지마는
이런 마른데 앉었다가//날보니라꼬[1588] 모도 수고도 많고//애도 마이 썼십니다.

1584) 수부. '수비'의 와음. 큰신(神)을 따라다니는 하졸신(下卒神)을 일컫는 무속(巫俗) 용어.
1585) '가십시요'에 해당하는 경상도 방언.
1586) 요이부자리. 요와 이불.
1587) 자부동. '방석'을 달리 일컫는 말. 혹 일본어(日本語)에서 온 말이나 아닌지 모르겠음.
1588) '나를 보느라고'에 해당하는 경상도 방언. 내가 굿하는 것을 보시느라고.

[무녀는 관중석을 향하여 공손히 절을 한다]

<말로>
관중 가운데 어느 할머니: 자~ 박수(拍手) 치자 박수(拍手).

[관중들은 일제히 박수(拍手)를 친다]

<말로>
巫女: 이쪽에는 하고 이쪽에는 안하모 또//보살임네 삐지모[1589] 내 우예꼬?[1590]

[무녀는 반대편에 앉은 관중들을 향하여 공손히 절을 한다. 관중들은 다시금 박수를 친다]

<말로>
巫女: 이 무당(巫堂)이가[1591] 갓씨고 굿하는 거는//글로 풀었십니다.
여자(女子)가 갓씨는법(法)[1592] 있십니까?
갓머리 밑에 기집[1593]녀(女) 하이//편안 안짜[安字]니다.
이거 씨고하모 이동네 편안~하라꼬//그래 갓 썼십니다.

[무녀는 굿을 끝내고 갓을 벗고는 이마에 흐르는 땀을 손수건으로 닦는다. 다음 거리인 용왕거리를 진행할 무녀 김동언씨가 굿당 안으로 들어선다]

1589) 삐지모. '토라지면'에 해당하는 경상도 방언.
1590) '어떻게 할까?'에 해당하는 경상도 방언.
1591) 내용상으로 보면 '(다른 거리들과는 달리) 이 맹인거리에서 무녀(巫女)가'의 뜻임.
1592) '갓을 쓰는 법'에 해당하는 경상도 방언.
1593) 기집. '계집'에 해당하는 경상도 방언.

역주자 소개

서대석
·서울대학교 대학원 국어국문학과 문학박사
·현재 서울대학교 국어국문학과 교수
·한국구비문학회 회장 역임
·국어국문학회 회장 역임
·주요 논저 : 『韓國 巫歌의 硏究』, 『軍談小說의 構造와 背景』, 『한국 신화의 연구』

박경신
·서울대학교 대학원 국어국문학과 문학박사
·현재 울산대학교 국어국문학과 교수
·한국구비문학회 회장 역임
·주요 논저 : 『동해안 별신굿 巫歌』, 『한국의 별신굿 무가』, 『對校 譯註 태평한화골계전』

한국고전문학전집 37
서사무가Ⅱ
서대석 · 박경신 역주

정가 20,000원

2006년 10월 20일 초판 인쇄
2007년 7월 25일 초판 2쇄

발행인 • 金 興 圭
발행처 • 高麗大學校 民族文化硏究院
등 록 • 1964. 9. 28. 제6-18호
주 소 • 서울특별시 성북구 안암동 5-1
전 화 • 3290-1610~3
FAX • 926-8385
http://ikc.korea.ac.kr
편 집 • 고려대 민족문화연구원
제 작 • 창작마을

* 파본은 교환해 드립니다.